CHARLES TURGEON

LE FÉMINISME FRANÇAIS

I

L'Émancipation individuelle

et sociale de la Femme

OMNIA VERITAS

CHARLES MARIE JOSEPH TURGEON

(1855-1934)

Professeur d'Économie politique à la Faculté de Droit

de l'Université de Rennes

LE FÉMINISME FRANÇAIS

I

L'Émancipation individuelle

et sociale de la Femme

1902

Publié par

OMNIA VERITAS LTD

⊘MNIA VERITAS

www.omnia-veritas.com

15

AVERTISSEMENT AU LECTEUR

S i je ne craignais d'attribuer à ce livre une importance exagérée, je le dédierais volontiers à celles des Françaises d'aujourd'hui qui songent, qui peinent ou qui souffrent, persuadé qu'il répond aux secrètes préoccupations d'un grand nombre de nos contemporaines.

Le féminisme, en effet, est devenu d'actualité universelle. Il n'est plus permis aux juristes, aux économistes, aux moralistes, d'ignorer ce que les femmes pensent de la condition qui leur est faite, et les voeux qu'elles formulent, et les réformes qu'elles proposent. En me décidant à étudier ce problème sous ses différents aspects,--au début d'un siècle où il semble plus opportun de rechercher ce qu'a été la Femme du XIXe et ce que peut et doit être la Femme du XXe,--j'ai voulu témoigner de la haute considération qu'il mérite, sans me dissimuler du reste les difficultés et les périls d'une si présomptueuse entreprise.

Outre que le débat institué bruyamment sur l'égalité des sexes et l'égalité des époux met en jeu la constitution même de la famille et risque d'agiter, de troubler même, bien des générations, le malheur est que, dans ce procès irritant où le plaidoyer traditionnel des hommes se heurte à l'âpre et ardent réquisitoire des femmes, tous, demandeurs et défendeurs, sont forcés d'être juges et parties dans leur propre cause. Il conviendrait d'en induire que, pour trancher le litige avec quelque impartialité, les avocats des deux sexes ne doivent toucher à un problème si épineux qu'avec d'infinis ménagements.

Or, loin d'obéir à cette suggestion d'élémentaire sagesse, nous voyons tous les jours des gens, excités et excitants, se jeter éperdument dans la discussion : les uns (je parle des hommes) avec un dédain manifestement réactionnaire ; les autres (je parle des femmes) avec un fracas véritablement révolutionnaire. Est-il donc impossible d'éviter ces *excès, en interrogeant avec modestie la saine et droite raison, en s'adonnant avec loyauté à la recherche de ce qui est juste et vrai ? Je ne sais, pour ma part, nul autre moyen de réconcilier deux plaideurs qui, bien qu'acharnés à se combattre, ne peuvent, Dieu merci ! se passer l'un de l'autre.*

M'excuserai-je maintenant de l'ampleur que cet ouvrage a prise malgré moi ? Plus d'un lecteur trouvera que c'est beaucoup de deux volumes pour exposer le fort et le faible du féminisme contemporain. Mais à mesure qu'on avancera dans ces études, on verra mieux que le féminisme, tel seulement qu'il se manifeste en France, est tout un monde, et qu'à trop restreindre ou à trop condenser l'examen de ses revendications, notre travail eût encouru le reproche d'être incomplet ou superficiel. Si même j'éprouve un regret, c'est de n'avoir pu consacrer à tous les articles du programme féministe une place plus large et des développements plus détaillés. Mais qui ne sut se borner ne sut jamais finir.

Quelque imparfait que puisse être cet ouvrage, il aura du moins l'avantage de permettre au public français d'embrasser, dans une vue d'ensemble, les aspects nombreux de la question féministe, la suite et la gradation des problèmes qu'elle soulève, le lien et l'enchaînement des idées qu'elle agite et des solutions qu'elle comporte. En un sujet qui s'étend, comme le nôtre, à toutes les manifestations de la vie sociale, l'important est moins de dire tout ce que l'on sait que de bien dire ce que l'on pense. C'est à quoi je me suis appliqué de mon mieux, en me faisant une loi de traiter les personnes avec respect et les doctrines avec indépendance ; d'autant plus que si je dois à mon sexe d'exposer la thèse féministe avec une mâle franchise, je dois au vôtre, Mesdames, de la discuter avec la plus conciliante aménité. J'essaierai, en conscience, de ne point faillir trop gravement à cette double obligation.

Rennes, 19 mars 1901.

LIVRE I

TENDANCES ET ASPIRATIONS FÉMINISTES

CHAPITRE I

L'ESPRIT FÉMINISTE

I.--Ce que le féminisme pense de l'assujettissement et de l'imperfection de la femme moderne.--A qui la faute ?--Symptômes d'émancipation. II.--Genèse de l'esprit féministe en France.--Son but.--Rêves d'indépendance. III.--Les doléances du féminisme et « les droits de la femme ».--Notre plan et notre division.

I

Depuis quelque vingt-cinq ans, certaines femmes, des plus notoires et des mieux douées, se sont avisées que leur sexe n'était point parfait. Dire que jamais pareille idée n'était venue aux hommes, serait pure hypocrisie. Ils en avaient tous, à la vérité, quelque vague pressentiment. D'aucuns même, dans l'épanchement d'une familière franchise, avaient pu le faire remarquer vivement à leur compagne. Mais, si l'on met à part un petit groupe de pessimistes lamentables, l'audace masculine n'était jamais allée jusqu'à englober le sexe féminin tout entier dans une réprobation générale. Au sentiment des hommes (était-ce simplicité ou malice ?) il n'existait guère qu'une femme véritablement inférieure ; et l'on devine que c'était la leur. Toutes les autres avaient d'admirables qualités qu'ils étaient surpris et désolés de ne point trouver dans l'épouse de leur choix. Conclusion foncièrement humaine, mais inexacte. Car si chaque mari trouve tant d'imperfections à sa femme, c'est, hélas ! qu'il la connaît bien ; et s'il juge les autres si riches de mérites et de vertus, c'est apparemment qu'il les connaît mal. Et là, dit-on, est la vérité. Comparée à la femme idéale, à la femme « en soi », à la femme de l'avenir, la femme du temps présent,--la Française particulièrement,--n'est pas, au sentiment dès féministes les plus qualifiés, ce qu'elle devrait être ; et l'heure est venue de la rendre meilleure.

« Comment ? La Française est à refaire ? »--Il paraît : ces dames l'affirment. Que l'on reconnaît bien à cet aveu l'admirable modestie des femmes ! Là-dessus, pourtant, les hommes auraient tort de triompher trop vite. Si, en effet, l'Ève moderne est affligée d'une douloureuse insuffisance, il n'y a point de doute que la faute, toute la faute, en incombe à son souverain maître. Ignorante, esclave et martyre, voilà ce que les hommes l'ont faite par une pression assujettissante habilement prolongée de siècle en siècle. Cette iniquité a trop duré. Il n'est que temps d'affranchir, de relever, d'illuminer, de magnifier la femme, fallût-il, pour atteindre cet idéal, refaire les codes, violenter les moeurs et retoucher la création. L'» Ève nouvelle », qu'il s'agit de donner au monde, sera l'égale de l'homme et, comme telle, intelligente, fière, cultivée, libre et heureuse, parée de toutes les grâces de l'esprit et de toutes les qualités du coeur,--une perfection.

Ce langage sonne encore étrangement à bien des oreilles. En France, notamment, dans nos classes moyennes, si laborieuses et si rangées, qui sont la force et l'honneur de notre pays, dans la douce paix de nos habitudes provinciales, dans l'atmosphère tranquille et légèrement somnolente de nos milieux bourgeois où la femme, religieuse d'instinct, attachée à ses dévotions et appliquée à ses devoirs, fidèle à son mari, dévouée à ses enfants, aimante et aimée, s'enferme en une vie simple, modeste, utile et finalement heureuse, puisqu'elle met son bonheur à faire le bonheur des siens,--on a peine à concevoir cette fièvre de nouveauté et cette passion d'indépendance qui, ailleurs, animent et précipitent le mouvement féministe contre les plus vieilles traditions de famille. Je sais des mères, instruites et prudentes, qui, à la lecture d'un de ces livres récents où s'étalent, trop souvent avec emphase et crudité, les doléances, les protestations et les convoitises de l'école nouvelle, n'ont pu retenir ce cri du coeur : « Mais ces femmes sont folles ! »

Pas toutes, Mesdames. A la vérité, c'est le propre des mouvements d'opinion d'outrepasser inconsciemment la mesure du bon sens et du bon droit ; et conformément à cette loi, le féminisme ne saurait échapper à certains sursauts désordonnés, à des excentricités risibles, à l'excès, à la chimère. Point de flot sans écume. Gardons-nous d'en conclure cependant que tous les partisans de l'émancipation féminine sont des extravagantes dévorées d'un besoin malsain de notoriété tapageuse. La plupart se sont vouées à cette cause avec une pleine conviction et un parfait désintéressement. Quelques-unes même ont donné des preuves d'un réel talent ; et en ce qui concerne les initiatrices du mouvement et les directrices de la propagande, elles se recommandent pour le moins à l'attention publique par des prodiges de volonté agissante et infatigable. Rien ne les rebute. Elles ont la foi des apôtres.

II

Nous sommes donc en présence, non d'une simple agitation de surface, mais d'un courant profond qui, se propageant de proche en proche et s'élargissant de pays en pays, pousse les jeunes filles et les jeunes femmes vers les sphères d'élection,--études scientifiques et carrières indépendantes,--jusque-là réservées au sexe masculin. Et pour peu que nous cherchions sans parti pris les origines de cet ébranlement général, nous n'aurons point de peine à lui reconnaître dès maintenant deux causes principales : il procède d'abord d'exigences nouvelles, de nécessités pressantes, de conditions douloureuses, d'une gêne, d'une détresse que nos mères n'ont point connues, et qui nous font dire que la revendication de plus larges facilités, de culture et d'une plus libre accession aux emplois virils est, pour un nombre croissant de jeunes filles, une façon très digne de réclamer le pain dont elles ont besoin pour vivre ; il procède ensuite d'aspirations vagues et inquiètes à une vie plus extérieure, à une activité plus indépendante, d'un besoin mal défini d'expansion et de mouvement, d'une sourde impatience de liberté, qui font que, par l'effet même du développement de leur instruction, beaucoup de jeunes femmes, non des plus déshéritées, non des moins intelligentes, commencent à souffrir de la place subordonnée qui leur est assignée par les lois et les moeurs dans la famille et dans la société. Et voilà pourquoi, non contentes d'inspirer l'homme avec douceur et de le guider adroitement par la persuasion, toutes celles qui s'abandonnent à la pente des idées nouvelles rêvent, sinon de le diriger avec hauteur, du moins de le traiter en égal. Il semble qu'il ne leur suffise plus d'être aimées pour leur grâce et leur bonté : elles revendiquent une part de commandement. Et à mesure qu'elles se sentent ou se croient plus savantes,--et nous savons combien cette illusion est facile !--leur ton devient plus décisif, leur parole plus impérieuse et plus tranchante.

En deux mots, *ces dames et ces demoiselles s'éprennent de science pour élever la femme dans la société et s'attaquent plus ou moins franchement au mariage pour abaisser l'homme dans la famille.* Tout le féminisme est là. En quelque sentiment qu'on le tienne, quelque inquiétude qu'il éveille dans les esprits attachés aux traditions, quelque défiance même qu'il excite dans les âmes chrétiennes, il se propage, s'affirme et s'accentue dans nos idées et dans nos moeurs. Le Français, né malin, y trouve naturellement une occasion d'épigrammes faciles où sa verve se délecte innocemment. Mais sans rien perdre de ses droits, l'esprit gaulois est forcé lui-même de prendre le féminisme au sérieux. Plus moyen de l'enterrer sans phrases. Très garçon d'allure, de goût et de langage, il crie, pérore et se démène comme un beau diable. Depuis quelque temps surtout, il multiplie les conférences, les publications, les groupements, les associations et les congrès. Nous avons aujourd'hui une propagande féministe, une littérature féministe, des clubs féministes, un théâtre féministe, une presse féministe et, à sa tête, un grand journal, *la Fronde*, dont les projectiles sifflent chaque jour à nos oreilles et vont tomber avec fracas dans le jardin de Pierre et de Paul, sans égard pour la qualité ou la condition du propriétaire. On sait enfin que le féminisme a ses syndicats et ses conciles, et que, chaque année, il tient ses assises plénières dans une grande ville de l'ancien ou du nouveau monde. Il est devenu international.

III

Puisque les revendications féministes menacent de troubler gravement l'ordre social et familial, nous avons le droit et le devoir de demander nettement aux « femmes nouvelles » ce qu'elles attendent de nous, ce qu'elles préparent contre nous. N'ayons en cela nul souci de les embarrasser : loin de cacher leur programme, elles l'affichent. Résumons-le sans plus tarder, en lui conservant, autant que possible, sa forme vive et ingénument imagée. Aussi bien est-ce le plan général de cet ouvrage que nous tracerons de la sorte, notre dessein étant de consacrer une étude particulière à chacune des revendications qui suivent. On aura ainsi sous les yeux, dès le début de ce livre, et le cahier des doléances féministes, et l'économie générale de notre travail.

Et donc, les temps sont venus d'une ascension vers la lumière, vers la puissance et la liberté. Enfin l'esclave se redresse devant son maître, réclamant une égale place au soleil de la science et au banquet de la vie. Depuis trop longtemps, la femme est écrasée par la prépondérance masculine dans tous les domaines où son activité brûle de s'étendre et de s'épanouir.

1° Elle souffre d'une *infériorité intellectuelle* ; car les jeunes filles ne sont pas aussi complètement initiées que les jeunes gens aux choses de la vie et aux clartés du savoir.

2° Elle souffre d'une *infériorité pédagogique*, parce que l'enseignement secondaire et l'enseignement supérieur, et les carrières qui leur servent de débouchés, sont d'un accès plus difficile pour elle que pour l'homme.

3° Elle souffre d'une *infériorité économique*, puisque le travail de la femme n'est nulle part aussi libre et aussi rémunérateur que le travail masculin.

4° Elle souffre d'une *infériorité électorale*, parce que, citoyenne ayant les mêmes intérêts que le citoyen à l'ordre politique et à la prospérité publique, elle n'a pas le droit de faire entendre sa voix dans les conseils de la nation.

5° Elle souffre d'une *infériorité civile*, puisque la capacité de la femme mariée est étroitement subordonnée à l'autorisation maritale.

6° Elle souffre d'une *infériorité conjugale*, l'épouse étant, depuis des siècles, assujettie par le mariage légal et religieux à la domination souveraine de l'époux.

7° Elle souffre enfin d'une *infériorité maternelle*, si l'on songe que les enfants qu'elle donne au pays sont soumis à la puissance du père avant d'être soumis à la sienne.

Toutes ces inégalités, la « femme nouvelle » les tient pour injustifiables. C'était pour nos pères une vérité passée en proverbe que « la poule ne doit point chanter devant le coq. » Et voici que l'aimable volatile jette un cri de guerre et de défi à son seigneur et maître ; et le poulailler en est tout ému et révolutionné ! Pour parler moins irrévérencieusement, il appartient à notre époque de faire une « femme meilleure », une « sainte nouvelle ». Et ce chef-d'oeuvre accompli, lorsque les conquêtes de la femme seront achevées et les privilèges de l'homme abolis, « ce jour-là, toute la société, sans miracle, sera subitement transformée-- et je veux croire--régénérée. » Et à cet acte de foi, le fervent écrivain que nous venons de citer, et dont l'oeuvre résume avec magnificence toutes les ambitions du féminisme, ajoute un acte d'ineffable espérance : « Des merveilles sont réservées aux siècles futurs, qui connaîtront seuls la splendeur complète d'une âme de femme.[1] »

On nous assure même que, pour gratifier l'humanité de cette nouvelle rédemption, des femmes héroïques appellent le martyre et sont prêtes à marcher au calvaire.

Lyrisme à part, toutes ces manifestations de révolte, tous ces bruits de combat trahissent un état d'âme et un trouble d'esprit auxquels il serait vain d'opposer une dédaigneuse indifférence. A Jersey, sur la tombe de Louise Jullien, proscrite comme lui, Victor Hugo a prononcé, en 1853, cette phrase célèbre : « Le XVIIe siècle a proclamé les Droits de l'homme, le XIXe siècle proclamera les Droits de la femme. » Reportons au XXe, si vous le voulez, la réalisation de cette prophétie : il n'en est pas moins à conjecturer que le siècle qui commence verra d'étonnantes choses. On prête à Ibsen cette autre parole : « La révolution sociale qui se prépare en Europe gît principalement dans l'avenir de la femme et de l'ouvrier. » Sans croire que la

---

[1] Jules Bois, *La Femme nouvelle*. Revue encyclopédique du 28 novembre 1890, pp. 834, 835, 836 et 840, *passim*.

question féminine et la question ouvrière soient d'égale importance,--et, pour ma part, je mets celle-ci bien au-dessus de celle-là,--il n'en est pas moins vrai que les revendications de la femme sont entrées dans les préoccupations de notre époque, et qu'il faut, coûte que coûte, y prêter une oreille attentive et les soumettre à un sérieux examen.

En réalité, le programme de l'émancipation féminine, que nous étudierons, article par article, suivant l'ordre dans lequel nous venons de l'énoncer, peut se ramener, pour plus de clarté, à deux directions générales qui correspondent à nos deux séries d'études.

Dans la première, la femme poursuit : 1° son *émancipation individuelle*, en réclamant une plus large et plus libre accession aux lumières de la science ; 2° son *émancipation sociale*, en revendiquant une plus large et plus libre admission aux métiers et professions des hommes.

Dans la seconde, la femme entend réaliser : 1° son *émancipation politique*, en conquérant le droit de suffrage ; 2° son *émancipation familiale*, en obtenant au foyer plus d'indépendance et d'autorité.

Ainsi donc, d'une part, droits de la femme en matière d'*instruction* et de *travail* : voilà pour son émancipation individuelle et sociale ; d'autre part, droits de la femme dans les affaires de l'*État* et du *ménage* : voilà pour son émancipation politique et familiale.

Et du même coup, nous avons justifié la distribution de toutes les controverses féministes en deux suites d'études qui s'enchaînent et se complètent. Mais avant d'aborder l'examen critique des revendications formulées en ces derniers temps par le féminisme français, nous tenons à convaincre les sceptiques et les indifférents de la gravité de ce mouvement d'opinion ; et, à cette fin, nous indiquerons préalablement, avec quelque détail, ses *tendances* et ses *aspirations*, ses *groupements* et ses *manifestations*, l'expérience démontrant qu'une nouveauté mérite d'autant plus de considération qu'elle apparaît et se propage en des milieux plus variés et plus étendus.

CHAPITRE II

TENDANCES D'ÉMANCIPATION DE LA FEMME OUVRIÈRE

I.--D'où vient le féminisme ?--Son origine américaine.--Ses tendances diverses. II.--Affaiblissement de la moralité du peuple.-- L'ouvrier ivrogne et débauché.--Pauvre épouse, pauvre mère. III.-- Difficultés croissantes de la vie.--La main-d'oeuvre et l'épargne de l'ouvrière.

I

Impossible de le nier : le féminisme est dans l'air. D'où vient-il ? Que veut-il ? Où va-t-il ? Ce n'est point simple curiosité de chercher une réponse à ces questions : l'avenir du pays nous en fait un devoir, le problème de l'émancipation des femmes touchant aux principes mêmes sur lesquels reposent depuis des siècles la famille et la société.

Dans le féminisme il y a le mot et la chose. Le mot est né en France ; on l'attribue à Fourier qui, dans son « système » subordonnait tous les progrès sociaux à « l'extension des privilèges de la femme[2] ». Depuis lors, un

---

[2] *Théorie des Quatre Mouvements*, 2e édit. 1841. Librairie sociétaire, p. 195.

usage universel a consacré ce néologisme, bien que l'Académie ne lui ait pas encore ouvert son dictionnaire. Quant à la chose, elle est plutôt d'origine américaine. Ce mouvement hardi ne pouvait naître que sur une terre jeune, débordante de sève, riche de ferments généreux et de forces indisciplinées, naturellement accessible à toutes les nouveautés et propice à toutes les audaces. Bien que le féminisme n'ait excité chez nous que des répercussions tardives, il commence à communiquer aux sphères les plus diverses de notre société un ébranlement confus et un vague malaise dont je voudrais tout d'abord analyser les symptômes et reconnaître la gravité.

Depuis un demi-siècle, la personnalité de la femme moderne s'est accrue en dignité, en liberté, en autorité. Mais, non contente de ces conquêtes, notre compagne manifeste, quelle que soit sa condition, des velléités d'indépendance et d'égalité qui, agitant plus d'une tête, risquent de troubler plus d'un foyer. Notre conviction est que le féminisme n'existe pas seulement dans les discours et les livres de ses adeptes militants : en même temps qu'il s'épanouit dans les idées, il s'accrédite lentement dans les moeurs. Ce n'est d'ailleurs qu'après une germination plus ou moins cachée, qu'un mouvement d'opinion arrive à la pleine conscience de ses forces et même à la claire vision de son but. A côté du féminisme qui prêche et s'affiche, il y a donc un féminisme qui sommeille et s'ignore. Et c'est pourquoi nous n'exposerons les doctrines du premier, qu'après avoir dégagé les tendances du second, tenant pour sagesse d'étudier le terrain avant la plante qu'il porte, nourrit et féconde ; car plus les tendances seront générales et profondes, plus les doctrines auront chance de pousser, de croître et de fleurir.

Or, envisagé comme tendance, le féminisme est un état d'esprit incertain, latent, obscur, une sorte d'atmosphère flottante qui nous enveloppe et nous pénètre jusqu'à l'âme. Il y a beaucoup de féministes sans le savoir ; et cela dans toutes les classes de la société, chez les pauvres comme chez les riches, parmi les illettrés aussi bien que dans les milieux instruits et cultivés. La même aspiration se manifeste ici et là : du côté des hommes, par la désuétude ou l'abdication des prérogatives masculines ; du côté des femmes, par l'impatience ou le dénigrement de la supériorité virile. D'où il suit qu'une disposition d'esprit, qui a le rare privilège de recruter des adhérents dans les catégories sociales les plus diverses, ne saurait être tenue pour un phénomène négligeable.

En fait, il existe déjà, autour de nous, un féminisme *ouvrier*, un féminisme *bourgeois*, un féminisme *mondain*, un féminisme *professionnel*, dont la physionomie complexe s'accuse par des traits plus ou moins saillants. Leurs mobiles varient ; mais de quelque grief qu'ils soient animés contre le sexe fort, toutes leurs ambitions secrètes convergent au même but, qui est l'amoindrissement de la prééminence masculine. La maîtrise de l'homme, voilà l'ennemie.

II

Et tout d'abord, la femme du peuple est vaguement lasse ou mécontente des prérogatives de son conjoint.

C'est une illusion très humaine d'attribuer mille qualités aux malheureux. L'infortune nous paraissant un gage de supérieure honnêteté, l'usage s'est introduit de dire tant de bien de la famille ouvrière que l'habitude se perd d'en voir les défauts et les vices. Tandis que les avocats du peuple nous représentent, avec emphase, le ménage du prolétaire comme le dernier refuge de toutes les vertus, nous inclinons nous-mêmes si naturellement à plaindre les classes besogneuses, nous compatissons si généralement à leurs labeurs, à leurs misères, nous essayons, avec une bonne volonté si unanime, de les consoler, de les éclairer, de les assister,--sans toujours y réussir,--que notre raison est devenue peu à peu la dupe de notre coeur. Et finalement égarés par les déclamations, plus généreuses qu'impartiales, d'une démocratie qui prête toutes sortes de défauts aux riches et toutes sortes de qualités aux pauvres, abusés par nos propres complaisances envers nos frères déshérités, nous avons oublié le mal vers lequel ils descendent pour ne voir que le bien vers lequel nous voudrions les élever.

Or, la femme ouvrière se charge de nous rappeler au sentiment des réalités ; car elle en souffre, elle en pleure. C'est un fait d'observation à peu près générale que la femme du peuple, quels que soient les trésors de courage, de dévouement et de résignation dont son coeur déborde, commence à se prendre de lassitude et d'impatience à peiner pour un ivrogne, un paresseux ou un débauché. Elle réclame avec instance le droit de disposer de ses économies, de les placer, de les défendre, de les arracher aux folles prodigalités du mari. Elle n'a plus foi dans son homme. A qui la faute ?

Ce m'est une joie de reconnaître qu'un ménage de bons travailleurs doit être salué de tous les respects des honnêtes gens. Pour ma part, je le trouve simplement admirable. L'ouvrier rangé, bon époux et bon père, est un sage, un philosophe en blouse, un héros sans le savoir, une sorte de saint obscur et caché. Il fait honneur à l'espèce humaine. Mais en tenant cette élite pour aussi nombreuse qu'on le voudra, est-il possible de soutenir que les masses populaires comprennent de mieux en mieux la dignité du travail et le mérite de la sobriété, l'efficacité rédemptrice de l'effort et du renoncement ? Quand on compare l'ouvrier d'aujourd'hui à l'ouvrier d'autrefois,--qu'il s'agisse de l'ouvrier des champs ou de l'ouvrier des villes,--est-il croyable que le moderne l'emporte sur l'ancêtre ? S'est-il donc enrichi de vertus nouvelles ou corrigé de quelque ancien vice ? Est-il plus laborieux, plus soucieux de ses devoirs, plus conscient de ses véritables intérêts, plus attaché à sa patrie, plus fidèle à sa femme, plus dévoué à ses enfants ? S'il est plus instruit, est-il plus moral ? Bien que soutenu et honoré par l'opinion, est-il moins envieux ? Encore que mieux payé, est-il plus économe et plus prévoyant ? A vrai dire, la fièvre de jouissance, dont cette fin de siècle est comme brûlée, pousse l'ouvrier aux folles dépenses, le détournant peu à peu de ses habitudes d'épargne et de ses obligations de famille. Et l'épouse se lasse de la dissipation du mari ; et la mère s'irrite de l'égoïsme du père. Que d'argent laissé sur le comptoir des marchands de vin ! Que de salaires dévorés dans les rigolades des mauvais lieux ! Est-ce trop dire que, dans nos grands centres industriels, la famille ouvrière est en train de mourir d'intempérance et d'immoralité ?

Et que personne ne triomphe de cette affligeante constatation : le mal est aussi grand dans les hautes que dans les basses classes. A ce triste point de vue, les extrêmes se touchent et se ressemblent ; c'est l'égalité des bêtes. Se griser avec du champagne de nos grands crus ou du vin de Suresne de maigre qualité, entretenir une gueuse des boulevards extérieurs ou une actrice des grands théâtres, s'acoquiner aux décavés de la grande vie ou aux louches habitués des barrières, faire la fête en habit noir ou en blouse bleue, en robe de soie, ou en cotillon fané, c'est toujours l'humanité qui se dégrade et s'encanaille.

III

Mais la femme ouvrière souffre plus particulièrement de ces folies et de ces excès ; car ma conviction est que, dans le peuple, la femme vaut mieux que l'homme. Quel malheur pour elle que d'être mariée à un indigne ! Malgré tous ses prodiges d'ordre et de parcimonie, comment soutenir le ménage et nourrir les enfants, si le père dépense au cabaret ce qu'il gagne à l'atelier ? Ne nous étonnons point qu'elle murmure, récrimine ou se fâche. Il lui faut la disposition de ses économies. Elle veut être maîtresse de ses propres ressources afin de pouvoir, s'il le faut, serrer fortement les cordons de la bourse commune.

Joignez que la femme ouvrière travaille, dès maintenant, à équilibrer le budget domestique. Le renchérissement de la vie s'ajoutant à la dissipation du mari, on voit de ces vaillantes dont nul labeur, si rude soit-il, ne rebute le courage, envahir les bureaux, les ateliers, les magasins, les usines, pour y supplanter, autant qu'elles peuvent, la main-d'oeuvre masculine. Et les ouvriers s'effraient de cette concurrence et parfois s'en indignent. Qu'y faire ? Sans doute, ces femmes viriles seraient mieux au foyer domestique : mais le besoin les en chasse. Sans doute, la place de la mère est à la maison : encore faut-il y joindre les deux bouts. On lui conseille de soigner le pot-au-feu : mais que mettra-t-elle dans la marmite ? En tout cas, il ne peut être question de renvoyer à leur ménage et les femmes sans enfants et les veuves sans soutien et les filles sans famille. Impossible de les exproprier de leur gagne-pain pour conserver aux hommes le monopole du travail industriel ; cette exclusion cruelle les vouerait à la misère ou au désordre. Mieux vaut prendre un métier qu'un amant et faire marché de sa main-d'oeuvre que trafic de son corps.

Les fautes de l'homme, d'une part, les exigences de la vie, d'autre part, poussent donc l'ouvrière à disputer à l'ouvrier les carrières, les professions et les travaux que, jadis, il occupait en maître. Et cette tendance nous conduit insensiblement à une plus grande égalité des sexes, dans les moeurs et devant les lois, qui suppose elle-même,--je le crains fort,--un affaiblissement de l'esprit de famille et l'ébranlement des règles mêmes du mariage.

Chapitre III

Tendances d'émancipation
de la femme bourgeoise

I.--Portraits d'aïeules.--Nos grand'mères et nos filles.--La Parisienne et la Provinciale. II.--Les émancipées sans le savoir.--La faillite du mari. III.--Les jeunes filles de la petite et de la haute bourgeoisie.--Soucis d'avenir des premières, goûts d'indépendance des secondes ; hardiesse et précocité des unes et des autres. IV.--Les fautes de l'homme.--La femme lui prend ses idées d'indépendance.

I

B ien que la femme de nos classes moyennes se montre des moins accessibles à la contagion des nouveautés ambiantes, bien que la bourgeoise de France soit la mieux avertie de ses devoirs et la plus fidèle à ses obligations, il n'est pas sérieusement contestable qu'elle a subi, depuis un demi-siècle, au moral et au physique, de très appréciables déformations. Ouvrez un album de famille et rapprochez les photographies de nos mères de celles de leurs petites-filles : le contraste est frappant. Il s'accentuera encore si vous comparez l'image de nos jeunes contemporaines aux vieux portraits de nos bonnes et simples aïeules d'il y a quatre-vingts ans. Impossible de ne point remarquer combien l'attitude de celles-ci est humble et leur regard modeste. On lit dans la plupart de ces physionomies douces et paisibles, dans les yeux baissés, dans ces apparences discrètes, le goût de l'obéissance, la crainte du bruit, l'habitude de la soumission. Tout autre est la jeune femme, et surtout la jeune fille d'aujourd'hui : le buste droit, la tête haute, le regard direct et sûr, un air de volonté, d'indépendance et de commandement, révèlent en leur âme quelque chose de masculin qui n'aime pas à céder et qui se flatte de conquérir.

Si doucement que cette métamorphose se soit opérée, la bourgeoise d'aujourd'hui ne ressemble plus tout à fait à la bourgeoise d'autrefois qui, timide, réservée, ingénue, élevée simplement avec des précautions jalouses, moins pour elle-même que pour son futur mari, s'habituait dès l'enfance à une vie cachée, réglée, disciplinée, toute de paix intérieure et de recueillement domestique. Ses parents lui inculquaient de bonne heure tous les respects : le respect de la famille, le respect du temps, le respect de l'ordre et aussi (ne riez pas !) le respect du pain, et même le respect du linge que parfois l'aïeule avait filé de ses mains tremblantes, que la fille en se mariant héritait de sa mère, qu'on lessivait à la maison, qu'on reprisait avec soin, et dont les piles, parfumées de lavande et attentivement surveillées, s'étageaient avec une impeccable régularité, dans les grandes armoires en coeur de chêne sculpté, sortes d'arches saintes où les nouveaux ménages gardaient, avec les vieilles reliques du passé, un peu du souvenir embaumé des ancêtres.

Que nous sommes loin de ces calmes habitudes et de ces douces images ! Nos classes moyennes n'ont point échappé à la fièvre du siècle finissant. Sont-elles si rares--à Paris surtout,--ces jeunes femmes de la meilleure bourgeoisie qui, victimes de notre malaise social, ayant dépouillé l'ignorance naïve de leurs aînées, sans acquérir l'énergie virile qu'elles ambitionnent et qui les fuit, tour à tour impatientes d'action et alanguies par le rêve, sollicitées tantôt par le scepticisme auquel les incline leur demi-science, tantôt par les pieuses croyances auxquelles les ramène un secret penchant de leur coeur, ambitieuses d'apprendre et de savoir, inquiètes de comprendre et de douter, anémiées par l'étude, éprises d'une vie plus résolue, plus libre, plus agissante, et troublées par les risques probables et les accidents possibles de l'inconnu qui les attire, hésitent, se tourmentent et, s'énervant à chercher leur voie dans les ténèbres, perdent inévitablement la paix de l'âme et compromettent souvent la paix du foyer ? L'époque où nous vivons est l'âge critique de la femme intellectuelle.

On me dira que la provinciale est plus tranquille et plus sage. Il n'y a point de doute : ces curiosités et ces inquiétudes d'esprit ne hantent que les têtes déjà grisées par les vapeurs capiteuses de l'esprit nouveau. On m'assure pourtant que, dans les milieux élégants, il ne suffit plus à l'ambition des femmes de mériter la réputation de bonnes ménagères, expertes aux choses de la cuisine, habiles à tourner un bouquet, à orner un salon, à composer même quelque chef-d'oeuvre sucré, crème, liqueur ou confitures. Les plus indépendantes ne se résignent point, sans quelque souffrance mal dissimulée, au simple rôle de mères tendres, dévouées, robustes et fécondes, surveillant l'office et gouvernant leur intérieur. Nos grand'mères se trouvaient bien de cette fonction modeste,--et nos grands-pères aussi. A vrai dire, le passé n'en concevait point d'autre. La femme à son ménage, le mari à son travail ; et la famille était heureuse. Tout cela prend aux yeux de certaines femmes riches et dédaigneuses un air de vulgarité misérable. Et pour peu qu'elles aient l'humeur altière et l'âme dominatrice, on peut être sûr qu'elles feront bon marché de l'autorité maritale.

II

Nombreuses sont les femmes qui ne tarissent point en récriminations indignées contre les tendances d'émancipation féminine, et qui pourtant ne se font aucun scrupule de trancher souverainement toutes les questions du ménage. Combien même repoussent la lettre du féminisme et en pratiquent l'esprit dans leur intérieur avec une admirable sérénité ? Ne leur parlez point d'une femme médecin ou avocat : elles hausseront les épaules avec mépris. A exercer de pareilles fonctions, elles vous diront qu'une femme abdique les qualités de son sexe. Mais que leur mari élève la voix pour émettre une opinion ou donner un conseil, le malheureux sera mal reçu. Ces dames ont la prétention de prendre toutes les décisions et toutes les initiatives ; elles imposent leurs vues, dictent leurs volontés, et finalement n'abandonnent le gouvernement de la cuisine que pour mieux régenter le père et les enfants. L'égalité des droits de la femme et du mari est un sujet qui les offense ; et elles ne se doutent pas qu'elles vont beaucoup plus loin dans la pratique de leur vie, en subordonnant l'autorité maritale à leur autorité propre. Pour elles, le féminisme est sans objet, car leur petite révolution est faite. Elles ont pris déjà la place du maître.

On rapporte même que bon nombre de femmes chrétiennes conspirent, de coeur, avec leurs soeurs les plus émancipées. Non qu'elles ne soient un peu gênées par la condamnation que Dieu lui-même a portée contre notre première mère : « Tu seras assujettie à l'homme. » Mais ces arrière-petites-filles d'Ève se persuadent sans trop de peine que, l'homme ayant généralement failli aux devoirs de protection, d'amour et de fidélité que Dieu lui avait prescrits, la femme a bien le droit de rompre un contrat si mal observé et de revendiquer, à titre de dédommagement, et la disposition de sa dot, si souvent compromise par les gaspillages du mari, et la direction de la famille parfois si mal gouvernée par le père. Ne pouvant réformer l'homme, n'est-il pas juste de transformer la femme ? Puisque le maître s'abaisse, il faut bien que l'esclave s'élève. Si donc le sexe fort ne veille pas à donner plus de satisfaction au sexe faible, l'homme doit s'attendre à voir sa femme, si bonne dévote qu'elle soit, réclamer pour elle-même, avec une insistance croissante, l'autorité dont il use si mal. Qui quitte sa place la perd.

A toutes ces mécontentes, il convient d'ajouter enfin les incomprises, qui deviennent légion. Croiriez-vous qu'il est encore des maris assez barbares pour traiter leurs femmes comme des domestiques à tout faire et qui, oubliant qu'elles jouent du piano comme un premier prix du conservatoire ou font de l'aquarelle comme un lauréat des beaux-arts, la confinent dans leur ménage avec obligation de soigner le menu et de surveiller les mioches ? Croiriez-vous qu'il en est même d'assez vaniteux pour choyer, parer, orner, gâter leur femme, moins pour elle-même que pour la satisfaction égoïste du maître, comme un pacha en use avec une beauté de son harem, et qui, la tenant pour une chose de prix, pour un meuble de luxe, ne se gênent pas de la renvoyer, quand elle se mêle de politique ou de littérature, à son journal de mode, à sa couturière et à ses chiffons ? Et Monsieur qui est commerçant ou industriel, n'a pas le plus petit diplôme ! Et Madame a son brevet supérieur ! Est-ce tolérable ? Adam a-t-il reçu Ève des mains de Dieu pour en faire une cuisinière surmenée ou une oisive assujettie ? Ni femme de ménage ni poupée de salon, tel est le vœu secret de plus d'une de nos contemporaines. Que sera-ce lorsqu'elles seront bachelières, licenciées ou doctoresses ? Elles ne voudront plus épouser que des académiciens.

Pour rester sérieux, je ne crois pas outrepasser la vérité en disant que beaucoup de femmes modernes, dans les conditions les plus diverses, se jugent très supérieures à leurs maris. De là, un malaise, un dépit, une soumission mal supportée, où j'ai le droit de voir un germe de révolte future qui ne peut, hélas ! que se développer rapidement au coeur des générations nouvelles.

III

Si, en effet, je considère d'abord la jeune fille de petite bourgeoisie, je constate que, faute de trouver des occasions de mariage aussi faciles qu'autrefois, les exigences économiques la poussent de plus en plus à rechercher les emplois virils pour se créer une existence indépendante. Combien de jeunes gens appartenant aux classes moyennes, qui, raisonnant leur vie et calculant leur avenir, ne se sentent pas assez riches pour suffire au luxe d'une jeune fille dont la dot est mince et les goûts sont ruineux ? D'autres, que le libertinage effraie moins que la paternité, se disent qu'il est plus économique d'entretenir une maîtresse que d'élever une famille. Et voilà pourquoi tant d'honnêtes demoiselles restent filles. Et comme il faut bien que ces isolées gagnent leur vie, nous les voyons assiéger les portes de toutes les « administrations » et s'épuiser à la conquête de tous les diplômes. Ne vaut-il pas mieux s'acharner à un travail honorable que s'abandonner aux tentations de la « vie facile » ?

Quant à la jeune fille de la riche bourgeoisie, sans vouloir en parler trop malignement, il serait puéril de cacher qu'elle est en train de perdre, en certains milieux, la fraîcheur d'âme, la réserve ingénue, le parfait équilibre de ses devancières. Aura-t-elle l'esprit aussi droit, la santé aussi ferme, le coeur aussi vaillant ? L'anémie l'a déjà touchée, et la névrose la guette. Non que la jeune fille d'autrefois n'existe plus en province : on en trouverait des milliers même à Paris. Beaucoup sont aussi sévèrement élevées que le furent leurs grand'mères. On ne les voit point au théâtre ; elles ne sortent jamais sans être accompagnées ; elles savent qu'il est de mauvais ton de danser plus de trois fois avec le même jeune homme. Toutes ces « convenances », d'ailleurs, leur semblent parfaitement ennuyeuses. Mais les moeurs sont trop routinières en France pour que ces recluses se puissent transformer rapidement en évaporées.

Et pourtant, ne vous est-il jamais arrivé de rencontrer dans un salon, de ces charmantes petites personnes, précocement développées, instruites et malicieuses, ne doutant de rien et parlant de tout avec une hardiesse tranquille qui déconcerte les vieilles gens et amuse les jeunes, joignant la coquetterie à l'assurance et l'impertinence à la séduction, sortes de roses de salon, prématurément écloses, dont le charme attirant ne cache point assez les épines ? Très positives et très renseignées, ces demoiselles « Sans-gêne » ont déjà, semble-t-il, l'expérience de la vie.

N'en marquons point de surprise : nous traitons nos enfants en camarades. Sous prétexte de franchise et de sincérité, nous n'épargnons pas à leurs oreilles les libres propos et les conversations hardies ; nous laissons traîner sur la table de famille les livres les moins propres à entretenir la retenue et la modestie ; bref, nous perdons peu à peu le respect de l'enfance. Si bien que nos imprudences mêmes, jointes à une instruction plus avancée, ouvrent leur imagination à mille choses qu'on s'appliquait jadis à leur cacher soigneusement. De là, ce type nouveau de jeune fille indépendante, moqueuse, à l'intelligence vive et inquiétante, qui commence à nous apparaître, même en province. Et comme, suivant la très sage remarque de Mme Arvède Barine, « les audaces de pensée mènent sûrement les natures faibles ou impressionnables aux audaces de conduite », je me demande, en vérité, si cette jeune fille, élevée à jouir de la vie pour son propre compte,--sans faire une « émancipée » dans le sens défavorable du mot,--sera plus tard aussi docile que ses aînées aux conseils et aux directions de son mari, aussi fidèle à son intérieur et, chose plus grave, aussi dévouée aux tâches sacrées de la maternité.

IV

Après avoir constaté que les réalités du présent et les prévisions de l'avenir nous révèlent, chez la bourgeoise d'aujourd'hui et surtout chez la bourgeoise de demain, une tendance à secouer la suprématie masculine, il est temps d'observer, à leur décharge, que les hommes n'ont point le droit de s'en laver les mains. Est-ce donc à la femme qu'incombe la responsabilité de l'effondrement des vieilles traditions et des vieilles croyances ? Quel sexe a ébranlé les assises de la famille ? Tout ce qui faisait jadis la femme respectueuse de l'autorité maritale, tout ce qui justifiait le droit de commander pour l'époux et le devoir d'obéir pour l'épouse, c'est-à-dire les antiques notions d'ordre, de hiérarchie, de sujétion, les sentiments de modestie, de patience et de résignation, nos moralistes, dramaturges, romanciers ou politiciens l'ont dénoncé comme un tissu de préjugés surannés et accablants dont il importait d'alléger les épaules de la femme moderne. Ils ont si bien revendiqué l'égalité civile et politique, que le goût du nivellement s'est insinué dans tous les esprits et jusque dans les ménages. Et nous nous étonnons que la plus belle moitié du genre humain traite la subordination de son sexe de non-sens et d'iniquité ! Prenez donc garde, mes amis, que nous l'avons convaincue de l'humiliation qu'entraîne toute obéissance ! Quoi de plus naturel qu'elle se rebiffe contre son seigneur et maître ? Nous en avons fait nous-mêmes une insoumise. Si donc le respect de l'ordre ancien en impose de moins en moins à la femme contemporaine, la faute en revient à ceux d'entre nous qui l'ont imprudemment décrié.

Et comme il est d'opinion courante que, faites seulement par les hommes, les lois n'ont en vue que l'intérêt particulier des hommes, nous voyons des audacieuses,-- encouragées d'ailleurs dans leurs velléités de révolte par nos meilleurs écrivains,--qui se lèvent de toutes parts et, sous prétexte qu'elles souffrent de la place subordonnée que nos codes leur ont faite impérieusement, somment le législateur de reviser la constitution économique et sociale de la famille française. Liberté, égalité, fraternité, voilà leur devise. Elles nous l'ont prise. Elles entendent être libres, c'est-à-dire maîtresses de leurs biens, de leurs actes, de leur vie. Elles veulent être les égales de l'homme, en fait et en droit, de par les moeurs et les lois. Grâce à quoi, la fraternité fera du mariage une aimable camaraderie. Pourvu que le mari ne traite pas sa femme en subalterne, celle-ci lui fera la grâce de l'aimer comme un frère !

Aux hommes débonnaires qui ne s'offusqueraient point de cette révolution, je me contenterai de rappeler le mot de Caton : « Nos pères ont voulu que les femmes fussent en la puissance de leurs pères, de leurs frères, de leurs maris. Aussitôt qu'elles auront seulement commencé d'être vos égales, elles seront devenues vos supérieures. »

CHAPITRE IV

TENDANCES D'ÉMANCIPATION
DE LA FEMME MONDAINE

I.--Les outrances du théâtre et du roman.--Le monde où l'on s'amuse.--Le féminisme exotique et jouisseur. II.--La femme oisive et dissipée.--Ce qu'est la mère, ce que sera la fille. III.--Demi-vierge et demi-monstre.--Où est l'éducation familiale d'autrefois ?

I

Tandis que les classes moyennes, prises dans leur généralité, restent attachées au foyer et, s'enfermant dans une vie active, honnête, toute remplie des devoirs quotidiens courageusement acceptés, persistent à placer dans la dignité et l'indissolubilité du mariage la force et le bonheur de la famille, il est malheureusement trop certain que, dans les régions dites « élevées » de la société parisienne, la curiosité de jouir et la passion de l'amusement s'exaspèrent en une fièvre croissante, qui s'impatiente de toutes les digues opposées au libre plaisir par l'habitude morale et par le frein combiné de la religion et des lois. Si nous admettions même,--et c'est un préjugé courant--que la littérature, le roman et le théâtre sont les fidèles reflets de l'âme d'un peuple, il faudrait conclure de tout ce qui s'est écrit sur les moeurs françaises depuis vingt-cinq ans que, du haut en bas, notre pauvre société tombe en décomposition et en pourriture. Et c'est bien ce que l'étranger, qui n'est pas en situation de ramener le mal à ses justes proportions, nous fait l'injure de croire. De grâce, n'élargissons point nos plaies, n'aggravons point nos vices à plaisir ! Puissent nos écrivains renoncer aux élégances perverses du roman « distingué » où chaque salon ressemble à un mauvais lieu ! Toute la société française ne tient pas, Dieu merci ! en ce monde exotique luxueusement installé dans les somptueux quartiers de l'Arc-de-Triomphe, où « nos toutes belles » traînent une existence vide, factice, dissipée, au milieu d'un décor digne des *Mille et une Nuits*, s'occupant à cultiver avec effort, dans leurs propos, et leurs liaisons, la psychologie du libre amour, le dévergondage et l'adultère. Ces fleurs de perversion sont des raretés. Cette vie est en dehors des lois communes de la vie.

Même dans les milieux les plus fastueux, la passion n'a point coutume de se déchaîner aussi généralement, aussi scandaleusement. En fait, les nécessités de la famille et les tracas de la profession, l'obsession de l'avenir à préparer, de la fortune à maintenir, les soucis d'argent, d'ambition, d'avancement, dominent la fougue des entraînements et contrarient le goût du plaisir et l'expansion des jouissances. Il n'est pas dans les conditions ordinaires de l'existence de faire si facilement la fête. Ne jugeons donc point de la vie par le roman. Gardons-nous surtout d'étendre à toutes nos classes élevées la réprobation que mérite seulement la corruption d'une minorité tapageuse.

Mais, si exceptionnel que soit le monde où l'on s'amuse, quels détestables exemples il donne au monde où l'on travaille ! Car il faut bien reconnaître que, dans ce milieu élégant, léger, subtil, agité, qui, voulant jouir de la vie, retentit d'un perpétuel éclat de rire, l'émancipation est de bon ton. C'est là que règne et s'épanouit ce que j'appelle le « féminisme mondain », un féminisme évaporé qui semble prendre à tâche d'oublier que la femme est, par fonction, la gardienne des moeurs et le bon génie du foyer. C'est là qu'on rencontre ces jeunes femmes et ces jeunes filles, impatientes de toutes les contraintes, éprises de vie indépendante et d'expansion aventureuse, qui se flattent d'incarner à nos yeux la « femme libre ». Leur plus grand plaisir est de jouer avec le feu. Par un mépris hautain du danger, et peut-être aussi par l'attrait piquant du fruit défendu, elles se font un amusement de côtoyer les abîmes. Gare aux chutes ! Un accident est si vite arrivé ! Mais elles s'en moquent, en attendant qu'elles en pleurent.

II

Ce type très moderne qui, par bonheur, n'existe pas encore à de nombreux exemplaires, est facilement reconnaissable, grâce aux malicieuses esquisses qu'en ont tracées avec complaisance nos chroniqueurs, nos dramaturges et nos romanciers. C'est un joli bijou parisien, une créature très fine et très parée, qui met un masque d'hypocrite honnêteté à sa frivolité d'âme comme à ses audaces de pensée et à ses écarts de conduite. Sous le vernis de politesse mondaine qu'ont déposé sur son visage et dans ses manières toutes les fréquentations de salon, se cache une petite nature très primitive, féline et rusée, décidée à s'amuser, coûte que coûte, aux dépens d'autrui. A l'entendre causer, elle se départit rarement, sauf dans les réunions tout à fait intimes, du ton de la bonne compagnie ; elle a le respect extérieur des convenances et des règles sociales. C'est une femme bien élevée,--quand elle le veut,--qui répète avec exactitude les gestes qu'on lui a minutieusement appris. Son langage ne blesse aucun préjugé. Elle a des usages ; elle sait vivre. Ses grâces sont infiniment séduisantes. C'est une chatte distinguée.

Mais s'il nous était donné de descendre dans son âme, quel contraste ! Disciplinée pour la forme et par le dehors, cette créature n'est, en dedans, qu'une « libertaire » qui s'ignore et cache au monde et à elle-même, sous des manières polies et raffinées, toutes sortes d'énormités morales. Tandis que son éclat et son charme nous la font prendre pour une exquise merveille de la civilisation, elle n'a que les apparences d'un être civilisé. Sa tête est vide de toute pensée grave. Si elle va encore à la messe, c'est par désoeuvrement, comme elle va au bal par distraction ; car sa foi est aussi frivole que sa raison. Elle ne songe guère qu'à ses toilettes, à ses visites, à ses intrigues. Son coeur lui-même ne s'échauffe qu'aux hasards d'une aventure amoureuse. C'est un être artificiel, dupe de ses appétits de plaisir, égoïste et inconscient, qui ne tient plus à la vie que par les rites et les grimaces du monde. Au fond, elle se rit de tout, de la vertu et du code, de son mari et de son confesseur ; et il faudrait peu de chose, une tentation, une occasion, pour faire éclater son âme de révoltée.

Telle mère, telle fille. Ce n'est pas assez dire, car il est à craindre que les filles ne dépassent les mères. Dans ces sphères oisives et dissipées du beau monde, où l'on cherche à tromper l'ennui des heures inoccupées par un marivaudage des moins innocents, une singulière génération grandit qui a la prétention de s'affranchir de toutes les conventions sociales à force d'impertinence et d'audace. Là, dans une atmosphère luxueuse et trépidante, au milieu de fêtes ininterrompues, s'épanouissent les « demi-vierges », fleurs de salon trop tôt respirées, qui mettent leur honneur à s'émanciper franchement de tout ce qui les gêne. Déjà moins retenues que leurs mères, elles affectionnent les allures viriles et raffolent de tous les sports, de toutes les hardiesses, de toutes les excentricités. Inconséquentes autant que jolies, portées aux coups de tête et aux fantaisies d'enfant gâté, elles ne reculent devant aucune imprudence. Il semble que leur élégance doive tout excuser, que leur grâce puisse tout absoudre ; car elles ont l'admiration d'elles-mêmes. Elles entendent mettre en valeur et en vue leur jeunesse et leur beauté, et elles les affichent complaisamment dans les salons cosmopolites de la capitale ou les promènent, en des toilettes savantes, à travers les casinos des plages à la mode. Que deviendront ces jolis monstres, si jamais ils se marient ?

III

Cette jeunesse troublante est le produit d'une culture mondaine très affinée et d'une culture morale trop négligée. Elle fait profession de ne rien ignorer, et elle le prouve sans le moindre embarras. On assure même que les demoiselles les plus lancées de cette belle société n'ont point de secret pour les petits jeunes gens de leur entourage, et que ceux-ci en rougissent quelquefois. Elles ne s'effarouchent d'aucun langage, d'aucune lecture, d'aucun spectacle. Toutes les extravagances nouvelles les attirent ; seul, l'effort méritoire les épouvante. Passe encore de cultiver le symbolisme vaporeux ou le monologue inédit, de fabriquer des vers décadents ou de la peinture impressionniste, et avec quel talent ! vous le savez. Mais si les petits arts d'agrément trouvent grâce devant leur fatuité dédaigneuse, en revanche, le travail sérieux les ennuie autant que l'austère vérité les assomme. Il est évident qu'elles ont résolu de se soustraire, du mieux qu'elles pourront, aux devoirs naturels qui pèsent sur le vulgaire.

J'ai hâte de dire que cette corruption n'est pas tout à fait d'origine française. Il faut y voir, suivant le mot de M. André Theuriet, un curieux exemple de « contagion par infiltration ». Depuis plusieurs années, les jeunes filles anglo-américaines pullulent dans nos villes d'eaux et dans les salons parisiens, et nos demoiselles du monde sont empressées de copier les allures hardies et le sans-gêne émancipé de leurs soeurs étrangères. Seulement, débarrassées de la retenue qu'impose au bon moment la froideur protestante des pays d'Outre-Mer, ces libertés ont vite dégénéré, dans nos milieux français où le sang est plus vif et la tête plus chaude, en excentricités provocantes. Et la logique du mal veut, hélas ! (c'est M. Marcel Prévost qui le confesse textuellement dans la préface de son fameux livre) que « pour la fillette d'honnête bourgeoisie, la demi-vierge exerce la fascination du viveur sur le collégien. »

Il reste qu'à Paris comme en province, chez les riches comme chez les pauvres, il n'est qu'une éducation chastement familiale pour soutenir et perpétuer la pure tradition des bons ménages et le renom de la vieille honnêteté française. Mais les pères et les mères auront-ils la sagesse et le courage de défendre leurs enfants, par des habitudes de vie plus simples et plus sévères, contre la contagion des mauvais exemples ?

CHAPITRE V

TENDANCES D'ÉMANCIPATION

DE LA FEMME « NOUVELLE »

I.--Les professionnelles du féminisme sont de franches révoltées.--Le prolétariat intellectuel des femmes. II.--Nouveautés inquiétantes de langage et de conduite.--La femme « libre ».--État d'âme anarchique.

I

On trouvera peut-être que je n'ai point su parler toujours sans irrévérence des tendances diverses du féminisme ouvrier, bourgeois et mondain. Que va-t-on dire de la franchise avec laquelle je me propose de juger les aspirations du féminisme « professionnel ? » Mais j'ai trop le respect de la femme pour hésiter à lui dire toute la vérité.

Les professionnelles du féminisme sont, d'esprit et de coeur, de franches révoltées. Par cette appellation, j'entends cette fraction avancée qui, sans distinguer entre les revendications féminines, va droit au libre amour par la suppression du mariage et le renversement de la famille ; ce groupe d'audacieuses, sorte d'avant-garde tumultueuse et indisciplinée, qui fait heureusement plus de bruit que de mal ; ce petit bataillon de femmes exaltées qui proclament l'égalité absolue des sexes et, victimes assourdissantes, font tout le tapage qu'elles peuvent pour nous convaincre des infortunes de l' » éternelle esclave » et de l' » inéluctable révolution » de la femme moderne. A cet effet, elles professent le féminisme « intégral ».

Ce qui perce à travers la propagande qu'elles mènent, c'est, avec le mauvais goût de la déclamation, une avidité impatiente de réclame, un goût effréné de notoriété bruyante. Il semble qu'entraînées par le bel exemple que nous leur avons donné, ces fortes têtes soient en joie de succomber aux tentations de publicité à outrance qui compromettent si gravement, de nos jours, la vie de famille et la tranquillité des honnêtes gens. La poule meurt d'envie de chanter comme le coq ; et c'est à qui s'époumonera pour mettre sa petite personne en évidence sur le plus haut perchoir du poulailler. Après le politicien, voici qu'apparaît la politicienne. Il faut aux femmes « nouvelles » une scène pour s'y affirmer et s'y afficher à tous les regards. Et dans le nombre, il pourrait bien se révéler tôt ou tard d'admirables comédiennes.

Que le nombre des émancipées excentriques ait chance de se grossir à l'avenir d'importantes recrues, il y a vraisemblance. Jusque-là, nos couvents de femmes avaient recueilli la plupart des déshéritées et des vaincues de la vie. Mais l'extension rapide d'une instruction plus libre et plus large ne manquera point de susciter, parmi les générations qui montent, un nombre croissant de jeunes filles diplômées, d'intelligence ardente et éveillée, curieuses de vivre et ambitieuses de réussir, auxquelles j'ai peur que l'existence n'offre point les débouchés qu'elles attendent. Bien qu'on ne puisse raisonnablement s'opposer au développement intellectuel de la femme, comment ne pas voir que les carrières pédagogiques sont déjà surabondamment encombrées, et que nombreuses sont les jeunes filles instruites, munies de tous leurs brevets, qui se morfondent dans une inaction misérable ? Trop savantes et trop fières pour se plier aux besognes manuelles, on les voit déjà traîner dans les grandes villes une vie désenchantée et se disputer avec âpreté quelques maigres leçons, tandis qu'elles couvent en leur coeur d'amères rancunes contre l'imprévoyante société qui leur a ouvert une voie sans issue. N'est-il pas à craindre que certaines de ces malheureuses, que leur demi-science exalte sans les nourrir, prêtent l'oreille aux suggestions de l'esprit de révolte et s'enrégimentent dans cette annexe de l'armée révolutionnaire qu'on appelle déjà « le prolétariat intellectuel des femmes ? »

Sorties des classes moyennes, incomprises, isolées, déclassées, avec des goûts, des aspirations, des besoins qu'elles ne pourront satisfaire, quoi de plus naturel que leur âme, aigrie ou désabusée, s'ouvre aux idées d'indépendance qui flottent dans l'air, et qu'entraînées par ces prédications excessives qui exagèrent les droits et atténuent les devoirs de leur sexe, elles se persuadent aisément qu'elles sont des victimes et des sacrifiées ? Détournées de leurs traditionnelles professions par une instruction inconsidérée, elles assiégeront en foule grossissante les carrières masculines et, devant les difficultés de s'y faire une place et un nom, elles crieront à l'oppression, réclamant l'égalité absolue et l'indépendance totale.

II

Entre ces mécontentes, qui peuvent devenir légion, une sorte de franc-maçonnerie de sexe est en voie de s'organiser qui, sous prétexte d'émanciper les femmes de la tutelle néfaste des hommes, aborde sans scrupule les sujets les plus déplaisants et les questions les plus scabreuses. Il semble que les hardiesses inquiétantes de langage fleurissent tout naturellement sous la plume ou sur les lèvres de certains féministes. A les entendre parler des choses du mariage avec une impudence sereine, on croirait que ces zélateurs et ces zélatrices de la croisade des « temps nouveaux » n'ont pas eu de parents à aimer et à bénir, puisque c'est au foyer seulement que s'éveille et s'entretient la douce religion de la famille. Aussi bien le féminisme est-il, pour quelques demoiselles, comme une revanche de vieilles filles. Celles qui jettent si bruyamment leur bonnet par-dessus les moulins, risquent même de faire croire aux esprits malveillants qu'elles nourrissent la secrète espérance de le voir ramasser par un passant. Lorsqu'une tête féminine mal équilibrée entre en ébullition, on peut s'attendre aux pires extravagances.

Dans la pensée de ces intransigeantes, l'» Ève nouvelle» doit évincer le vieil homme, comme une réserve fraîche remplace un corps de troupes affaiblies et fourbues. Leur prétention est de parler et de penser par elles-mêmes, de s'exprimer et de se vouloir elles-mêmes. Elles ne souffrent plus que l'homme leur serve de conscience et d'interprète. Voici la confession d'une jeune émancipée que M. Jules Bois a reçue avec complaisance : «Depuis trop longtemps nous plions sous l'intelligence de l'homme. Il suffit qu'il soit l'homme pour que nous admirions son cerveau, comme autrefois l'aïeule des premiers jours s'agenouillait sous la brutalité du muscle. Eh bien ! je ne m'inclinerai ni devant la tête ni devant le bras du mâle. Ne suis-je pas, moi aussi, intelligente et forte ? Je travaillerai ; je serai médecin, avocat, poète, savant, ingénieur ; je serai sa concurrente, amie ou ennemie, comme il voudra[3]. »

Que si nous voulons à ce texte un commentaire, il nous sera répondu que le temps est passé où l'on condamnait la jeune fille au huis clos familial,--comme on élève un merle blanc dans une cage dorée,--pour mieux la livrer sans défense, inerte et passive, aux mains d'un mari

---

[3] *L'Ève nouvelle*, p. 152.

gâteux ou brutal ; qu'il ne faut plus de ces ingénues abêties dont le roman et le théâtre ont fait naguère un si attendrissant usage et qui, cousues aux jupes de leurs mères ou emprisonnées dans les minuties soupçonneuses et maussades du couvent, vouées au piano à perpétuité ou à des lectures d'une sottise ineffable, jouent avec résignation, jusqu'à la veille de leurs fiançailles, à la poupée, symbole mortifiant de leur prochaine domestication destiné, sans doute, à faire comprendre à ces pauvres âmes que leur naturelle fonction est d'être mères au lieu d'être libres. Est-il possible d'imaginer, je vous le demande, une éducation plus dégradante ?

Dorénavant, l'adolescent et l'adolescente seront admis aux mêmes études, astreints aux mêmes exercices, soumis aux mêmes disciplines. Instruite de bonne heure de tous les secrets de la vie, la jeune fille se mariera en pleine connaissance de cause. Et si les conseils de sa famille lui déplaisent, après avoir proclamé fièrement son indépendance, elle épousera l'élu de son choix à la face du ciel et de la terre, les prenant à témoins des droits du libre amour. Une femme qui se respecte ne doit subir d'autre loi que celle de son coeur et de sa volonté.

Au vrai, et si gros que le mot puisse paraître, ce féminisme outré implique sûrement un état d'âme anarchique, que des gens alarmés considèrent comme le germe d'un mouvement révolutionnaire où la famille française risque de se dissoudre et de périr. Mais n'exagérons rien : cette fermentation malsaine est trop nettement insurrectionnelle pour être facilement contagieuse. Pas plus que la nature, d'ailleurs, la société ne procède par sursauts. Dans ses profondeurs, tout n'est que modifications lentes et gradations insensibles. La vie n'admet point métamorphoses instantanées, de changements brusques, de renouvellement intégral, de rupture complète avec le passé. Il est plus difficile qu'on ne croit de faire acte d'indépendance, de briser le réseau des habitudes et des préjugés qui nous enserre, de se soustraire à la lourde pesée des moeurs et des opinions. Si profondes que puissent être les transformations de l'avenir, elles ne seront certainement ni totales ni soudaines.

C'est ce qui faisait dire à Alexandre Dumas, non sans quelque outrance : « L'émancipation de la Femme par la Femme est une des joyeusetés les plus hilarantes qui soient nées sous le soleil. Émancipation de la Femme, rénovation de la Femme, ces mots dont notre siècle a les oreilles rebattues, sont pour nous vides de sens. La Femme ne peut pas plus être émancipée qu'elle ne peut être rénovée[4]. » Conclusion excessive : la femme moderne ne ressemble point à la femme primitive, et les changements passés nous sont un sûr garant des changements à venir. Mais il ne suffit point de proclamer la « faillite de l'homme, » pour que l'» Ève nouvelle » soit à la veille de détrôner le « roi de la création. »

---

[4] Préface de l'*Ami des femmes*. Théâtre complet, t. IV, p. 29.

CHAPITRE VI

MODES ET NOUVEAUTÉS FÉMINISTES

I.--Le féminisme opportuniste.--Son programme.--Sports virils.-- Ce qu'on attend de la bicyclette. II.--La question de la culotte et du corset.--Pourquoi le costume féminin se masculinise.--Exagérations fâcheuses. III.--La femme a tort de copier l'homme.--Qu'est-ce qu'une belle femme ?

I

Plus adroite et plus efficace est la tactique de certaines femmes supérieures qui, bien que nourrissant peut-être au fond du coeur des espérances aussi révolutionnaires, se gardent prudemment de les avouer et, modérées de ton, correctes d'allure, diplomates consommées, opportunistes insinuantes, montrent patte de velours à l'éternel ennemi qu'elles se flattent de désarmer et d'affaiblir, d'autant plus facilement qu'elles l'auront moins effarouché.

Pour l'instant, ce brillant état-major, convaincu de l'impossibilité de révolutionner effectivement les croyances et les lois, se contente de révolutionner les moeurs et les coutumes, ce qui est plus habile. Par application de ce plan, la consigne est donnée aux femmes éprises des grandes destinées que l'avenir réserve à leur sexe, de ceindre leurs reins, d'exercer leurs muscles et d'endurcir leurs membres.

Le conseil a du bon : il n'est guère d'âme valeureuse en un corps débile. A qui brigue l'honneur de nous disputer les emplois dont nous détenons le monopole, il faut bien, pour égaliser la lutte, égaliser préalablement les forces. Émule de l'homme par l'énergie morale, aspirant à l'atteindre et à le contre-balancer par la puissance intellectuelle, la femme est obligée, sous peine de faillir à ses espérances, de s'appliquer d'urgence à développer sa vigueur physique pour accroître sa résistance et ses moyens d'action offensive. Rien de plus logique. Les travaux de tête, qui surmènent déjà trop souvent les garçons, auraient vite fait d'épuiser les filles, si celles-ci ne fortifiaient leur tempérament et ne trempaient virilement leur organisme.

Ces dames ont donc la prétention de nous arracher même le privilège de la force musculaire. Et leur sexe conspire avec elles : jeunes femmes et jeunes filles s'adonnent avec passion aux exercices violents. Elles excellent dans tous les sports à la mode. Elles nagent comme des sirènes et ferraillent comme des amazones ; elles chassent, comme Diane, le petit et le gros gibier ; elles font de l'équitation, de la gymnastique, de la bicyclette surtout.

La bicyclette ! Parlons-en,--bien qu'on abuse peut-être du cyclisme dans les conversations. Cette nouveauté a ses dévots qui en disent tout le bien imaginable, et ses détracteurs qui l'accusent de tout le mal possible. Quoique j'aie peine à voir dans la bicyclette tant de choses considérables, il faut pourtant reconnaître, sans verser dans l'hyperbole, que le féminisme fonde de grandes espérances sur cette petite mécanique. Au théâtre et dans le roman, la bicyclette nous est présentée comme le symbole et le véhicule de l'émancipation féminine. Et ce qui est plus décisif, nous avons entendu l'honorable présidente d'un congrès féministe, qui ne passe point pour une évaporée, recommander chaudement, dans son discours de clôture, l'usage fréquent de la bicyclette, ajoutant qu'elle est un

« moyen mis à la disposition des femmes pour se rapprocher économiquement du sexe masculin. » En termes plus clairs, on espère que la pédale libératrice contribuera efficacement à l'abolition de la domestication des femmes.

Et de fait, l'habitude de courir par les grands chemins et de vagabonder sur les plages affranchira vraisemblablement ces dames d'un grand nombre d'entraves que leur impose encore notre état social suranné. Il n'y a pas à dire : la bicyclette est un admirable instrument d'indépendance. Avec elle, pour peu qu'on ait le coeur sensible, il y a mille chances de tomber, un jour ou l'autre, du côté où l'on penche, dans les bras d'un ami complaisant ou d'une amie charitable. Je conseillerai donc, en passant, à tous les ménages de pédaler de compagnie. C'est au mari qu'il appartient de relever sa femme. Hors de sa présence, les chutes pourraient être plus graves. Point de doute, en tout cas, que la bicyclette ne permette à l'Ève future de se décharger sur des mercenaires des soins du ménage, de la surveillance des enfants et de la garde du foyer. Et comme un nourrisson à élever est un bagage assez gênant pour une mère nomade, on s'appliquera de son mieux à prévenir la surabondance des mioches importuns. Le cyclisme n'est pas précisément un remède à la dépopulation.

Mais il autorise et nécessite de si libres mouvements et de si viriles toilettes ! Et le féminisme s'en réjouit. Car la femme a quelque chance de se rapprocher de l'homme, en prenant ses allures et en copiant ses costumes. S'il était permis d'user de néologismes barbares, je dirais même qu'il n'est que de « masculiniser » la mode pour « garçonnifier » la femme. Un honnête homme du grand siècle eût écrit, en meilleur style, que les habits ont une action sur les bienséances et que les dehors peuvent corrompre les moeurs.

II

On voudra bien m'excuser d'abord, à ce propos, une question dont il est facile de saisir l'intérêt considérable : je veux parler de la culotte et du corset. Les professionnelles du féminisme nous font une obligation de traiter ces graves problèmes. Pour peu qu'on y réfléchisse, d'ailleurs, personne n'aura de peine à reconnaître que ces deux notables échantillons de l'habillement moderne sont éminemment symboliques. Tout le mouvement féministe s'y révèle par son aversion pour le costume féminin et par son goût pour le costume masculin.

Il n'est pas impossible même que les femmes vraiment libres fassent un jour de la culotte un emblème et un drapeau. Avez-vous remarqué l'allure décidée et les airs triomphants de la cycliste vraiment émancipée ? A la voir porter si crânement la culotte bouffante, on la prendrait de loin pour un zouave échappé d'un régiment d'Afrique. En Angleterre, les féministes militantes ont adopté un « costume rationnel ». Il est pratique, mais peu gracieux. Les cheveux sont coupés courts ; une jaquette correcte ouvre sur une chemisette au col masculin orné d'une petite cravate noire. La jupe est taillée en vue de la marche. C'est un peu le costume de nos charmantes cyclistes. La franchise, toutefois, me fait un devoir de reconnaître que, dans ma pensée, ce compliment ne s'adresse qu'à une minorité : pour dix jolies femmes que ce costume avantage, ou mieux, qui avantagent ce costume, il en est vingt parfaitement ridicules.

En 1896, à une séance de la « Société des réformes féminines » de Berlin, l'assemblée condamnait à l'unanimité l'usage du corset (beaucoup de médecins hygiénistes sont du même avis) et proclamait le prochain avènement de la culotte. Pour ce qui est de la France, je ne crois pas du tout que nous soyons à la veille d'une si grave révolution. Non que le corset ne soit un tyran relativement moderne : les Grecques n'en connaissaient point l'étroit assujettissement. En soi, il est immoral, puisque l'allaitement et la maternité peuvent en souffrir. Qu'il s'assouplisse et se perfectionne, il est bienséant de le souhaiter ; mais je doute qu'il disparaisse. Si de la théorie les Allemandes passent à la pratique, celles que la nature a trop richement pourvues (on dit qu'elles sont nombreuses) pourront se vanter de donner aux rues de Berlin un aspect tout à fait réjouissant.

Quant aux Françaises qui, très généralement, ont le sens du beau et l'horreur du ridicule, elles s'affranchiront difficilement de la servitude du corset. Cet appareil n'est pas commode ; on le dit même meurtrier ; mais c'est un si précieux artifice d'élégance ! A quel mari n'est-il pas arrivé d'entendre sa femme affirmer avec crânerie qu'il faut souffrir pour être belle ? Ce corset ne disparaîtra que le jour où les grâces de la femme n'auront plus besoin d'être soutenues ou corrigées. Prenons patience.

J'imagine, de même, que la culotte aura peine à détrôner la jupe. Il y a quelques années, pourtant, le congrès féministe de Chicago a recommandé aux femmes soucieuses de leur dignité sociale l'emploi du « vêtement dualiste ». Ce vêtement dualiste est ce que nous appelons grossièrement un pantalon. Mais cette résolution mémorable ne semble pas avoir produit jusqu'ici grand effet.

A Paris, la Gauche féministe s'est contentée d'émettre le voeu que les ouvrières soient autorisées à porter la jupe courte, dans un intérêt d'hygiène et de sécurité : ce qui n'est pas si déraisonnable, le port de la robe longue offrant de réels dangers dans la fabrication mécanique. Et sous prétexte que les ouvrières n'osent pas se singulariser, certaines dames autoritaires voulaient même inviter les syndicats féminins à « exiger de leurs membres l'application immédiate du nouveau costume rationnel. » Par bonheur, Mme Séverine veillait, et grâce à son intervention, la question de toilette est restée sous la loi de liberté.[5]

Soyez donc assurés que la jupe courte ne sera goûtée que de celles qui ont un joli pied. Emprunter au vêtement masculin ce qu'il a de pratique, sans lui prendre sa laideur, s'habiller plus librement sans renoncer à l'élégance : telle est la constante recherche des modes nouvelles. La coquetterie des femmes saura bien rejeter ce qui les gêne et retenir ce qui leur sied. N'en déplaise aux gros bonnets du féminisme, (je prie celles de ces dames qui meurent d'envie de coiffer nos casquettes et nos chapeaux, de ne point s'offenser de cette appellation), je ne puis croire qu'au prochain siècle il n'y ait plus à porter la robe que les avocats, les professeurs et les juges. Les femmes de goût ne se résoudront point à ce retranchement ; leur grâce en souffrirait trop. Et pourtant le règne exclusif de la culotte serait d'une grande économie pour le ménage : les robes coûtent si cher ! Seulement, cette économie ne manquerait point de tourner souvent à la mortification du mari : tandis que les hommes accepteraient d'user les pantalons de leurs dames, il est à craindre que celles-ci ne consentissent jamais à porter les culottes de leurs hommes. En tout cas, M. Marcel Prévost a pu écrire que le temps est passé où les maris ramenaient leurs femmes à l'obéissance par ces mots d'amicale supériorité : « Allons ! soyez sages ! pas de nerfs ! pas de bruit ! On vous donnera de belles robes ! » Il paraît que cela ne prend plus.

Exagération et plaisanterie à part, il reste qu'une transformation s'opère lentement dans les modes, dans les goûts et jusque dans les allures et les attitudes, qui marque, d'une façon visible à tous les yeux, les modifications profondes et secrètes qui travaillent les moeurs et les idées de la femme moderne. C'est ainsi que la toilette féminine se

---

[5] *La Fronde* du 7 septembre 1900.

masculinise de plus en plus. Le dolman est à la mode avec ses broderies, ses soutaches et ses brandebourgs ; le drap remplace le velours et le satin ; nos élégantes arborent avec une raideur altière le plastron blanc et le col droit avec la cravate et l'épingle du sportsman.

Et ces modifications du costume sont le signe et comme le symbole d'un changement dans les idées et les aspirations. Pour celles que les nécessités de leur condition poussent à l'assaut des professions masculines, on a l'impression vague qu'au milieu du combat qu'elles soutiennent pour la vie, les vertus purement féminines sont de moins en moins suffisantes ; qu'il leur faut, pour réussir, un peu du courage, de la hardiesse et de la désinvolture des hommes ; que, pour être fortes, en un mot, elles doivent renoncer aux délicatesses charmantes qui font leur grâce et aussi leur faiblesse.

Quant aux demoiselles des classes riches, véritable jeunesse dorée dont les désirs sont des ordres pour papa et maman, on leur a si souvent répété que ce qu'il y a de meilleur dans la femme, c'est l'homme, qu'elles s'empressent de copier les mauvaises manières de Messieurs leurs frères. Non contentes d'arborer des vestes-tailleurs, des chapeaux-canotiers ou des casquettes-marines, elles prennent nos allures et s'approprient notre langage. Chacune ambitionne, comme un éloge suprême, qu'on dise d'elle : « C'est un bon garçon ! » Et nos demoiselles s'appliquent consciencieusement à mériter cette flatteuse appellation.

Pour ce qui est enfin des femmes franchement émancipées, elles n'ont pas d'autre préoccupation que de nous copier dans nos costumes, dans nos défauts et dans nos brutalités pour se hausser à notre niveau. Lasse d'être notre compagne, la « femme nouvelle » aspire à devenir notre compagnon. Elle se fait homme, autant qu'elle peut. C'est elle qui secoue, avec de grandes phrases, la contrainte déprimante du corset et revendique le droit de porter l'habit et la culotte. Il ne lui manque plus que la moustache,--et encore !

Que ne peut-elle changer de sexe ! Retenons qu'en dépit des difficultés, elle y travaille de son mieux. A voir l'Anglo-Saxonne en cheveux courts et en jaquette virile, on croirait assister, suivant un mot de Mme Arvède Barine, à « la naissance d'un troisième sexe ». Telles, chez nous, ces détraquées, rares encore, Dieu merci ! qui ont perdu les grâces de la femme sans acquérir les compensations de l'homme. N'ayant plus rien de son sexe, sans qu'il lui soit donné de le changer, incapable de s'élever à la puissance virile après avoir perdu ce qui lui restait de séduction féminine, ni garçon ni fille, ni homme ni femme, ni mâle ni femelle, l'affranchie des temps futurs sortira de la nature. Une anomalie, une insexuée, à peine une personne, presque un monstre, voilà donc le troisième type de l'humanité à venir ! On conçoit que cet être vague dont la pudeur ne s'alarme de rien, et qui s'acharne à perdre les signes extérieurs de la féminité (tant pis pour nous !) sans parvenir à s'approprier la puissance dominatrice de la masculinité (tant pis pour elles !) se moque du mariage et de la famille. Fasse le ciel que cette demi-personne ne s'incarne pas en de trop nombreux exemplaires ! car sa multiplication ne laisserait point d'être inquiétante pour l'honnêteté, la santé et l'avenir de la société française.

III

Contre cette masculinité d'emprunt, contre cette caricature de l'homme, il est urgent de protester au nom de la beauté et des intérêts même de la femme.

Aimez-vous le travesti au théâtre ? Il me gêne ou m'afflige. Je le trouve choquant ou laid : il déforme l'actrice et intervertit les sexes. Et ces dames voudraient le généraliser ! Quelle imprudence ! Pourquoi la « femme nouvelle » s'exerce-t-elle à imiter servilement notre costume et à nous prendre nos cols, nos coiffures et nos jaquettes ? Aura-t-elle plus de talent, plus de vigueur, plus d'inspiration, en exhibant des cravates viriles et de mâles vestons ? Le vêtement masculin est-il donc d'une coupe si délectable pour que les féministes les plus ardentes s'empressent d'y asservir leurs grâces en s'appropriant nos platitudes ? Comme si nos plastrons valaient leurs corsages ! Il faut laisser cela aux Anglaises !

Et puis, quelle étrange idée de supposer que le bonheur des femmes est subordonné à leur ressemblance avec les hommes ? Sommes-nous donc, par le caractère aussi bien que par l'habit, au moral comme au physique, de si jolis modèles, qu'il faille nécessairement nous copier pour goûter la félicité suprême ? Les femmes devraient craindre,--au lieu de l'envier,--tout ce qui les fait ressembler aux hommes. Ignorent-elles donc qu'à trop nous imiter, leur influence risque de s'amoindrir ? « Le rôle social des femmes n'est grand, a écrit Henry Fouquier avec son admirable bon sens, que parce qu'il est autre que celui des hommes. Si elles avaient la tribune, elles perdraient le salon ; si elles avaient le club, elles perdraient le foyer.[6] » A vivre d'une vie trop masculine, la femme dépouillerait même ce qui fait son charme, à savoir la retenue et la grâce, l'élégance et la pudeur. Et le jour où elle serait aussi laide, aussi brutale et aussi grossière que nous (suis-je assez modeste ?) son règne serait fini et son sexe découronné.

J'en appelle au témoignage peu suspect des femmes clairvoyantes qui ont épousé plus ou moins les idées nouvelles. C'est d'abord Mme Nelly Lieutier, poète et

---

[6] *Les Femmes qui votent.* Annales politiques et littéraires du 15 avril 1896.

romancière, à laquelle j'emprunte cette curieuse pensée : « La femme qui se masculinisera pour prouver son égalité avec l'homme, manque absolument son but, en prouvant qu'elle ne se croit pas égale à ce dernier en restant femme. Pour prouver cette égalité absolument réelle, elle doit rester femme et montrer ainsi sa valeur en l'utilisant au profit de tous. » C'est ensuite Mme Jeanne Rival, une journaliste, qui déclare ceci : « Savoir, jusque dans nos revendications et l'exercice des professions viriles, demeurer parfaitement femmes par le caractère, les manières et même et surtout la toilette, là est le secret de notre réussite. En une lutte où nous avons besoin de tous nos moyens, pourquoi dédaigner ce puissant auxiliaire que la nature nous donna : le charme ?[7] »

Faisons des voeux pour que, docile à ces conseils, la femme reste femme par l'élégance de ses manières et la délicatesse de sa nature, comme elle l'est par la tendresse de son âme, par la sensibilité émue et la douce pitié qui l'inclinent vers la douleur, par ce besoin de dévouement et de sacrifice qui verse un baume sur toutes les blessures. Qu'elle se dise que ce n'est point affranchir et améliorer son sexe que d'en faire une contrefaçon et une caricature de l'homme. Qu'elle nous prenne ce que nous avons de bon, qu'elle nous laisse ce que nous avons de laid. Qu'elle se rappelle ces paroles de La Bruyère : « Un beau visage est le plus beau des spectacles. »-- » Une belle femme qui a les qualités d'un honnête homme est ce qu'il y a au monde d'un commerce plus délicieux : l'on trouve en elle tout le mérite des deux sexes. » Ceux qui aiment sincèrement la femme ne lui tiendront jamais un autre langage.

---

[7] *La Femme moderne par elle-même.* Revue encyclopédique du 28 novembre 1896, pp. 873 et 883.

LIVRE II

GROUPEMENTS ET
MANIFESTATIONS FÉMINISTES

CHAPITRE I

LE FÉMINISME RÉVOLUTIONNAIRE

I.--Les groupements féministes d'aujourd'hui.--Prétentions collectivistes.--Point d'émancipation féministe sans révolution sociale. II.--Schisme entre les prolétaires et les bourgeoises.--Les intérêts de l'ouvrier et les intérêts de l'ouvrière.

I

C'est un fait établi que, dans la classe ouvrière comme dans la classe bourgeoise, dans les milieux mondains et « distingués » non moins que dans les milieux excentriques et tapageurs, il se manifeste des besoins d'indépendance et des désirs d'émancipation qui, nés de causes multiples et aspirant à des fins diverses, travaillent sourdement la femme de toutes les conditions, percent à travers son langage et ses allures, transparaissent dans son costume et dans ses goûts. Rien d'étonnant que ces tendances, vaguement ressenties par le plus grand nombre, se soient peu à peu dessinées, précisées, formulées en quelques têtes plus raisonneuses et plus ardentes. Et la nébuleuse a pris corps ; et les aspirations se sont muées en doctrines systématiques qui, dès maintenant, se partagent avec une suffisante netteté en trois grands courants d'opinion. Ce sont : le féminisme *révolutionnaire*, le féminisme *chrétien* et le féminisme *indépendant*.

Par l'esprit qui l'anime, la charte des revendications féminines n'est donc pas une, mais triple, suivant qu'elle émane des féministes révolutionnaires, des féministes chrétiens ou des féministes indépendants, ces derniers refusant de s'inféoder aux partis religieux et politiques. Tous ont bien en vue un accroissement de liberté et de dignité pour la femme, ou du moins ce qu'ils croient tel, mais ils le cherchent en des directions opposées ou s'y acheminent par des voies différentes. Il suffira pour l'instant de fixer ces orientations générales.

Dans les anciens temps, le sexe féminin n'a joui nulle part d'une grande faveur. La naissance d'une fille passait même très généralement pour une calamité, tandis qu'on attribuait au fils nouveau-né la puissance de délivrer la famille des influences mauvaises. C'est que lois et religions déclaraient la femme impure, dangereuse et perverse. D'après le polythéisme, tous les maux qui affligent l'humanité sont sortis de la boîte de Pandore. Pour le christianisme, Ève est l'initiatrice du péché et la cause de notre perdition. Mais si, d'une part, notre religion abaisse la femme, en lui imputant la chute originelle, il semble qu'elle l'ennoblisse de l'autre, en élevant le mariage monogame à la dignité de sacrement et en installant pour la vie l'épouse et l'époux, la mère et le père, dans une fonction également nécessaire au développement de la famille unifiée.

Telle n'est point cependant l'opinion des écrivains révolutionnaires qui tiennent le christianisme pour aussi coupable envers la femme que les cultes les plus barbares et les législations les plus cruelles. C'est ainsi que M. Élie Reclus professe que, sauf quelques sectes qui se montrèrent compatissantes à la femme, « toutes les civilisations, toutes les religions à nous connues qui envahirent la scène du monde pour s'entre-déchirer, ne s'accordèrent que sur un point : la haine et le mépris de la femme. Brahmanes, Sémites, Hellènes, Romains, chrétiens, mahométans jetèrent à la malheureuse chacun sa pierre ; tous se firent une page dans cette histoire de honte et de douleur, de souffrance et de tyrannie. Nous le disons très sérieusement : sur ce point, notre humanité, si vaine de sa culture, se ravala au-dessous de la plupart des espèces animales.[8] » Il s'agit donc d'arracher la femme au christianisme qui l'a conquise presque universellement et qui, aujourd'hui encore, l'opprime, l'exploite et l'hypnotise.

A un point de vue plus général, les partis révolutionnaires ne peuvent qu'être les alliés naturels du féminisme, l'esprit de révolte qui inspire ses revendications méritant toutes leurs sympathies. C'est pourquoi socialistes et anarchistes prêchent à la femme que, dans le partage des droits et des devoirs, elle joue le rôle de dupe. M. Lucien Descaves, qui pourtant n'est pas un fanatique, lui dira que, « victime de la loi de l'homme qui lui commande l'obéissance, victime de la religion qui lui prêche la résignation, victime de la société qui l'entretient dans la servitude, elle est la perpétuelle exploitée. » Qu'elle n'attende donc point de la bonne volonté des législateurs le démantèlement des codes et des institutions dont les hommes ont fortifié leur position supérieure : elle y perdrait son temps. Révoltez-vous, mes sœurs ; car « vous ne serez affranchies que par la Révolution. » Le vieux conspirateur russe, Pierre Lawroff, parle dans le même sens. « Pour le moment actuel, nous, socialistes impénitents, nous nous permettons d'affirmer que ce n'est qu'en se rattachant aussi intimement que possible à la grande question sociale, à la lutte du travail contre le capital, que la question féministe a des chances de faire quelques pas vers sa révolution rationnelle dans un avenir plus ou moins éloigné. »

---

[8] *Les Hommes féministes.* Revue encyclopédique du 28 novembre 1896, p. 828.

Et quel appoint pour le triomphe de « la Sociale », si les femmes passaient résolument du foyer familial à la place publique ! M. Jules Renard, qui dirige la *Revue socialiste*, en fait l'aveu : « Le jour où les femmes auront su mettre au service de la transformation sociale leur douceur puissante et leur passion communicative, le jour où elles voudront être les inspiratrices et les auxiliaires des constructeurs de la cité future, les résistances intéressées qui entravent encore la marche de l'humanité ne dureront pas longtemps.[9] » Je crois bien ! N'est-ce pas au coeur de la femme que s'allume toute vie et d'où se répand toute flamme ? Révolutionnons l'épouse et la mère : nous aurons du coup révolutionné la famille ; et cela fait, ce ne sera qu'un jeu de révolutionner le monde. Les partis extrêmes ne font que rendre hommage à la toute-puissance du prestige féminin, en rivalisant de zèle pour détourner à leur profit le courant féministe et l'associer à « la lutte des classes ».

Comme preuve de cette tendance d'accaparement, je citerai cette déclaration faite, en 1896, au congrès de Gotha : « La femme prolétaire n'étant pas pour l'homme une concurrente, mais une camarade de combat, l'agitation féministe doit rester dans le cadre de la propagande socialiste. » De là, un groupe féministe plus ou moins inféodé aux partis révolutionnaires, dans lequel, après Mlle Louise Michel, Mmes Paule Mink, Léonie Rouzade, Aline Valette et Coutant, ont tenu ou tiennent encore les premiers rôles. Dernièrement, Mlle Bonneviale affirmait à nouveau que « le mouvement féministe doit être socialiste » ou qu' » il ne sera pas ». Inutile d'insister davantage sur ces tendances extrêmes : nous les rencontrerons souvent sur notre chemin.

II

---

[9] Revue encyclopédique, *loc. cit.*, pp. 827 et 830.

Notons seulement que de ces prétentions intolérantes, un schisme est né qui ne fera que s'accentuer vraisemblablement. A Paris et à Berlin, les femmes prolétaires ont refusé de faire cause commune avec les femmes bourgeoises, sous prétexte que « si des deux côtés on veut souvent la même chose, on le veut toujours d'une façon très différente, le féminisme bourgeois croyant encore aux réformes pacifiques, lorsque le féminisme ouvrier n'a plus foi que dans la révolution. »

Et ce dissentiment s'affirme déjà par des congrès rivaux. Dès maintenant, le féminisme est divisé contre lui-même. Alors que certaines femmes émettent la ferme et fière résolution de mener le bon combat sans alliés masculins, pour elles-mêmes et par elles-mêmes, le parti socialiste international,--un parti aussi barbu que possible,--tient leurs revendications pour une dépendance de la question sociale, s'en approprie l'examen et s'en réserve la solution. Mais cette prétention soulève d'assez vives résistances, et dans le camp fortifié des féministes indépendants, et dans les rangs plus clairsemés des féministes chrétiens.

Se recrutant dans un milieu plus élevé et plus instruit, le féminisme indépendant, le pur, le vrai féminisme, s'efforce de soustraire sa cause à l'action absorbante du socialisme. Une femme qui fait grande figure en cette phalange, Mme Marya Cheliga, s'applique particulièrement à sauvegarder son autonomie. « Bien que lié indissolublement à la question sociale, écrivait-elle récemment, le féminisme ne doit pas être confondu avec le mouvement socialiste ni subordonné à ses différentes écoles. » Tout en n'hésitant point à regarder les hommes comme des « patrons », c'est-à-dire comme les exploiteurs naturels des femmes, elle maintient que, les revendications de son sexe n'étant pas exclusivement économiques, le mouvement féministe ne saurait être un épisode de la lutte des classes, par cette raison qu'il n'est véritablement aucune catégorie sociale, de la plus pauvre à la plus riche, « où la femme ne soit pas assujettie à l'homme. » D'ailleurs, l'exemple de tous les jours démontre qu'un homme, tout socialiste qu'il soit, « conserve ses velléités despotiques, surtout envers sa femme.[10] »

Voilà une remarque pleine d'observation et de sens. Je la recommande aux bonnes âmes qui s'imaginent, sur la foi des prophètes, que le collectivisme nous gratifiera d'un monde parfait, où les femmes ne seront point battues ni les maris trompés.

Et de fait, à voir le peuple de près, on a vite constaté qu'il est beaucoup plus voisin que le monde riche de l'égalité des sexes. Dans le peuple, la femme peine de ses bras autant que l'homme, avec cette différence,--qui fait aussi son excellence et sa supériorité,--qu'elle va moins chercher au cabaret la distraction de ses soucis et l'oubli de ses devoirs. Dans le peuple, on se tutoie et s'injurie, de mari à femme, à bouche que veux-tu ; et tandis que, dans les classes plus cultivées, on ne peut giffler sa conjointe ou son conjoint sans passer pour un malotru, les ménages ouvriers ont le droit--dont ils abusent quelquefois--de se cogner avec la plus entière réciprocité.

C'est donc moins pour la rendre l'égale de son homme que pour l'entraîner à l'assaut des classes riches, que les partis révolutionnaires essaient d'embrigader l'ouvrière comme ils ont enrégimenté l'ouvrier. Le prolétariat voit dans la femme pauvre une « camarade de combat », une alliée nécessaire, une recrue qui doit grossir l'armée socialiste. Et qui oserait dire que l'ouvrière fermera toujours l'oreille à la propagande révolutionnaire ? Je ne sais que l'influence rivale de la religion qui puisse disputer à l'anarchisme et au collectivisme cette précieuse et si intéressante clientèle.

---

[10] Revue encyclopédique, *loc. cit.*, p. 825.

CHAPITRE II

LE FÉMINISME CHRÉTIEN

I.--La Bible des hommes et la Bible des femmes.--L'esprit catholique et l'esprit protestant. II.--Rudesses des Pères de l'Église envers l'Ève pécheresse.--Le Christ fut compatissant aux femmes.--Sa religion les réhabilite et les ennoblit. III.--Le féminisme intransigeant est un renouveau de l'esprit paien.--L'égalité humaine et la hiérarchie conjugale. IV.--Double courant des idées chrétiennes.--Tendances catholiques et protestantes favorables a la femme.--Féminisme qu'il faut combattre, féminisme qu'il faut encourager.--Organes du féminisme chrétien.

Peut-il y avoir un féminisme chrétien ? Cet accouplement de mots sonne mal à nos oreilles. Qu'est-ce que la religion vient faire dans un mouvement d'indépendance qui menace tout ce qui lui est cher ? L'Église serait-elle donc favorable à l'émancipation des femmes ? Conçoit-on que le christianisme puisse encourager le féminisme, ou même que le féminisme puisse s'autoriser en quoi que ce soit du christianisme ? A la vérité, l'enseignement des Écritures et des Pères se prête aux interprétations les plus diverses, et sur les *relations des sexes* et sur les *relations des époux*.

I

Pour parler d'abord de la condition respective des sexes, il faut avouer que l'Ancien et le Nouveau Testament témoignent plus de faveur et de considération aux fils d'Adam qu'aux filles d'Ève. C'est pourquoi le champion vénérable de l'émancipation féminine aux États-Unis, Mme Élisabeth Stanton, s'en prend à la Bible de l'infériorité persistante de son sexe. Même en souvenir des admirables figures de femmes qui apparaissent çà et là au cours du récit biblique--telles Judith, Suzanne, Esther, la fille de Jephté, la mère des Machabées et tant d'autres !--elle ne lui pardonne pas d'avoir établi, pour des siècles, la supériorité du masculin sur le féminin.

Les Livres saints nous apprennent, dit-elle en substance, que la première femme a causé la chute du genre humain en apportant au monde le péché et la mort ; qu'elle a été accusée, convaincue et condamnée par Dieu, avant les assises générales du jugement dernier ; que, depuis lors, en exécution de la sentence prononcée, elle enfante dans les larmes et dans la douleur ; que le mariage est pour elle une sorte de servage, et la maternité une période de souffrance et d'angoisse. Bien plus, la Genèse rapporte que « la femme a été faite après l'homme, tirée de lui et créée pour lui. » Quoi de plus naturel que la Foi et la Loi, « le droit canon et le droit civil, les prêtres et les législateurs, les Écritures et les Constitutions, les confessions religieuses et les partis politiques, s'accordent avec une touchante unanimité à la proclamer son inférieure et son sujet ? » Prescriptions, formes et usages de la société civile, pratiques, disciplines et cérémonies de la société religieuse, tout sort de là. Pour avoir été formée d'une côte d'Adam, d'un « os surnuméraire », comme dit Bossuet, et surtout pour avoir induit notre premier père en tentation grave, Ève a été condamnée à la sujétion perpétuelle. Et avec une docilité aveugle, l'État n'a fait que souscrire aux suspicions et aux jugements de l'Église.[11]

Il y a du vrai dans ce raisonnement. Mais admirez la conclusion : sous prétexte que les traductions en usage font tort au sexe faible, Mme Stanton, aidée d'une commission de dames hébraïsantes, a décidé de reviser les textes sacrés et d'opposer, à l'aide de commentaires appropriés, la *Bible des femmes* à la *Bible des hommes*. En voici un fragment relatif au rôle qu'Ève a joué dans le drame de l'Eden : « Soit qu'on regarde Ève comme un personnage mythique, soit qu'on la prenne pour l'héroïne d'une histoire véritable, quiconque voit les choses sans parti pris, doit admirer le courage, la dignité et la noble ambition de la femme. D'ailleurs, le tentateur a bien vite reconnu sa valeur. Il n'a pas essayé de la séduire avec des bijoux, des toilettes, des plaisirs mondains, mais avec la promesse de la connaissance de la Sagesse divine ; il a fait appel à la soif inextinguible de savoir qui tourmente la femme et qu'Ève ne trouvait point à satisfaire en cueillant des fleurs ou en bavardant avec Adam. »

Avis aux hommes qui s'imaginent plaire aux femmes en leur offrant un bouquet ou un bijou : il est plus séant de leur parler de la quadrature du cercle, en souvenir d'Ève qui, la première, eut le courage de cueillir les fruits de l'arbre de la science. Car il est avéré qu'Adam n'osait pas y toucher : ce pourquoi Mme Stanton n'hésite pas à le traiter de « grand poltron ». Fermez donc, après cela, les Académies aux femmes ! Bien plus, quand le moment de la pénitence arrive, Adam, confus et larmoyant, s'abrite derrière la faible créature que Dieu lui a donnée : « La femme, dit-il à l'Éternel, m'a présenté le fruit et j'en ai mangé. » O honte ! ô lâcheté ! Le récit biblique, ainsi interprété, ne tourne pas à l'honneur du roi de la création, qui, pétri du limon de la terre, était sans

---

[11] *La Femme moderne par elle-même.* Revue encyclopédique, *loc. cit.*, p. 889.

doute d'une nature trop épaisse pour percevoir les subtiles objurgations du serpent tentateur.

Et pourtant, de l'aveu même de Mme Stanton, « ces Messieurs » sont appelés dans le texte sacré les « fils de Dieu », tandis que « ces Dames » y sont dédaigneusement dénommées « les filles des hommes ». Et cette inégalité lamentable s'aggrave en monstrueuse injustice, si l'on se réfère à un texte de l'*Ecclésiaste*--peu flatteur, j'en conviens,-- où il est dit que « la malice d'une femme surpasse la malice de tous les hommes. » Mais nous pouvons être sûrs que la Bible féministe, qui ne manque ni d'audace ni de gaieté, saura trouver à ce document sévère une signification favorable.

A cela même, on reconnaît bien cette hardiesse anglo-saxonne sans laquelle, peut-être, le féminisme ne serait pas né. Si, en tout cas,--pour le dire en passant--ce mouvement s'est, premièrement et rapidement, développé en Angleterre et en Amérique, la raison en est, sans doute, que le protestantisme incline et façonne les esprits au libre examen et, par suite, à l'indépendance de la pensée, et que, dans ces pays, les choses de la religion étant laissées à l'interprétation individuelle,--d'où la diversité infinie des sectes réformées,-- le champ est plus largement ouvert aux nouveautés et aux audaces que chez les peuples d'esprit catholique, traditionnellement prédisposés à la discipline et à la subordination hiérarchiques.

II

Il est en France d'excellentes femmes qui, pour avoir entendu répéter à l'église autant que dans les salons, que l'homme leur est supérieur en intelligence et en jugement, que leur pudeur, leur modestie et leur honorabilité risquent d'être gravement altérées par les contacts de la vie extérieure et que, par conséquent, leur existence doit être recueillie et leur activité soumise et enfermée, ont fini, suivant le mot de Mme Marie Dronsart, « par accepter leur infériorité comme un dogme et leur effacement comme un devoir. »

C'est que la tradition catholique ne s'est point fait faute d'affirmer la primauté du sexe fort sur le sexe faible. Nous devons même reconnaître que certains Pères de l'Église, émus des suites du péché originel ou épris d'ascétisme monastique, se sont échappés quelquefois en récriminations amères contre la charmante perfidie des femmes. Tel compare leur voix au « sifflement du serpent », leur langue au « dard du scorpion ». Nul ne pardonne à Ève la chute d'Adam et la perte du paradis. Tous lui attribuent la fatalité de nos misères. « Souveraine peste, s'écrie saint Jean Chrysostome, c'est par toi que le diable a triomphé de notre premier père. » Les homélies ne sont pas rares où se pressent, à l'adresse de la plus belle moitié du genre humain, des qualifications comme celles-ci : « Auteur du péché, fille de mensonge, pierre du tombeau, chemin de l'iniquité, porte de l'enfer, vase d'impureté, larve du démon, » et autres aménités qui manquent évidemment de galanterie.

La raison de cette mauvaise humeur se trouve dans un réquisitoire de Tertullien : « Femme, tu es la cause du mal ; la première, tu as violé la loi divine en corrompant celui que Satan n'osait attaquer en face, et ta faute a fait mourir Jésus-Christ. » C'est pourquoi, au dire du même docteur,--dont le rigorisme, d'ailleurs, n'a point trouvé grâce devant l'Église,-- » la voir est mal, l'écouter est pire et la toucher est chose abominable, *quam videre malum, audire pejus, tangere pessimum.* » Cet anathème rappelle le cri désespéré de l'*Ecclésiaste* : « J'ai trouvé la femme plus amère que la mort. Elle est semblable au filet des chasseurs ; son coeur est un piège et ses mains sont des entraves. »

Il faut croire aussi que bon nombre de ces apostrophes véhémentes s'adressaient moins aux femmes honnêtes qu'aux courtisanes qui pullulaient dans les grandes villes d'Orient. En tout cas, ce langage est franchement antiféministe. Il semble que la femme, en elle-même, ait été, pour les premiers chrétiens, un objet, sinon de réprobation, du moins de terreur sacrée. C'est à ce sentiment qu'obéissait sans doute Tertullien lorsqu'il souhaitait que « la femme, à tout âge, cachât son visage, toujours et partout. » On a prétendu même que certains théologiens des anciens âges se demandaient sérieusement si la femme avait une âme, autrement dit, si elle appartenait à l'humanité ; mais, vérification faite, cette assertion, maintes fois réfutée, nous paraît une plaisanterie absurde ou une ânerie malveillante.[12]

Depuis lors, le clergé s'est humanisé, je ne dis pas féminisé. Il ne tolère pas encore que les femmes se présentent en cheveux à l'église,--ce dont il fait aux hommes une rigoureuse obligation. Mais il n'exige plus des dames qu'elles se voilent la face pour assister aux offices. Il se pourrait même que nos prêtres fussent désolés de cette pudeur rigoriste,--et je n'ai pas le courage de les en blâmer.

Bien plus, sera-t-il permis à un laïque de bonne volonté d'insinuer modestement qu'en dépit des imprécations misogynes de quelques prédicateurs austères, le catholicisme ne nourrit point contre la femme de si hostiles préventions ? En faisant de la Vierge Marie la mère de Dieu, en la plaçant sur nos autels, en la proposant à nos hommages, en nous assurant de son patronage et de ses intercessions, en l'entourant d'un cortège de saintes et de martyres qui trônent, sur un pied d'égalité fraternelle, avec les apôtres et les confesseurs, il me semble que la religion

---

[12] *Le Concile de Mâcon et l'âme des femmes.* Revue du Féminisme chrétien du 10 avril 1896, p. 33.

catholique a véritablement ennobli et magnifié la femme. Nos féministes, si épris de culture intellectuelle, ne peuvent qu'être flattés de voir une femme, sainte Catherine d'Alexandrie, regardée par les écoles ecclésiastiques comme la patronne des philosophes. Ils ne doivent pas oublier que saint Jérôme a travaillé toute sa vie à la transformation et à l'élévation de la femme latine. Qu'ils prennent seulement le calendrier : ils y verront que les bienheureuses balancent les bienheureux en nombre et en honneurs. Vraiment, les femmes n'ont pas été maltraitées par l'Église ; et elles lui en témoignent très généralement une fidèle reconnaissance.

A s'en tenir à l'esprit de l'Évangile et aux exemples du Maître, on voit moins encore qu'elles aient été sacrifiées au sexe fort. Dans le sens le plus pur du mot, le Christ fut l'» Ami des femmes». Il boit à l'amphore de la Samaritaine ; il condescend avec tendresse au repentir de Madeleine ; et l'affection des saintes veuves qui s'étaient vouées à sa doctrine et attachées à ses pas lui demeure fidèle jusqu'au tombeau. Le Christ préfère même à la bruyante activité de Marthe l'immobilité contemplative de Marie qui, assise à ses pieds, suspendue à ses lèvres, recueille pieusement les paroles de vie. A la rigueur, Marie pourrait symboliser le féminisme croyant et méditatif. Nos chrétiennes élégantes que rebutent les soucis vulgaires du foyer domestique et qui aiment à promener leur pensée à travers les abstractions sublimes de la vie dévote, ne manquent point de se flatter d'avoir «choisi la meilleure part». Il faut pourtant bien, entre nous, que le ménage soit fait.

Point de doute : la femme est devant Dieu l'égale de l'homme. Et à défaut de tout autre témoignage de faveur, sa réhabilitation résulterait, je le maintiens, de la seule maternité de Marie qui fut saluée «pleine de grâce» par l'ange Gabriel et jugée digne d'enfanter le Fils de Dieu. L'Immaculée Conception peut être considérée comme la revanche et la glorification du sexe féminin. Car, si ce dernier fut cause, par le péché d'Ève, de notre chute originelle, il a été, par l'intermédiaire de la Vierge, l'instrument de notre Rédemption. C'est bien ainsi que le comprenait Schopenhauer qui, dans sa haine de la femme, ne pardonnait pas à la religion chrétienne de l'avoir relevée de l'» heureux état d'infériorité» dans lequel l'antiquité païenne l'avait maintenue. Ce n'est donc pas sans raison qu'une catholique ardente a pu écrire que le féminisme chrétien était né «le jour où le Fils de Dieu, qui n'eut point de père ici-bas, appela l'humble Vierge de Nazareth à l'incomparable honneur d'être sa mère.[13]»

Au surplus, les femmes ont l'âme foncièrement religieuse. Elles ont joué un rôle prépondérant dans l'établissement et la propagation de l'Église naissante. «La religion, écrit Renan, puise sa raison d'être dans les besoins les plus impérieux de notre nature, besoin d'aimer, besoin de souffrir, besoin de croire. Voilà pourquoi la femme est l'élément substantiel de toutes les fondations religieuses. Le christianisme a été, à la lettre, fondé par les femmes.» Aujourd'hui encore, ce sont elles qui soutiennent, plus que les hommes, le culte et les oeuvres du catholicisme. On a raison d'appeler le sexe féminin : le sexe dévot. En plus de la foi qu'il pratique, il a, sinon créé, du moins organisé la charité. De là, ces congrégations féminines,--une des plus pures gloires de l'Église,--qui sont, depuis des siècles, le refuge des abandonnés, la consolation des affligés, le secours des pauvres et la providence des malades. Il n'est pas d'institution charitable qui puisse naître et durer sans le zèle pieux des femmes. Somme toute, l'Église, malgré ses rudesses de langage, a eu le mérite d'ouvrir au besoin de dévouement, dont leur coeur est dévoré, un dérivatif admirable et une destination sublime.

---

[13] *Rapport de Mlle Marie Maugeret sur la situation légale de la femme.* Le Féminisme chrétien du mois de mai 1900, p. 139.

III

Les adeptes de l'émancipation féminine ont donc tort de lui imputer à crime la réprobation que plusieurs de ses docteurs ont vouée à l'Ève pécheresse et tentatrice,--comme si, de tout temps, la religion n'avait pas tendu à la femme une main compatissante, et amie ! A les entendre, toutefois, c'est moins dans la *question des sexes* que dans les *relations des époux* que le christianisme aurait professé son peu de goût pour la « préexcellence du sexe féminin ». Et c'est le moment de montrer qu'il y a au fond du féminisme contemporain un regain de paganisme latent.

Oui ; il est des « femmes nouvelles » qui préfèrent franchement le polythéisme antique au christianisme actuel. On raconte qu'au congrès féministe de 1896, Mme Hilda Sachs a jeté, d'une voix tremblante de colère, ces mots significatifs : « Depuis que je suis en France, j'entends toujours les femmes se vanter d'être mères, fatiguer tout le monde par l'exhibition de leurs enfants. Moi, j'ai des enfants, mais je ne m'en vante pas. C'est une fonction naturelle qui n'est pas autrement flatteuse. Peut-être êtes-vous trop hantées par l'image de la Madone portant comme un ostensoir son Fils entre ses bras. Moi, je préfère la Vénus de Milo ; je la trouve plus belle, plus adorable, quoiqu'elle n'ait pas de bras du tout. » A votre aise, Madame ! S'il nous était donné cependant de revivre la vie grecque, je ne sais guère que les grandes courtisanes qui pourraient s'en féliciter. Hormis cette exception, les femmes honnêtes ont plus profité que souffert de l'instauration des moeurs chrétiennes.

Chose curieuse : le paganisme qui couve au fond des révoltes féminines est mêlé plus ou moins, suivant les tempéraments, de sensualisme et de religiosité. M. Jules Bois nous avise qu'il a été conduit au féminisme par le mysticisme. Cela ne nous étonne point de l'auteur du

Satanisme et de la *Magie*. Son *Ève nouvelle*, livre étrange et ardent, n'est qu'un long acte de foi, d'espérance et d'amour en la femme de l'avenir. L'auteur aurait pu lui donner pour devise ce verset qu'il attribue à Zoroastre : « Le champ vaut mieux que la semence, la fille vierge vaut mieux que l'homme vierge : la mère vaut dix mille pères. » Ce féminisme exalté, voluptueux et dévot, remet le salut du monde aux mains de la femme émancipée.

Certes, l'Olympe païen ne manquait point de femmes ; le malheur est qu'il s'en dégage comme une odeur de mauvais lieu. Le polythéisme déifia le beau sexe surabondamment. Ses bonnes et agréables déesses personnifiaient indistinctement nos vertus et nos vices, nos grandeurs et nos faiblesses. Certaines avaient des moeurs déplorables. Il n'était pas jusqu'à Jupiter et Junon qui ne manquassent à l'occasion de prestige et de tenue. Leurs querelles de ménage n'étaient point d'un bon exemple pour les humbles mortels. A voir là-haut les maris si volages et les femmes si faciles, le mariage si peu respecté et l'union libre si ouvertement tolérée, les humains ne pouvaient, sans irrévérence, se mieux conduire que leurs dieux. C'est pourquoi le sensualisme païen ne fut point très profitable à la moralité publique et privée ;--et l'expérience atteste que la femme est la première à souffrir des mauvaises moeurs. Asservie aux appétits du mâle, elle devient chair à caprice ou chair à souffrance.

Que nous voilà donc loin des conceptions chrétiennes ! Toute l'antiquité a vécu sur cette idée que la femme est inférieure à l'homme en force, en intelligence et en raison ; et les relations privées des époux, comme les relations sociales des sexes, impliquèrent partout la subordination plus ou moins humiliante de l'épouse au mari. Survient le christianisme ; et, si ses premiers docteurs ne peuvent se défendre parfois d'incriminer dans la femme l'Ève curieuse et perfide qui, pour avoir induit en tentation notre premier père, voua toute sa descendance à la corruption du péché et rendit par là nécessaire le sacrifice du Dieu fait Homme, tout l'esprit de sa doctrine tend à la réhabilitation de l'épouse et à la glorification de la mère.

Non pas que la tradition chrétienne soit favorable à l'égalité de la femme et du mari. Témoin ce texte de saint Paul : « Le mari est le chef de la femme, comme le Christ est le chef de l'Église. De même que l'Église est soumise au Christ, ainsi les femmes doivent l'être en toutes choses à leurs maris. » Saint Augustin va jusqu'à faire honneur à sa mère d'avoir « obéi aveuglément à celui qu'on lui fit épouser. » A ses amies qui se plaignaient des brutalités de leur époux, sainte Monique avait coutume de répondre : « C'est votre faute, ne vous en prenez qu'à votre langue. Il n'appartient pas à des servantes de tenir tête à leurs maîtres. »

Mais en maintenant la hiérarchie conjugale, le christianisme a su transformer, par ses vues idéales d'universelle fraternité, le désordre païen en unité harmonique. « Il n'y a plus ni citoyens ni étrangers, ni maîtres ni esclaves, ni hommes ni femmes. Vous êtes tous un en Jésus-Christ. » Cette parole de saint Paul est la charte fondamentale du mariage chrétien. Désormais la femme est confiée à la protection du mari ; et celui-ci est tenu pour responsable devant Dieu du bien-être et de la dignité de l'épouse qui est la chair de sa chair et l'âme de son âme. Le couple chrétien est si étroitement uni de coeur, de sentiment, d'intérêt, les deux époux sont si bien l'un à l'autre, l'unité qui s'incarne en leurs personnes est si parfaite, que l'Église tient leur mariage pour indestructible. L'homme n'a pas le pouvoir de séparer ce que Dieu a indissolublement uni.

En somme, et pour revenir à un langage plus simple et à des vues plus terrestres, voulons-nous connaître la raison secrète des moeurs sociales et des déterminations humaines, et quel est le niveau de l'honnêteté dans un pays, et aussi et surtout ce que deviennent les traditions de famille et la moralité du peuple : cherchons la femme. En fait, celle-ci peut être la cause de beaucoup de bien ou de beaucoup de mal. Car, dans toutes les actions louables ou répréhensibles de l'homme, la femme a quelque part. Elle est le bon ou le mauvais génie du foyer ; et suivant qu'elle est ange ou démon, il est concevable que l'homme soit porté naturellement à la maudire ou à la glorifier. Les Pères de l'Église n'ont pas fait autre chose : leurs contradictions ne sont qu'apparentes.

IV

Pour ce qui est de la position prise par les communions chrétiennes vis-à-vis du féminisme, elle n'est pas très nette. Deux courants se dessinent entre lesquels les âmes religieuses se partagent et oscillent présentement.

Certains, voyant dans le féminisme un retour offensif de l'esprit païen, un symptôme de relâchement et de décadence qui menace de démoraliser les consciences et d'affaiblir les liens de famille, tiennent pour suffisant d'opposer l'antique et pure discipline chrétienne à ce renouveau de paganisme, en remettant « l'Évangile dans la loi », suivant la belle parole de Lamartine. Le christianisme, à leur idée, en a vu bien d'autres ! Que de fois il a replacé la société sur ses véritables bases, rappelant sans se lasser à l'homme et à la femme leurs droits et leurs devoirs ! S'il est un vrai et salutaire féminisme, c'est la religion du Christ qui en conserve la mystérieuse formule. Nul besoin de modifier sa tactique ; elle n'a qu'à prêcher aujourd'hui ce qu'elle prêchait hier, sans concession aux goûts du jour. Sa vieille morale suffit à tout. Qu'on la respecte, et la paix renaîtra entre les sexes et entre les époux.

Sans doute, répondent d'excellents esprits tournés plus volontiers vers l'avenir que vers le passé, la pureté chrétienne a guéri plus d'une fois la corruption des hommes et le dévergondage des femmes. Mais, sans nier qu'elle soit capable de rendre l'honnêteté à notre vieux monde, il paraît bien qu'à une crise qui se produit sous des formes nouvelles, il soit nécessaire d'opposer un traitement nouveau. Et comme, à côté de revendications malfaisantes, le féminisme en formule d'autres dont la justice n'est guère contestable, les hommes de sens doivent faire le départ entre ceci et cela, rejeter ce qui est condamnable, accepter ce qui est légitime. Rien n'empêche le christianisme de maintenir sa doctrine essentielle en l'adaptant aux temps nouveaux. Le secret de son immortalité est précisément dans la grâce qui lui a été donnée de toujours se rajeunir sans varier jamais.

Il est à croire que cette seconde tendance, plus jeune et plus hardie, l'emportera chez nous comme elle l'emporte en Angleterre. Beaucoup de prêtres français, nous assure-t-on, se montrent des plus favorables à l'extension du rôle et à l'élargissement de l'action des femmes. Que de maux elles pourraient guérir, que de douleurs du moins elles pourraient soulager, disent-ils, par une intervention plus effective dans les oeuvres de bienfaisance et de moralisation ! Il n'est pas jusqu'à l'influence politique dont elles ne soient capables d'user, un jour ou l'autre, au profit de l'ordre social.

C'est pourquoi le cardinal Vaughan, qui jouit en Angleterre d'une haute situation, assurait dernièrement Mme Fawcett, présidente de la « Société britannique pour le suffrage des femmes », qu'il verrait avec faveur les Anglaises obtenir le vote parlementaire, persuadé que leur intervention aurait la plus heureuse action sur la conduite des affaires et la confection des lois. Et l'archevêque de Canterbury, chef de l'Église anglicane, a fait la même déclaration et émis les mêmes espérances. Catholiques et protestants d'outre-Manche ne redoutent point l'immixtion de la femme dans la vie publique, et pour cause ! Donnez aux Françaises, dont beaucoup sont bonnes chrétiennes, le droit de participer à l'élection des députés et des sénateurs : croyez-vous qu'elles voteront pour des francs-maçons ou des libres-penseurs ?

Les chrétiennes de France sont en possession d'une puissance, éparse et latente, dont elles ne paraissent pas se douter elles-mêmes. Pour mettre cette force en mouvement, il ne lui manque qu'une organisation et une discipline. Jules Simon ne comprenait pas que les femmes françaises n'aient pas entrepris une croisade plus énergique contre « l'école sans Dieu ». C'est peut-être que, dans notre pays, le catholicisme a été, depuis le commencement du siècle, plutôt un frein qu'un excitant, plutôt un narcotique doucereux qu'un tonique vivifiant. Certes, la femme forte de l'Évangile n'est pas un mythe ; mais elle se fait rare.

Le féminisme chrétien secouera-t-il cette torpeur qui engourdit les dévotes et paralyse même les dévots ? Il se pourrait. Le monde catholique français est en voie de rajeunissement et d'émancipation. Dans son livre : *Les religieuses enseignantes et les nécessités de l'apostolat*, Mme Marie du Sacré-Coeur ne veut pas admettre que la congréganiste française ait « un tempérament moral inférieur à celui de la jeune protestante américaine. » Elle propose en conséquence d'établir dans nos monastères « un courant de choses de l'esprit, une vie de l'intelligence. » Son espoir est que « mieux armées pour la lutte, plus vivantes, plus modernes, » ses soeurs feront oeuvre sociale plus efficacement que par le passé ; et elle conclut que « dans un avenir peut-être prochain, plus d'un couvent sera obligé d'apporter de grandes modifications à la vie claustrale. »

Disons tout de suite que cet esprit nouveau a éveillé dans le monde religieux de naturelles appréhensions et de vives controverses. Certains l'ont dénoncé comme une sorte d' » américanisme féministe » qui ne pourrait fleurir que dans un couvent « fin de siècle » habité par des religieuses « fin de cloître ». Point de doute cependant qu'un esprit de nouveauté, de hardiesse, parfois même d'indépendance, ne travaille et ne remue le clergé et ses ouailles, les pasteurs et les brebis. Laissez passer quelques années, et nos saintes femmes seront moins scandalisées des libres tendances du féminisme contemporain.

Pour le moment, à celles de leurs soeurs audacieuses qui, missionnaires d'affranchissement, leur viennent dénoncer le despotisme marital, beaucoup de femmes n'ont qu'une réponse très simple : « Laissez-nous tranquilles : s'il nous plaît d'être battues ! » Sans nier que cette patience magnanime ait du bon, puisque le Christ a recommandé aux femmes, aussi bien qu'aux hommes, de tendre l'autre joue à qui les soufflète, en signe de paix et de pardon, nous prendrons la liberté de rappeler qu'à côté d'un féminisme incohérent, qui s'en prend à tous les fondements du foyer chrétien et qu'il convient de fustiger d'importance si l'on veut sauver la famille de ses atteintes, il est, par contre, un féminisme raisonnable qui mérite l'approbation et l'encouragement des laïques et même du clergé.

En tout cas, il nous faut constater que, pour l'instant, le féminisme chrétien est surtout une force conservatrice qui se propose de défendre le mariage et la société contre les audaces révolutionnaires. A celles qui marquent un penchant sympathique pour les licences du paganisme ou qui rêvent d'une « péréquation » absolue entre les sexes, il s'efforce de prouver qu'un tel mouvement ne saurait se dessiner et s'élargir sans un grave préjudice pour l'honnêteté des moeurs, pour la paix des ménages et la dignité de la femme.

C'est donc en vue de canaliser, de diriger ou d'amortir un courant qu'il n'est plus en notre puissance d'enrayer, que le féminisme chrétien s'organise sous l'oeil bienveillant des différentes Églises. Il compte aujourd'hui deux organes : *La*

Femme, bulletin des protestantes rédigé par Mlle Sarah Monod, et le *Féminisme chrétien*, publication catholique dirigée par Mlle Marie Maugeret et Mme Marie Duclos, qui président également la *Société des féministes chrétiennes*. L'esprit de ce dernier groupement ressort nettement de la déclaration suivante : « Le féminisme chrétien est l'adversaire résolu du féminisme libre-penseur. Si le XXe siècle doit être, comme on le pronostique, le siècle de la femme, il faut qu'il soit, par excellence, le siècle de la femme catholique.[14] »

Soustraire la femme du peuple aux utopies subversives et la détourner des révoltes sociales en l'attachant plus étroitement au foyer, en augmentant sa sécurité, en fortifiant sa dignité, en la confirmant dans son rôle de plus en plus respecté d'épouse et de mère : tel est donc l'objet actuel du féminisme chrétien. C'est un féminisme assagi, expurgé, édulcoré, un préservatif homéopathique, un vaccin inoffensif qui, tournant le poison en remède, immunisera, croit-on, la pieuse clientèle de nos grandes et petites chapelles. Ses adeptes espèrent qu'en inoculant avec prudence aux femmes de toute condition ce virus atténué, il sera plus facile de les préserver de la contagion du féminisme aigu et délirant. Cela suffit-il ? Nous savons des femmes généreuses qui souhaitent au féminisme chrétien des vues plus libres, des desseins plus fermes et des ambitions plus hardies.

---

[14] *Rapport de Mlle Marie* Maugeret *sur la situation légale de la Femme envisagée au point de vue chrétien.* Le Féminisme chrétien, mai 1900, pp. 142 et 148.

CHAPITRE III

LE FÉMINISME INDÉPENDANT

I.--Point de compromission avec le socialisme ou le christianisme.-- Les hommes féministes.--Leurs fictions poétiques.--La femme des anciens temps. II.--Le matriarcat.--Ce qu'en pensent les féministes ; ce qu'en disent les sociologues. III.--La femme libre d'autrefois et la dame servile d'aujourd'hui.--Opinions de quelques notables écrivains.--Leurs exagérations littéraires. IV.--Les droits de l'homme et les droits de la femme.--Ce que la femme peut reprocher a l'homme.

I

Hostile aux tentatives d'absorption du féminisme révolutionnaire et du féminisme religieux, le féminisme indépendant veut s'appartenir, être lui-même, éviter les compromissions et les confusions. Il se considère comme une force autonome animée d'un mouvement propre. Il tient ses revendications pour une question de sexe, qui ne dépend ni des questions ouvrières ni des questions confessionnelles, et dans laquelle les hommes ne sont point admis à s'immiscer sous prétexte de révolution sociale, ni même sous couleur de prosélytisme chrétien. Qu'on les accueille à titre d'alliés : passe encore ! Seulement, ils devront accepter expressément le mot d'ordre de ces dames.

Des écrivains ont accepté avec joie ces conditions ; et pour mériter le vocable barbare, mais envié, d'» hommes féministes», nous les voyons se dépenser, pour la sainte cause de la «féminité souffrante», en conférences, en chroniques, en drames qui font pleurer ou en dithyrambes émus qui font sourire. Ceux-là ne s'efforcent point (pour l'instant, du moins) de détourner, au profit de leur politique ou de leur culte, un mouvement qui doit se suffire à lui-même. Ils n'admettent même pas que l'amélioration de la femme puisse être le résultat d'une collaboration sincère et confiante des deux sexes, qu'elle doive se faire avec l'homme et non contre l'homme : ce qui serait pourtant, il nous semble, plus prudent et plus sage. Ils regardent plutôt le féminisme comme un domaine réservé aux dames ; et il semble que, pour se faire pardonner d'y mettre le pied, même avec les meilleures intentions du monde, ils prennent à tâche d'outrer les regrets, les doléances, les récriminations et les espoirs de l'Ève moderne. Voici des échantillons de leur langage : rapprochés des déclarations de quelques femmes hautement qualifiées dans le parti nouveau, ils nous édifieront sur l'esprit des uns et des autres.

La plupart des écoles féministes ont coutume d'opposer, avec un parti pris intrépide, les perfections idéales du passé aux lamentables déchéances du présent. C'est, du reste, l'habituelle manoeuvre de tous les novateurs qui se flattent de nous ramener à la pure noblesse de nos origines. On connaît le sophisme de Jean-Jacques Rousseau : au commencement, l'homme était libre, heureux et solitaire ; la société l'a fait dépendant et misérable. Pour retrouver le bonheur, il lui faut revenir à la simple nature. C'est un peu le même conseil que l'on donne à la femme d'aujourd'hui. Sera-il mieux écouté ?

A lire, par exemple, M. Jules Bois, un écrivain qui a conquis l'estime des lettrés par l'intrépidité de ses convictions et la forme ardente et colorée de ses livres, nulle férocité ne fut plus cruelle que celle de l'homme primitif. « Il communie avec le tigre énorme ; il manie le meurtre et l'épouvante. » Sa volonté est « criminelle » ; il rêve déjà de tout détruire « afin de rester seul ».[15] Voilà l'origine sanglante de « l'anthropocentrisme ». Tout par l'homme et pour l'homme ! Le mâle primitif fut la plus perspicace des brutes.

Sans prêter à nos premiers ancêtres d'aussi longues vues de domination ambitieuse,--car ils ne songeaient guère qu'à vivre au jour le jour et à se défendre de leur mieux contre les espèces animales qui menaçaient leur existence,--il est à croire que le portrait qu'en trace M. Jules Bois est assez ressemblant. Mais si vraisemblablement les hommes primitifs n'eurent point la main légère ni l'âme subtile, la plus simple logique nous induit à penser que leurs femmes ne furent ni plus tendres ni plus délicates. A voir ce qui se passe de nos jours chez les sauvages du centre de l'Afrique, nous avons le droit de conclure que le couple des premiers âges fut harmonieusement appareillé. Lorsque les mâles sont des brutes, il n'est pas ordinaire qu'ils aient pour compagnes d'adorables petites créatures.

Ce n'est pas ainsi, pourtant, que les féministes exaltés s'imaginent la femme primitive. Ils nous assurent même qu'elle fut tout simplement exquise, aussi douce, aussi belle, aussi suave que son compagnon fut laid, bête et grossier. Ils nous la montrent « suivie d'un cortège de colombes qui adorent sa grâce. » Ce n'est pas elle qui eût tué pour vivre ! « Le respect de la vie, même la plus ignorée, même la plus obscure, est son privilège. » Jamais elle ne se fût abaissée à tordre le cou d'un pigeon, ou d'un poulet. Cueillir une rose

---

[15] Jules Bois, *l'Ève nouvelle*, p. 16.

en ce temps-là lui semblait un crime. « Elle respecte non seulement les insectes, mais les pétales éclatants et parfumés qu'elle ne réunit pas sur son coeur parce qu'ils y mourraient. »[16] Et dire que cette blanche brebis qu'on nous présente parée de toutes les séductions fut la femme des cavernes ! Quelle plaisante illusion ! Est-il croyable qu'à l'âge de pierre, une créature à face humaine pût avoir l'âme d'un chérubin ?

II

Et le matriarcat ? s'écrieront tous ceux qui croient à l'originelle perfection féminine. Il fut un temps, paraît-il, où la femme, ayant toutes les supériorités intellectuelles et morales, cumula tous les pouvoirs. Sa puissance passait alors avant celle de l'homme. Elle gouvernait exclusivement l'enfance et la jeunesse. Elle commandait à la famille et inspirait la société naissante. Si, par la suite, la prééminence du père a détrôné celle de la mère, si le patriarcat a renversé le matriarcat, ce fut un triomphe de la force brutale sur la douce royauté des femmes.

A ces fictions galantes nous répondrons tout de suite,--quitte à revenir plus tard sur ce sujet avec quelque détail,--que beaucoup d'historiens, et des plus autorisés, nient la préexistence du matriarcat sur le patriarcat, c'est-à-dire l'antériorité de la puissance maternelle sur la puissance paternelle et, par suite, la primauté originaire de la femme sur l'homme. Eût-il même existé,--ce qui est en question,--le matriarcat ne serait, du reste, qu'un signe d'humiliante barbarie.

---

[16] Jules Bois, *l'Ève nouvelle*, p. 17.

Là où l'humanité ne connaît pas le mariage, on ne saurait concevoir, en vérité, d'autre lien naturel que celui qui unit l'enfant à la mère. Aussi facilement que, dans la promiscuité du poulailler, le coq se détache de sa progéniture, le père, dans la promiscuité des premiers groupes humains voués aux hontes et aux misères de la plus inconsciente dissolution, ne pouvait être qu'indifférent ou dédaigneux à l'égard des enfants, la filiation de ceux-ci étant presque toujours douteuse ou inconnue. A défaut d'une paternité établie ou présumée,--conséquence du mariage monogame,--la mère d'autrefois devait bien s'occuper seule de sa nichée. Qu'on ne nous vante donc point le matriarcat des anciens temps : c'est la fonction actuelle des poules couveuses abandonnées par leur amant de basse-cour. Trouve-t-on cette condition si admirable ?

L'idée qui nous paraît la plus proche de la vérité historique et la plus conforme aux réalités de la vie primitive, est celle-ci : les premiers hommes furent des mâles violents et batailleurs, et les premières femmes de robustes et gaillardes femelles, ayant leurs qualités et leurs vices, en proie à mille difficultés, à mille tourments, à mille souffrances que notre intelligence amollie par le bien-être ne saurait même concevoir, luttant à chaque heure du jour et de la nuit contre la concurrence d'animaux monstrueux disparus aujourd'hui, refoulant peu à peu cette bestialité environnante et essaimant par le monde leur humanité élémentaire qui, de génération en génération et de progrès en progrès, s'est développée, multipliée, moralisée, élevée, affinée, pour devenir notre société moderne si fière de son savoir, de son pouvoir, des merveilles de son industrie, de l'amoncellement de ses richesses et des splendeurs de sa civilisation. A ces lointains ancêtres,--aux hommes et aux femmes indistinctement,--le présent doit un souvenir de pieuse reconnaissance.

Mais nous sommes loin de la conception féministe qui attribue gratuitement à la femme toutes les qualités natives et lui fait honneur de tous les perfectionnements de la vie. Voici le thème : tandis que l'homme s'abandonne à la violence, au crime, à tous les débordements de la passion, la femme, méconnue dans sa grandeur, outragée dans sa grâce, persécutée pour sa vertu, maltraitée pour sa bonté, avilie surtout pour sa beauté, reste la fidèle dépositaire de tout ce qui soutient, élève, épure et embellit l'existence. A elle le dévouement, le pardon, l'idéal. La femme est le génie bienfaisant de la terre, le bon ange de la création.

Alors, chose horrible ! au lieu de s'agenouiller pieusement devant tant de perfections, l'homme ancien s'en offensa ; jaloux de l'évidente supériorité de sa compagne, il brutalisa l'idole que nos féministes adorent ; incapable de la dominer par la puissance de l'esprit, il la dompta par la force brutale appuyée, sanctionnée, consacrée par les prescriptions de la loi et les commandements de l'Église. Et ce fut un long martyre, un perpétuel attentat à la pudeur, à la grâce, à la faiblesse, à la beauté !

Dans le passé profond, barbare et ténébreux,
Tu fus toute pitié, Femme, et tout esclavage ;
Ton grand coeur ruissela sous le viril outrage
Comme sous le pressoir un fruit délicieux.

C'est ainsi que M. Jules Bois parle en prose et en vers à l'Ève nouvelle.[17] Et il compte sur les « hommes nouveaux » qu'enivre « le vin de ses souffrances » pour secouer les chaînes de l'éternelle esclave.

---

[17] *Les Hommes féministes.* Revue encyclopédique du 23 novembre 1896, p. 831.

III

Car, aujourd'hui, sachez-le bien, l'abominable sacrifice est consommé. Pour n'avoir point su ni voulu s'élever à la hauteur de la femme, l'homme, appelant à son secours les codes et les dieux, toutes les contraintes, tous les despotismes, a finalement, de sujétion en sujétion et de déchéance en déchéance, abaissé sa compagne au niveau de sa propre grossièreté originelle. Ce n'est pas assez dire : la femme contemporaine est tombée au-dessous du sexe fort. Vous n'imaginez pas ce que son vainqueur en a fait ! Tandis que l'Ève des premiers âges rayonnait sur le monde par l'éclat de ses vertus et de ses charmes, la Française de notre fin de siècle n'est qu'une pitoyable dégénérée. Ce n'est plus la femme, mais la « dame »[18], à laquelle on refuse toute intelligence, tout mérite, toute sensibilité, toute noblesse. Après avoir rehaussé de mille grâces la femelle d'autrefois, on accable de mille sarcasmes la femme d'aujourd'hui, passant, avec la même facilité, de la complaisance la plus excessive pour le passé à l'injustice la plus criante pour le présent.

Franchement, je ne puis voir dans toute cette littérature retentissante que des préjugés systématiques ou des illusions de visionnaire. Certes, dans les milieux excentriques où sévissent le cabotinage élégant et la mondanité dissipée, il est des femmes qui ne possèdent guère qu'un « cerveau d'autruche » et qu'une « âme de néant », êtres vains et factices, vaniteux et futiles, sortes de « poupées mécaniques » chargées de soie, de dentelles et de bijoux, dont le coeur est froid et la tête vide. Mais ce type égoïste et inutile représente-t-il toutes les femmes de France ? toutes nos soeurs, toutes nos filles, toutes nos

---

[18] Jules Bois, *l'Ève nouvelle*, pp. 82 et 83.

mères ? La « dame » des classes riches ou des milieux aisés est-elle toujours aussi frivole, aussi sèche, aussi nulle ? Voilà pourtant ce que la femme moderne serait devenue--une pitoyable dégénérée--sous l'oppression masculine appuyée de l'autorité des lois divines et humaines. De ses misères et de ses défauts la femme n'est donc point responsable. On la tient pour une pure victime. Le seul coupable, c'est l'homme.

Et de nombreux et notables écrivains mêlent leurs fortes voix au bruit aigu des récriminations féminines. C'est M. Paul Hervieu qui nous déclare que « la femme est traitée en race conquise et non en race alliée, » et que « la situation qui lui est faite encore actuellement est le reste des premiers établissements de la barbarie. » C'est M. Georges Montorgueil qui prétend que, si l'homme a affranchi l'homme, il a systématiquement oublié la femme : « Serve, elle a sa Bastille à prendre, ses droits à conquérir, sa révolution à tenter. » À son gré, l'Ève esclave nous rappelle « trop timidement » à nos principes.[19] Combien de romanciers et de dramaturges ont, depuis quinze ans, exalté les droits de la femme et jeté la pierre au roi de la création ? C'est dans la plupart des petits cénacles littéraires comme une levée de boucliers pour voler au secours de la toute pure et toute belle opprimée.

En vérité, les femmes sont-elles si malheureuses ? Sans nier leur subordination légale, n'est-ce point justice de reconnaître que les moeurs ont grandement adouci les rudesses du code et rendu supportable cette vie dont on se plaint, en leur nom, comme d'un bagne ou d'un enfer ? Même en admettant que les femmes imparfaites sont une minime exception, est-il croyable que les mauvais maris soient de règle presque universelle ? Tous les hommes sont-ils de si cruels despotes et toutes leurs compagnes de si

---

[19] *Les Hommes féministes.* Revue encyclop., *loc. cit.*, p. 827.

pitoyables créatures ? Puisqu'on parle de servitude féminine, pourquoi ne pas reconnaître qu'elle est souvent nominale et que les inégalités qu'on objecte, en les enflant pour les besoins de la cause, sont surtout prétexte à de tendres épanchements de littérature ?

Ce n'est point l'avis du *Grand Catéchisme de la Femme*, dont le passage suivant mérite d'être cité intégralement comme un curieux échantillon des outrances d'une âme féministe. L'auteur, M. Frank, écrit sérieusement ceci : « Aujourd'hui, la femme est moins encore que le gredin, moins que l'enfant, moins que l'aliéné : car le fripon redevient citoyen à l'expiration de sa peine ; le mineur est capable au jour de sa majorité ; l'aliéné, en recouvrant sa raison, est restitué dans ses droits, tandis que la femme, quelles que soient son intelligence, sa sagesse, ses vertus, subit toujours la flétrissure de sa naissance, et voit son front marqué d'un stigmate indélébile attaché à ses origines ; toujours elle demeure la condamnée, la proscrite, l'éternelle mineure, la perpétuelle déchue. »[20] Et renchérissant sur ces excès de langage, une Allemande de talent, Mme Boehlau, appelle la femme d'aujourd'hui « la Demi-Bête ».

IV

Car les femmes éprises d'indépendance ne le cèdent en rien aux hommes féministes et s'acharnent avec la même ardeur à dénoncer le sexe fort, en un style des plus discourtois et des plus déclamatoires, comme la cause de tous leurs maux. Elles tiennent pour absolument démontré que l'homme est un tyran et un incapable qui a fait faillite à tous ses devoirs. Mme Marya Cheliga, présidente de l'Union universelle des femmes, nous dira, par exemple, le plus

---

[20] Cité par M. de Rochay dans la *Question féministe*. Avant-propos, p. VIII.

tranquillement du monde, que la femme n'est présentement qu'» un être inférieur, terrorisé par la brutalité masculine,» que «sa condition civile et civique est restée semblable à celle des serfs du bon vieux temps,» que cette grande humiliée est «livrée comme une proie à l'insatiable égoïsme du maître.» Qu'est-ce que le féminisme ? Un mouvement «abolitionniste de l'esclavage féminin.» Les femmes n'ont point assez profité, paraît-il, de notre grande Révolution. A la Déclaration des Droits de l'Homme, il n'est que temps d'ajouter la Déclaration des Droits de la Femme. La première charte d'émancipation, pour parler encore comme Mme Marya Cheliga, «a ouvert dans le mur séculaire du privilège une brèche qui deviendra la porte triomphale» où passeront les revendications de l'éternelle opprimée.[21]

On ne nous pardonne même pas que, dans tous les milieux, dans toutes les conditions, la femme moderne soit condamnée, pour vivre, à être nourrie et soutenue par l'homme. Cette situation est intolérable et indéfendable. Qu'est-ce que l'épouse elle-même, sinon une femme «entretenue» qui tient le pain qu'elle mange et la robe qu'elle porte de la bonne volonté du mari ? L'apôtre du féminisme en Autriche, Mlle Augusta Fickert, en induit que «jusqu'à présent, la femme a dû mentir pour arriver à ses fins et assurer même sa conservation : le mouvement féministe doit l'affranchir de cet asservissement.»[22] Et ne croyez pas que la femme riche soit mieux traitée ! Confinée entre sa modiste et sa couturière, condamnée aux futilités de la toilette et aux bavardages de salon, exclusivement occupée à faire la belle, elle ne joue dans la vie prétendue aristocratique, comme dit Mme Pardo-Bazan, qu'» un rôle de simple meuble de luxe.» A qui la faute ? A son seigneur

---

[21] *Les Hommes féministes, op. cit.*, pp. 825 et 826.

[22] *La Femme moderne, loc. cit.*, p. 860.

et maître, dont elle partage l'oisiveté frivole et la dissipation tapageuse.[23]

Par contre, les doléances de la femme nous paraissent beaucoup plus dignes de considération, lorsqu'elles visent les humiliations et les déformations que lui inflige notre littérature contemporaine. Voyez ce que les romanciers, les nouvellistes, les chroniqueurs, les dramaturges ont fait de la femme, sous quels traits ils la peignent, de quelle boue ils la pétrissent : dans le plus grand nombre de leurs oeuvres, elle apparaît comme une créature perfide et vaine, intrigante et sèche, vicieuse et malfaisante. Que de livres modernes l'ont injustement courbée sous le mépris ou traînée dans la honte ! Du côté des poètes, des rêveurs, des mystiques, c'est une autre chanson. Au lieu de maudire Ève, on la plaint. Elle est l'amie frêle et languide, la malade, l'impure, la tentatrice adorable ou la charmante pécheresse, fleur délicieuse et troublante qui distille le poison avec le miel. Quelle femme ne serait profondément blessée de cette pitié soupçonneuse ou de ces imputations flétrissantes ? Rappelons seulement, à titre d'exemple, cette définition d'Alexandre Dumas : « La femme est un être circonscrit, passif, instrumentaire, disponible, en expectative perpétuelle. C'est la seule oeuvre inachevée que Dieu ait permis à l'homme de reprendre et de finir. C'est un ange de rebut. »[24]

Il est pourtant une misère plus douloureuse et plus infâme que notre civilisation lui réserve. Et si répugnante est cette plaie que je n'en parlerais pas, si nos féministes, que n'effraie aucun sujet, ne m'en faisaient une obligation : j'ai nommé la prostitution. De fait, la femme tombée est asservie au caprice des brutes. Et la nouvelle école enseigne que, tant qu'une malheureuse sera courbée sous le joug de

---

[23] *La Femme moderne, loc. cit.*, p. 879.
[24] Préface de *l'Ami des femmes.* Théâtre complet, t. IV, p. 45.

cette dégradation réglementée, nulle femme honnête ne pourra se dire déliée de toute servitude. Affligée de « l'agenouillement des hommes devant la moins digne d'idolâtrie, » devant cette Circé symbolique qui les change en bêtes, blessée de l'insulte faite à ses soeurs déchues, « elle doit communier par sa conscience indignée, selon le langage hardi de M. Jules Bois, avec l'immense caste des esclaves patentées du plaisir viril. »[25]

Nul outrage n'est donc épargné à la femme : tout lui est sujet d'abaissement ou d'ignominie, depuis les plaintes des faux amis jusqu'aux malédictions haineuses des misogynes, depuis les égards mortifiants de la galanterie mondaine jusqu'aux suprêmes injures de la débauche. Mme Pauline Thys en conclut, dans une langue réaliste, que « l'homme est le seul animal qui méprise sa femelle. »[26]

[25] *La Femme nouvelle, loc. cit.*, p. 837.
[26] *La Femme moderne, loc. cit.*, p. 891.

CHAPITRE IV

NUANCES ET VARIÉTÉS

DU FÉMINISME « AUTONOME »

I.--Les modérées et les habiles.--La droite libérale. II.--Les intellectuelles et les propagandistes.--Le centre féministe. III.--Les radicales et les libres-penseuses.--Le parti avancé.--L'extrême-gauche intransigeante.--Effectif total des différents groupes.

On a vu que les féministes des deux sexes s'accordent pour reprocher à la société les préjugés, les injustices et les souffrances dont l'existence des femmes est journellement affligée. Mais il ne faut pas en conclure que, né d'un même besoin de révolte contre ces préventions, ces misères et ces iniquités, le féminisme indépendant forme un bloc homogène, ayant même esprit, même programme et même but. Il se fractionne, au contraire, en plusieurs groupes distincts qui, tout en poursuivant parallèlement l'amélioration de la condition des femmes, marquent une impatience, une logique et des ambitions très inégales. Il en est d'intransigeants, de radicaux, de modérés et même de conservateurs. Réuni en assemblée, le féminisme ferait l'effet d'un Parlement très varié d'opinions et de couleurs.

I

Les moins avancées patronnent l'*Avant-Courrière*, qui a pour emblême «un soleil levant derrière une colline accessible.» Cette publication intéressante est dirigée par Mme Jeanne Schmahl, dont la pondération insinuante et persuasive a su conquérir à la cause féministe de nombreux et puissants auxiliaires parmi les lettrés. Voici, à titre de curiosité, un échantillon de sa manière de voir et d'écrire : «Le préjugé veut que le rôle exclusif de la femme soit d'être épouse et mère : pourtant toutes les femmes ne se marient pas et même toutes celles qui se marient ne deviennent pas mères. Et pourquoi les épouses et les mères seraient-elles moins libres que les maris et les pères ? Si les femmes sont véritablement plus faibles et moins intelligentes que les hommes, si elles doivent infailliblement être vaincues dans la lutte, pour quelles raisons les hommes se défendent-ils contre elles par des lois ? La femme porte en son sein l'enfant et le nourrit. Les femmes ne craignent pas la concurrence des hommes et ne demandent pas une loi pour empêcher les hommes d'usurper cette fonction. Là où les lois de la nature fixent la limite, les lois humaines sont superflues.»[27]

Mme Schmahl n'a donc pas l'intention de contraindre un jour le père de famille à nourrir de son lait ses enfants nouveau-nés. Il convient de lui en savoir gré. On voit avec quelle réserve et quelle discrétion la très distinguée fondatrice de l'*Avant-Courrière* touche au privilège masculin. Elle a même eu l'habileté de faire accepter à Mme la duchesse d'Uzès la présidence de son groupe. Ce qui prouve que le féminisme n'est pas un produit exclusif de la libre-

---

[27] Revue encyclopédique, p. 887.

pensée et de la démocratie républicaine, puisqu'il se fait honneur de rallier d'aussi éminentes aristocrates.

Avouerai-je que j'en suis un peu étonné ? J'entends bien qu'aux yeux de ces dames, l'homme est un monarque déchu, duquel on ne peut rien espérer. Et donc, puisque le roi est mort, vive la reine ! Le malheur est que, depuis la loi salique et par une tradition ininterrompue, les femmes n'ont en France aucun droit au pouvoir royal, la couronne devant se transmettre exclusivement par les mâles. Et voilà bien encore l'incorrigible outrecuidance du sexe fort ! D'où l'on peut conclure que, dans la pure doctrine féministe, une femme qui a conscience de sa dignité ne saurait être royaliste à aucun prix. S'incliner devant le roi, c'est encore s'abaisser devant un homme. Et, circonstance aggravante, on raconte que Marie-Antoinette avait coutume de répéter que « toute femme qui se mêle volontairement d'affaires au-dessus de ses connaissances et hors des bornes de son devoir est une intrigante. » Il est douteux que cette franchise et cette humilité rallient les « femmes nouvelles » à la cause monarchique. Qui sait même si déjà l'âme des plus ambitieuses,--dont c'est l'habitude de réclamer l'accession de leur sexe à tous les emplois virils,--n'aspire point secrètement à la présidence de la République ? A moins qu'elle n'en rêve la suppression : ni président, ni présidente,--ce qui, à tout prendre, serait plus conforme au principe de l'égalité des sexes.

Parlons plus sérieusement : la fraction libérale du parti féministe part de cette idée très sage et très vraie que, loin de s'improviser, le progrès s'enfante laborieusement. De l'avis des femmes de caractère et de talent qui l'inspirent et la dirigent,--et parmi lesquelles je range Mme Schmahl au premier rang,--l'important est de savoir sérier les questions et attendre les résultats. A l'heure qu'il est, leur propagande s'applique à revendiquer et à conquérir l'égalité des « droits civils », en agissant sur le public par des conférences et des publications, et sur le Parlement par des requêtes et des pétitions. C'est dans cet esprit pratique et avisé que Mlle Marie Popelin, doctoresse en droit de l'Université de Bruxelles, qui a fondé un des premiers organes du Droit des Femmes--*la Ligue*--réclame contre les lois vieillies ou injustes, définissant le féminisme « une protestation contre un système d'exception qui, sans libérer la femme d'aucun devoir, lui enlève des droits accordés à tous les hommes. »[28]

II

Telle est aussi la tactique d'une fraction voisine qui, sans être beaucoup plus avancée, nourrit pourtant des espérances plus larges, des vues plus libres, des idées plus hardies et prend une attitude de jour en jour plus militante. Avec elle, nous touchons au coeur même du féminisme, à ce foyer nouveau épris de curiosité scientifique, brûlant de savoir, de vouloir, de pouvoir, dévoré du besoin de s'élever, de se communiquer, de se dévouer, à ce centre où s'allument et s'échauffent les résolutions les plus ardentes et les vocations les plus viriles.

C'est de là qu'est sortie la *Société pour l'amélioration du sort de la Femme*, dont la présidente, Mme Féresse-Deraismes, une opportuniste aimable, comptera parmi les ouvrières de la première heure avec sa soeur cadette, la regrettée Maria Deraismes, à laquelle ses admirateurs ont élevé galamment, en février 1895, un monument au cimetière Montmartre. C'est dans le même esprit que s'est formé le groupe féministe français l'*Égalité*, dont la fondatrice, Mme Vincent, une femme d'étude et de patiente volonté, se plaît à reconstituer le rôle social que son sexe a joué dans le passé. C'est d'une semblable préoccupation qu'est née la *Ligue*

---

[28] Revue encyclopédique, p. 882.

française pour le Droit des femmes, que Mme Pognon dirige aussi habilement, aussi magistralement qu'elle a présidé, en 1896, les débats tumultueux du Congrès féministe de Paris : femme de tête et de coeur, apôtre des revendications de son sexe et surtout ardente zélatrice des oeuvres de la paix universelle, elle fait appel aux mères pour effacer les haines et réconcilier les hommes. « La guerre est une flétrissure pour l'humanité : à la femme de la supprimer. Il lui suffira de le vouloir fortement, passionnément. L'amour maternel fera ce miracle. » Dieu le veuille !

C'est encore sous la même inspiration que s'est constituée l'*Union universelle des Femmes*, destinée, dans la pensée de Mme Marya Cheliga qui en est l'âme, à faire oeuvre de propagande fédéraliste entre tous les peuples. Malgré ses emportements et ses outrances, il est impossible de ne point admirer cette femme que nos meilleurs écrivains ont honorée de leurs confidences, et dont chaque phrase est comme pleine d'une foi communicative. Témoin celle-ci : « Même affranchie, la femme, ainsi que l'homme, aura toujours sa part de cette souffrance que le destin implacable et mystérieux réserve à tout être vivant sur notre pauvre planète ; mais, ayant acquis avec la libération toutes les possibilités de bonheur qui sont en elle, la femme atténuera l'universelle douleur et apportera un surplus de satisfaction et de joie, par tout l'élan de son coeur sensible au bien, par toute l'ardeur de son âme rénovée et fière. »[29]

C'est dans le même milieu opportuniste, enfin, que deux oeuvres de publicité intéressantes ont pris naissance : le *Journal des Femmes*, dont Mme Maria Martin, sa distinguée directrice, résume ainsi la tendance idéale : « L'humanité est une ; l'homme ne sera jamais grand tant que la dignité de la femme sera sacrifiée à son égoïsme ; »--et la *Revue féministe*,

[29] *Les Hommes féministes, op. cit.*, p. 831.

trop tôt disparue, dont la prudence de Mme Clotilde Dissard
tempérait heureusement l'esprit et les revendications. Qu'on
en juge par ce fragment : « Ne demandons pas trop à la fois.
Au point de vue social, la femme, sans siéger dans les
parlements, peut faire oeuvre féconde et bonne ; elle a à
remplir une mission toute de charité et de philanthropie ; elle
doit s'efforcer de prévenir et d'atténuer quelques-unes des
misères sociales : l'intempérance, la guerre, le vice, le vice
surtout, qui crée pour la femme le pire des esclavages. »[30]

Au demeurant, constatons sans malice que les
publications féministes ont beaucoup moins de lectrices que
les simples journaux de modes. Mais sachons reconnaître en
même temps que, si, dans cette végétation d'oeuvres et
d'idées, bon nombre ne sont point exemptes de
présomption désordonnée ou d'audace fâcheuse, il est
consolant d'y voir éclore et fleurir, avec une vigueur
exubérante, les sentiments de pitié, d'amour, de dévouement
qui font le plus d'honneur à la femme moderne.

III

Le féminisme avancé est en droit de revendiquer Mlle
Maria Deraismes, dont j'écrivais le nom tout à l'heure. Grâce
à l'appui de M. Léon Richer, un précurseur intrépide et
convaincu, qui avait fondé le *Droit des femmes* pour défendre
et propager les idées nouvelles, cette intellectuelle élégante et
hardie a personnifié pendant longtemps le féminisme
français ; si bien qu'elle aurait pu dire, sans exagération,
durant vingt années : « Le féminisme, c'est moi ! » Et je ne
doute point qu'elle l'ait pensé. Le féminisme était sa chose,
son bien, sa vie ; et finalement, cette appropriation n'a guère
servi la cause des femmes. Mlle Deraismes eut le tort,--

---

[30] *La Femme moderne, op. cit.*, p. 857.

malgré ses intentions généreuses,--de l'annexer despotiquement à la libre-pensée et à la franc-maçonnerie. De là son succès auprès des partis avancés. Son intransigeance éloigna d'elle les âmes modérées et libérales. C'est moins, je pense, à l'apôtre du droit des femmes qu'à l'anticléricale frondeuse et voltairienne que le Conseil municipal de Paris a voulu rendre hommage en donnant son nom à une rue de la capitale.

A lire aujourd'hui les productions de ce féminisme radical, l'impression n'est ni douce, ni rassurante. Non content d'enfler la voix et de forcer la note, comme la plupart des organes du parti féministe,--ce qui n'est qu'un manque de mesure et une faute de goût,--cet enfant terrible pousse ses revendications jusqu'à l'extrême logique.

Tel déjà ce féminisme cosmopolite qui affiche la prétention d'étendre « la question féminine à toutes les questions humaines. » Ainsi parlait naguère l'honorable secrétaire générale de la *Solidarité*, Mme Eugénie Potonié-Pierre, une des plus actives propagandistes du mouvement nouveau, qui,--pas plus que son mari, d'ailleurs,--ne reculait devant les idées absolues de révolution égalitaire. « L'homme et la femme doivent être complètement égaux, » selon M. Edmond Potonié-Pierre ; « hors de là, pas de salut. »[31]

Tout en rêvant d'embrassement général et de paix perpétuelle entre les peuples, tout en réclamant « la justice pour tous, et aussi pour les animaux, nos frères inférieurs, »[32] les manifestes de ce groupe ne parlent que de luttes, de victoires et de conquêtes, dont l'homme, cette tête de turc, ce sultan malade, doit supporter les coups et payer les frais. C'est encore Mme Potonié-Pierre qui, dans l'emportement

[31] *Les Hommes féministes*, loc. cit., p. 829.
[32] *La Femme moderne*, loc. cit., p. 882.

de son zèle, reprochait un jour aux femmes d'agréer les politesses et les condescendances du sexe masculin. Il serait préférable, paraît-il, que les hommes traitassent ces dames comme ils se traitent entre eux. Plus d'humiliante galanterie : mieux vaut la rudesse égalitaire.

Que dirons-nous enfin du féminisme intransigeant, par lequel le féminisme « autonome » rejoint le féminisme « révolutionnaire » ? Il s'échappe et se répand contre l'autorité masculine en violences acrimonieuses, où l'on sent moins l'ardeur de la liberté et la passion de l'indépendance qu'une sorte de basse envie et d'hostilité rageuse et impuissante. Avec lui, tout ce qu'il y a de bon dans le féminisme tourne à l'aigreur et à l'outrance. Son exaltation est faite surtout d'amertume et de jalousie. C'est un féminisme haïssant et haïssable. A l'entendre, il faut que la femme se suffise à elle-même. Plus de recours à l'assistance de l'homme : sa tutelle est dégradante.

Une Italienne, Mme Émilia Mariani, s'est écriée en plein congrès féministe de Paris : « Que la femme meure plutôt que de subir la protection de l'homme qui la lui fait payer par son esclavage ou par son déshonneur ! »[33] Poussée à ce point, la misanthropie devient une maladie inquiétante. Lorsqu'une femme en arrive à ce degré d'extravagance, il y a mille chances pour qu'elle réclame l'abolition du mariage et l'affranchissement de l'amour, et qu'elle se réfugie finalement dans l'union libre. Le dévergondage des idées mène tout droit au dévergondage des moeurs.

Cela se voit déjà. Il est des sujets sur lesquels la pensée d'une femme ne saurait guère se poser sans se déflorer, des mots que sa bouche ne peut articuler, semble-t-il, sans gêner sa pudeur. Certaines femmes, pourtant, se montrent

---

[33] *Ibid.*, p. 832.

inaccessibles à cette sorte de scrupules, les jugeant sans doute indignes de leur virilité artificielle. En quête d'émancipation à outrance, à la poursuite des libertés de la vie de garçon, des amazones se lèvent autour de nous, dans les cénacles littéraires particulièrement, qui ne rougissent pas plus qu'un dragon, et dont le casque à panache, porté gaillardement sur l'oreille, scandalise les bonnes mamans et amuse ces abominables hommes. N'ayez crainte : des manifestations aussi intempérantes ne feront pas avancer beaucoup leurs affaires. Ce féminisme à plumet n'est pas dangereux. Son extravagance même nous met en garde contre ses sophismes.

De cette revue générale des groupements féministes, il reste qu'ils se composent d'un centre compact, formé par le féminisme autonome, et de deux ailes opposées : le féminisme chrétien à droite et le féminisme révolutionnaire à gauche. De telle sorte que le féminisme français va du conservatisme religieux à la révolte la plus osée, en passant par le progressisme bourgeois et le radicalisme libre-penseur. Le féminisme n'est donc plus, comme jadis, le roman aventureux de quelques individualités retentissantes ; il tend à devenir un mouvement collectif, dont l'amplitude croissante s'étend de proche en proche.

Quel est, en fin de compte, l'effectif total du féminisme militant ? On ne sait trop. D'après Mme Dronsart, il existerait à Paris une fédération composée de dix-huit groupes comprenant 35000 membres.[34] Nous sommes encore loin d'une levée en masse du sexe faible contre le sexe fort. Mais les associations féministes sont formées, paraît-il, de zélatrices ardentes et comme illuminées qui, rêvant de confesser leur foi à la face des persécuteurs et de se dévouer, corps et âme, au triomphe de l'idée nouvelle,

---

[34] *Le Correspondant* du 10 octobre, p. 121.

aspirent à la paille humide des cachots et à la palme du martyre. C'est à faire trembler les plus hardis d'entre les hommes !

CHAPITRE V

MANIFESTATIONS ET REVENDICATIONS FÉMINISTES

I.--Tentatives d'association nationale et internationale.--Causes diverses de force et de faiblesse.--Les trois congrès de 1900. II.--La droite féministe.--Congrès catholique.--Premier début du féminisme religieux. III.--Le centre féministe.--Congrès protestant.--Moins de bruit que de besogne. IV.--La gauche féministe.--Congrès radical-socialiste.--Tendances audacieuses. V.--Que penser de ces divisions ?--En quoi le féminisme peut être dangereux et malfaisant.--Complexité du problème féministe.--Notre devise.

I

Une chose pourtant doit nous rassurer qui ressort avec évidence des pages qu'on vient de lire : ce sont les divisions et subdivisions du féminisme. Celui-ci, en effet, manque de cohésion, d'entente, d'unité ; ses tendances sont diverses et parfois contraires ; il n'a pas de doctrine précise ni de programme arrêté. C'est pourquoi les congrès internationaux qu'il a tenus jusqu'ici dans les grandes capitales de l'Europe ont donné le spectacle de la discorde et de l'incohérence. Outre que, dans ces assemblées féminines comme en tout congrès dont la science ou la

philanthropie est le noble prétexte, le temps s'est passé
moins en travail utile qu'en distractions mondaines,
réceptions, visites, excursions et banquets,--il semble bien,
malgré certains dithyrambes intéressés, que la plupart des
discussions se sont traînées dans le vague des théories
creuses et l'exposition des thèses les plus contradictoires ou
les plus étranges. Peu de solutions pratiques ; point de
direction concertée.

Qu'on ne croie point que j'exagère : une congressiste
sincère, Miss Frances Low, nous a livré sur ce point ses
impressions personnelles. « On entrait dans une section,
écrit-elle à propos du congrès féministe tenu à Londres en
1899, et l'on y entendait soutenir, en langage charmant, que
la constitution d'un foyer est la plus noble et la plus belle des
fonctions de la femme ; et cinq minutes plus tard, on
affirmait, dans la même enceinte, qu'un jour viendrait où,
grâce à l'évolution, la femme serait libérée, comme l'homme,
des devoirs et des soucis du ménage. Ici l'on apprenait
comment les femmes, opprimées par les hommes, « avaient
dormi, voilées, pendant des siècles, » selon l'expression d'une
dame douée d'imagination ; et là, on vous racontait les
merveilleuses choses accomplies par notre sexe, en
littérature, depuis Sapho. Un jour, pour justifier l'entrée des
femmes dans la vie publique, on vantait leur abnégation et
leur désintéressement ; et le lendemain, dans un travail
consacré à la vie idéale des familles de l'avenir, on déclarait
que la femme serait « payée » pour tous les services qu'elle
rendait à son mari et à ses enfants. »[35] Il n'est qu'une main
féminine pour égratigner aussi joliment les « chères
camarades ».

Afin de remédier à cette confusion des langues que
Miss Low dénonce d'une plume si acérée, on s'emploie

---

[35] *Journal des Débats* du 8 août 1899, extrait du *Nineteenth Century*.

actuellement à constituer en chaque pays un « conseil national des femmes ». Ces différents groupements en voie d'organisation devront s'affilier, selon l'idée fédérale, en « conseil international », qui deviendra ainsi l'organe de l' » Union universelle des femmes ». Et bien que cette vaste coalition soit à peine ébauchée, bien que l'effort de concentration et le « travail intellectuel » des groupes régionaux ait souffert de « l'invasion de l'élément mondain dans le domaine du féminisme, » Mlle Kaette Schirmacher nous assure que « la solidarité des femmes dans le monde entier, loin d'être un vain mot, est en partie déjà une réalité. »[36]

Il ne paraît pas cependant que l'Exposition universelle de 1900 ait vu se former l'unité rêvée entre les différents groupes et les différentes races. Le féminisme reste divisé contre lui-même. Ouvrières et bourgeoises, protestantes et catholiques, n'ont pu s'entendre ni se réunir en un concile général. Nous avons eu trois congrès pour un. Si les discussions y ont gagné d'être plus calmes, plus sérieuses et plus pratiques, il n'en demeure pas moins que cette désunion est la plus grande cause de faiblesse qui puisse atteindre et compromettre une oeuvre de prosélytisme et de combat. Schopenhauer a dénoncé quelque part avec aigreur « la franc-maçonnerie des femmes ». Il est de fait que, sans beaucoup s'aimer entre elles, elles se soutiennent ; mais cette solidarité d'intérêt n'exclut pas les rivalités de personnes. On l'a bien vu aux congrès qui se sont tenus à Paris en 1900, à l'occasion de l'Exposition universelle : ce qui n'empêche point qu'ils feront époque dans l'histoire du féminisme français.

Voici, pour mémoire, les titres officiels qu'ils avaient pris : « Congrès catholique international des oeuvres de

[36] *Journal des Débats* du 15 juillet 1899.

femmes »,--» Congrès des oeuvres et institutions féminines »,--» Congrès de la condition et des droits de la femme ». Mais ces vocables divers marquent trop faiblement l'esprit très différent qui anima leurs discussions et inspira leurs voeux et leurs résolutions. Il était facile, d'ailleurs, à tout observateur attentif de prévoir que le féminisme latin se fractionnerait en trois groupes rivaux, sinon ennemis. Dès maintenant la coupure est faite : le féminisme français a sa droite, son centre et sa gauche.

II

Le premier congrès n'a pas caché son drapeau : il s'est dit hautement catholique, et ses séances ont prouvé qu'il méritait cette appellation. Organisé sous le patronage du cardinal Richard, archevêque de Paris, présidé par Mgr de Cabrières, évêque de Montpellier, dirigé par M. le vicaire général Odelin, son esprit est resté strictement confessionnel. On y a vu défiler en des rapports soignés, attendris ou pieux, l'ensemble des oeuvres religieuses de prière, d'apostolat ou de solidarité qui intéressent tous les âges et toutes les conditions, oeuvres fondées, soutenues, propagées par le coeur et l'intelligence des femmes. Ç'a été, en quelque sorte, la grande revue des forces actives de la charité chrétienne.

Jusqu'à ce jour, l'Église catholique avait regardé le féminisme d'un oeil défiant. D'aucuns même jugeaient tout rapprochement impossible entre une religion si vénérable et une nouveauté si hardie. L'alliance pourtant a été signée au congrès de Paris ; et j'ai l'idée qu'elle peut être féconde en résultats imprévus. L'honneur en revient à un petit noyau de femmes distinguées, parmi lesquelles Mlle Marie Maugeret s'est fait, à force de vaillance et de talent, une place éminente. Veut-on savoir comment la directrice du *Féminisme chrétien* entend le rôle d'une Française aussi fermement attachée à la pratique de son culte qu'aux intérêts et aux revendications de son sexe ? Voici une citation significative, qui nous renseigne en même temps sur l'attitude très nette et très franche que les femmes catholiques ont prise vis-à-vis du féminisme libre-penseur : « Si les partis s'honorent en rendant justice à leurs adversaires, vous me laisserez, Mesdames, moi à qui Dieu a fait la grâce d'être une croyante ardemment convaincue, rendre hommage à ces femmes qui, n'attendant rien de la justice de Dieu et de son règne en ce monde, ont cru à la possibilité d'une justice humaine et ont voué leur existence à en préparer l'avènement. Nous pouvons désapprouver leur symbole, blâmer plus d'un article de leur programme, déplorer les tendances irreligieuses de leurs doctrines ; nous ne pouvons pas oublier que, les premières, elles sont descendues dans l'arène, qu'elles ont eu le courage de prendre corps à corps les préjugés et de braver jusqu'au ridicule, cette puissance si redoutée en France. Et c'est pourquoi, Mesdames, je vous demande la permission de les saluer avant de les combattre. »[37]

Et ce langage, si courtois et si droit, fut applaudi par un auditoire composé presque exclusivement des femmes les plus titrées de l'aristocratie française, assistées de quelques hautes personnalités masculines, parmi lesquelles il convient de nommer deux académiciens, M. Émile Ollivier et M. le comte d'Haussonville.

On pense bien que ces femmes nobles, de tradition conservatrice, réfractaires à l'esprit révolutionnaire ou même simplement laïque, se sont gardées prudemment de toutes les théories excessives accueillies avec faveur en d'autres milieux féministes. Le vent d'indépendance anarchique, qui souffle un peu partout, ne pouvait agiter une assemblée de

---

[37] *Rapport sur la situation légale de la femme.* Le Féminisme chrétien du mois de mai 1900, p. 141.

duchesses. Et cela même suffirait à démontrer l'utilité d'un féminisme chrétien, recruté parmi les femmes de naissance ou de distinction qui, femmes par toutes les fleurs de la grâce et de l'esprit, prétendent sauvegarder, contre les exagérations impies auxquelles des gens imprévoyants les convient, ce qui fait l'honneur et le charme de leur sexe. Même s'il cessait d'être aussi aristocratique qu'il s'est révélé en ses premières assises de 1900, le féminisme chrétien aurait encore à jouer, dans le mouvement des idées nouvelles, le rôle de modérateur et d'arbitre souverain. Est-il destinée plus enviable ?

En somme, le premier congrès des femmes catholiques a voulu constituer l' » Internationale des oeuvres charitables.» Puis, élargissant son ordre du jour, il a évoqué à son tribunal quelques-unes des lois civiles qui règlent le plus durement le sort de la femme. Et la discussion de ces graves questions féministes,--dont nous rapporterons en lieu opportun quelques échos,--l'a tout naturellement amené à cette conclusion, qu'il était grand temps de faire entrer un peu plus d'esprit chrétien dans les commandements impérieux du code Napoléon.

Si bien que l'année 1900 aura vu l'apparition solennelle du féminisme en un milieu qui lui semblait à jamais fermé, puisque de grandes dames et de bonnes chrétiennes n'ont pu se défendre d'examiner, ni se dispenser d'accueillir avec bienveillance les doléances de leur sexe ; et chose plus grave, elle aura vu, en ces premières assises des oeuvres catholiques, l'acceptation officielle du féminisme par le clergé français. L'heure était venue, au dire de Mlle Maugeret, d' » ouvrir toutes grandes les portes de l'Église » à ces altérées de justice et de progrès, que la libre-pensée « avec son langage mélangé des meilleures et des pires choses, avec son personnel non moins mélangé que ses théories,» essayait d'arracher au christianisme, en se présentant comme l'école de toutes les émancipations, à l'encontre de la religion représentée comme l'école de tous les esclavages.

Il appartient donc à l'Église de libérer la femme des liens inextricables qui l'enserrent. Car l'apôtre du féminisme chrétien a déclaré sans détour, en plein congrès catholique, que la loi française ne protège pas la femme,--au contraire ! « Elle la désarme dans la vie économique ; elle l'ignore dans la vie civile ; elle l'asservit dans la vie conjugale. »[38] Rien que cela ! L'Église aura fort à faire.

III

Le Centre du féminisme, qui compte beaucoup de femmes instruites, prudentes, avisées, tend à se dégager des influences confessionnelles. Il est depuis longtemps constitué en un groupe compact où, sans trop s'enquérir des opinions religieuses de chacun, on s'occupe surtout de « la Femme pour la Femme. » La réunion qu'il a tenue au cours de l'Exposition universelle s'appelait le « Congrès des oeuvres et Institutions féminines. » On s'est accordé à le surnommer le « Congrès des Protestantes », parce que sa présidente, Mlle Sarah Monod,--une ouvrière de la première heure qui a fondé à Paris une revue féministe intéressante : *la Femme*,--et la plupart des dames qui composaient le comité d'organisation, appartenaient à la religion réformée. Est-ce à ce titre que le Gouvernement l'a traité comme un congrès officiel, en lui ouvrant le Palais de l'Économie sociale ?

On avait nourri l'espoir d'attirer autour du centre féministe les groupes de droite et de gauche, afin de constituer l'assemblée unique et plénière du « Féminisme international. » Mais les questions de personnes, toujours si

---

[38] *Le Féminisme chrétien* du mois de mai 1900, pp. 136, 137 et 144.

âpres entre femmes, ont fait échouer ce beau rêve. Il a fallu renoncer à réunir en un seul corps tous les soldats de la même cause, trop de dames ambitionnant de jouer les premiers rôles et de combattre au premier rang ; ce qui prouve que la vanité et la jalousie ne sont pas des vices exclusivement masculins. Souhaitons même qu'on ne s'en aperçoive point trop souvent dans les associations féministes de l'avenir.

Le congrès des modérées et des habiles s'est donc déroulé sans bruit et sans éclat, sous la direction de femmes d'une compétence éprouvée. Ses séances furent graves et froides ; on y fit étalage d'érudition. Certains rapports, remontant jusqu'au déluge, nous retracèrent toutes les phases de la condition des femmes, depuis la femelle des cavernes jusqu'aux pharmaciennes et doctoresses d'aujourd'hui. Sauf en ce point, la besogne fut pratique et solide. Il faut dire que les questions de législation avaient été confiées à des spécialistes, parmi lesquels il nous a plu de rencontrer les noms de quelques professeurs de droit. Nous aurons plus loin l'occasion de discuter à loisir les vues émises par les rapporteurs des deux sexes.

Là comme ailleurs, on a fait le procès des hommes avec vivacité, mais sans violence de langage. Mme Jeanne Deflou, qui dirige à Paris un « Groupe français d'études féministes », nous a dit notre fait avec un esprit qui s'aiguise en pointe acérée. En veut-on un piquant échantillon ? Se demandant pourquoi « les hommes du monde, les hommes de science, » déversent leur « trop-plein philanthropique » sur les femmes de la classe inférieure et regardent comme indigne de leur attention le sort des femmes de la classe moyenne, elle écrit ceci : « Cependant ces femmes, parce qu'elles sont femmes, ont leurs misères comme les autres, misères d'autant plus aiguës qu'une éducation plus raffinée a développé chez elles une sensibilité plus délicate. Ces misères, qu'ils coudoient, qui sont celles de leurs mères, de leurs filles, de leurs épouses peut-être, comment ne s'en sont-ils pas, tout d'abord, préoccupés ? Je crains que ces messieurs, qui aiment mieux regarder dans un télescope que de jeter les yeux à leurs côtés, n'obéissent au désir secret de limiter l'égalité des sexes à ce qui ne les concerne pas directement. Ils veulent bien que la femme touche son salaire : les leurs n'ont pas de salaire ; ils ne veulent pas qu'elle touche à sa dot : les leurs ont une dot. »[39]

A cela n'essayez point de répondre qu'il arrive souvent, dans les milieux riches ou aisés, que la dot entretient à peine le luxe effréné de madame : ce serait peine perdue. Il a été décidé, dans les groupes d'études féministes, que l'affreux mari mange toujours la fortune de sa bonne petite femme. Et le féminisme protestant se dit équitable et modéré !

IV

Que faudra-t-il penser de la Gauche féministe qui passe pour être moins timorée en ses aspirations et moins retenue en ses récriminations ? Ses assises ont eu tout le retentissement désirable. L'État et la ville de Paris ont accordé au « Congrès de la condition et des droits des femmes » tous les honneurs réservés aux assemblées officielles. La presse et le public lui ont fait bon visage. Il fut brillant sans être bruyant. Symptôme caractéristique : beaucoup d'institutrices y assistèrent ; beaucoup de congressistes exaltèrent les services de « la Fronde ». C'est d'ailleurs sous les auspices de cet organe quotidien du féminisme militant dirigé, administré, rédigé, composé par des femmes, que le troisième congrès de l'Exposition s'est réuni et--ce qui vaut mieux,--a réussi. Pour le moment, nous

---

[39] *Du régime des biens de la femme mariée.* Rapport lu au Congrès des OEuvres et Institutions féminines tenu à Paris en 1900, *in fine.*

n'indiquerons que les tendances générales qui s'y sont manifestées, nous réservant d'examiner, au cours de cet ouvrage, ses voeux et ses conclusions.

Sans contestation possible, ce dernier congrès,--le plus nombreux, le plus ouvert, le plus populaire,--fut aussi le plus hardi et (disons le mot) le plus révolutionnaire. On a dit de lui qu'il s'était montré radical-socialiste et libre-penseur. Je crois qu'il a mérité ces deux épithètes.

La religion, d'abord, y fut très malmenée. Dès son discours d'ouverture, Mme Pognon nous avertissait que « le règne de la charité est passé, après avoir duré de trop long siècles » ; que les oeuvres religieuses ne peuvent convenir qu'à « la femme bonne, mais ignorante » ; qu'au lieu de l'aumône avilissante », les véritables féministes veulent « la solidarité ». C'est avec le même dédain que Mlle Bonnevial a dénoncé « ce principe négateur de tout progrès : la résignation chrétienne », et les « préjugés chrétiens » qui ont fait de la femme « la grande coupable » et du travail « une peine et une humiliation ». La même a flétri vertement « les scandaleuses spéculations industrielles » des couvents qui se livrent clandestinement à « l'exploitation de l'enfance ouvrière ». De son côté, Mme Marguerite Durand a fait la leçon aux riches élégantes « qui donnent, par chic, pour les réparations d'églises, le rachat des petits Chinois et autres oeuvres plus ou moins fantaisistes qui masquent simplement des opérations financières cléricales et politiques ».[40] Enfin Mme Kergomard a supplié toutes les femmes qui font de l'éducation, de secouer le « vieil esprit », l' » esprit du confessionnal ».[41]

---

[40] Compte rendu sténographique de *la Fronde* du 6 septembre 1900.

[41] *Ibid.*, n° du 9 septembre.

Sans doute possible, la religion offusque ces dames. Le prêtre catholique surtout est leur bête noire. Au banquet qui a terminé le congrès, « la directrice de l'un des plus importants lycées de filles », dit *la Fronde*, a fait cette déclaration catégorique : « Nous voulons que notre enfant soit élevé à penser librement, sans qu'il soit marqué au front d'aucun stigmate religieux. » Et tous ces appels à l'athéisme furent salués d'applaudissements prolongés.

Même accord pour affirmer que le remède réel aux souffrances de l'ouvrière est dans « une transformation complète de la société actuelle. »[42] Au dire de Mme Pognon, la misère ne saurait être supprimée que par « une juste répartition des produits du sol et de l'industrie. » C'est le devoir des femmes de s'entendre partout avec « leurs frères de misères. » Et cette entente ne doit pas s'arrêter aux frontières. Après l'Internationale des ouvriers, l'Internationale des ouvrières. « Comprenant que nos frères de l'étranger souffrent du même mal que nous, il est de notre devoir de former dans l'humanité une seule et même famille. »[43]

Vainement un congressiste courageux s'exclama : « Nous sommes ici pour nous occuper des droits des femmes et non pour faire du communisme ou du socialisme. » Mlle Bonnevial l'accusa de vouloir étrangler la discussion. Par contre, une motion anarchiste fut repoussée avec perte. La formule : « Chacun donnant selon ses efforts recevra selon ses besoins, » souleva de formidables protestations.[44] Au surplus, le « nationalisme » ne fut pas mieux traité par ces dames. Un orateur s'étant risqué par

---

[42] Rapport de Mlle Bonnevial sur la question des salaires de la femme. *La Fronde* du 6 septembre 1900.

[43] Discours d'ouverture, même numéro.

[44] Compte rendu sténographique, même numéro.

inadvertance à parler des « défenseurs de la patrie », souleva une telle émotion qu'il dut bien vite s'en excuser comme d'une impertinence involontaire, en déclarant, pour rassurer son monde, qu'il n'» était pas du tout nationaliste. »[45]

Tout compte fait, bien que Mme Pognon se soit élevée avec force, dans son discours de clôture, contre « la haine et la lutte des classes », affirmant que l'amour seul est en puissance de fonder l'union et la solidarité entre les humains, il reste que des « paroles empreintes du plus pur socialisme, des paroles révolutionnaires mêmes, » ont été prononcées au Congrès de la Gauche féministe.[46] C'est Mme Marguerite Durand qui l'avoue. D'ailleurs, M. Viviani, l'homme politique bien connu, a exercé sur cette assemblée de femmes ardentes une très grande influence, que j'attribue à son talent d'abord, et aussi à son habileté et à sa modération. De tous les articles du programme socialiste, il a eu le courage et l'adresse de faire rejeter provisoirement le plus osé, le plus choquant, le plus pernicieux : l'union libre. Et, l'on doit, pour cet acte de sagesse, lui savoir gré de son intervention.

V

Voilà donc le féminisme français coupé en trois tronçons qui auront beaucoup de peine à se rejoindre et à se ressouder, bien que de nombreux intérêts les rapprochent. A vrai dire, il n'est pas un seul groupe qui n'ait l'orgueilleuse conviction d'incarner le vrai féminisme. Catholiques et protestantes tiennent volontiers leurs soeurs de l'Extrême-Gauche pour des « révoltées », sans se dire que toute idée, bonne ou mauvaise, par cela seul qu'elle est neuve, implique

[45] *La Fronde* du 7 septembre 1900.
[46] Même journal du 12 et du 14 septembre 1900.

une rupture, plus ou moins grave, avec les opinions courantes et l'ordre établi, et que, si nous la jugeons périlleuse, il importe moins de la combattre pour sa nouveauté que de prouver directement sa malfaisance. En revanche, les féministes chrétiennes ont été gratifiées ironiquement, par leurs rivales plus libres et plus hardies, de ce gracieux surnom : les « hermines » ; ce qui ferait croire que la réputation des premières est plus immaculée que celle des secondes. Et cependant, le féminisme n'aura prise sur les honnêtes gens qu'à la condition d'être patronné, défendu, accrédité par les honnêtes femmes.

On pourrait être tenté de regretter ces rivalités et ces divisions intestines, si elles n'étaient à peu près inévitables. N'est-il pas d'expérience que ceux qui ne travaillent pas les uns avec les autres sont tentés de travailler les uns contre les autres ? Chaque groupe ne tarde point à se persuader que ses voisins sont des ennemis, conformément à la maxime : « Quiconque n'est pas avec nous, est contre nous » ; tandis que l'union, qui concentre et décuple les forces, va droit au but à atteindre et au droit à conquérir.

Il est fâcheux également que le féminisme ne puisse se suffire à lui-même. Beaucoup de femmes en ont conscience. Telle Mme Marguerite Durand, qui se défend, comme d'une lourde faute, d'avoir inféodé le féminisme au parti socialiste. « Nous avons besoin, dit-elle, pour l'obtention des réformes que nous souhaitons, du concours de tous, plus encore que du dévouement de quelques-uns. »[47] C'est la vérité même ; d'autant mieux que bon nombre de revendications féministes ne mettent nécessairement en jeu ni la politique ni la religion. Et cela même nous fait croire qu'elles aboutiront. Ce résultat pourrait être facilité par la constitution d'un « Conseil national » (le principe en a été voté), composé de

---

[47] *La Fronde* du 14 septembre 1900.

neuf membres, à raison de trois déléguées pour chacun des trois congrès, et qui représenterait vraiment, au dedans et au dehors, les idées des femmes françaises.[48]

On connaît maintenant les directions diverses du féminisme français, et l'esprit qui anime ses différents groupes, et l'état-major qui les prépare et les conduit à la bataille. La nature de ce livre ne permettant pas de citer tout le monde, puisqu'il s'occupe des tendances et des idées beaucoup plus que des personnes, nous nous sommes appliqué à publier seulement les noms qui nous ont paru le plus étroitement liés à l'histoire et au mouvement du féminisme contemporain,--sans nous dissimuler d'ailleurs que, pour une de nommée, il en est dix qui seront furieuses de ne point l'être. Ce n'est pas au « jardin secret » des dames féministes que fleurit le plus abondamment la discrète et suave modestie.

Bornons-nous à rappeler qu'en France, pour le moment, le féminisme militant et lettré gravite autour du journal « la Fronde », dont la rédaction est devenue un centre de ralliement--peu sympathique au grand public,--où la plupart des tendances nouvelles se rencontrent et s'unissent contre l'ennemi commun. C'est là que se concertent les coups terribles destinés à libérer la femme française des liens qui l'oppriment. C'est là que l'on jure de ne point cesser le bon combat, tant que le géant Goliath, qui figure naturellement le monstrueux despotisme des hommes, n'aura point rendu les armes ou mordu la poussière.

Sans prendre ce bruit de guerre au tragique, il faut bien reconnaître que toutes ces aspirations, toutes ces associations, toutes ces manifestations nationales ou internationales ont pour but, et pour effet, d'éveiller et

---

[48] Même journal du 12 septembre 1900.

d'entretenir une hostilité fâcheuse entre les deux sexes qui composent la famille humaine. Et pour nous, dès que le féminisme oublie les aptitudes et les qualités propres qui les rendent étroitement solidaires, dès qu'il cherche le bien-être de la femme dans un développement égoïste et solitaire, sans égard pour l'espèce qui ne se perpétue que par l'amour et la coopération, dès qu'il sème la suspicion et la discorde entre les deux moitiés de l'humanité,--alors que leur bonheur dépend de la communauté des sentiments, des espérances et des aspirations,--dès que le féminisme, en un mot, tend à désunir ce que la nature a voulu manifestement associer, il ne faut pas hésiter à le dénoncer comme une tentative chimérique et une mauvaise action.

Au demeurant, tous les genres de féminisme, du plus atténué au plus aigu, s'attaquent plus ou moins directement aux prérogatives actuelles de l'homme. Le temps n'est plus où le féminisme pouvait paraître à des écrivains d'esprit « une reprise dans un vieux bas bleu. » Plus moyen de croire qu'il sévit seulement parmi les vieilles demoiselles qui veulent faire le jeune homme. Nous sommes en présence d'un courant d'opinion sans cesse grossissant, qui s'applique, consciemment ou non, à fomenter un état de guerre entre les sexes. Il s'agit, pour emprunter la langue féministe, d'un « duel collectif » qui risque de mettre aux prises pour longtemps les fils d'Adam et les filles d'Ève ; et cette perspective n'est rassurante ni pour la paix des foyers ni pour l'avenir de l'espèce.

D'année en année, du reste, le plan et la marche du féminisme se dessinent avec plus de précision et de fermeté. Et comme nous devons suivre pas à pas son vaste programme, il n'est pas inutile de rappeler comment les « femmes nouvelles » se plaisent à le formuler. « Si nous voulons, disent-elles, exercer une action plus décisive sur les affaires de l'État et sur la direction de la famille, haussons-nous d'abord au niveau des hommes. Prouvons-leur que nous pouvons comprendre et apprendre, travailler et produire aussi bien qu'eux. Poursuivons conséquemment notre émancipation *intellectuelle* et *pédagogique, économique* et *sociale*. Instruisons-nous pour être libres ; gagnons notre vie pour être fortes. Cela fait, lorsque nous disputerons aux hommes avec succès les diplômes et les grades, les métiers industriels et les professions libérales, nous pourrons, avec plus de vraisemblance et d'autorité, parler de notre émancipation *politique* et *familiale* et conquérir la place qui nous est due dans le gouvernement civique et le gouvernement domestique. »

C'est donc à l'instruction que le féminisme demande l'émancipation *individuelle* des femmes et sur le travail indépendant qu'il fonde leur émancipation *sociale*, estimant avec raison que, ces améliorations réalisées, elles seront en droit de jouer un rôle plus direct et plus actif dans l'État et dans la famille. « Cherchez la vérité et la vérité vous rendra libres, » tel est le conseil suprême que le féminisme d'aujourd'hui leur adresse avec instance. On n'a pas oublié peut-être que l'Exposition de Chicago avait son Palais des Femmes. On y voyait en bonne place une peinture allégorique de Miss Cassatt, où la hardiesse conquérante de la « Femme nouvelle » faisait opposition à la basse humilité de la « Femme ancienne ». La partie centrale, plus particulièrement suggestive, représentait un essaim de jolies filles, vêtues à la dernière mode, qui cueillaient à pleines mains les fruits de la science dont leur première mère n'avait timidement goûté qu'un seul. A droite, une jeune beauté, rivale de Loïe Fuller, dansait au son des harpes et des violes un pas audacieux où l'envolement des jupes multicolores resplendissait autour de son front comme une auréole. Enfin, à gauche, un choeur de femmes, la chevelure dénouée, poursuivait une Gloire ailée qui montait vers le ciel, tandis que sur leurs talons se bousculait une bande de canards affolés. Il n'y a pas de doute : c'est à nous, Messieurs, que ce dernier symbole s'adresse.

Réflexion faite, le meilleur moyen de repousser une insinuation aussi désobligeante est, croyons-nous, d'étudier et de juger la question féministe sans passion, sans faiblesse, sans préjugés, c'est-à-dire en hommes,--évitant avec le même soin l'ironie dédaigneuse et la fausse sentimentalité, s'abstenant également de toute adhésion aveugle et de toute récrimination méprisante, se tenant à mi-côte dans une attitude d'équitable impartialité, admettant des revendications féminines ce qu'elles ont de bon et de juste, et condamnant sans rémission ce qu'elles contiennent d'excessif et de périlleux pour la femme et pour l'humanité.

Il ne s'agit donc point de prendre parti pour *ou* contre le féminisme, de l'accepter ou de le rejeter tout entier. Traitant ce sujet en janvier 1897 au Cercle artistique et littéraire de Bruxelles, M. Brunetière avait donné à sa conférence ce titre significatif : « Pour *et* contre le féminisme. » On ne saurait trouver une meilleure formule, si l'on admet, comme nous, qu'il y a dans le mouvement féministe presque autant à prendre qu'à laisser ; sans compter qu'en adoptant cette règle de libre examen et de franche critique, nous aurons quelque chance de démontrer à ces dames que, sans rien sacrifier de notre indépendance et de notre dignité, nous ne sommes pas aussi despotes, aussi apeurés, ni même aussi « canards » qu'on se l'imagine en Amérique.

LIVRE III

ÉMANCIPATION INTELLECTUELLE DE LA FEMME

CHAPITRE I

LES AMBITIONS FÉMININES

I.--La femme nouvelle veut être aussi instruite que l'homme.-- L'égalité des intelligences doit conduire a l'égalité des droits. II.-- Coup d'oeil rétrospectif.--Ce que les xiie et xviiie siècles ont pensé de la femme.--Le passé lui fut dur.--Réaction du présent. III.--Ce que sera la femme de l'avenir.--Nos principes directeurs.--La division du travail et la différenciation des sexes.--L'égalité morale dans la diversité fonctionnelle.--Subordination de l'individu au bien général de la famille et de l'espèce.

I

Je préviens celles qui seraient tentées de lire les pages suivantes, qu'il n'entre point dans mes intentions de leur débiter des madrigaux, persuadé que ces fadaises glissent sur le coeur de la « femme nouvelle » sans le toucher ni l'attendrir. Nos doctes contemporaines (leur nombre grandit tous les jours) se piquent de science et de philosophie. Elles ont des pensées profondes, des lectures graves, des conversations austères ; elles ferment l'oreille à nos compliments accoutumés. Ce n'est point assez qu'on les trouve jolies et qu'on le leur dise,--même avec émotion ; outre qu'elles n'en ont jamais douté, ce genre de supériorité leur agrée beaucoup moins qu'à leurs grand'mères. Elles ambitionnent d'être prises pour de fortes têtes et traitées, non comme de grands enfants et d'aimables créatures (vous leur feriez horreur !), mais comme de grands et vigoureux esprits.

Pour plaire à une femme dans le mouvement, il est essentiel de lui faire le plus sérieusement du monde des déclarations comme celles-ci : « Madame, vous êtes une étonnante psychologue. » Ou encore : « Je ne vous croyais pas aussi doctement renseignée sur la physiologie. » Ou mieux : « L'anthropologie n'a point de secrets pour vous. » Ou enfin, si vous voulez être irrésistible : « Votre élégance, à laquelle, nous autres hommes, nous ne saurions jamais atteindre, n'est que misère auprès de votre puissante dialectique ; le charme et la grâce, qu'il serait vain de vous disputer, ne sont eux-mêmes que vanité auprès de vos connaissances juridiques et médicales ; il n'est pas jusqu'à votre sensibilité, dont vous triomphez avec tant de raison contre nous, qui ne perde un peu de son prix et de son mérite auprès de vos capacités mathématiques, de votre transcendance intellectuelle, de votre admirable esprit scientifique. » Si, après ce bouquet, une femme n'est pas contente, vous pourrez en conclure qu'elle n'a pas l'âme vraiment féministe.

Quelque exagéré que paraisse ce langage, on m'avouera qu'il ne suffit plus à certaines jeunes filles d'aujourd'hui d'être bonnes, rieuses et tendres, d'avoir de la fraîcheur ou même de la beauté : on les veut instruites, savantes, académiques. Il leur faut un brevet,--tous les brevets. Et à cette constatation, le féminisme exulte.

Comment l'humanité enfantera-t-elle cette petite merveille qu'on appelle la « femme selon la science », l' » Ève future » ? Les champions de l'émancipation féminine ont un plan très simple et une tactique très adroite. Ils s'efforcent d'établir que, soit par ses qualités morales, soit par ses facultés intellectuelles, la femme est l'égale de l'homme ; et cela fait, ils en induisent qu'elle doit jouir des mêmes prérogatives civiles et politiques. Aux adversaires qui ne cessent de lui répéter : « Vous êtes charmante, la joie de nos réunions et le plaisir de nos yeux, gracieuse et chatoyante comme le papillon, mais légère et volage comme lui, changeant de toilette aussi souvent qu'il change de fleur, et changeant d'idée aussi aisément que vous changez de chapeau,»--la femme nouvelle s'applique à prouver qu'elle les vaut par l'intelligence et la raison.

Et voyez la conséquence : au physique et au moral, la femme nous surpasse déjà par la grâce et par le coeur ; elle nous égale presque par l'imagination, et aussi et surtout par une souplesse d'imitation qui la porte naturellement à copier, à traduire, à interpréter, à reproduire ce qu'elle voit et ce qu'elle sait. Mettez qu'elle parvienne à démontrer qu'elle nous égale de même en capacité intellectuelle, et il ne restera plus à l'homme qu'une supériorité qui n'est pas la plus enviable : la force. Et encore, les hommes ont-ils tant de motifs de se croire forts et de s'en vanter ? Si la généralité des femmes est moins robuste que notre sexe, on voudra bien remarquer que beaucoup s'adonnent consciencieusement aux exercices physiques les plus propres à tremper, à fortifier leur délicatesse. Lors même qu'il leur serait interdit (c'est ma conviction) de nous ravir le privilège de la vigueur musculaire, cette incapacité serait de peu de conséquence en un temps et en une société où les supériorités psychiques l'emportent graduellement sur les supériorités physiques. Aux anciens âges, la force brutale gouvernait le monde, et la femme, corporellement plus faible que l'homme, ne pouvait guère lui disputer la prééminence du muscle. Mais à mesure que la puissance matérielle voit décroître son prestige, et qu'inversement les influences spirituelles conquièrent peu à peu la primauté sociale, il suffit d'établir que la femme nous vaut par l'esprit pour que, se haussant du coup à notre niveau, elle soit admise au partage de notre traditionnelle royauté.

Cela étant, rien de plus serré que l'argumentation féministe, rien de plus habile que son programme. Une fois prouvé que les femmes possèdent des qualités morales et intellectuelles qui balancent les nôtres, elles deviennent recevables à se prévaloir d'une même utilité sociale que nous ; et dès l'instant que cette double équivalence est démontrée, elles sont fondées, en justice et en raison, à revendiquer toutes nos prérogatives civiles et politiques. L'égalité des sexes conduit logiquement à l'égalité des droits. Est-ce clair ?

Si donc nous ne parvenons pas à démontrer notre supériorité intellectuelle, sur quoi fonderons-nous notre supériorité sociale ? Sur la raison du plus fort ? Ce n'est pas suffisant, la force ne prouvant rien que la force. Voilà pourquoi le féminisme se flatte d'unifier et d'égaliser les têtes masculines et féminines en les coiffant d'un même bonnet-- et d'un bonnet de docteur, bien entendu. La culture intellectuelle de la femme est l'article premier des revendications féminines et la condition de toutes les autres, l'égalité scolaire devant conduire à l'égalité juridique, à l'égalité économique, à l'égalité politique. Cela est une nouveauté.

II

Sans remonter très loin dans le passé, on nous concédera qu'après le christianisme naturellement, c'est à la chevalerie, aux cours d'amour et aux jeux floraux, que les femmes sont redevables d'avoir reconquis le coeur et l'hommage des hommes. En ce temps de renouveau et d'adolescence où la société eut de la jeunesse tous les enthousiasmes et toutes les folies, il fut de bon ton de porter les couleurs de sa dame. Alors on vit refleurir le culte de la femme ; seulement, ce ne fut pas toujours l'épouse qui en bénéficia. La galanterie est proche voisine de la corruption. Toute société reçoit de la femme la grâce qui affine et la coquetterie qui déprave. C'est pourquoi une culture trop policée ne va point sans un affaiblissement des mœurs. De plus, si le troubadour appelait sa dame : « Mon seigneur ! » ce compliment attendri ne s'adressait qu'aux charmes extérieurs et à la beauté physique. En ce temps-là, les capacités cérébrales et la puissance intellectuelle de la femme étaient de peu de considération.

Plus tard, notre grave XVIIe siècle se refroidit envers la femme ; l'infériorité du sexe faible ne lui laissait aucun doute. Bossuet en a tenté une démonstration véritablement mortifiante pour la plus belle moitié de nous-mêmes : « Dieu tire la femme de l'homme même et la forme d'une côte superflue qu'il lui avait mise exprès dans le côté. Les femmes n'ont qu'à se souvenir de leur origine et, sans trop vanter leur délicatesse, songer, après tout, qu'elles viennent d'un os surnuméraire où il n'y avait de beauté que celle que Dieu y voulut mettre. » Si théologique qu'il soit, l'argument prête à rire. Plus simplement, notre vieux jurisconsulte Pothier écrivait dans le même esprit : « Il n'appartient pas à la femme, qui est une inférieure, d'avoir inspection sur la conduite de son mari, qui est son supérieur. » Être de mince importance, de faible raison et de peu de cervelle, tel était le jugement hautain que formulaient contre les femmes et les hommes d'église et les hommes de robe du grand siècle.

Leurs héritiers du XVIIIe regardent encore l'infériorité féminine comme un principe tutélaire, comme une loi naturelle et nécessaire. Ils n'accordent guère aux femmes que le droit de plaire aux hommes,--droit souverain qu'elles exercent sur notre cœur sans notre permission. Le pouvoir de l'homme, expliquait Montesquieu, n'a « d'autre terme que celui de la raison, » tandis que l'ascendant des femmes « finit avec leurs agréments. » Le sensible Rousseau affirmait, non moins catégoriquement, la prééminence virile. « La femme est faite spécialement pour plaire aux hommes ; si l'homme doit lui plaire à son tour, c'est d'une nécessité moins directe ; son mérite est dans sa puissance : il plaît par cela seul qu'il est fort. » Ainsi, la raison et la force sont des attributs virils, tandis que la grâce et la faiblesse sont le propre de la femme.

On sait toutefois que, vers la fin du XVIIIe siècle, les sciences devinrent à la mode. C'est le moment où les femmes élégantes raffolent d'anatomie, d'astronomie, d'expériences, de machines ; et les esprits les plus sérieux s'efforcent de rendre, à leur intention, la physique aimable et la chimie attrayante. On est loin de la maxime austère et ombrageuse de Mme de Lambert : « Les femmes doivent avoir sur les sciences une pudeur presque aussi tendre que sur les vices. »[49] Nul enseignement ne leur répugne. Les études les plus viriles exercent sur elles une véritable fascination. Elles délaissent les romans et entassent les traités scientifiques sur leurs toilettes et leurs chiffonnières. Une femme du monde qui se respecte a dans son cabinet un dictionnaire d'histoire naturelle et se fait peindre dans un laboratoire, assise parmi des équerres, des mappemondes et des télescopes.

Mais cet engouement fut passager. La tourmente révolutionnaire passée, on revint à des idées plus positives. Napoléon admettait seulement qu'on enseignât dans les écoles de la Légion d'honneur un peu de botanique et d'histoire naturelle, « et encore, ajoutait-il, tout cela peut avoir des inconvénients. » Pour ce qui est de la physique, il estimait qu' » il faut se borner à ce qui est nécessaire pour prévenir une crasse ignorance et une stupide superstition. »

---

[49] A. Rebière, *Les Femmes dans la science* ; menus propos, p. 332.

Ce programme n'est que la paraphrase des idées que Molière a développées dans les « Femmes savantes » :

> Il n'est pas bien honnête, et pour beaucoup de causes,
> Qu'une femme étudie et sache tant de choses.

Inutile d'infliger plus longtemps aux dames d'aussi mortifiantes citations. Disons tout de suite, afin de les réconforter, qu'il resterait à prouver que, même pour nous plaire, l'instruction leur est toujours inutile. Je ne vois pas, pour ma part, qu'une sotte ou une ignorante trouve si facilement le chemin du coeur d'un homme d'esprit et de sens. Est-ce une raison pour tomber dans l'exagération contraire et affirmer au profit du beau sexe, comme l'a fait Stuart Mill, l'égalité complète des aptitudes, des fonctions et des droits ? Cette thèse excessive relève moins de l'observation que de la galanterie. Dans la question du rôle intellectuel et social des femmes, il est sage d'éviter les opinions extrêmes, en se gardant avec le même soin de l'amoindrir et de l'exalter. Point de préventions injustes, point d'adulation aveugle. Quels seront donc, en cette matière, nos principes directeurs ? C'est ce qu'il faut dire sans la moindre réticence.

III

La différenciation des fonctions est inséparable du progrès humain. Plus la séparation des occupations s'accentue entre les sexes, plus la vie devient morale, féconde et douce. Dans les sociétés sauvages, la division du travail existe à peine entre l'homme et la femme. Tous deux sont voués aux mêmes besognes, assujettis aux mêmes peines, condamnés au même sort. Ce sont deux bêtes de somme attelées aux mêmes tâches, que la misère déprime et que la promiscuité déprave. Vienne le mariage qui érige la femme en reine du foyer et réserve à l'homme le soin et le souci des affaires extérieures : l'ordre apparaît, la civilisation commence, et la famille monogame, cette cellule fondamentale de l'organisme social, est fondée.

Là-même où, de nos jours, le partage des occupations est moins parfait et la spécialisation des sexes moins avancée, dans les campagnes où le travail de la terre oblige souvent les deux époux aux mêmes efforts et aux mêmes fatigues, dans les milieux riches où les habitudes d'élégance et de désoeuvrement plient les couples à la même vie oisive et molle, il est impossible de ne point constater que la culture retarde ou recule. Soit que la femme des champs se virilise en partageant les durs travaux de son homme, soit que le mondain s'efémine en prenant les manières de ses « chères belles », le résultat est pareil : les différences s'atténuent au physique et au moral, les distances se rapprochent entre les sexes, et du même coup le niveau de la dignité sociale est en baisse.

D'où cette conséquence que, si la femme s'appliquait trop généralement à copier, à doubler l'homme en tous les ordres d'activité, le progrès risquerait de subir, suivant le mot des sociologues, une « régression » dommageable à la famille et à la société. Et nous voulons croire que les féministes avancées, qui se piquent d'être des esprits libres, des esprits scientifiques, des réalistes, des positivistes épris d'observation rigoureuse, seront sensibles à une conclusion appuyée de l'autorité d'Auguste Comte, de Darwin et de Littré, dont la mémoire leur est particulièrement chère et vénérable.

D'autant que, sans quitter le domaine des faits, la division du travail nous offre cet autre avantage que, partout où les occupations sont très spécialisées, la coopération est plus nécessaire et la solidarité mieux sentie, deux choses que les féministes ont à coeur. S'appliquant à une seule tâche pour la bien faire, nous devons compter sur autrui pour tout ce que nous ne faisons pas et tout ce que nous ferions mal. De là une sorte d'unité organique, fortement nouée par la réciprocité des échanges et la mutualité des services, qui, pour peu qu'elle associe les coeurs et les volontés aussi étroitement que les besoins et les vies, porte au plus haut point l'entente et l'harmonie. Que la femme ne s'épuise donc point à faire notre besogne, puisqu'il nous serait impossible de faire la sienne. A chacun sa tâche, et tous les rôles seront mieux remplis. Loin d'opposer les sexes l'un à l'autre, « le meilleur féminisme, pour employer un mot très juste de Mlle Sarah Monod, est celui qui sépare le moins les intérêts de l'homme des intérêts de la femme. »

Or, leur différence de fonction procède de leurs différences de nature. Même en accordant que ces dissemblances originelles aient été accentuées artificiellement par l'éducation, par la tradition, par la compression séculaire des coutumes et des lois, il faut bien admettre que la structure anatomique et l'organisme physiologique établissent entre les deux facteurs de l'espèce des diversités irréductibles. Si même la condition de la femme dans le passé a marqué d'un pli certain ses dispositions mentales, cette condition elle-même n'est pas un fait sans cause, mais une suite de sa constitution physique et de sa destination naturelle. Au lieu que ce soit l'histoire qui expliqué le sexe, c'est la raison biologique qui a été le principe du fait social.

Tous les anthropologistes s'accordent à reconnaître que la femme est moins fortement organisée, moins solidement construite, et partant moins robuste, moins résistante que l'homme. Et les différences d'armature et de vigueur transparaissent, suivant M. de Varigny, dans tous les tissus, dans tous les appareils, dans toutes les fonctions. De ce que l'habitude a, depuis des siècles, assujetti la femme à un genre de vie plus sédentaire et plus enfermé que le nôtre, on peut induire, à la rigueur, que le moindre développement de la taille, le moindre volume du corps, la moindre puissance de l'ossature et des muscles, la moindre richesse et la moindre chaleur du sang, tout, même la moindre activité cérébrale, soit, dans une certaine mesure, le résultat de la pression artificielle des moeurs et des lois. Faute de mouvement et d'exercice, il est naturel que l'organisme féminin ait perdu quelque chose de ses forces primitives. C'est une loi générale de la biologie que l'inertie diminue et appauvrit l'énergie fonctionnelle du corps.

Mais ces déformations n'empêchent point que la femme soit la femme, c'est-à-dire un être naturellement prédestiné à la maternité, un être spécialement façonné pour la gestation et l'allaitement, un être obligé de payer à l'espèce, dont la conservation dépend d'elle, un tribut de misères et de souffrances qui lui sont propres, un être assujetti à des époques d'accablement physique et d'inquiétude morale, à des crises de l'âme et des sens, à des causes d'excitation, de faiblesse et de fragilité, d'où lui vient tout ce qui la rend inférieure et supérieure à l'homme, tout ce qui nécessite le respect et la protection de l'homme.

Car, c'est précisément par les fonctions augustes et les risques terribles de la maternité que la femme se hausse au niveau de l'homme. Quoi de plus grand, quoi de plus essentiel que la perpétuation de la famille humaine, de la famille nationale ? Ne parlons donc pas d'inégalité entre les sexes, l'homme étant complémentaire de la femme autant que la femme est complémentaire de l'homme. Rien n'empêche qu'elle soit notre égale, sans être notre pareille. Différence ne signifie pas infériorité. Pour égaler l'homme, la femme n'a pas besoin de l'imiter. « Cette identification contre nature serait, comme dit M. Marion, le contre-pied du progrès séculaire. »[50]

---

[50] *Psychologie de la femme*, p. 3.

Suivez le cours des âges : plus la femme devient différente de nous en action et en fait, plus elle devient notre égale en dignité et en droit. Socialement parlant, il est désirable que le sexe de la femme s'étende à son âme, à son esprit, à ses oeuvres, à sa vie tout entière. En cela, elle sera plus utile à l'humanité, et plus heureuse et plus vénérée, qu'en se fatiguant à faire, aussi bien que l'homme, des sciences ou de la littérature, de la jurisprudence ou de la médecine. La belle affaire de lutter de verbosité avec un avocat ou de doser des pilules comme un pharmacien ! N'est-ce donc rien d'être la gardienne du foyer et la providence de la famille ? N'est-ce donc rien de former les moeurs et, pour rappeler le mot éloquent d'Edgard Quinet, de « porter dans son giron, non seulement les enfants, mais les peuples ? »

L'égalité des sexes ou, si l'on préfère, l'équivalence sociale de l'homme et de la femme, n'implique donc point la similitude des fonctions, et encore moins l'identité des aptitudes, ce qui serait contraire à l'ordre éternel des choses. A poursuivre cette péréquation factice, la femme se heurterait à l'impossible. Nulle puissance humaine ne fera que, pris dans sa généralité, le sexe féminin l'emporte sur le nôtre en force musculaire, de même que nulle puissance humaine ne nous donnera cette tendresse d'âme et cette grâce du corps qui sont le privilège charmant des femmes. Nulle réforme légale ne les rendra capables, du jour au lendemain, de tous les efforts virils, de toutes les entreprises hardies, de toutes les créations robustes, de toutes ces « grandeurs de chair », comme dit Pascal, où la vigueur musculaire est essentielle, parce que « nulle loi écrite (c'est M. Jules Lemaître qui parle) ne les empêchera d'être physiquement plus faibles que nous, d'une sensibilité plus délicate et plus capricieuse, » parce que « nulle loi ne les affranchira des maladies et des servitudes de leur sexe, de même que nulle loi ne rendra les hommes plus propres à filer la laine et à nourrir et élever les petits enfants. »[51] Bref, nul article de loi ne changera le corps et l'âme des femmes. Et c'est heureux ; car, cette déformation accomplie, l'humanité périrait.

Mais la diversité des fonctions ne s'oppose point à l'égalité des droits. Elle signifie seulement que l'égalité légale, l'égalité juridique, n'ayant pas le don de transformer la nature et la destination du sexe féminin, « ces droits théoriques seront souvent, pour les femmes, comme s'ils n'étaient pas. » Cette pensée de l'écrivain si français que nous citions tout à l'heure, doit être recommandée instamment à la méditation des femmes. Supposez qu'on leur ouvre toutes nos carrières, tous nos métiers, toutes nos fonctions : celles qui, perçant la cohue des hommes, parviendront à en forcer les portes, ne seront ni les plus heureuses ni les plus bienfaisantes. L'affection, le respect et la reconnaissance iront aux épouses et aux mères restées fidèles aux devoirs essentiels de leur ministère féminin. Ayant choisi la meilleure part selon la nature, elles occuperont la plus belle place dans la société humaine.

Ce qui ne veut pas dire que la question de l'égalité des droits entre l'homme et la femme soit une pure discussion verbale. Affirmer que les deux sexes sont égaux en raison, en justice et en vérité, c'est admettre que, sous la diversité de leur nature et la dissemblance de leurs fonctions, il y a entre eux unité foncière, identité morale ; que l'homme et la femme, se complétant l'un l'autre, sont, dans la plus haute signification du mot, deux « personnes » qui se valent, deux coopérateurs inséparables qui constituent ensemble l'humanité, deux êtres qui, revêtus de la même dignité,

[51] *Opinions à répandre*, p. 159.

soumis à la même responsabilité, ont même droit au respect, à la lumière, à la vie.

Et cette affirmation de principes est d'une portée incalculable. De là découleront, en effet, beaucoup de réformes, ou mieux, beaucoup de « réparations » que l'équité réclame, alors même que, dans la pratique, elles ne se résoudraient point nécessairement, pour la généralité des femmes, en avantages immédiats et en profits certains. Mais, au moins, la « personne » de la femme sera élevée par la loi au même niveau que la « personne » de l'homme ; et cette sorte de déclaration de ses droits complétera et achèvera la déclaration des nôtres.

Seulement, les droits de l'individualité ont des limites. Ceux de la femme, par conséquent, doivent être expressément subordonnés aux intérêts supérieurs de l'espèce, de la famille, de la société. Et cette subordination des parties à l'harmonie de l'ensemble ne saurait blesser ni humilier personne. Les sexes ne sont pas faits pour lutter séparément, et encore moins pour se jalouser et se combattre en vue de satisfactions égoïstes qui mettraient en péril l'avenir de la race. A chercher leur voie en des directions antagoniques, ils tourneraient le dos au progrès et au bonheur. C'est la destinée du couple humain de collaborer, dans l'union la plus étroite, au bien général de la communauté.

Dès lors, l'oeuvre de réparation poursuivie par le féminisme ne devra jamais se départir de la règle suivante : *Il faut que la femme puisse être légalement tout ce qu'elle peut être naturellement.* Rien de plus, rien de moins. Il faut que la femme soit à même de réaliser en sa vie l'idéal humain aussi librement, aussi parfaitement que l'homme dans la sienne. Plus de compressions qui annulent le sexe faible ; point de réactions qui découronnent le sexe fort. Ne violentons point la nature, mais obéissons à la justice. Égale personnalité, égale dignité, égale considération, égale culture morale, égal développement intellectuel s'il est possible, dans une coordination réciproque, dans la coopération voulue et recherchée, dans la solidarité acceptée et chérie, pour tout ce qui sert les fins de la famille, du mariage, de la patrie, de l'humanité, tel est notre idéal. Ainsi rapprochée de l'homme en droit et en raison, la femme, restée femme par la tendresse et la grâce, sera plus digne de son respect sans être moins digne de son amour.

Chapitre II

À propos de la capacité cérébrale de la femme

I.--Les variations de l'anthropologie.--Le cerveau de la femme vaut-il celui de l'homme ?--Craniométrie amusante. II.--Les savants se réservent.--Une forte tête ne se connaît bien qu'a ses oeuvres.

Pour connaître la puissance intellectuelle de la femme, trois moyens nous sont offerts : 1° rechercher la capacité cérébrale des têtes féminines,--ce qui suppose une excursion dans le domaine des sciences biologiques ; 2° envisager la production intellectuelle des deux sexes,--ce qui nécessite une étude d'histoire littéraire ; 3° fixer les aptitudes mentales de la femme,--ce qui implique un essai de psychologie comparée. Nous utiliserons successivement ces trois procédés d'investigation.

Et d'abord, quelle est la capacité cérébrale de la femme ? et, ce point étudié, de quel développement et de quelle culture est-elle susceptible ? A cette question, le féminisme fait une réponse très simple et très catégorique : l'intelligence de la femme égale celle de l'homme et, conséquemment, l'instruction des deux sexes doit être la même. C'est ce qu'il faut apprécier avec indépendance et impartialité.

I

Au dire des anthropologistes, le problème de rivalité intellectuelle qui s'agite entre l'homme et la femme serait d'ordre cérébral, et la seule crâniologie aurait compétence pour en fournir exactement la solution. Moi, je veux bien ! Quoiqu'il paraisse que le compas, la balance et le crâniomètre soient des instruments un peu grossiers pour peser l'impondérable et appréhender, mesurer, fixer l'insaisissable, il est clair, en tout cas, que l'intellectualité humaine dépend de l'organisme cérébral. C'est une question de tête. Les spécialistes se sont donc emparés du cerveau de la femme ; ils l'ont tourné et retourné dans tous les sens, scrutant les lobes frontaux et les lobes latéraux, le volume, le poids, le nombre et la finesse des ramilles et des circonvolutions, la proportionnalité de leur masse à la moelle épinière et à la colonne vertébrale ; et à l'heure qu'il est, nos docteurs ne savent qu'en penser. Si la femme n'est pas en agréable posture devant la science, celle-ci ne fait pas grande figure, pour l'instant, devant la femme.

Non pas que les observations acquises manquent d'intérêt. C'est ainsi qu'on a constaté que, pour la capacité crânienne, les Chinoises l'emportent sur les Parisiennes. Il paraîtrait même que, sous ce rapport, nos élégantes seraient à peine supérieures aux gorilles. Voilà qui est flatteur pour le singe. De plus, on nous assure gravement que le Parisien mâle n'a qu'une faible prééminence sur l'homme jaune. Un des plus petits crânes connus est celui de Voltaire qui n'a jamais passé pour un imbécile. Le cerveau de Lamennais et celui de Gambetta n'avaient qu'un poids inférieur à la moyenne : étaient-ce donc des pauvres d'esprit ? La plus volumineuse cervelle est celle de la baleine : soutiendrez-vous que cette grosse bête a du génie ? Non ; la grosseur du cerveau n'est pas, à elle seule, un signe de supériorité intellectuelle. L'esprit ne se mesure pas au poids. La fourmi et l'éléphant sont intelligents à leur manière.

En effet, les plus récentes recherches semblent établir que la pesanteur et le volume du crâne importent moins en eux-mêmes que leur proportionnalité au poids et au volume du corps. Certains vont même jusqu'à insinuer que cette relativité pourrait bien être plus forte chez les femmes que chez les hommes. Quel coup de fortune pour le féminisme ! Enfoncée la supériorité cérébrale du mâle !

En présence de ces découvertes palpitantes, il faut avouer que, pour caractériser la valeur intellectuelle d'un sujet, nos pères usaient de procédés véritablement enfantins : ils avaient l'ingénuité de la juger à ses oeuvres, comme on juge un arbre à ses fruits. C'est ainsi qu'en lisant de beaux vers, en écoutant de beaux discours, en applaudissant de belles pièces, ils ont estimé, le plus simplement du monde, que Lamartine et Hugo étaient de grands poètes, Lacordaire et Berryer de grands orateurs, Augier et Dumas de grands dramaturges,--sans étudier la structure, sans pénétrer l'essence de leur organisme mental. C'était puéril. Survient, par bonheur, l'anthropologie qui, souriant malicieusement de ces jugements superficiels, s'offre à les reviser souverainement : « Attendez ! Il faut voir ! Qu'on me passe ces cervelles de demi-dieux, et je vous dirai, en vérité, ce qu'elles sont et ce qu'elles valent. »

Comment ne pas s'amuser un peu de certains pédants, qui émettent la prétention de juger du talent d'un maître-ouvrier moins par l'oeuvre qu'il produit que par l'outil dont il se sert ? S'il leur est donné, après la mort d'un personnage, de palper son crâne vide, ils entrent en joie, ils le tâtent, ils le pèsent, ils le jaugent, et leur mine s'épanouit. Ils jouent supérieurement la scène d'Hamlet et des fossoyeurs. Leur dogmatisme devient écrasant. « Prenez-moi donc cette pauvre tête : quelle légèreté ! » Gardez-vous d'objecter même

157

timidement que le défunt a fait preuve pendant sa vie de quelque intelligence : on vous répondra que c'est trop de bonté, et qu'il est impossible d'être un grand homme avec une si médiocre cervelle ? Ces savants sont terribles.

On ne peut s'empêcher pourtant d'observer que les moyens d'investigation, dont l'anthropologiste dispose actuellement, ont le malheur d'être précaires et rétrospectifs, puisque ce genre d'expérimentation ne s'exerce que sur les morts. Il est naturel que l'homme ne se prête à ces manipulations posthumes que le plus tard possible ; et quant aux femmes, pour si ardent que soit leur désir d'établir qu'elles ne sont pas plus écervelées que les hommes, je doute qu'elles se laissent ouvrir le crâne, de leur vivant, afin de hâter et de faciliter cette importante démonstration.

Aussi bien s'occupe-t-on de tourner la difficulté et de travailler sur le vif en simplifiant les recherches. C'est l'inoffensive manie de quelques gens très distingués de nous palper la tête et, la mesurant en hauteur, en largeur, en profondeur, de conclure d'un petit ton catégorique, moitié sirop, moitié vinaigre, que nous avons tout ce qu'il faut pour faire preuve de génie ou d'imbécillité. Sont-ils sérieux ou badins ? On ne saurait le dire. Pour peu que le procédé se perfectionne et se généralise, nous ne manquerons point d'entendre bientôt, dans les salons littéraires, un monsieur qui se réclame de la science, solliciter gravement la maîtresse de maison de lui prêter sa tête pour un instant. Et, après une mensuration rapide et une auscultation adroite, ce grand homme fixera, séance tenante, comme les devins d'autrefois, le fort et le faible de l'organisation cérébrale de la patiente, proclamant, avec un sourire de circonstance, qu'elle est sérieuse ou volage, capricieuse ou raisonnée, passionnée ou réfléchie, ou plus simplement, s'il a encore de bons yeux, qu'elle est brune ou blonde, et en tout cas certainement aimable et jolie.

Les procédés actuels semblent donc impuissants à nous révéler exactement le degré d'intelligence d'un sujet. A vrai dire, il y a bien la trépanation ; mais outre que cette opération est de nature à provoquer d'excusables résistances, il faudrait avoir travaillé, fureté, tracassé dans bien des crânes pour émettre un diagnostic infaillible. Mais la science nous réserve tant de surprises ! Est-il donc impossible que la lumière perçante des rayons X n'éclaircisse un jour tous nos mystères cérébraux ? Le temps n'est pas éloigné peut-être où, pour se connaître soi-même, il suffira de remettre sa tête entre les mains d'un spécialiste.

II

Redevenons sérieux. Bien rares sont les tentatives et les expériences, si bizarres qu'on les suppose, que la science ne puisse justifier et réaliser un jour. Si je me suis permis de plaisanter doucement l'anthropologie, c'est que je n'admets pas qu'un homme, au nom d'une école qui débute et tâtonne, traite les femmes de haut en bas et leur dise impérieusement, de ce ton aigre-doux dont Bonaparte usait envers Joséphine : « Où prendrez-vous l'intelligence nécessaire pour comprendre ce que nous comprenons ? Songez que votre cerveau pèse moins que le nôtre. » Au surplus, l'anthropologie s'est déjà rectifiée. Le poids du cerveau, nous dit-on, ne fait rien à l'affaire, et son volume, pas davantage. Plus les détails des lobes sont menus et compliqués, plus les impressions doivent être vives et rapides ; plus le tissu est fin et subtil, plus l'individualité doit être supérieure. Si donc nous primons la femme par les dimensions de notre cerveau, elle apprendra, non sans une vive satisfaction, que le sien l'emporte,--comme tout être, d'ailleurs,--par la délicatesse de sa texture intime. Ses circonvolutions cérébrales sont plus fines, plus gracieuses, plus belles que les nôtres ; et cette constatation remplit le coeur des féministes fervents d'une suave béatitude.

Ajoutons qu'un vrai savant, M. le Dr Manouvrier, enseigne que « la supériorité quantitative et relative n'entraîne une supériorité intellectuelle qu'à masse égale du corps. » Il lui semble que « les qualités intellectuelles liées au volume du cerveau sont ce que l'on nomme ordinairement l'étendue et la profondeur de l'intelligence » et que, si l'on s'en tient au développement cérébral quantitatif et relatif de l'homme et de la femme, « tout concourt à prouver l'égalité des sexes ; » de sorte que le « préjugé de sexe » aurait fait voir et accepter aux premiers anthropologistes, dans une question d'ordre purement biologique, « le contraire de la réalité. »

En l'état présent des recherches d'anatomie comparée sur les caractères du crâne et du cerveau chez les deux sexes, la femme a donc regagné le terrain qu'elle avait perdu, et l'anthropologie incline à la proclamer l'égale de l'homme. Mais n'exagérons rien ; en réalité, depuis quelques années, la science s'est beaucoup occupée de la femme, sans aboutir à une conclusion définitive, ni même à des réponses concordantes. La femme est-elle, cérébralement parlant, aussi intelligente que l'homme ? Les uns disent : oui ; les autres : non. Quant aux sages,--et c'est le cas de M. Manouvrier,--ils jugent prudent de surseoir à toute décision tranchante. Les plus modestes se recueillent et confessent même qu'ils ne savent rien. Faisons comme eux. Il est probable qu'on traînera la femme longtemps encore de laboratoire en laboratoire, les mystères de la capacité cérébrale n'étant pas près d'être éclaircis. Somme toute, et sans afficher un scepticisme trop désobligeant, nous devons constater qu'en ce domaine si complexe et si insuffisamment exploré, les spécialistes les plus appliqués se disputent encore dans les ténèbres.[52]

---

[52] *Les Hommes féministes.* Revue encyclopédique du 28 novembre 1896, pp. 829 et 830.

On a dit et répété que « l'intelligence n'a pas de sexe. » Je veux le croire ; mais j'aime mieux encore cette remarque si juste de Fourier : « Il y a des hommes qui sont femmes par le coeur et la tête, et des femmes qui sont hommes par la tête et le coeur. » En tout cas, il nous semble qu'étant donné l'état peu avancé des sciences biologiques, on abuse étrangement, pour ou contre la femme, des constatations évasives ou contradictoires de l'anthropologie comparée. Scientifiquement, la question de l'équivalence cérébrale des sexes reste ouverte. Sera-t-elle jamais close ?

Lors même que tous les savants du monde nous attesteraient que l'intelligence des femmes est adéquate à celle des hommes, ce brevet ne dispenserait point le sexe faible de le démontrer lui-même au sexe fort. Et comment ? Par ses oeuvres. En cela, nos petits-neveux ne seront pas beaucoup plus avancés que nos pères. La capacité des vivants ne se juge qu'à ses résultats. Vous aurez beau m'assurer que ma voisine possède, autant que mon voisin, de brillantes qualités et de merveilleuses aptitudes : je serai toujours en droit de lui demander qu'elle me le prouve par ses actes. Que si donc l'égalité intellectuelle des sexes pouvait être cérébralement établie, cette démonstration serait de peu de valeur, tant que les femmes n'auront point confirmé cette présomption par des manifestations décisives de science, d'art ou de littérature. Faites donc oeuvre d'intelligence, Mesdames. Tous les certificats des biologistes ne vous exempteront point d'avoir du talent,--et de le montrer. Les expériences les plus probantes ne viendront pas d'eux, mais de vous-mêmes. Tant que votre sexe n'aura rien produit qui vaille nos chefs-d'oeuvre, il ne sera pas prouvé que vous en êtes capables.

CHAPITRE III

S'IL EST VRAI QUE LES HOMMES AIENT FAIT PREUVE DE SUPÉRIORITÉ INTELLECTUELLE

I.--L'intelligence moyenne des deux sexes s'égalise et se vaut.-- L'instruction peut-elle accroître les aptitudes et les capacités de la femme ?--Est-il exact de dire que les âmes n'ont point de sexe ? II.-- De la primauté historique de l'homme.--Le génie est masculin.-- L'esprit créateur manque aux femmes.--Où sont leurs chefs- d'oeuvre ? III.--Le génie et la beauté.--A chacun le sien.--Les deux moitiés de l'humanité.

I

Puisque les femmes n'ont aujourd'hui et n'auront demain qu'un moyen d'établir positivement que leur cerveau n'est point inférieur au nôtre,--c'est, à savoir, d'en tirer des créations et des oeuvres qui balancent ou surpassent la production masculine,--il est certain, pour le moment, que cette preuve n'est point faite. En admettant que leur constitution cérébrale n'oppose aucun obstacle à cette manifestation nécessaire et désirable, en concédant même qu'elles soient aussi bien douées que les hommes, il reste ce fait d'ordre général que le sexe masculin est en possession d'une supériorité de production intellectuelle si effective et si constante, que le sexe féminin a été impuissant jusqu'à ce jour à la lui ravir ou seulement à la lui disputer. Et voilà bien, j'imagine, une forte présomption en faveur de la prééminence de l'intellectualité virile.

Non que j'aie la moindre intention de placer l'intelligence moyenne des femmes au-dessous de l'intelligence moyenne des hommes. Si grave que puisse paraître cet aveu, je ne fais aucune difficulté de reconnaître que, dans les conditions ordinaires de la vie, hommes et femmes s'équilibrent par l'esprit, que la bourgeoise vaut ni plus ni moins que le bourgeois, et la boulangère autant que le boulanger, et la marchande autant que le marchand, et la paysanne autant que le paysan. Je me demande même si, aujourd'hui encore, dans la classe populaire, il n'y a point plus de femmes que d'hommes à savoir lire, écrire et compter. Qu'une tête féminine ne soit point exactement faite comme une tête masculine, c'est probable. Mais, non plus que les recherches biologiques, l'observation psychologique ne permet d'établir, avec certitude, une inégalité appréciable de niveau entre l'intelligence moyenne du sexe masculin et l'intelligence moyenne du sexe féminin. Si, dans le courant habituel de la vie,--et en mettant de côté les faibles d'esprit,--l'homme est susceptible d'une attention plus soutenue, d'un raisonnement plus réfléchi, d'une volonté plus hardie et plus ouverte aux prévisions, les femmes, en revanche, ont une vue plus nette et plus rapide des nécessités présentes, une conception très sûre des réalités de l'existence, plus de soin et plus de goût pour le détail, à preuve qu'elles font souvent d'habiles comptables et d'admirables commerçantes.

Restent les hautes manifestations de la pensée dans le domaine des arts, des lettres et des sciences. Peu importe que les deux sexes s'égalent par en bas ; l'essentiel est de savoir s'ils s'égalent par en haut. En plaçant la question sur ce terrain, il est impossible de ne point remarquer chez les hommes de plus grandes aptitudes aux spéculations méthodiques, aux recherches idéales, aux créations élevées : ce qui nous induit à douter de l'égalité mentale des sexes.

A quoi les féministes ne se font point faute de répondre que, pour le moment,--vous entendez ? pour le moment,--il semble bien, en effet, que le développement intellectuel du sexe féminin retarde un peu sur celui du sexe masculin. Mais pourquoi ? Parce que les hommes, s'étant arrogé la direction des sociétés, les ont tournées à leur avantage et exploitées à leur profit. Jusqu'au temps présent, la civilisation a été ainsi faite par le sexe fort, que le sexe faible n'a pu croître intellectuellement qu'avec une extrême lenteur. L'infériorité actuelle de la femme n'est donc qu'accidentelle et passagère. Elle doit disparaître nécessairement avec la prépondérance excessive de son rival et l'influence déprimante du milieu traditionnel. Ouvrez-donc aux femmes les sources de toute culture, et vous verrez s'épanouir leur esprit comme ces fleurs languissantes, longtemps sevrées de grand air, auxquelles on rend avec largesse le soleil et la rosée. Et M. Jean Izoulet, un professeur de philosophie sociale au Collège de France, qui honore d'un même culte la phrase sonore et l'idée pure, nous prédit sur le mode lyrique que « cette flore psychique, flore d'ombre pendant tant de siècles, ne demande qu'à se lever et à s'épanouir. » Réjouissons-nous donc, gens de peu de foi, car « c'est nous qui sommes destinés à voir se ranimer et fleurir de toutes ses fleurs mystiques l'âme de la femme, ce véritable jardin secret. »[53]

Cette explication n'est qu'ingénieuse. Il n'est pas donné à la femme de sortir de son être, de changer de sexe,

---

[53] Lettre de M. Jean Izoulet publiée dans la *Faillite du Mariage* de M. Joseph Renaud, p. 31.

CHARLES TURGEON

de quitter le sien et de prendre le nôtre. Née femme, elle ne pourra jamais dépouiller entièrement la femme ; elle devra plus ou moins vivre, sentir et agir en femme ; et du même coup, son activité est condamnée par la nature elle-même à ne point ressembler complètement à la nôtre. Dès lors, nous autorisant logiquement de son passé et de son présent pour augurer de son avenir, nous sommes recevables à prétendre que la femme future ne sera jamais, en esprit et en oeuvre, l'égale absolue de son compagnon.

Fût-il même prouvé que le sexe féminin est aussi capable que le nôtre en toutes les choses de l'intelligence, il resterait que la femme n'en est pas moins femme, que l'homme n'en est pas moins homme, que chacun d'eux est voué à des fonctions physiologiques absolument incommunicables et muni conséquemment d'aptitudes forcément personnelles. De par la nature, l'homme a un rôle propre, la femme en a un autre ; et quelles que soient les atténuations possibles de leurs différences organiques et de leurs disparités mentales, on ne saurait concevoir, fût-ce dans l'infinie profondeur des siècles, ni anatomiquement, ni intellectuellement, une parfaite égalisation des sexes. A supposer même que l'homme et la femme en arrivent un jour à ne plus former qu'un seul être, identique d'esprit et de corps,--ce qui serait monstrueux,--il faudrait en conclure qu'en ce temps-là l'humanité cessera d'exister.

Que si l'on quitte le domaine de l'hypothèse pour rentrer dans la vie réelle, il demeure vrai que le père et la mère, n'ayant point même fonction, ne sauraient avoir même constitution physique et mentale. Ce que l'homme dépense pour la transmission de la vie est peu de chose auprès de ce que la femme tire de sa propre substance pour la gestation et l'enfantement, pour la formation, l'allaitement et le dressage du nouveau-né. Alors que la conception est pour le père l'oeuvre d'un moment, la transfusion de la vie exige de la mère une dépense prolongée d'efforts et de sacrifices qui fait passer dans l'enfant le meilleur d'elle-même. Et ce passif énorme de la maternité, en expliquant les différences de conformation physiologique des sexes, établit péremptoirement, entre l'homme et la femme, des diversités naturelles de fonction et d'aptitude qui doivent réagir sur le cerveau et retentir jusqu'au plus profond de l'âme.

On nous rappelle, en faveur de l'égalité intellectuelle de l'homme et de la femme, que « les âmes n'ont point de sexe. » Cela est vrai, en ce sens que l'homme et la femme sont deux personnes morales égales en dignité. Mais leur intelligence est-elle de même nature ? Sommes-nous donc des purs esprits ? Et si nos âmes sont forcées d'habiter un corps, si notre esprit est nécessairement enclos en une chair souffrante et périssable, s'il est emprisonné, pendant cette brève minute que nous appelons orgueilleusement la vie, dans un habitacle de matière diversement aménagé, il faut bien conclure que le contenu n'est point sans relation ni dépendance avec le contenant.

Il est donc naturel que l'intelligence s'épanouisse différemment dans un organisme qui n'est point le même chez l'homme et chez la femme. En d'autres termes, la distinction des sexes est un fait universel et indestructible, qu'on ne supprime pas d'un trait de plume. Et cette première différence biologique a des répercussions et des prolongements nécessaires dans la psychologie des deux moitiés de l'humanité. Il serait étrange que deux êtres qui sentent diversement, s'exprimassent pareillement. N'ayant point même organisme, même constitution, comment pourraient-ils avoir mêmes sensations, mêmes impressions, s'élever au même ton, rendre le même son ? Que les mille et mille influences combinées de l'éducation, des moeurs et des lois puissent accentuer ou adoucir les disparités mentales du couple humain : je l'accorde ; mais pour les oblitérer, pour les niveler, pour les fondre tout à fait, il faudrait, en langage chrétien, refaire la création, ou, suivant le vocabulaire positiviste, « recommencer l'évolution sur des bases nouvelles, »--ce qui est impossible.

II

En recherchant comment le progrès humain s'est développé dans le passé, nous trouvons, en faveur de la prééminence intellectuelle de l'homme, une nouvelle considération qu'il nous paraît difficile de méconnaître ou d'affaiblir. En réalité, la civilisation humaine a été très généralement l'oeuvre des mâles. Et si le gouvernement à peu près exclusif des sociétés n'a jamais cessé d'être dirigé par des hommes, n'est-ce point que cette domination atteste une réelle suprématie de lumière et de raison ?

J'entends bien que l'empire des hommes s'explique aussi par la primauté non moins incontestable de la force physique. Mais comment croire que les premiers chefs de tribus et les premiers pasteurs de peuples aient été redevables de leur puissance sociale à la seule vigueur de leurs muscles, à la seule force du poignet ? Faute par eux d'ajouter à cet avantage brutal un entendement et une clairvoyance au-dessus du commun, ils n'auraient point gardé si régulièrement le sceptre du pouvoir.

Sans contester qu'il ait fallu à nos premiers ancêtres des membres robustes pour lutter contre les animaux féroces qui pullulaient dans les forêts préhistoriques, a-t-on réfléchi aux miracles de pensée et de réflexion qu'ils ont dû accomplir pour inventer les premières armes et les premiers outils ? C'est ce qui explique pourquoi la reconnaissance des anciens a érigé en demi-dieux ces lointains génies qui découvrirent le feu, l'arc, la hache, le marteau, la bêche, la charrue. Non ; l'esprit n'est point absent de la première domination de l'homme. Dès les âges primitifs, le gouvernement des sociétés a été dévolu à la raison la plus active, à la volonté la plus ferme et la plus éclairée, bref, à l'intelligence et à la force, c'est-à-dire à l'homme. Et cette constatation historique nous autoriserait déjà, il faut en convenir, à revendiquer le premier prix de capacité.

Mais il est une seconde observation, accessible à tout esprit cultivé, qui milite non moins victorieusement en faveur de la primauté masculine. Qu'on fasse le dénombrement des hommes et des femmes de talent, dans tous les genres de production intellectuelle, et l'on constatera que les femmes ne forment qu'une petite phalange comparativement aux bataillons profonds et serrés des savants et des poètes, des politiques et des historiens, des peintres et des sculpteurs, des orateurs et des philosophes. Nos grands esprits sont légion. Les vôtres, Mesdames, tiendraient presque dans un salon. Sans doute, vous avez eu de fortes têtes, de beaux talents, des écrivains distingués, des intelligences rares,--mais pas autant ! Bien qu'on ait vu, à différentes époques de l'histoire, des femmes aussi instruites que les hommes, combien peu cependant ont brillé d'un éclat supérieur ! La génialité, en tout cas, semble un phénomène masculin.

Et encore une fois, n'allez pas rejeter cette infériorité numérique sur l'insuffisance de votre éducation, sur nos mœurs réfractaires à votre émancipation, sur les résistances d'un milieu hostile, qui auraient arrêté ou retardé votre développement cérébral : ces influences ambiantes, quelque effet certain et décisif qu'elles aient sur les intelligences ordinaires et sur les esprits moyens, en ont peu ou point sur les têtes tout à fait éminentes. Nous avons dit que la priorité intellectuelle des sexes ne se peut reconnaître et mesurer par en bas, c'est-à-dire par le vulgaire, par le commun où hommes et femmes se valent et se balancent, mais par en haut, par les sommets, par les cimes, par les têtes les plus sublimes, par les supériorités éclatantes et dominatrices. Et celles-ci ne se voient que du côté masculin.

Si rare qu'on le suppose, le génie s'est toujours incarné dans un homme ; il ne semble guère départi aux femmes. Et de ce chef, les antiféministes sont fondés à affirmer la prévalence et la prépotence de notre sexe. Car le génie est naturellement souverain. Il ne s'embarrasse point des obstacles, des antagonismes, des hostilités qui se dressent sur son chemin. Il les ignore ou il les brise. Il s'inquiète si peu de son milieu qu'il le devance : il anticipe sur les temps à venir. D'où vient-il ? On ne sait. Il est essentiellement spontané, jaillissant, original, indépendant. « Il est, comme dit M. Fouillée, révolutionnaire et conquérant ; il n'a souci ni des résistances possibles, ni des opinions reçues, ni des traditions séculaires. »[54] Il éclate, il innove, il invente, il crée. Il y a en lui quelque chose du Verbe divin. L'intelligence créatrice, voilà le génie.

Or, c'est précisément l'esprit créateur qui semble manquer le plus aux femmes. Rarement elles atteignent les sommets. Le sublime leur donne le vertige. Elles s'arrêtent à mi-chemin des hauteurs. Rarement on les voit jouer les premiers rôles. Comme elles ont presque toujours de la vivacité, de la mémoire et du bon sens, leur spécialité est d'imiter, d'adapter, d'interpréter, de vulgariser les oeuvres des maîtres. Si puissante est cette tendance à l'assimilation, qu'elle les pousse même, hélas ! à copier nos manières, notre langage, nos allures et jusqu'à la coupe de nos cols, de nos vestons et de nos jaquettes. Est-ce là du génie ?

Bien que Proudhon soit allé trop loin en prétendant que les têtes féminines ne sont que « réceptives », encore est-il que « leurs idées (l'observation est de Michelet) n'arrivent guère à la forte réalité. » A l'homme seul l'esprit de synthèse, la grâce de la découverte, le don de l'invention. Les femmes, du moins, n'y sauraient prétendre autant que lui. C'était bien

---

[54] *La Psychologie des sexes.* Revue des Deux-Mondes du 15 septembre 1893, p. 419.

l'idée de Platon : en reconnaissant que les femmes d'élite,--celles qu'il destinait aux gardiens et aux défenseurs de sa République,--devaient être admises aussi bien que les hommes à toutes les fonctions, sans excepter les charges militaires, il tenait qu'elles les rempliraient moins bien, parce qu' » en toutes choses la femme est inférieure à l'homme, » parce que, d'un sexe à l'autre, il existe, entre les aptitudes et les capacités, « une différence du plus au moins. »

En fin de compte, le génie créateur leur manque très généralement. Où sont, leurs chefs-d'oeuvre ? Je sais bien qu'un savant Anglais, qui ne manque pas d'imagination, M. Butler, a prétendu récemment que l' » Odyssée » était l'oeuvre d'une femme. Dorénavant, nos bas-bleu auront une bonne réponse à faire aux impertinents, qui leur jetteraient l' » Iliade » à la tête pour établir la faiblesse relative du cerveau féminin. Mais cette découverte anglo-saxonne n'eût pas empêché Joseph de Maistre d'observer quand même,--et c'est la vérité vraie,--que les femmes n'ont fait ni l' » Iliade », ni l' » Énéide », ni la « *Jérusalem délivrée* », ni « Phèdre », ni « Athalie », ni « Polyeucte », ni « Tartuffe », ni le « Misanthrope », ni le « Panthéon », ni l' » Église Saint-Pierre », ni la « Vénus de Médicis », ni l' » Apollon du Belvédère ». Aucune loi, pourtant, ne leur défendait d'écrire des drames comme Shakespeare ou de composer des opéras comme Mozart. Elles n'ont pas davantage inventé le télescope, l'algèbre, le chemin de fer, le télégraphe, le téléphone, ni le gaz, ni la lumière électrique, ni la photographie. Elles n'ont point trouvé le plus petit microbe ; elles n'ont même pas imaginé le métier à bas ni la machine à coudre. Ont-elles même inventé le rouet et la quenouille ?

Mais Joseph de Maistre ajoute, avec équité, que les femmes font quelque chose de plus grand que tout cela : « C'est sur leurs genoux que se forme ce qu'il y a de plus excellent au monde : un homme et une femme. » Ce qui n'empêche pas que M. Faguet ait eu raison d'écrire que

171

« l'homme seul a fait preuve de génie. » Tout ce qui a été conçu et réalisé de grand dans les domaines supérieurs de la pensée, de la littérature, de l'art, de la science, est sorti d'un cerveau masculin.

Et la raison de cette inégalité relative des sexes vient de ce que les femmes sont moins fortement armées que nous pour l'effort et pour la lutte. M. Fouillée observe à ce propos que, pour entraîner Jeanne d'Arc aux batailles, il a fallu les voix des saints et des anges. Réserve et modestie, tendresse et timidité, voilà qui explique pourquoi la femme répugne aux nouveautés, aux créations, aux hardiesses, aux longs et patients labeurs, aux emportements tumultueux du génie. « Une originalité puissante est chose rare, jusqu'à présent, dans les oeuvres des femmes, conclut le même auteur : qu'il s'agisse de la littérature ou des arts et, parmi les arts, de celui même qu'elles cultivent le plus, la musique. »[55]

Nous conclurons donc, avec Michelet, que « toute oeuvre forte de la civilisation est un fruit du génie de l'homme. » On a bien fait de graver au fronton du Panthéon cette inscription équitable : « Aux grands hommes la patrie reconnaissante ! » Car, hormis Jeanne d'Arc qui sort de l'humanité et confine presque au divin, les femmes ont moins contribué que les hommes à l'exaltation du nom français et à l'épanouissement du progrès humain. Il n'y a pas à dire : l'histoire atteste que l'essence supérieure de l'espèce est masculine.

III

A quoi bon insister ? Les femmes les plus distinguées en conviennent. Si Mme de Staël s'est montrée trop sévère

---

[55] *La Psychologie des sexes.* Revue des Deux-Mondes du 15 septembre 1893, p. 419.

pour elle-même et pour son sexe en affirmant que « les femmes, n'ayant ni profondeur dans leurs aperçus ni suite dans leurs idées, ne peuvent avoir du génie, » Mme d'Agout nous a donné la note juste, la note vraie, en écrivant ceci : « L'humanité ne doit aux femmes aucune découverte signalée, pas même une invention utile. Non seulement dans les sciences et la philosophie elles ne paraissent qu'au second rang, mais encore dans les arts, pour lesquels elles sont bien douées, elles n'ont produit aucune oeuvre de maître. Dans ses plus brillantes manifestations l'esprit féminin n'a point atteint les hauts sommets de la pensée ; il est pour ainsi dire resté à mi-côte. »[56] De l'avis même de celles qui ont le plus honoré leur sexe, l'homme est donc en possession d'une puissance plus originale et plus inventive. Mais on voudra bien se rappeler que, si quelques hommes ont du génie, beaucoup plus de femmes ont de la beauté ; et cela seul rétablit l'équilibre entre les sexes.

La grâce ! voilà le don souverain des femmes. C'est par là qu'elles règnent véritablement sur les hommes. Leur charme est si prestigieux que nul n'y résiste. C'est par lui que notre force s'incline devant leur faiblesse. Schopenhauer, il est vrai, n'admettait point que la femme fût un bel animal : ce qui ne l'a pas empêché d'avoir du goût jusqu'à sa mort pour ce « disgracieux bipède ». Mais il est plus facile de médire des femmes que de s'empêcher de les aimer. Les vrais misogynes, et j'entends par là ceux qui haïssent furieusement la femme, sont rares. Qu'on parle avec amertume d'une certaine sorte de femme, de celle qui se pose en indépendante et se dresse en révoltée, qu'on prenne même en aversion la femme pédante, la femme « précieuse » : rien de plus naturel. Mais ces restrictions admises, ou est l'homme incapable de goûter la grâce féminine ? Entre l'admiration pathétique d'un Goethe qui

---

[56] *Opinions de femmes sur la femme.* Revue encyclopédique du 28 novembre 1896, p. 840.

aimait à proclamer « le culte de l'éternel féminin, » et l'inimitié méprisante d'un Schopenhauer pour le sexe « aux cheveux longs et à la raison courte, » il y a place pour l'estime et la tendresse. Et de fait, nous éprouvons tous, plus ou moins, le besoin de l'affection féminine.

Aussi M. Fouillée a-t-il eu raison d'écrire que la beauté pour la femme n'est pas seulement un don naturel, mais encore « une fonction et presque un devoir ; »[57] car, c'est à sa grâce que revient l'honneur d'entretenir au milieu des hommes le culte du beau, si comparable au feu sacré sur lequel veillaient perpétuellement les antiques vestales. Et lorsque la beauté est complétée par la bonté, lorsque la douceur du visage et l'harmonie des lignes revêtent et encadrent une belle âme, alors il est vrai de dire que la femme est la caresse de nos yeux et la joie de cette vie qu'elle console et embellit à la fois.

Non point que l'homme soit toujours affreux. La nature a souvent même avantagé le genre masculin. Dans la plupart des espèces animales et surtout parmi les oiseaux, le mâle surpasse ordinairement la femelle par l'élégance des formes, l'éclat du pelage ou le coloris des plumes. Platon et Aristote jugeaient même l'homme plus beau que la femme. Aujourd'hui, par contre, la beauté chez l'homme est si bien considérée comme un accessoire, qu'un joli garçon, dépourvu d'esprit et de talent, passe très justement pour un être insupportable. Notre langue lui applique même un mot déplaisant : elle l'appelle un « bellâtre ». N'est-ce point aussi lorsque sa virilité s'efface que l'homme, perdant le juste sentiment de sa propre valeur, préfère la grâce à la noblesse et la joliesse à la beauté ? A vrai dire, le beau absolu ne s'incarne ni dans le sexe masculin, ni dans le sexe féminin. Le charme de l'un se complète par la force de l'autre : de là

---

[57] *Revue des Deux-Mondes* du 15 septembre 1893, p. 425.

deux genres de beauté également nécessaires à l'idéal artistique et qui, par leur action réciproque, rapprochent les sexes, éveillent la sympathie et font naître l'amour.

En tout cas, nous ne saurions disputer à la femme la séduction de la douceur, l'attrait de la faiblesse, l'harmonie des proportions délicates, des lignes fines et souples. L'homme a le droit d'être laid ; la femme, pas autant. Plus que lui, elle fait fonction de beauté ; plus que nous, elle a le devoir d'être belle.

Génie et beauté sont deux privilèges augustes qui se ressemblent. Le génie est une floraison rarissime, dont nous ne pouvons dire d'où elle vient, où elle commence, où elle finit, et que nous sommes, par suite, bien empêchés de définir, un souffle d'en haut, une grâce de Dieu, une lumière incommunicable, dont l'homme aurait tort de triompher comme d'une qualité volontairement acquise et méritée. Telle la beauté, plus facile à sentir qu'à exprimer, qui rayonne, comme l'autre éclate, par un mystère de nature dont l'être de choix qui en bénéficie n'a point le droit de se glorifier. Certes, le travail ajoute aux dons reçus ; il donne à la beauté plus de grâce et de séduction comme au génie plus de vigueur et d'éclat. Mais le fond de ces inestimables privilèges ne vient pas de nous. C'est un présent divin. Et voilà pourquoi l'humanité de tous les temps, éblouie par ce reflet des perfections idéales, s'incline involontairement devant les créatures de choix et de bénédiction en qui s'incarne le génie ou la beauté.

Tout cela nous confirme en l'idée que l'homme et la femme sont deux êtres complémentaires, dont les aptitudes distinctes contribuent à l'harmonie de l'ensemble. A elle seule, prise isolément, l'individualité des femmes,--pas plus que la nôtre, d'ailleurs,--ne formerait un tout complet ; et Mme de Gasparin nous conseille avec raison de « voir en elle cette seconde moitié de l'homme sans laquelle ni l'un ni l'autre ne sauraient être parfaits. » Le sexe masculin est né pour la lutte, comme le féminin pour la paix. Le premier incarne l'effort et le travail ; la second représente la tendresse et la consolation. L'homme et la femme sont donc bien les « deux moitiés de l'humanité » ; et celle-ci ne saurait exister, se transmettre, se perpétuer et s'embellir sans leur collaboration. Si diverses que soient leur nature et leurs fonctions, la société ne se soutient, ne vit et ne progresse que par l'addition et la multiplication de ces deux facteurs originaux. Ne les séparons pas !

CHAPITRE IV

PSYCHOLOGIE DU SEXE FÉMININ

I.--Du température féminin.--Impressionnabilité nerveuse et sensibilité affective.--La perception extérieure est-elle moins vive chez la femme que chez l'homme ?--Sentiment, tendresse, amour. II.--Vertus et faiblesses du sexe féminin.--Les femmes sont extrêmes en tout.--Pitié, dévouement, religion.--La femme criminelle.-- Coquetterie et vanité. III.--Petits sentiments et grandes passions.-- La volonté de la femme est-elle plus impulsive que la nôtre ?-- Indécision ou obstination.--Le fort et le faible du sexe féminin.

J'ai induit du passé qu'il semblait difficile à la femme de s'élever aux sublimes créations du génie, et que la nature l'avait confinée jusqu'à nos jours au second rang de l'intellectualité,--l'homme ayant mérité par ses oeuvres d'occuper le premier. Cette question de préséance résolue, il est intéressant de rechercher pourquoi la femme a été empêchée jusqu'ici de se hausser au niveau de la pensée masculine et de disputer victorieusement à nos grands hommes la palme scientifique, artistique et littéraire. S'il se trouve que cette disparité tienne, comme nous l'avons affirmé, à sa complexion, à sa nature, à son tempérament, à sa constitution même, nous serons autorisé à conclure qu'à moins de refaire le monde,--ce qui dépasse les forces humaines,--l'égalité absolue des sexes, dans les fonctions et dans les oeuvres, est un leurre.

Ici donc, un peu de psychologie ne sera point déplacée. Et puisque d'un avis unanime, le tempérament intellectuel et moral est le reflet du tempérament physique, il est à prévoir que les différences de sexe se traduiront par des différences d'aptitude et d'inclination.

I

L'expérience de tous les temps atteste que la femme est plus impressionnable que l'homme ; et par là, j'entends que la faculté d'être ému, la faculté de jouir et de souffrir, d'aimer ou de haïr, la faculté de s'ouvrir à la crainte ou au désir, au chagrin ou au plaisir, occupe une plus large place et joue un plus grand rôle dans sa vie que dans la nôtre. Bref, la sensibilité est son partage et le sentiment son triomphe. A tel point qu'Auguste Comte a pu dire du sexe féminin qu'il est, par excellence, le « sexe affectif ».

Et cette sensibilité émotive ne va point, disent les physiologistes, sans une certaine insensibilité physique. M. Lombroso, notamment, affirme que la perception extérieure est moins vive chez la femme que chez l'homme. Maintes fois les médecins ont constaté que les femmes supportent mieux que nous les opérations chirurgicales. Dans une épidémie, leur attitude est admirable de courage et de sang-froid. Nul n'a plus de calme auprès des malades, plus de dextérité pour panser une blessure. Mais cette résistance à la douleur physique vient-elle d'une moindre sensibilité organique ? Si la femme se raidit si fortement contre la souffrance, nous aurions tort peut-être d'en conclure qu'elle la ressent moins que nous. N'est-ce pas le propre des natures sensibles de réagir avec vigueur et promptitude contre les épreuves et les dangers ? Plus l'action est violente, plus la réaction est énergique. Pour le moins, ce privilège des femmes à supporter la douleur corporelle est une heureuse précaution de la nature, la vie leur réservant d'innombrables occasions de souffrance. Et le professeur italien explique cette immunité relative du sexe féminin par ce fait que nos soeurs ont le goût moins développé, l'oreille moins délicate, l'odorat moins fin, l'oeil moins vif et le tact moins subtil que la généralité de leur frères.

Mais si les femmes sont douées de sens plus obtus,--ce dont je ne suis pas très convaincu,--nous ne pouvons, du moins, leur disputer le « record » de la sensibilité affective Tous les graphologues sont de cet avis : l'écriture féminine révèle une impressionnabilité très vive. Au fond, le tempérament de la femme est plus émotif que le nôtre. Il faut peu de chose pour la remuer, la troubler, l'ébranler jusqu'aux larmes. Par l'effet d'un système nerveux plus excitable, plus sensitif, plus vibrant que celui des hommes, elle est plus ouverte aux inquiétudes, aux tendresses, aux passions. La pitié a dans son âme des retentissements plus profonds et des prolongements plus durables. Elle se console moins vite que l'homme. Aussi la tradition populaire et artistique a personnifié la compassion, la piété, le dévouement, la charité, tous les plus beaux mouvements du coeur, sous les traits de la femme.

Ainsi, nous persistons à tenir la sensibilité affective pour la faculté dominante du sexe féminin. Que cette extrême émotivité vienne de l'instinct ou de l'habitude, de la constitution physique, de l'organisme, des nerfs ou d'une vie plus sédentaire, plus claustrale, plus oisive : peu importe. Scientifiquement parlant, c'est une naïveté, un non-sens, une absurdité, de rechercher ce qu'était la femme des premières générations humaines. Le tempérament actuel des femmes est leur tempérament naturel, puisqu'il a été acquis, reçu et transmis universellement pendant les siècles des siècles. L'habitude n'a-t-elle pas été définie avec raison «une seconde nature » ? Et nous ne devons nous inquiéter que de celle-ci, dans l'impossibilité où nous sommes de connaître l'autre, la première, c'est-à-dire la constitution originelle de la femme primitive.

Or, la sensibilité affective explique toutes les manifestations du caractère féminin. C'est donc qu'elle les domine et les engendre.

D'abord, les femmes sont sentimentales ; elles ont du goût pour les émotions et les effusions. Le coeur a une large part dans leurs décisions. Le sentiment exerce plus d'empire sur leurs jugements que sur les nôtres. Plus que les hommes, elles se décident par des raisons que la raison ne connaît pas. Ainsi de tous les genres littéraires, le roman est leur lecture préférée, parce qu'elles y trouvent un aliment à leur tendresse et à leur imagination. A celles qui aiment, un livre romanesque rend l'amour plus présent et plus vivant ; à celles qui voudraient aimer, il donne de l'amour l'illusion touchante et le doux émoi. Les choses du coeur sont leur domaine de prédilection ; c'est ce qui fait que les femmes sont aimantes. Elles aiment l'amour par-dessus toutes choses. Voyez l'enchaînement : la sensibilité est inséparable du sentiment, et le sentiment est inséparable des affections tendres. Aimer, voilà bien la grande affaire des femmes, le besoin le plus impérieux de leur âme et, en même temps, le principe de leurs grandeurs, l'amour étant la source où elles puisent toutes les forces du dévouement.

Non que le sexe fort soit aussi dépourvu de sensibilité affective qu'on se plaît à le répéter. Lacordaire écrivait un jour à une amie : « Vous me dites que les hommes vivent d'idées et les femmes de sentiments. Je n'admets pas cette distinction. Les hommes vivent aussi de sentiments, mais de sentiments quelquefois plus hauts que les vôtres ; et c'est ce que vous appelez des idées, parce que ces idées embrassent un ordre plus universel que celui auquel vous vous attachez le plus souvent. Chère amie, on ne fait rien sans l'amour ici-bas ; et soyez persuadée que, si nous n'avions que des idées, nous serions les plus impuissants du monde. »[58] Mais, en général, bien qu'ils ne soient pas insensibles, les hommes n'en sont pas moins personnels et dominateurs. « Leur moi, a dit Mme Necker de Saussure, est plus fort que le nôtre. » La sensibilité des femmes s'épanche tout naturellement en amour. Aimer est le propre de leur coeur. C'est ce qui a fait dire souvent que, si l'amour est pour l'homme la joie de la vie, il est, pour la femme, la vie même. Et la femme y met plus de constance, plus de fidélité. Au lieu que l'homme épuise assez vite le charme d'un attachement, l'affection des femmes croît avec le malheur de celui qu'elles aiment, avec les sacrifices qu'elles lui font et le dévouement qu'elles lui prodiguent.

S'agit-il là d'une simple attraction de tempérament ? d'une vulgaire impulsion des sens ? Rarement, j'imagine. En général, la femme est moins accessible aux séductions de la beauté physique qu'aux attraits de la distinction morale et de l'élévation intellectuelle. Je parle, cela va sans dire, de la femme bien née. Si, au contraire, nous la supposons d'esprit léger et de coeur médiocre, il est à croire qu'elle marquera peu d'inclination pour les hommes supérieurs. Ses préférences iront à un brave garçon, ni trop intelligent, ni trop bête, pensant et parlant comme tout le monde, soignant sa mise, mettant bien sa cravate et portant élégamment la moustache et l'habit. Aidé d'un bon tailleur, ce monsieur quelconque sera considéré par certaines petites dames comme un pur chef-d'oeuvre ; et pour peu qu'il soit, en plus, docile et complaisant, oh ! alors, il deviendra l'idéal du bon mari. Point de doute que ce genre de femmes n'ait, pour le talent, le respect que Xantippe professait pour Socrate. Cette sorte d'infortune conjugale n'est pas rare. Que d'hommes de valeur ont souffert dans leur ménage ! Mais on me dira peut-

---

[58] Cité par M. le comte d'Haussonville dans son livre sur Lacordaire, p. 168.

être qu'ils étaient insupportables et que l'instruction des femmes changera ce discord en unisson.

Il n'en est pas moins vrai que, dans la très grande majorité des cas, le sentiment qu'une femme ressent pour un homme, quel qu'il soit, est beaucoup plus pur, beaucoup moins hardi, beaucoup moins charnel que le nôtre ; qu'elle l'entoure volontiers de mystère et le voile de pudeur, et qu'en imprégnant son amour d'une sorte de respect physique pour elle-même, elle incline l'homme qui la recherche à joindre l'estime à l'amour.

II

La sensibilité et la tendresse sont si véritablement fondamentales en la femme que tout ce qui fait sa force et sa faiblesse sort de là : ses vertus et ses fautes, ses élans de compassion et son appétit de sacrifice, ses emportements et ses violences sont des suites de son émotivité ardente. Elle représente le coeur avec ses qualités et ses défauts, tandis que l'homme personnifie plutôt la pensée froide et le raisonnement grave. C'est une passionnée qui ne fait rien à demi. Témoin la vivacité de ses affections, l'impétuosité de ses désirs, ses enthousiasmes et ses colères, l'ardeur qu'elle met dans la haine et dans l'amour, dans la vengeance et dans la fidélité, tout ce qui l'abaisse, tout ce qui l'élève. La mesure n'est pas son fait. Chez elle, toute chose prend vite un tour passionnel et démesuré. Comme l'a écrit Octave Feuillet, « elle rêve quelque chose de mieux que le bien et de pire que le mal. » Elle s'enflamme subitement. Ses passions sont explosives, parce qu'elle les chérit, les nourrit, parce qu'elle les « couve », pour rappeler le mot de Diderot.

C'est pourquoi les femmes sont si rarement capables de justice tranquille et impartiale. Exaltées, absolues, « elles sont toutes pleines d'affections et d'aversions sans fondement (c'est Fénelon qui parle), elles n'aperçoivent aucun défaut dans ce qu'elles estiment, ni aucune bonne qualité dans ce qu'elles méprisent. » Et le doux prélat de conclure : « Les femmes sont extrêmes en tout. » Eh oui ! extrêmes dans le mal comme dans le bien, suivant l'adage : *Optimi corruptio pessima.* Elles poussent toute chose à outrance, la religion et l'irreligion, la chasteté et le libertinage, le renoncement et la vengeance, la compassion et la cruauté, l'amour et la haine surtout. Elles aiment et haïssent avec la même vigueur, avec le même bonheur. Les sentiments excessifs les attirent, les emportent et les roulent comme en un tourbillon. Les plus douces y penchent ; les violentes s'y ruent. Ce sont, je le répète, des passionnées ; et la passion ne se plaît guère aux coteaux modérés où habitent la prudente réflexion et la tranquille sagesse. C'est pourquoi il est à craindre que plus d'une ne se précipite, tête baissée, dans le féminisme « intégral » et, poussant son chemin jusqu'au bout, s'y enfonce, d'un trait, jusqu'en pleine extravagance, jusqu'en pleine immoralité.

Échauffée par la tendresse et par la passion, la sensibilité des femmes s'exalte ou s'exaspère, et se traduit conséquemment en bien ou en mal. Poursuivant notre analyse psychologique, il nous sera facile de prouver que toutes les qualités et tous les défauts de la femme viennent du coeur et des nerfs. Se dévouer est sa première nature, comme aimer est son premier mouvement. Généralement, sa volonté est plus désintéressée que la nôtre. A chaque instant, la maternité, qui sommeille au fond de ses entrailles, se réveille et se répand en sacrifices spontanés qui feront toujours d'elle la meilleure éducatrice. Il faut savoir s'oublier comme elle pour s'adonner utilement à la première formation intellectuelle et morale de l'enfance. Si bon professeur que nous la supposions, son coeur l'emportera toujours sur son esprit. Ne lui parlez pas de principes absolus, ni de raison pure : elle ne comprendra qu'à moitié. L'abstraction idéale la touche peu. Par contre, invoquez devant elle la pitié, l'amour, le pardon ; faites appel à la sainte bonté ; et de tout l'instinct maternel qui gonfle son âme, elle vous répondra en répandant sans compter les trésors de générosité dont son coeur est plein. Pour elle, toute justice sociale se ramène à un élan de sensibilité affectueuse, au don de soi-même. Tandis que l'homme cherche le règne du droit, la femme ne conçoit et ne poursuit que le règne de la grâce et de la charité. Pour conclure d'un mot, si l'homme vaut plus, la femme vaut mieux.

C'est pourquoi celles d'entre les femmes qui se laissent mordre au coeur par le démon révolutionnaire, sont portées vers le prolétariat militant moins par les formules et les systèmes d'école, que par un élan de vague commisération et d'inconsciente protestation contre la misère. Chez ces terribles femmes, l'esprit de révolte est un succédané de l'amour aveugle qu'elles portent aux petits, aux humbles, aux deshérités, aux victimes obscures de la vie et du monde. Lorsqu'elles se décident à la violence, c'est par un sursaut de pitié, par un emportement, par une explosion de toute leur sensibilité. Et nos discordes civiles nous ont appris les excès de fureur et de destruction dont elles sont capables. Mais, en général, la femme est plutôt pacifique, modérée, conservatrice. Au fond, la violence et le désordre lui répugnent. On a remarqué cent fois que ses goûts réguliers, son entente des affaires, son esprit d'exactitude et d'économie, la rendent éminemment propre à la gestion d'un patrimoine et à l'administration du foyer. A l'inverse de l'homme qui est travaillé par un incessant besoin d'acquérir, par une ambition inquiète d'arriver, de monter, de grandir, la femme se plaît à défendre et à garder la richesse amassée. Plus faible, plus fragile, plus sujette aux incapacités de travail, ayant la surveillance des enfants, le gouvernement du ménage, le soin de la table et le souci des approvisionnements, elle doit être plus accessible que l'homme à la peur de manquer, et elle fait bonne garde autour de l'actif familial.

C'est pourquoi, encore, elle est naturellement religieuse. « Élevez-nous des croyantes et non des raisonneuses, écrivait Napoléon à propos de l'établissement d'Écouen : la religion est, quoi qu'on en puisse dire, le plus sûr garant pour les mères et pour les maris. » Rien de plus facile, la femme inclinant d'elle-même aux choses de la foi. La critique, qui est un acte de méfiance et de destruction, l'offense et la trouble. Elle a besoin de paix, d'ordre, de confiance, de sécurité ; et la religion, qu'elle se fait un peu à son image et qu'elle accommode doucement à ses goûts et à ses préférences, est toute de mansuétude et de miséricorde. Ses croyances, plus émues que raisonnées, se transforment aisément en dévotion sentimentale. Le coeur y a plus de part que l'esprit. Son Dieu est amour.

C'est pourquoi, enfin, la femme, étant plus tendre, plus retenue, plus pacifique et plus religieuse, est moins criminelle que l'homme. La maternité, d'ailleurs, est une école de douceur, de patience et de résignation, qui, en vouant la femme à la vie enfermée du foyer, la soustrait aux émotions, aux tentations, aux déviations de l'activité extérieure qui est la loi de l'homme.

Il est vrai que M. Lombroso tire prétexte de cette moindre criminalité pour rabaisser la femme. Comme le génie et la guerre, le crime est masculin. Les violences les plus désordonnées et les plus sanglantes honorent, paraît-il, infiniment notre sexe. A ce compte, il faudrait rendre grâce aux assassins du prestige dont ils entourent, à coups de revolver et à coups de couteau, notre très chère masculinité. Est-ce donc à cause du sang qu'il verse que l'homme a été proclamé le « roi de la nature » ? On raconte qu'en fait de cruauté savante, le tigre nous surpasse : M. Lombroso s'en trouve-t-il humilié ?

Pour revenir aux femmes, et bien que nous venions de leur faire honneur de mille et mille qualités, nous n'ignorons point qu'il en est d'insupportables. Les bonnes ne peuvent faire oublier les mauvaises et les pires. Il y a, d'abord, les nerveuses et les exaltées. D'ordinaire, leur faculté de pleurer est admirable. Certaines versent des larmes à volonté. D'autres sont rancunières et vindicatives. Beaucoup ont un fond de cruauté inconsciente qui éclate brusquement, soit pour défendre ceux qu'elles aiment, soit pour nuire à ceux qu'elles haïssent. Cette malignité féline,--comme l'impressionnabilité, d'ailleurs,--est un signe et un effet de leur faiblesse et de leur nervosité.

La femme, au surplus, n'est pas exempte d'égoïsme. L'amour de soi n'est-il pas notre fond naturel ? Cette tendance inférieure est commune aux deux sexes. Ainsi le veut la loi universelle de la vie. Ne soyons pas surpris que Mme Guizot ait pu écrire que « les femmes ne s'intéressent aux choses que par rapport à elles-mêmes. » Mais l'égoïsme féminin procède surtout de la vanité. « Les filles, dit Fénelon, naissent avec un violent désir de plaire. » Tandis que l'orgueil est le vice dès forts, le péché des hommes, la vanité est le penchant des faibles, le péché des femmes. Si bien que Mme Necker de Saussure a pu en conclure que, chez les jeunes filles, « le désir de plaire l'emporte souvent sur la faculté d'aimer. » D'un mot, la femme est coquette.

Et qui oserait lui en faire un crime ? Ayant pour destinée d'être aimée, plaire est un besoin de sa nature ; ayant pour fonction d'adoucir et d'embellir la vie, plaire est une nécessité de sa condition ; ayant pour partage de tempérer, de civiliser la brutalité masculine, plaire est son arme de combat, son instrument de règne, plaire est la condition même de sa souveraineté, plaire est le principe de toute sa force. Frapper et fixer les regards des hommes, attirer et retenir leurs hommages, émouvoir et enchaîner leur coeur, et, pour cela, cultiver, soigner, orner sa beauté, telle est l'ardente et incessante préoccupation du sexe féminin. C'est une vérité de fait, un lieu commun que les moralistes ont maintes fois mis à profit. Citons seulement ces deux pensées de La Rochefoucault : « La coquetterie est le fond de l'humeur des femmes. »-- » Les femmes peuvent moins surmonter leur coquetterie que leur passion. » Ainsi, l'égoïsme féminin est fait surtout de vanité, et cette vanité se tourne naturellement en coquetterie, et cette coquetterie a pour but avoué ou inconscient de préparer les voies à l'amour ; et nous voilà ramenés, par un détour, à cette sensibilité émotive qui est le commencement et la fin de la nature et de la vocation des femmes.

Seulement, il est permis de trouver que les femmes d'aujourd'hui sacrifient un peu trop au démon de la toilette. Dans toutes les conditions, le luxe fait rage. Petites et grandes dames veulent être mises à la dernière mode. Poussée à l'excès, la coquetterie démoralise la femme. De là, surtout dans les milieux mondains, ces natures sèches, froides, égoïstes, avides de plaisir et de jouissance. A toute époque, du reste, les femmes déplaisantes, acariâtres, hargneuses, n'ont pas été d'une extrême rareté. Malgré les influences attendrissantes de la maternité, il y a même, hélas ! de méchantes mères. Les tribunaux ont trop souvent à s'occuper d'horribles mégères qui, non contentes de persécuter leur mari, martyrisent leurs enfants. Quand les nerfs l'emportent sur le coeur, il est fréquent que les femmes surpassent les hommes en férocité. Mais, dans une étude qui n'a en vue que le fort et le faible de la généralité des femmes, il convient de négliger les monstres.

III

Les effets composés de la sensibilité et de la tendresse, de la sympathie et de la vanité, semblent vouer la femme à l'agitation du coeur, au tourbillon des petits sentiments comme au tumulte des grandes passions, en l'excluant à peu près de la sphère sereine des calmes décisions et des hautes spéculations rationnelles. Nous allons voir, en effet, qu'au point de vue moral et intellectuel, la volonté et l'esprit des femmes sont tributaires de leur tempérament impressionnable et aimant.

Au sens propre du mot, la volonté est la subordination des impressions naturelles et des impulsions instinctives à une règle que l'on s'impose à soi-même. Elle est le contraire du caprice. Elle suppose la possession de soi, le contrôle de nos mobiles, le gouvernement de nos actes. C'est par l'empire exercé sur nous-mêmes, que la volonté nous élève à la dignité de personnes autonomes.

Si cette définition est exacte, la volonté de la femme est certainement plus faible que la nôtre. D'abord, elle est plus incertaine, plus agitée, plus changeante. Elle ne se fixe pas : elle hésite, elle tâtonne, elle flotte. Elle va et vient ; elle sautille « comme les mouches » : ainsi parle Kant. Et si la femme manque de décision, ce n'est pas qu'elle manque de mobiles : elle en a trop ! C'est une impulsive. Entre les impressions contraires qui l'assiègent, elle ne sait pas, elle ne peut pas choisir. La mobilité est son défaut dominant. Combien de femmes sont plus capables de caprices que de résolutions ? Combien de femmes ont plus de velléités que de vouloir ?

Même inconstance dans l'exécution. Jean-Paul Richter a dit : « L'homme est poussé par la passion, la femme par les passions ; celui-là par un grand courant, celle-ci par des vents changeants. » Sa conduite est pleine de surprises, de retours, de contradictions. La suite dans les desseins, la fermeté, la patience dans l'action, lui font généralement défaut. Elle ébauche tout ; elle n'achève rien. Elle se disperse entre mille travaux entrepris avec joie et abandonnés avec dégoût. Elle est d'humeur versatile. Elle ne sait pas attendre ; elle se lasse vite. Son âme est en proie à une sorte d'équilibre instable.

Et lorsqu'elle se décide, il arrive souvent que sa résolution tourne en obstination. L'entêtement des femmes est passé en proverbe : « Vouloir corriger une femme, c'est vouloir blanchir une brique. » Toute nature molle et douce qui s'exaspère, devient finalement intraitable. L'opiniâtreté aveugle est soeur de la faiblesse et de l'impressionnabilité. Il faut une grande maîtrise de soi pour convenir de ses torts et sacrifier l'amour-propre à la raison.

Il suit de là que la femme est tantôt le jouet d'impulsions diverses qui l'agitent tumultueusement, tantôt la victime d'une impulsion véhémente qui la domine impérieusement. Ou l'indécision du caprice, ou le vertige de l'obstination. Un grand notaire de Paris me disait : « J'aime mieux traiter une affaire avec dix clients qu'avec deux clientes : on ne peut rien conclure avec les femmes. » Elles ne veulent pas assez, ou elles veulent trop. Et ces défauts contraires procèdent du même fond : l'extrême sensibilité. Ce qui le prouve bien, c'est que, chez les névrosées, cette inconstance fantasque et cet entêtement aveugle prennent tour à tour une telle acuité, que les psychologues ont pu les appeler « les maladies de la volonté ».

Moins d'initiative dans les desseins, moins de rectitude dans les décisions, moins de fermeté dans l'action, moins de sang-froid et plus de nerfs, telles sont les manifestations caractéristiques du vouloir féminin, comparé au vouloir masculin,--sauf exception. Car, en ce domaine, nous savons beaucoup d'hommes qui sont femmes. Seulement, dégageant ici les tendances générales du sexe, nous sommes forcé de constater, avec les moralistes et les psychologues, que la volonté féminine est plus chancelante dans les cas ordinaires, mais aussi (et ces admirables qualités rétablissent l'équilibre) plus tendre, plus dévouée, plus agissante dans les circonstances graves de la vie. En effet, le sentiment affectif corrigeant l'impressionnabilité nerveuse, la femme sait lutter mieux que nous contre les épreuves de la mauvaise fortune.

Facile à troubler dans les petites choses, elle redevient maîtresse d'elle-même dans les grandes. Bouleversée par une contrariété insignifiante, elle tient tête courageusement au malheur. Jetée hors d'elle-même par l'apparition d'une souris ou le contact d'une araignée, elle retrouve toute sa vaillance devant le péril qui menace les siens. Un coup d'épingle l'émeut jusqu'aux larmes, et les coups irréparables du sort lui font rarement perdre la tête. Une misère de rien l'ébranle, l'abat ou l'affole ; une maladie, un deuil, une catastrophe réveille toutes les énergies de son âme. Soutenue par un grand sentiment, elle refoule victorieusement sa timidité et ses appréhensions. En deux mots, toutes ses faiblesses viennent des nerfs ; toute sa grandeur, toute sa force vient du coeur. Décidément, la sensibilité affective forme bien la nature foncière de la femme.

CHAPITRE V

L'INTELLECTUALITÉ FÉMININE

I.--Caractères prédominants de l'intelligence féminine : intuition, imagination, assimilation, imitation. II.--Ce qui manque le plus aux femmes : un raisonnement ferme, les idées générales, le don d'abstraire et de synthétiser. III.--D'un sexe a l'autre, il y a moins inégalité que diversité mentale.--Par ou l'intelligence féminine est reine : les graces de l'esprit et le sens du réel.

Impressionnable, sensible, aimante, dévouée, telle est la femme. Ambitieux, volontaire, actif, entreprenant, voilà l'homme. Ces disparités physiques et morales vont nous donner la clef des dissemblances intellectuelles qui séparent les deux sexes.

I

Si la femme est aussi intelligente que l'homme, elle ne l'est pas sûrement de même façon. Du moment que la sensibilité affective fait le fond de sa nature, il n'est pas possible qu'elle pense comme nous, qu'elle raisonne comme nous, qu'elle étudie et qu'elle apprenne comme nous. Et de fait, les caractères dominants de l'intelligence féminine sont, à un degré plus ou moins éminent, l'intuition, l'imagination, l'assimilation et l'imitation.

Et d'abord, toutes les femmes sont des intuitives. Ce que nous acquérons par l'étude, par la réflexion, par l'application, elles y parviennent généralement par une sorte de divination qui va droit à l'objet de la connaissance, d'un bond, d'un trait, sans effort, sans méthode, avec une sagacité, une promptitude, une sûreté admirables. Elles devinent autant qu'elles apprennent. Leur esprit est primesautier. Elles ont des « lumières naturelles » ; c'est-à-dire une clairvoyance instinctive, une compréhension vive et spontanée des choses de l'âme, qui manquent à la plupart des hommes. Et cette souplesse, cette agilité, cette vision aiguë et directe leur vient, sans aucun doute, de leur impressionnabilité nerveuse et de leur émotivité affective. Tous les écrivains qui connaissent le mieux la femme, en conviennent. « C'est dans le coeur, a dit Lamartine, que Dieu a placé le génie des femmes. » Et complétant cette pensée, M. Paul Bourget a écrit ce mot profondément vrai : « Le sentiment peut tout faire entrer dans l'esprit d'une femme. » L'intuition ! voilà donc la qualité maîtresse de l'intellectualité féminine.

Et l'intuition est soeur de l'imagination. C'est une des dispositions les plus générales et les plus séduisantes de la femme de rêver la vie. Don charmant et dangereux qui colore toutes choses d'un reflet de poésie et incline l'âme aux illusions vagabondes ! On ne saura jamais ce qu'une tête féminine abrite de chimères. Êtres de sensibilité vive et de tendresse passionnée, il serait inconcevable que les femmes ne fussent pas romanesques. Leur imagination est d'autant plus éveillée que leur culture générale est moins fermement rationnelle. Mme de Lambert l'a remarqué : « Comme on n'occupe les femmes à rien de solide, cette faculté de leur esprit est souvent la seule qui travaille. » Où l'imagination règne, la raison est servante.

Les sentimentales surtout (elles sont légion) se laissent éblouir facilement par le vague rayonnement des feux follets qui peuplent leurs rêveries. Et pour peu que les nerfs s'en mêlent et que la santé fléchisse, l'imagination devient la folle maîtresse du logis, une « maîtresse d'erreur et de fausseté ; »[59] au lieu que, ramenée prudemment à la raison, elle dérobe seulement à nos regards les vulgarités de la vie, en jetant sur le réel la poudre d'or de ses rêves. Et cette charmante illusion est aux âmes féminines un réconfort et une consolation,--quand elle ne fait pas leur faiblesse. L'imagination est mère des grâces de l'esprit et des excentricités aventureuses. Elle a besoin d'être surveillée, car elle penche naturellement vers l'extravagance. Et lorsque la passion l'échauffe et l'exalte, elle se plaît aux sentiers escarpés qui avoisinent les abîmes. En tout cas, c'est par le chemin de l'imagination et de la sensibilité, c'est-à-dire par les nerfs et par le coeur (nous le disons sans malice) que « l'esprit vient aux filles ».

A cela, point de mystère. Eu égard à sa sensibilité plus vibrante et plus éveillée, on conçoit que, plus précoce que l'homme par le corps, la femme le soit aussi par l'intelligence. De fait, les filles se développent plus vite et se forment plus tôt que les garçons. Il est banal de parler des étonnantes facilités d'assimilation des femmes. Elles ont de la mémoire, beaucoup de mémoire. Elles comprennent et elles retiennent avec une égale aisance. Leur faculté d'intuition se tourne, se complète et s'achève en accumulation. Elles ont sur nous cette évidente supériorité de pouvoir entasser, sans trop d'efforts, une quantité prodigieuse de détails. En vertu de leur tendance naturelle de réceptivité, elles sont douées très généralement d'une vivacité, d'une fidélité de souvenir telle, que leur cerveau nous figure une sorte de grenier d'abondance où tout se superpose et se conserve étonnamment. Il n'est pas rare qu'il devienne un vivant dictionnaire, un magasin général plein de

[59] Henri Marion, *Psychologie de la femme*, p. 205.

faits, de noms, de dates, de notions éparses, de broutilles amoncelées. Voyez les aspirantes au brevet supérieur : elles en savent beaucoup plus que les garçons du même âge. Elles savent presque tout, à vrai dire, mais par les petits côtés, à fleur de terre, par la superficie des choses, sans rien creuser ni approfondir.

Tous les jurys d'examens sont d'accord pour reconnaître la primauté de la femme dans les épreuves où la mémoire joue le principal rôle. Le naturaliste Charles Vogt nous a fait, à ce sujet, une confidence intéressante : « Les étudiantes savent mieux que les étudiants. Seulement, dès que l'examinateur fait appel au raisonnement individuel, on ne lui répond plus. Cherche-t-il, au contraire, à rendre plus clair le sens de sa question, laisse-t-il échapper un mot qui se rattache à une partie du manuscrit de l'étudiante : crac ! çà repart comme si l'on avait pressé le bouton d'un phonographe. Si les examens consistaient uniquement en réponses écrites ou verbales sur des sujets traités au cours, les étudiantes obtiendraient toujours de brillants succès ! »[60] De même, tous les professeurs sont unanimes à vanter l'empressement et l'application des jeunes filles qui suivent leurs cours. Elles entassent notes sur notes avec une ardeur fiévreuse ; elles les dévorent et les absorbent en conscience. Ce sont des modèles d'exactitude, d'attention, d'avidité. En un mot, leur capacité de réception et d'emmagasinement est surprenante.

Aussi l'imitation est le triomphe des femmes. Est-ce tout profit pour elles ? Pas précisément, l'imitation ayant du bon et du mauvais. D'une part, l'imitation est un instinct précieux pour l'enfance ; car elle suppose une souplesse, une docilité, une plasticité, dont la première éducation peut tirer un parti merveilleux. Or, comme disait une femme

[60] A. Rebière, *Les Femmes dans la science*. Opinions diverses, p. 296-297.

194

d'expérience, « les filles singent mieux que les garçons. » De là, cette aptitude féminine à se modeler, à se régler sur autrui, à se prêter, à se plier aux milieux et aux circonstances ; de là, cette promptitude à tout saisir, cette aisance à tout apprendre, à tout assimiler, à tout reproduire en perfection. On a observé que, lorsqu'une pièce de théâtre comporte un rôle de petit garçon, il n'est qu'une petite fille pour le bien jouer. Bref, le sexe féminin possède un remarquable talent de traduction, d'adaptation, d'interprétation. Dans le domaine de l'imitation, elle est inimitable.

Par malheur, l'imitation ne va point, d'autre part, sans l'acceptation plus ou moins aveugle des usages et des préjugés, sans l'asservissement de l'esprit à l'opinion et à la mode, sans l'absence d'invention, d'originalité, de profondeur. L'imitation est inséparable de la routine. Elle a l'exactitude et aussi la pâleur d'une copie. Elle est coutumière, inerte, froide. L'accent personnel lui manque. On n'y sent point courir la chaleur de la vie et la fièvre de la création. Mais combien d'hommes sont aussi pauvres de ressort et d'individualité ? « Il y a dans ce monde si peu de voix et tant d'échos ! » comme dit Goethe. Et c'est heureux, et c'est fatal ; car l'imitation est une loi et une nécessité sociale. Avec une exquise modestie, Mme de Sévigné se comparait elle-même à une « bête de compagnie ». Au vrai, l'humanité est moutonnière. Il semble pourtant que ce penchant soit plus inné chez les femmes que chez les hommes, parce qu'en elles la personnalité est moins forte, moins active, l'originalité plus languissante, plus effacée. D'un mot, les femmes sont moins créatrices que nous. Bonnes à tout, elles ne sont supérieures en rien,--même en cuisine. Mais oui ! c'est comme j'ai l'honneur de vous le dire : si le sexe féminin fournit aujourd'hui de bonnes cuisinières, les maîtres de l'art sont des cuisiniers. Chose plus curieuse : les dames n'ont même pas le monopole des modes et des confections ; nos élégantes préfèrent les couturiers aux couturières. Aux bonnes « faiseuses », nous pouvons opposer les grands « faiseurs ».

L'absence d'individualisme créateur explique donc les facilités d'imitation qui distinguent le sexe féminin. Moins apte à inventer, il lui faut bien s'assimiler les découvertes des hommes, sans même que ses talents d'interprétation soient très enclins à la nouveauté. Ayant peu de goût pour la création, tout ce qui est neuf et hardi la déconcerte et l'effraye. De là son « misonéisme » conservateur et timoré. Que de femmes s'attachent passionnément aux vieilles choses ! Combien sont esclaves des usages reçus ! Elles ne sont guère accessibles qu'aux changements de la mode, dont les variations renouvellent et soutiennent leur beauté. Et encore, M. Lombroso observe que la plupart des nouveautés du luxe féminin ne sont que « des exhumations d'anciens costumes. »[61]

II

Et pourtant les femmes sont curieuses ; et la curiosité est le ressort de l'intelligence. Seulement, la curiosité féminine est de qualité un peu inférieure ; elle s'applique aux menus détails de la vie ; elle est courte et inutile ; elle s'arrête à l'écorce des choses. Ce n'est pas cette curiosité large et ardente « qui fait les chercheurs et les savants, » comme dit Henri Marion, cet appétit insatiable de savoir, ce besoin de mieux connaître la vérité, de mieux déchiffrer l'énigme du monde, cette passion désintéressée de pénétrer, les uns après les autres, les secrets de la nature et du passé. Sans doute, les femmes sont, comme les hommes, des êtres de raison. Celle-ci, étant le régulateur de la pensée, appartient également aux deux sexes ; mais elle est distribuée à chacun de différente

---

[61] *La Femme criminelle*, chap. IX, p. 171.

façon. Et après avoir énuméré les caractères prédominants de l'intellectualité féminine, il nous paraît logique d'indiquer les traits saillants de l'intelligence masculine ; et du même coup, nous aurons marqué les points faibles auxquels l'éducation des jeunes filles devra s'appliquer avec un soin particulier, pour les parfaire ou les corriger.

Or, il est trois choses qui font la grandeur de l'esprit humain : raisonner, abstraire, généraliser,--trois choses auxquelles l'intelligence des femmes a, pour l'instant, quelque peine à se hausser. Et cela même nous explique pourquoi les hommes ont, plus que les femmes, le don de la découverte et le génie de l'invention.

Le raisonnement féminin manque souvent de calme et de suite. Les femmes montrent peu de goût pour les longues et rigoureuses déductions. Au lieu que leur pensée s'avance méthodiquement du point de départ au point d'arrivée, en s'appuyant avec précaution sur la chaîne fortement tendue des idées intermédiaires, elle se jette souvent à droite ou à gauche du chemin, sous le heurt d'une impression soudaine, au risque de donner tête baissée dans le sophisme ou l'inconséquence. Ce n'est pas à des nerveuses et à des sentimentales qu'il faut demander la mesure, la patience, la lenteur calculée, la circonspection scrupuleuse, qui font les vigoureuses démonstrations et les solides jugements. Si vive est leur compréhension, qu'» elles sautent à pieds joints, comme dit encore Henri Marion, par-dessus les longues chaînes des raisons froides. »[62]

Nonobstant cette précipitation, il arrive souvent qu'elles tombent juste, par un pur effet de divination. Mais la logique n'est point leur affaire. Même chez les plus cultivées, la perception intuitive l'emporte sur la raison raisonnante.

---

[62] *Psychologie de la femme*, p. 213.

Elles parlent bien ; elles s'expliquent avec finesse, avec abondance. Seulement, leur controverse est moins pleine, moins serrée que celle des hommes. Elles ont rarement la sobriété du verbe masculin, la concision riche et forte de la pensée virile. Fénelon remarque malicieusement que « la plupart des femmes disent peu en beaucoup de paroles. » Ce n'est pas un compliment, mais c'est un fait. De là vient que les mieux douées réussissent assez mal dans le haut enseignement.

Il reste que, dans n'importe quelle discussion, le sexe féminin obéit, d'ordinaire, beaucoup plus à la vivacité d'un sentiment immédiat qu'à la tranquille lenteur d'un raisonnement. Faites l'expérience : rien n'est plus difficile que d'instituer avec une femme une controverse suivie sur un sujet donné. Rares sont celles qui savent raisonner. Vite leur esprit se dérobe ou s'égare, comme si la continuité d'un même thème et le lien ininterrompu d'une argumentation serrée leur étaient à charge. Et en fin de compte, neuf fois sur dix, elles trancheront le débat par une de ces raisons du coeur que la raison ne connaît point. En deux mots, que j'emprunte à Fontenelle, « elles convainquent moins, mais elles persuadent mieux. »

D'autre part, leur curiosité est moins portée vers les abstractions que vers les faits. C'est dire que la femme s'élève difficilement, dans le domaine de la pensée, aux conceptions vastes et superbes. Prompte à saisir ce qui est actuel et concret, elle se représente mal ce qui est spéculatif et impersonnel. Il semble que ses idées soient des états de conscience peu brillants et rarement nets, des lumières pâles et vagues qui n'éveillent qu'une sensation confuse : ce qui a fait dire que l'esprit féminin est moins clair et moins profond que celui des hommes. Quand une femme ouvre un journal, avez-vous remarqué que ses yeux vont droit aux faits divers ? L'article de fond l'ennuie. Être de premier mouvement, imaginative et passionnée, elle cherche avidement un aliment, une pâture à sa sensibilité. C'est pourquoi elle préfère le concret à l'abstrait, c'est-à-dire ce qui frappe les sens, ce qui émeut le sentiment, à la vérité toute nue, à la pensée toute pure. Il lui répugne de séparer, d'extraire l'idée du réel. Elle ne reçoit des phénomènes de la nature ou de la vie que des impressions particulières, des sensations successives, qu'elle a mille peines à mettre en formules. Elle ne peut s'oublier elle-même pour regarder la vérité face à face. Ce qu'elle a vu, entendu, éprouvé, souffert ou aimé, enveloppe toutes ses conceptions d'un voile matériel. Elle donne un corps à toutes ses pensées. M. le professeur Ribot, voulant vérifier comment les femmes conçoivent les idées abstraites de cause et de nombre, a reconnu, d'après les réponses faites à son questionnaire, que ces concepts sont toujours associés, dans l'esprit féminin, à des objets particuliers, à des expériences personnelles, à des exemples concrets. Bref, leurs pensées sont inséparables du tangible, du réel.

Est-ce légèreté ou paresse d'esprit ? Le ressort de leur entendement est-il trop faible ? Pas précisément. C'est plutôt une affaire de nerfs et de coeur, la sensibilité affective expliquant toute la femme. Chez celle-ci, en effet, les idées se tournent naturellement en sentiments. Lorsqu'elle s'élève à la possession de la vérité, c'est par la force de l'amour plus souvent que par la force du raisonnement. Mme de Lambert nous l'accorde en ces termes : « L'action de l'esprit qui consiste à considérer un objet est bien moins parfaite dans les femmes, parce que le sentiment, qui les domine, les distrait et les entraîne. »

Aussi bien les femmes oublient trop fréquemment qu'une tête encyclopédique n'est pas nécessairement une tête scientifique. Faire oeuvre de savant, c'est mettre de la lumière et de l'ordre dans le chaos des observations et des expériences et, pour cela, ramener tous les détails éparpillés à des idées générales, remonter des effets aux causes et s'élever finalement du fait à la loi. En cela, il paraît bien que la femme ait manifesté de tout temps une certaine inaptitude intellectuelle. Autant le travail analytique lui va, autant l'effort synthétique lui pèse. Elle a toujours montré peu de goût pour les vues d'ensemble. Elle voit les choses par leurs petits côtés. Les grands horizons, les larges aspects lui échappent. Elle a peine à dominer un sujet à coordonner une matière.

Voici un jeu de patience ; en le décomposant pièce par pièce, nous faisons de l'analyse,--et c'est une distraction même pour un enfant ; en le recomposant morceau par morceau, nous faisons de la synthèse,--et ce travail de reconstruction méthodique ne va pas sans effort ni embarras. Or, les femmes sont moins douées que les hommes pour les recherches patientes et laborieuses. « L'attention prolongée les fatigue, » confesse Mme de Rémusat. Il leur coûte de s'appesantir longuement sur un même point. Elles aperçoivent vivement la superficie des choses prochaines, mais elles en percent, creusent, fouillent le fond malaisément. Au lieu de faire le tour d'une question, elles la saisissent d'un coup d'oeil. Si elles ont la clairvoyance rapide d'un instantané, elles manquent de pénétration et de profondeur. Et c'est pourquoi elles voient mieux les détails que les ensembles ; et les maisons leur font oublier la ville ; et les arbres les empêchent de s'élever à la contemplation de la forêt.

Moins que l'enfant, sans doute, mais plus que l'homme, la femme est incapable de concevoir avec ampleur et de manier avec force les idées générales. La perception des faits et l'analyse des détails conviennent mieux à son esprit que la haute compréhension des ensembles et les vigoureux efforts de la synthèse. Ce qui lui manque, au fond, c'est l'attention forte, persévérante, scrupuleuse, obstinée, qui élève la raison à sa plus haute puissance, à ce degré éminent où Buffon l'égalait au génie et où Newton lui attribuait ses merveilleuses découvertes. Être d'intuition vive et de premier mouvement, la femme se plaît surtout aux idées qu'on saisit vite. Alphonse de Gandolle nous déclare avoir plus d'une fois remarqué chez les femmes les plus instruites, « avec une faible indépendance d'opinion, l'horreur du doute par lequel toute recherche dans les sciences d'observation doit commencer et souvent finir. »[63]

A ce compte, les femmes n'auraient pas même l'esprit scientifique, qui consiste à suspendre son jugement jusqu'à ce que la preuve soit faite, à chercher la vérité avec une impartialité absolue, sans se laisser émouvoir ou distraire par les conséquences possibles. Pour la plupart d'entre elles, la paix et la sécurité de la foi sont un besoin. Prises en général, elles aiment la philosophie et cette partie la plus élevée et la plus mystique de la philosophie qui s'appelle la théologie ; mais Jules Simon émet cette restriction qu' » elles réussissent à la comprendre plutôt qu'à la juger.» Souvent elles s'élèvent par l'étude jusqu'à la raison qui conçoit, rarement jusqu'à la raison qui discute. Elles sont surtout d'admirables propagatrices. La marquise du Châtelet a répandu en France les découvertes de Newton ; Mme de Staël a fait connaître l'Allemagne à l'Europe ; Mme Clémence Royer a publié et vulgarisé l'oeuvre de Darwin. Interprètes intelligentes, disciples passionnées, « leur puissance, a dit M. Legouvé, semble s'arrêter où la création commence. »

Auguste Comte a tiré de là une conclusion sévère : « J'ai toujours trouvé partout, comme le trait constant du caractère féminin, une aptitude restreinte à la généralisation des rapports, à la persistance des déductions, comme à la prépondérance de la raison sur la passion. Les exemples sont trop fréquents pour que l'on puisse imputer cette différence à la diversité de l'éducation : j'ai trouvé, en effet, les mêmes

---

[63] Cité par A. Rebière, *Les femmes dans la science*. Opinions diverses, p. 294.

résultats là où l'ensemble des influences tendait surtout à développer d'autres dispositions. » Monsieur « Tout-le-Monde » ne pense pas autrement : jamais il ne s'avisera de féliciter un homme d'avoir de la tête, ni une femme d'avoir du coeur. Cela est dans l'ordre. Mais parlant d'êtres supérieurs à leur sexe, il dira : « C'est un homme de coeur, c'est une femme de tête ; » ce qui signifie que, dans l'opinion courante, la tendresse du sentiment est aussi rare chez les hommes qu'une forte raison chez les femmes.

III

Pour la solidité et la profondeur du raisonnement, pour les spéculations abstraites et les recherches laborieuses, pour la découverte et la démonstration des plus hautes vérités, pour la pensée philosophique, pour la construction et l'enrichissement de la science, il faut des mâles,--sauf exception, bien entendu ! Car, nous le répétons, s'il est des hommes qui sont femmes, il y a des femmes qui sont hommes. Mais ici où nous n'avons d'autre but que d'indiquer les directions générales de l'esprit féminin, il nous est impossible de ne point remarquer que, dans l'ensemble, l'intelligence masculine est plus pleine et plus puissante, c'est-à-dire qu'elle pense, raisonne, généralise et invente avec plus d'ampleur et de maîtrise. En deux mots que j'emprunte à Fourier, l'intellectualité de l'homme appartient au « mode majeur », tandis que celle de la femme relève du « mode mineur ».

De grâce, n'en triomphons point contre la femme ! Il y a mille façons d'être intelligent. C'est ce qui fait qu'un classement hiérarchique des esprits est chose artificielle et vaine. A la vérité, hommes et femmes sont intelligents à leur manière. Parlons moins entre eux de supériorité ou d'infériorité que de simples différences. La femme est aussi intelligente que l'homme, mais elle l'est autrement. Et la solidité foncière qui lui manque est heureusement compensée par une souplesse de ton, par un charme de conversation, par une puissance de persuasion, auxquels il est donné à très peu d'hommes de prétendre. Pour le sentiment de l'élégance, pour une simplicité relevée de finesse piquante, pour une certaine fleur de délicatesse polie, la femme est reine. Elle a de l'esprit, dans le meilleur sens du mot. Et par là je n'entends pas l'ironie qui la déconcerte, l'effarouche et la blesse, mais cet esprit alerte et subtil qui est tout aisance, grâce, vivacité, diplomatie, qui saisit et reflète les moindres nuances, qui se fait comprendre à demi-mot, et que Bersot a défini « l'art de pénétrer les choses sans s'y empêtrer. »

Et puis, la femme a sur nous le précieux avantage de posséder un sens admirable des convenances et des disconvenances. Combien d'hommes, faussement réputés spirituels, jettent la plaisanterie à tort et à travers, sans tact, sans goût, avec la grimace goguenarde du singe ou la lourdeur du sanglier ? La femme d'esprit montre plus de mesure et de légèreté. Elle évite les mots blessants, les ripostes aiguës, les allusions malséantes. Elle aime la plaisanterie délicate, joyeuse et voilée ; elle affectionne les idées roses, au lieu que nous avons souvent l'âme sombre et le verbe amer.

Et à cette grâce spirituelle, le sexe féminin joint très généralement un sens merveilleux des conditions de la vie. Entre ces dons, point de contradiction. Peu soucieuse de s'envoler vers la haute spéculation, sensible au fait, à ce qui est immédiat et tangible, il est simple que la femme manifeste (à moins qu'une imagination dévergondée ne lui trouble la tête) un esprit pratique, juste et sûr. Au vrai, elle est souvent l'incarnation du bon sens. Sa timidité la met en garde contre les paradoxes, les utopies et les sophismes ; sa modestie l'indispose contre les nouveautés hardies ou subversives. Pour ne point voir si haut ni si loin que l'oeil masculin, son regard saisit mieux peut-être les réalités qui l'entourent. Que de femmes d'intelligence moyenne sont d'utiles conseillères ! C'est pour rendre hommage à ces précieuses qualités de tact et de conduite que les anciens avaient déifié la prudence sous les traits de Minerve.

Finalement, si la femme l'emporte sur l'homme par le sentiment affectif, l'homme prime la femme par l'intelligence créatrice. Et cette diversité d'aptitudes est providentielle. Destinée à porter dans ses flancs, à nourrir de son lait, à enfanter, à élever, à éduquer les petits des hommes, la femme doit être susceptible d'une vie intellectuelle moins intense et d'un effort cérébral moins prolongé. Et cette présomption,--que l'expérience a vérifiée,--n'a rien de désobligeant pour la femme, puisque la nature l'a faite plus riche de coeur et de grâce, afin de la rendre plus apte à la propagation et à l'embellissement de l'espèce. C'est une force physique et morale en disponibilité, moins destinée à s'épanouir pour elle-même que réservée pour l'oeuvre incessante du renouvellement de l'humanité.

Et cela même nous rappelle que le christianisme, qui honore la femme en la personne de Marie, subordonne toutefois la Vierge Mère à l'Homme-Dieu. En revanche, l'Église convie tous les fidèles sans distinction de sexe, à une instruction religieuse absolument égalitaire. Aux petits garçons et aux petites filles, elle distribue les mêmes leçons et enseigne le même catéchisme ; aux hommes et aux femmes, elle prêche les mêmes commandements, le même Décalogue, le même Évangile. A tous, elle promet même destinée, elle assigne mêmes fins et réserve mêmes châtiments ou mêmes récompenses. Il n'est qu'un sacrement dont le catholicisme exclut les femmes,--le sacrement de l'Ordre,--signifiant par là que, si toute âme est appelée à recueillir et à goûter la lumière de la vérité, c'est le privilège de l'homme de la répandre sur le monde. Au prêtre seul sont confiés expressément le ministère du Verbe, et la garde des

Tables de la Loi, et le droit de parler au nom de Dieu. Pourquoi ne verrions-nous pas dans cette primauté suprême un symbole de la vocation intellectuelle de l'homme ?

CHAPITRE VI

CE QU'IL FAUT PENSER DES OEUVRES INTELLECTUELLES DE LA FEMME

I.--Les arts de la femme : musique, peinture, sculpture, décoration.--L'imitation l'emporte sur l'invention. II.--Les sciences naturelles et les sciences exactes.--Heureuses dispositions de la femme pour les unes et pour les autres.--L'esprit féminin semble plus réfractaire aux sciences morales. III.--Et la littérature ?-- Supériorité de la femme dans la causerie et l'épitre.--Le style féminin.--A quoi tient l'infériorité des femmes poètes ? IV.-- Hostilité croissante des femmes de lettres contre l'homme.--Action souveraine du public féminin sur la production artistique et littéraire. V.--Il n'y a pas, d'homme a femme, identité ni même égalité de puissance mentale, mais seulement équivalence sociale.-- Pourquoi leurs diversités intellectuelles sont harmoniques.

On connaît le fort et le faible de l'intellectualité féminine. Ses penchants naturels la portent moins vers l'invention que vers l'imitation. Où la réceptivité domine, l'originalité est faible. Les qualités mentales de la femme sont de celles qui font les bons disciples plutôt que les grands maîtres. On s'en convaincra mieux en la voyant à l'oeuvre dans les divers travaux de l'esprit. Ce chapitre sera donc le complément du précédent, son illustration par l'exemple, sa confirmation par le fait. De ce que les femmes ne réussissent qu'à demi dans les arts, les sciences et les lettres, en conclurons-nous qu'une sorte de fatalité naturelle les voue à la médiocrité des résultats, quelque culture qu'elles reçoivent, quelque application qu'elles y mettent? Loin de nous cette pensée décourageante. Encore qu'il paraisse très improbable que le sexe féminin détrône la production virile de sa primauté séculaire, nous n'aurons point l'outrecuidance de lui dire : « Tu iras jusqu'ici, et pas plus loin. » A défaut de justice, la prudence nous ferait un devoir de laisser « la porte entr'ouverte sur l'avenir. »[64] Quand le progrès humain est en marche, il faut que tous le suivent. Peu importent ceux qui tiennent la tête, l'essentiel est de faire effort pour les rejoindre.

I

Bien que les femmes aient le sentiment et l'amour du beau, dès qu'elles prennent en main le pinceau, le crayon ou l'ébauchoir, elles n'arrivent guère qu'à réaliser le gracieux et le joli. Cherchez dans les musées les chefs-d'oeuvre signés d'un nom féminin : la liste en est brève. Par contre, le sexe féminin possède un remarquable talent d'assimilation, d'adaptation, d'interprétation. C'est pourquoi, dans les arts, la femme devient une excellente élève. Mais combien rarement elle se hausse à la maîtrise ! C'est une observation souvent faite que, même dans les domaines de la parure et de la mode, l'homme l'emporte par ses créations et ses nouveautés. Voyez les femmes artistes et les femmes auteurs : il en est peu qui soient douées d'une réelle originalité de conception, de couleur, de facture. Elles

---

[64] Henri Marion, *La Psychologie de la femme*, p. 287.

adoptent un maître et pastichent adroitement son genre et son style.

De même, avec toute leur musique, les femmes pianistes ne comptent dans leurs rangs que des compositeurs de second ordre. Aux femmes peintres ne demandez point les larges effets, les touches hardies et vigoureuses : leurs préférences vont communément à l'aquarelle et à la miniature, aux natures mortes et aux fleurs, à tout ce qui exige la grâce et le fini du détail. En général, la main féminine n'excelle que dans les genres secondaires, parce qu'elle a plus de souplesse que de force. Malgré toute leur imagination, les femmes ont mille peines à s'élever jusqu'à la puissance créatrice. Le souffle leur manque. Elles ne sont pas de force. Et au lieu d'affirmer avec éclat un tempérament personnel, la plupart n'arrivent qu'à manifester avec grâce un talent d'emprunt.

Mais si, dans l'ordre esthétique, les femmes créent difficilement, par contre, elles copient en perfection. Combien sont admirables dans l'exécution d'un morceau de chant ou de piano ? Nulle tâche ne leur convient mieux qu'un tableau à reproduire, un rôle à apprendre, une scène à jouer. Plus peut-être que le sexe masculin, elles fournissent au théâtre d'admirables artistes dramatiques, danseuses et cantatrices. Je n'aurai pas l'impertinence d'en conclure que les femmes sont naturellement plus comédiennes que nous, mais seulement, avec leur sympathique historien M. Ernest Legouvé, qu'elles sont douées d' » une facilité d'imitation qui se prête à merveille aux arts de l'interprétation. »

Et parmi ceux-ci, nous devons faire une place à part aux arts décoratifs, qui ne sont que la vulgarisation de l'esthétique, son adaptation à l'ameublement, à la céramique, à l'ornementation de nos intérieurs domestiques. En ce genre délicat où le sens et le goût de la parure sont de rigueur, beaucoup de jeunes filles font preuve d'un talent exquis.

II

On vient de voir que les femmes, malgré le goût qu'elles ont pour le beau, ne comptent qu'un petit nombre de représentants éminents dans la peinture, la sculpture et moins encore dans la musique et l'architecture. Sont-elles mieux douées pour la recherche scientifique ? C'est douteux. Rares sont les découvertes et les inventions qui sont sorties d'une tête féminine. Et pourtant les femmes sont aptes à tout apprendre, à tout retenir ; elles peuvent s'adonner avec succès aux mêmes études que l'homme ; elles brillent même en tous les domaines où le rôle de la mémoire est prépondérant. Les menus détails des sciences naturelles ne les effraient ni ne les rebutent. Zoologie, botanique, géologie, physique, chimie, les étudiantes saisissent tout cela avec des facilités égales, sinon supérieures, à la moyenne des étudiants. A la fin de l'année 1900, deux jeunes filles ont, à notre Université de Rennes, remporté les deux premiers prix aux concours de l'École de pharmacie.

L'intelligence féminine n'est pas plus réfractaire aux sciences exactes. Guidée par de bonnes méthodes, elle raisonne avec sûreté sur les chiffres et les figures ; elle apprend parfaitement la géométrie, l'algèbre, l'astronomie ; elle ne recule même pas devant les mathématiques pures. Bon nombre de femmes supérieures y ont acquis un renom enviable. J'ai un fait à citer. A l'observatoire de Paris, les frères Henry ont entrepris l'inventaire du firmament et la carte photographique du ciel. Une fois les images obtenues, il faut reporter toutes les étoiles à leur place exacte et, pour cela, déterminer leur latitude et leur longitude sur la sphère astronomique, comme on l'a fait pour chaque ville sur les mappemondes que nous connaissons. Or, rapporte un témoin oculaire, « ces déterminations, qui nécessitent des mesures fort minutieuses et des calculs d'une complication et d'une précision extrêmes, sont confiées à six jeunes filles qui travaillent toute la journée sous la direction de Mlle Klumpke, dans un petit pavillon construit récemment ; et leur compétence, leur assiduité, leur activité, font l'admiration de tout le personnel de l'Observatoire.[65]

Voilà, certes, un bel et noble exemple. Mais les féministes auraient tort d'en triompher, cette exception brillante confirmant nos vues au lieu de les contredire. Nous avons reconnu aux femmes (le fait que nous venons de citer en est une nouvelle preuve) le goût de l'ordre, l'amour du détail, de grandes facilités de mémoire et d'accumulation. Elles sont minutieuses et obstinées. Nous savions encore qu'elles font d'admirables comptables. Comment s'étonner, après cela, qu'elles puissent faire parfois d'excellentes calculatrices ? Les mathématiques ne sont point de nature à faire battre violemment leur coeur, à échauffer leur imagination, à émouvoir et à surexciter leur sensibilité. Par conséquent, leur vision reste nette et leur calcul exact.

En toutes les branches des études mathématiques, physiques ou naturelles, nous pouvons, dès maintenant, conjecturer que les étudiantes feront une concurrence redoutable aux étudiants. Non que la science des femmes doive l'emporter un jour sur la science des hommes. Encore qu'elles apprennent aussi bien que nous, les femmes sont moins capables de ces généralisations lentes et méthodiques, de ces recherches patientes et scrupuleuses, sans lesquelles l'esprit humain est impuissant à s'élever jusqu'à l'invention scientifique. Avec de bons maîtres, il est donné au cerveau féminin de s'assimiler aisément toutes les vérités, toutes les connaissances. Mais la pensée créatrice, inséparable sans

---

[65] C. de Néronde, *l'Observatoire de Paris*. Revue illustrée du 1er novembre 1896.

doute de la puissance physique, sortira toujours des têtes masculines avec plus de vigueur et d'abondance. Il n'est donc pas à croire que les femmes parviennent jamais à nous arracher, en tous les genres, la primauté de la production intellectuelle et du génie souverain.

Où la faiblesse de l'esprit féminin s'accuse avec le plus de netteté, c'est dans le domaine des idées générales. De l'histoire les jeunes filles retiennent surtout les faits, les dates, les anecdotes, sans remonter aux causes, sans embrasser les ensembles. En morale, elles font appel à leurs souvenirs, aux leçons reçues, aux formules apprises. Elles acceptent l'enseignement du maître comme parole d'évangile. Elles reproduisent les jugements d'autrui ou émettent des arrêts avec précipitation. Elles ne brillent point par la patience et la prudence ; elles ne savent pas se défier d'elles-mêmes. La critique les déconcerte ; le doute les effraie. Elles n'ont pas l'esprit philosophique. Seulement, les plus fines, les plus femmes, se rattrapent sur la psychologie des sentiments, le coeur n'ayant point de secrets pour qui sait vivement sentir et aimer.

Par ailleurs, le droit leur semble peu accessible : c'est qu'il y faut apporter, plus qu'on ne le suppose, de l'esprit d'observation, de la logique, de la droiture, de la mesure. Les femmes ont tant de peine à être justes ! Le peu qu'elles aient produit jusqu'à présent dans l'ordre juridique, manifeste une partialité véhémente sur tous les sujets où elles ont quelque intérêt d'amour-propre, et ne dépasse guère une honnête médiocrité pour le surplus. Je doute qu'elles fassent jamais d'équitables jurisconsultes. Et quant aux larges constructions des historiens, quant aux spéculations profondes des philosophes et aux vastes enquêtes des sociologues, si mince est aujourd'hui le bagage des femmes, qu'il est à leur conseiller de ne point nourrir, sur ces points, de trop grandes espérances d'avenir.

III

Et la littérature ? Beaucoup de maîtres ont observé qu'en règle générale les filles ont plus d'aptitude pour les lettres que pour les sciences, l'imagination l'emportant, comme on l'a vu, sur toutes les autres facultés de l'esprit féminin.

En tout cas, les femmes nous surpassent sans contredit dans la causerie et l'épître, et en cela elles sont bien femmes. Plus aptes que les hommes à recevoir les impressions et à les retenir, il est naturel qu'elles se plaisent à les exprimer. De là cette facilité d'élocution, cette abondance de parole,--je n'ose dire ce bavardage,--qui se remarque dès le plus jeune âge. L'expérience atteste que les petites filles commencent à parler avant les petits garçons. L'aisance du langage est un don féminin. Les Chinois en ont fait un proverbe : « La langue est l'épée des femmes : elles ne la laissent jamais rouiller. » Et cette verbosité est fille de la sensibilité.

Impressionnables et loquaces, les femmes doivent, non seulement briller en conversation, mais encore exceller dans le style épistolaire, qui n'est qu'un monologue à bâtons rompus. Tandis que l'homme cherche l'ordre, vise à l'idée et rédige une lettre comme il composerait un mémoire, froidement, logiquement, la femme s'en tient aux faits qui l'ont émue, aux menus incidents de la vie qu'elle mène ; et sa prolixité vagabonde et attendrie devient une grâce et un mérite. Lors même qu'une femme de talent ou d'esprit se mêle d'écrire une oeuvre de longue haleine, il lui est difficile de réagir contre le flux d'impressions et de mots qui emportent sa plume au hasard. Ici ses facilités se tournent en défauts. On a remarqué bien des fois que ses livres sont rarement d'une construction parfaite et d'une égalité soutenue. Ils valent moins par l'ensemble que par les détails, presque toujours gracieux et piquants, qui figurent alors de fines perles dispersées auxquelles manqueraient un lien et un écrin.

La vérité m'oblige même à constater,--j'en demande pardon aux femmes de lettres,--que notre forme littéraire ne leur est redevable d'aucune nouveauté, d'aucun progrès, d'aucun embellissement, d'aucun enrichissement, et que la conversation des femmes de salon a plus fait pour notre langue que tous les livres réunis des femmes auteurs. Il n'y a pas à protester : les femmes, en général, sont « médiocrement artistes ». C'est le jugement de M. Jules Lemaître et j'y souscris. Qu'ont-elles donné au théâtre, à l'éloquence, à la philosophie ? Quelles contributions ont-elles fournies à l'histoire, à la critique, à la poésie ? Rien ou peu de chose. Supprimez même par la pensée toutes les femmes peintres, sculpteurs ou musiciens : l'art humain n'en sera point amoindri. Les meilleures oeuvres féminines sont des romans, des lettres et des mémoires. Et si précieux que nous tenions cet appoint, supprimez-le encore, sans excepter la production de George Sand et la correspondance de Mme de Sévigné : notre littérature s'en trouvera certainement appauvrie, mais sa forme n'en sera point diminuée, ni sa direction changée, ni sa marche ralentie, ni son évolution aucunement modifiée. Ce qui ne veut pas dire qu'on ait bien fait de fermer aux femmes l'entrée de la Société des gens de lettres ou de l'Académie française. Il en est, aujourd'hui encore, qui ne feraient point mauvaise figure à l'Institut. On peut être académicien, hélas ! sans être immortel.

Chose curieuse : je ne sais aucun genre où les femmes aient marqué une plus incontestable médiocrité qu'en poésie. Et les femmes sont la poésie même, et par leur très vive façon de la sentir, et par leur charmante façon de l'inspirer. Elles ont l'instinct, le goût, la passion du beau, et elles ne savent guère l'exprimer. C'est un fait. Presque toutes ont de l'imagination et beaucoup s'efforcent de rimer. Combien y réussissent ? Peu. Combien y excellent ? Point. Elles font des vers honnêtes, péniblement, comme un bon rhétoricien improvise, avec application, d'honorables discours latins. Si elles nous ont donné parfois d'agréables versificateurs, elles n'ont pas fourni un seul grand poète. Voilà bien le plus curieux problème psychologique qui se puisse poser ! La femme, que nous savons si sensible à la beauté qu'elle reflète, si facilement touchée par la grâce du langage, par l'harmonie d'un tableau, par les caresses de la musique ou par l'intrigue palpitante d'une oeuvre dramatique ; la femme, que nous voyons tous les jours si impressionnable, si sentimentale, si profondément remuée par tout ce qui est grand, noble, tendre, passionné ; la femme, cette sensitive d'esprit et de chair, manifeste pourtant une sorte d'inhabileté invincible à traduire les images supérieures, les visions de son imagination et les battements de son coeur. En un mot, la femme a plus de sensibilité que de littérature.

A ceux qui demanderont, maintenant, pourquoi les femmes auteurs et artistes atteignent si rarement à la perfection du style, à l'expression vraie, à la forme rare qui éclaire et qui émeut, à la « beauté absolue », je répondrai que, précisément, elles sentent toutes choses trop vivement, trop tumultueusement, pour les bien voir et les bien exprimer. « Lorsque les femmes sont véritablement sensibles, a dit Mme de Genlis, elles l'emportent sur les hommes par la délicatesse, dont ils ne sont pas susceptibles. » Au moral, oui : c'est entendu. Mais je ne puis acquiescer à la conséquence que Mme Louise Collet en tirait : « Nier leur talent d'écrire, affirmait-elle, c'est nier leur faculté de sentir, l'un dérivant naturellement de l'autre. » Il y a erreur. Sans doute, il faut à l'écrivain, au poète, à l'artiste, un coeur pour sentir, aussi bien qu'une tête pour concevoir ; mais une certaine maîtrise de soi ne leur est pas moins nécessaire pour peindre ce qu'ils voient et pour exprimer ce qu'ils ressentent. Point d'oeuvre parfaite, sans de longs tête-à-tête avec la pensée créatrice, avec la forme rêvée, avec le dieu entrevu.

Certes, quand l'idée vient, il faut la sentir, mais aussi la méditer. Et Mme d'Agoult nous fait ce charmant aveu : « Les femmes ne méditent guère. Elles se contentent d'entrevoir les idées sous leur forme la plus flottante et la plus indécise. Rien ne s'accuse, rien ne se fixe, dans les brumes dorées de leur fantaisie. Ce ne sont qu'apparitions rapides, vagues figures, contours aussitôt effacés. On dirait qu'elles n'ont nul souci de la vérité des choses, et que leur esprit n'a commerce qu'avec ces personnages énigmatiques de la scène grecque, qu'Aristophane appelle les célestes nuées, les divinités des oisifs. »[66]

Et pourquoi ces rêveries évasives et ces songes nébuleux, sinon parce que les femmes, au lieu de maîtriser leurs émotions, s'abandonnent au flot jaillissant et capricieux de leur imagination ? Si donc l'expression trahit généralement la pensée des femmes, c'est apparemment « qu'elles sont trop émues au moment où elles écrivent. »[67] Ce jugement est encore de M. Jules Lemaître. Nous exprimerons la même idée en disant tout simplement que, pour bien écrire, les femmes ont l'âme trop pleine, le coeur trop gros et les pleurs trop faciles. Au moindre spectacle qui les charme, au moindre sentiment qui les touche, les voilà si profondément remuées que leurs yeux se mouillent et se voilent, leur main tremble,--et les mots viennent comme ils peuvent, sans précision, sans transparence, sans éclat. Or, pour peindre supérieurement quelque objet, ce n'est pas assez de l'entrevoir vaguement à travers les larmes. Quand le coeur bat trop fort, il n'est pas possible de s'élever à l'expression définitive, à l'impeccable beauté, sereine et pure. La violence désordonnée de la sensation trouble la limpidité du regard.

---

[66] *Opinions de femmes sur la femme.* Revue encyclopédique du 28 novembre 1896, p. 840.

[67] Jules Lemaître, *George Sand et les femmes de lettres.* Annales politiques et littéraires du 20 décembre 1896, p. 387.

Et l'on s'en aperçoit au style de la plupart des femmes. Écoutons encore Mme d'Agoult : « Penser est pour un grand nombre de femmes un accident heureux, plutôt qu'un état permanent. Elles font, dans le domaine de l'idée, plutôt des invasions brillantes que de régulières entreprises et des établissements solides. Leur propre coeur est cette perfide Capoue qui les séduit et les retient souvent à deux pas de Rome. » Là est l'explication du peu d'invention des femmes. Ce qui prédomine en leurs âmes, c'est l'activité spontanée, avec son cortège de sentiments désordonnés et d'images surabondantes. Elles vibrent au moindre choc. Leur imagination est proche voisine des sensations ; c'est une sorte de phosphorescence continue qui projette, sur le monde des idées, des lueurs incessantes, mais pâles et vagues. A l'invention poétique, il faut le rayonnement soudain de l'éclair. Et cette lumière souveraine ne s'obtient que par la coordination, par la concentration des efforts, par ces arrêts conscients de la pensée, qui constituent proprement la volonté créatrice. Chez les natures trop sensibles, l'imagination est en perpétuel mouvement ; elle se disperse au hasard des impressions et des sentiments. Sa lumière se promène sur toutes choses, sans se fixer sur aucune. C'est donc parce que l'imagination féminine est si excitable et si jaillissante, qu'elle manque de vigueur et de fécondité.

IV

Il n'y a plus de doute : si les femmes ont tant de peine à exceller dans les lettres et dans les arts, et plus particulièrement dans la poésie, c'est qu'elles ont trop de sensibilité, trop de nerfs, trop de coeur ; c'est, d'un mot, qu'elles sont femmes. Lors donc que Mme de Peyrebrune écrit à Mme de Bezobrazow : « Le germe est en nous bien vivant de la possibilité de création intellectuelle qui nous est déniée, et ce germe libéré retrouvera intacte sa germination interrompue, »[68]--j'ai peur que cette femme distinguée ne s'abuse gravement. Est-il si facile de corriger son coeur, de réformer sa nature, de refaire son sexe ? A emprunter même quelque chose de l'homme, nos fières novatrices ne risquent-elles point de perdre quelque chose de la femme ? D'autant que les qualités dont leur sexe est le plus fier, c'est-à-dire la sensibilité et la tendresse, sont les causes mêmes de son peu d'originalité créatrice. Qu'elles veillent donc à ne point s'appauvrir du côté du coeur, en travaillant à s'enrichir avec intempérance du côté de l'esprit. Dieu nous préserve de la femme-homme, raidie et desséchée dans la poursuite d'une virilité insaisissable !

Par bonheur, rien ne permet de supposer que la femme de l'avenir puisse à ce point sortir d'elle-même qu'elle finisse par dépouiller à la longue ce qui l'individualise, et par acquérir en échange la vigueur et les formes d'intellectualité qui nous sont propres. Même dans le domaine littéraire qui leur est le plus favorable (on compte aujourd'hui plus de cinq cents femmes qui vivent de leur plume), le présent,--après le passé,--nous confirme en ce jugement, que l'homme tient la tête et a mille chances de la garder. Les femmes elles-mêmes y souscrivent comme d'instinct. Il est curieux de remarquer que, par un hommage inconscient à la supériorité littéraire de notre sexe, la plupart des femmes de lettres cachent leur identité sous un pseudonyme masculin. Serait-ce donc que la douceur de leur nom de jeune fille les afflige ou les blesse ? Aucunement. Si elles s'emparent de nos prénoms, si elles usurpent nos marques de fabrique, si elles se font hommes par la signature, c'est moins pour se viriliser autant qu'elles peuvent, que pour allécher la clientèle. Elles ont vaguement conscience que les lectrices, autant que les lecteurs, ont une préférence marquée pour les productions de l'homme. Car, après tout, en exceptant quelques femmes

---

[68] Revue encyclopédique déjà citée, p. 837.

de grand talent, il faut bien dire que, prise dans sa généralité, la littérature féminine est quelconque, fade, incolore, lorsqu'elle a le bonheur de n'être pas moutonnière et bêlante. Ne nous plaignons donc pas d'une concurrence déloyale qui n'est, au fond, que la reconnaissance involontaire de notre mérite littéraire.

Mais il paraît que cette faiblesse a trop duré. Déjà les femmes peintres et sculpteurs ont leurs expositions particulières. De même, les plus entreprenantes des femmes auteurs s'apprêtent à nous combattre à visage découvert sur le terrain du drame et du roman où, pour le dire en passant, notre sexe a fait preuve, jusqu'à ce jour, d'une écrasante supériorité. C'est un fait que la littérature féminine devient de plus en plus agressive. Le livre ne lui suffisant point, elle envahit la scène. Nous avons, par intermittence, des représentations féministes. Les femmes de lettres en sont très fières. A les entendre, cette innovation théâtrale était depuis longtemps désirée et impatiemment attendue. Comme si le répertoire moderne ne s'était jamais occupé du beau sexe ! Où a-t-on vu que nos auteurs dramatiques aient négligé de plaider devant le grand public les thèses les plus hardies et les causes les plus aventureuses ?

Seulement, il s'agit beaucoup moins d'étudier le caractère féminin et de le guérir, par le ridicule, de ses vanités et de ses travers, que de préparer activement l'émancipation du sexe. On se flatte de continuer par le théâtre ce qu'on a si bien commencé par le roman : l'abaissement de l'homme et la revanche de la femme. A-t-on remarqué suffisamment que, dans presque toutes les oeuvres des femmes auteurs, l'homme est réduit aux plus piteux rôles ? Être faible et inconsistant, nature inerte et lâche, sans volonté, sans caractère, il ne joue partout qu'un personnage odieux ou fatigué. Combien plus mâles et plus vigoureuses sont les femmes de ces récits et de ces pièces ! Que leur décision nette, leur fermeté résolue, leur ton impératif, sont bien faits pour nous humilier ! Après avoir donné à l'homme une âme de femme, on ne manque point de prêter à la femme un coeur de mâle. Toutes les énergies, toutes les virilités abdiquées par le compagnon sont recueillies naturellement par la compagne. Des hommes efféminés et des femmes viriles, voilà bien, n'est-ce pas, toute notre société ?

« C'est du parti pris ! » direz-vous.--Soit ! En cela pourtant, je ne puis m'empêcher de voir un système de représailles qu'il est facile d'expliquer. Comment nos romanciers et nos dramaturges ont-ils traité la femme depuis un quart de siècle ? Soyez francs, et vous reconnaîtrez que naturalistes et psychologues ont rivalisé envers elle de mépris et de brutalité. Qu'elle soit du monde ou du peuple, bourgeoise ou artiste, nos maîtres écrivains l'ont-ils assez fouettée ou salie ? Que sont les femmes de Dumas, de Zola, de Maupassant, de Bourget même ? De pauvres créatures perverses, malades ou douloureuses, dont il faut se méfier comme de la peste. Et si, aujourd'hui, nos soeurs de lettres se retournent avec fureur vers le sexe fort, pour lui jeter au visage les gentillesses que vous savez, en vérité, ne faisons pas les étonnés : nous l'avons bien mérité. Nos romanciers ne voient nulle part l'honnête femme ; par une rétorsion légitime, nos romancières ne veulent pas croire à l'honnête homme. Pour être justes, sachons reconnaître une bonne fois que, dans les drames de la passion, rien n'égale le mal que nous font les femmes, si ce n'est le mal que nous leur faisons.

L'esprit de la littérature féminine nous est donc manifestement hostile. Que donnera cette réaction ? Des inepties ou des chefs-d'oeuvre ? Tout ce qu'on peut dire pour l'instant, c'est qu'envisagée dans son ensemble, la forme littéraire des femmes auteurs ne s'est point sensiblement élevée au-dessus des oeuvres antérieures. Sans rabaisser en quoi que ce soit les écrivains gracieux ou brillants dont le sexe féminin s'honore aujourd'hui, on doit reconnaître que la maîtrise de la plume est encore aux mains des hommes ; et j'ai l'idée qu'elle y restera.

Au surplus, les femmes auraient bien tort de s'affliger de cette infériorité. N'est-ce pas l'honneur de leur sexe d'inspirer tous les grands poèmes d'amour et de passion, toutes les oeuvres de grâce et de beauté ? Là encore, il y a compensation. Jamais artiste n'eût peint ou façonné les merveilleuses figures qui peuplent nos musées, s'il n'eût trouvé dans la réalité les modèles vivants de l'éternel féminin. Qu'importe que la femme ait signé rarement un chef-d'oeuvre, puisqu'elle les a presque tous inspirés ? Nos plus beaux ouvrages sont pleins de sa beauté. En nos livres, en nos drames, en nos vers, elle joue le principal rôle. Elle les suggère, elle les échauffe, elle les illumine. Et quand l'oeuvre est parue, elle la discute et la juge ; elle en consacre le succès ou en détermine la chute. Il n'est pas d'homme qui, dans le secret de son coeur, n'aspire avidement à voir,--ne fût-ce qu'un jour,--son nom voltiger sur les lèvres des femmes.

Qu'elles se consolent donc de ne point travailler comme nous, puisque nous ne pouvons travailler comme elles, puisque nos oeuvres nées de leur souvenir, de leur amour et des joies qu'il donne ou des souffrances qu'il inflige, ne vivent que par leur grâce et meurent de leur abandon. Elles ont mieux à faire que de peiner avec nous aux mêmes besognes et dans les mêmes sillons. C'est leur fonction sociale d'encourager les ouvriers de la pensée, et aussi de modérer leur zèle et leur ambition, en les rappelant au bon goût, à la beauté, à la bonté, à la douceur de vivre et à la joie d'aimer, en défendant les moeurs, les croyances, les traditions, tout ce qui fait la force d'un peuple, contre les hardiesses des chercheurs, contre les impatiences et les audaces des novateurs, contre cette fougue de progrès et cette fièvre de changement qui précipiteraient le monde en des voies dangereuses, si la souveraineté féminine n'était là pour en ralentir la marche ou en redresser le cours.

V

Au point où nous en sommes, plusieurs conclusions s'imposent.

D'abord, il n'y a pas entre l'homme et la femme *identité* de capacité intellectuelle, tout simplement parce que cette identité n'existe même pas entre les hommes. Les traits de l'esprit, comme ceux du visage, se diversifient à l'infini. Impossible de rencontrer, d'homme à homme ou de femme à femme, deux têtes qui se ressemblent exactement. Comment voulez-vous qu'au spirituel, le masculin et le féminin se confondent et s'identifient ? Pour parler avec vraisemblance de l'identité intellectuelle des êtres humains, il faudrait préalablement les fondre en un seul type : ce qui est contre nature.

Il n'y a point davantage entre l'homme et la femme,-- et ce second point me semble résulter de tout ce qui précède,--simple *égalité* de capacité intellectuelle, parce que, si éminents qu'on les suppose tous deux, leur valeur respective gardera toujours un cachet propre qui les distinguera l'un de l'autre, de même qu'un homme et une femme peuvent être beaux dans leur genre, sans pour cela qu'ils le soient de la même façon. Pour parler à bon droit d'égalité intellectuelle entre l'homme et la femme, il faudrait encore modifier à ce point la nature, que les deux sexes fussent ramenés à un seul. Autant refaire le monde ! L'égalité vraie ne se conçoit que dans le domaine des mathématiques pures.

Mais s'il n'y a point, d'homme à femme, identité ni même égalité de puissance mentale, n'est-il pas au moins entre leurs deux sortes d'intelligence une *équivalence* sociale ?

Je suis tout disposé à le reconnaître. Bien que la capacité féminine soit autre que la capacité masculine, elle n'en est pas moins aussi nécessaire que la nôtre à la conservation intellectuelle de l'espèce et au progrès spirituel de la civilisation. Nous n'avons pas la tête mieux faite que les femmes, mais autrement. Dans son genre d'intellectualité, chacun des deux sexes vaut l'autre. Les hommes seraient réduits à rien sans l'intelligence féminine, et les femmes à zéro sans l'intelligence masculine. Socialement parlant, hommes et femmes donnent autant qu'ils reçoivent.

Oui, certes, il y a équivalence d'utilité intellectuelle entre les sexes. Seulement, cette équivalence même suppose chez l'un et chez l'autre une certaine diversité de dons, d'aptitudes et de facultés. A se trop ressembler, ils finiraient par se moins rechercher. C'est une remarque souvent faite que, dans la femme qu'il épouse, l'homme se plaît à trouver ce qui lui manque et ce qui le complète. Faites, par hypothèse, que la femme ne soit qu'une copie exacte et qu'un double exemplaire de l'homme : ils pourront se traiter en camarades. En époux ? Jamais de la vie. La femme n'est pas un mâle imparfait, un homme arrêté dans son développement, et qu'il est urgent d'épanouir et de modeler à notre ressemblance. Elle est une créature autre, qui doit veiller à ne point gâter sa nature distinctive, à ne point affaiblir son cachet original, à ne point aliéner ses qualités propres. Pour que les sexes se désirent, se recherchent et s'allient, il faut qu'ils diffèrent.

Je n'entends point que ces dissemblances aillent jusqu'à l'antipathie, ni que ces disparités se creusent en incompatibilités irréconciliables. Il reste toutefois que le lien le plus cher et le plus fort qui puisse unir deux âmes, suppose moins deux natures semblables qui s'imitent et se copient servilement, que deux natures diverses qui s'enrichissent et s'achèvent mutuellement. Pour peu que l'homme s'efféminent et que la femme se virilise, ils auront moins d'attrait, moins d'inclination et de condescendance l'un pour l'autre. L'amour est un échange dans lequel chaque époux donne ce qu'il a en trop pour obtenir ce qu'il a en moins. Si donc la femme pouvait se rendre pareille à l'homme, le monde perdrait quelque chose de sa variété féconde, et le doux amour risquerait d'en mourir. Michelet disait : « On a fait fort sottement de tout cela une question d'amour-propre. L'homme et la femme sont deux êtres incomplets et relatifs, n'étant que deux moitiés d'un tout.» Et il faut ajouter que c'est précisément à leurs qualités et à leurs insuffisances respectives, qu'ils doivent de s'attirer, de s'aimer, de s'unir pour engendrer la vie et perpétuer l'humanité.

Finalement,--et cette dernière réflexion est d'importance majeure,--l' » émancipation intellectuelle » des femmes autour de laquelle le féminisme mène si grand bruit, est une formule à double sens qu'il nous est impossible d'accepter au pied de la lettre. Veut-on dire par là que la femme d'aujourd'hui doit être d'un esprit plus cultivé que la femme d'autrefois ? D'accord. Il serait étrange qu'elle n'eût point de part aux découvertes de la science et aux enrichissements incessants de la pensée moderne ; que, pendant que l'homme progresse, elle s'attardât dans la médiocrité ; qu'indifférente à tout ce qui se fait, s'invente et s'enseigne, elle fût incapable de se mêler à la conversation de son mari et de surveiller l'éducation de ses fils.

Que les femmes s'associent donc aux progrès intellectuels des hommes et, pour cela, que les jeunes filles soient plus solidement instruites et plus sérieusement éduquées : nous y souscrivons d'enthousiasme. Veut-on dire encore que l'instruction autoritaire du bon vieux temps ne suffit plus ? C'est entendu. « Quand le progrès humain fait un pas, a dit Chateaubriand, il faut que tout marche avec lui.» Plus de ces disciplines routinières et coercitives, dont c'est le malheur de peser sur l'esprit au lieu de l'épanouir, de comprimer la personnalité au lieu de l'affermir. Toute contrainte qui déprime l'être, anémie la raison et débilite la volonté, a pour conséquence inévitable de vouer la jeunesse à l'abdication, à l'inertie, à une incurable indigence intellectuelle. Ce n'est pas au moment où s'élargit sans cesse le rôle de la femme, qu'il convient de mettre des lisières ou des entraves aux facultés de son esprit. Ce serait trop peu de lui enseigner le catéchisme, la guitare et la révérence. Le temps n'est plus où l'on pouvait lui interdire, comme à un enfant, la lecture de certains livres réputés trop graves pour sa petite cervelle. Tout ce que l'homme sait, la femme entend l'apprendre à ses risques et périls ; et l'on peut croire qu'elle y réussira souvent. Que sa volonté soit donc faite et non pas la nôtre !

Mais pour que son accession à la plénitude de la connaissance lui apporte la force morale et l'élévation spirituelle, il serait fou d'affranchir sa raison et son coeur de toute direction tutélaire, de toute autorité laïque et religieuse. Puisque l'intelligence féminine est, moitié par nature, moitié par habitude, plus brillante que solide, plus rapide que sûre, plus fine que profonde, plus intuitive que raisonnée, puisqu'il importe de la prémunir contre les pièges que lui tendent l'imagination et la sensibilité, et les facilités même de sa mémoire et les impulsions aveugles de sa tendresse passionnée, ne parlons pas d'émancipation, mais d'éducation. Plus un être est faible, plus il doit être protégé contre lui-même. L'indépendance lui serait funeste. Il a besoin d'une règle, d'une discipline. Loin donc d'affranchir absolument l'intellectualité féminine, c'est à la former, à l'instruire, à l'élever, que doivent tendre tous les efforts de la pédagogie. En un mot, ce qu'il faut aux jeunes filles, c'est une forte culture. Laquelle ? Nous le dirons à l'instant.

LIVRE IV

ÉMANCIPATION PÉDAGOGIQUE DE LA FEMME

CHAPITRE I

S'IL CONVIENT DE MIEUX INSTRUIRE LES FILLES

I.--Le pour et le contre.--Double conception du rôle de la femme. II.--Utilité d'une meilleure instruction de la femme pour elle-même, pour le mari et pour les enfants. III.--Qu'est-ce qu'une jeune fille instruite ?--Quelques opinions de femmes.--L'éducation féminine est trop souvent frivole et superficielle. IV.--Il faut inculquer a la jeune fille des goûts plus sérieux et la mieux préparer aux devoirs de la vie et du mariage.--Avis d'éducateurs célèbres.

I

C ette question a le privilège de provoquer des adhésions enthousiastes et d'amères récriminations.

Semez, disent les idéalistes, semez l'instruction à pleines mains dans les intelligences féminines, et vous verrez bientôt lever la semence et grandir la moisson. C'est le fonds qui manque le moins. Pourquoi les hommes auraient-ils peur des savantes et des doctoresses ? Comment le foyer conjugal pourrait-il en souffrir ? La femme en est déjà la grâce et la joie : faites de plus qu'elle en soit la lumière et le bon conseil, et elle vivra en communion plus étroite avec son mari. Que de fois celui-ci s'est plaint de l'indifférence de sa compagne pour les connaissances qu'il possède, pour les études qu'il entreprend ! Élevez-la donc à son niveau ; et l'époux, enfin compris, encouragé dans ses ambitions, soutenu dans ses projets, assisté même en ses travaux, sera moins tenté de chercher au dehors l'appui ou la distraction qu'il trouvera chez lui. Sans compter que, peu à peu, par une infiltration lente et mystérieuse, les mères pourront transmettre à leurs enfants des dispositions cérébrales plus actives et plus puissantes ; et le milieu social s'en trouvera surélevé, l'esprit français élargi et fortifié. S'il faut en croire le verbe sonore de M. Izoulet, on ne saurait s'imaginer de quelles délices l'épanouissement intellectuel de la femme enivrera la « spiritualité » de l'homme. « Supposez-les tous deux également, quoique diversement, développés au dedans : alors se consomme la communion des consciences ; alors se multiplient, innombrablement, dans le jeu des affinités secrètes, les invisibles rencontres et les subtiles élections ; alors, vraiment, le couple humain féconde par l'esprit la misère des heures et éternise la vie brève en y faisant sourdre l'infini. »[69] Point de doute : ce sera le paradis des anges.

Erreur ! protestent les misogynes. Gardez-vous bien d'ouvrir aux femmes les réservoirs de la science : elles s'y noieraient. L'appétit de savoir et l'orgueil de connaître leur feront tourner la tête. De quelle vanité dominatrice vos bachelières et vos doctoresses écraseront les redingotes environnantes ! Nietzsche a mille fois raison de tenir l'émancipation intellectuelle de la femme pour « le déshonneur du genre mâle. » D'après lui, « le bonheur de l'homme s'appelle : je veux ! tandis que le bonheur de la femme s'appelle : il veut ! » Comparant l'âme de celle-ci à « une pellicule mouvante sur une eau peu profonde, » il tient l'obéissance pour le meilleur moyen de donner « une profondeur à sa surface. » Au reste, cet être superficiel et

---

[69] Lettre publiée par M. Joseph Renaud dans la *Faillite du mariage*, p. 31-32.

léger ne se relève que par l'enfantement. « La femme est une énigme dont la solution s'appelle maternité. » Hors de là, elle rapetisse à sa mesure tout ce qu'elle touche. C'est donc folie de l'instruire, afin de l'élever jusqu'à nous et d'en faire la confidente de notre idéal, l'âme de notre volonté, notre égale intellectuelle. Il n'est que temps, au contraire, de la rappeler à son rôle et de la remettre à sa place. Nietzsche a bien mérité de l'humanité lorsqu'il l'a définie : « Un chat, un oiseau, au meilleur cas, une nourrice. »[70]

Convient-il donc de monopoliser la lumière et la science au profit des hommes, et de condamner les femmes à l'ignorance et à la frivolité ? Loin de nous cette injustice et cette cruauté. Il ne nous paraît pas impossible que le sexe féminin croisse en hauteur et en largeur d'esprit sans oublier sa tâche maternelle, sans rien perdre de sa grâce et de sa douceur. « Vous êtes donc partisan, me dira-t-on, de l'instruction des femmes ? »--Parfaitement ; et je vais dire comment je la conçois.

Il est du rôle des femmes deux conceptions qui ne suffisent plus ni à leur âme, ni à notre raison. L'une est mondaine et futile : elle voit dans la femme un enfant capricieux et exquis, un joujou précieux et fragile, une créature délicieuse, mère de toutes les élégances, la joie de nos yeux, le repos de nos nerfs, une fleur de salon, dont la fonction est de distraire nos soirées, de décorer notre intérieur, d'embellir et d'égayer notre vie. L'oisiveté est sa loi. Elle est née pour le luxe et la coquetterie ; et les jeux de l'amour sont ses péchés mignons. L'autre conception, celle des gens pratiques et rudes, est réfractaire à ces mignardises de boudoir. Rien de plus simple : la femme est, par destination naturelle, la maîtresse du logis. Qu'elle ne sorte

---

[70] *L'Individualisme et l'Anarchie*, par Édouard Schuré. Revue des Deux-Mondes du 15 août 1895, p. 795-796.

point de son intérieur : les travaux d'aiguille et les soins du ménage doivent absorber tous ses instants. Elle est faite pour garder le foyer, diriger la maison, surveiller le pot-au-feu, raccommoder le linge et débarbouiller les mioches.

De ces deux façons pour l'homme de comprendre le rôle de la femme, la première dénote beaucoup d'orgueil et de fatuité, et la seconde, beaucoup d'égoïsme et de vulgarité. Toutes deux sont inacceptables. La femme ne doit être ni « bête de luxe », ni « bête de somme ».

II

Dans l'intérêt de la race et dans l'intérêt de l'homme, il n'est ni bon ni sage que la femme s'attarde dans l'ignorance, la niaiserie et la futilité. On ne nous fera jamais croire qu'il est nécessaire au bonheur du mari et des enfants, que la mère languisse dans une complète indigence d'esprit. L'élévation de l'homme ne va point sans l'élévation correspondante de la femme, celle-ci partageant avec celui-là ses jours et ses nuits, ses joies et ses souffrances, ses désirs et ses rêves. Comment l'un vivrait-il dans la lumière, si l'autre s'obstine dans les ténèbres ? Lorsque l'épouse est légère, vaine, sotte ou nulle, comment voulez-vous que l'homme soit heureux et les enfants bien doués ?

Ce n'est pas qu'il soit besoin d'être lettrée ou artiste pour faire une épouse fidèle et une mère excellente. Si vous n'aimez pas une jeune fille peintre, violoniste ou doctoresse, rien, mon ami, ne vous oblige à l'épouser : le monde sera toujours plein de naïves bourgeoises et de simples et accortes héritières. Personne ne réclame la suppression des « petites oies blanches ». Dieu nous garde d'aussi noirs desseins ! Nous ne voulons même pas, pour la jeune fille, d'une instruction intégrale, d'une instruction égalitaire et obligatoire, qui en ferait une poupée savante ou une pédante chagrine et enlaidie : ce qui n'empêche qu'il y ait de sérieux avantages à élargir ses connaissances, à élever et à enrichir son esprit. On préparera de la sorte une compagne plus digne au mari et une directrice plus éclairée aux enfants.

Suivant l'expression de Michelet, la femme est surtout « productive par son influence sur l'homme, et dans la sphère de l'idée, et dans le réel. » Comment serait-il indifférent de cultiver son esprit, si l'on réfléchit que les fils, qui naîtront d'elle, seront formés de sa chair et de son sang, qu'elle les nourrira de son lait, qu'elle leur insufflera le meilleur d'elle-même, son âme et sa vie ? Comment douterait-on qu'il ne fût utile d'élever et d'épanouir son intelligence, son jugement, sa raison, si l'on songe que, par le mariage, elle devient la compagne, le soutien, le conseil de son mari ; qu'instruite, elle sera pour lui un guide et un réconfort ; qu'ignorante, elle deviendra, faute de le comprendre, une cause de découragement et d'impuissance ? Les femmes ne sont point une espèce isolée dont nous ne puissions recevoir aucune influence. Comme épouses et comme mères, elles sont mêlées à notre vie ; et Dieu sait le pli profond et indélébile que leur contact journalier imprime à notre coeur et à notre esprit ! Avec son admirable clairvoyance, Mme de Lambert nous prévient « qu'elles font le bonheur ou le malheur des hommes, qui toujours sentent le besoin de les avoir raisonnables ; que c'est par elles que les maisons s'élèvent ou se détruisent, puisque l'éducation des enfants leur est confiée dans la première jeunesse, temps où les impressions sont plus vives et plus profondes. »

Notre conviction est donc que, pour un homme instruit, le bonheur domestique est impossible avec une femme ignorante ; et nous souscrivons à cette pensée de Miss Edgeworth que le charme et le prestige des femmes, « leurs moyens de plaire, leur capacité d'attacher pour la vie des hommes dignes de respect et d'amour, dépendent plus

de la culture de l'intelligence que de toutes les institutions de
la galanterie moderne. »[71]

Est-il croyable, d'ailleurs, que l'homme puisse grandir
en science et en raison sans que la femme cherche à le suivre
et à l'imiter ? Quoi de plus naturel que le progrès de
l'instruction parmi les hommes ait piqué l'amour-propre des
femmes ? Aujourd'hui, elles nous somment de leur ouvrir
plus libéralement nos grandes écoles pour devenir des
épouses moins ignorantes et des mères plus cultivées :
qu'avons-nous à répondre ? Nous voyant mordre à belles
dents aux fruits cueillis sur l'arbre de la science, l'envie est
venue à la femme moderne d'y goûter à son tour : rien de
plus logique et de plus humain. C'est la revanche de la
gourmandise originelle. Succombant à d'imprudentes
suggestions, Adam reçut jadis la pomme fatale des mains de
notre première mère ; et voici maintenant que, prêchant
d'exemple, les hommes induisent les filles d'Ève en tentation
d'avide curiosité. Ne soyons donc point surpris qu'elles
réclament leur part des fruits de la science moderne. Il serait
illogique de vouloir garder pour nous seuls toute la pomme ;
et elles ne le souffriraient pas.

Au surplus, l'instruction bien donnée et bien reçue ne
va point sans un exhaussement et un affermissement de tout
l'être humain, sans une ascension vers la lumière et la justice.
La personnalité de la femme y trouvera son compte. Eu
égard aux difficultés de vivre, le sexe féminin réclame de
nouvelles occasions de travail. Nous avons beau examiner
gravement les aptitudes intellectuelles et l'avenir scientifique
de « la femme en soi, » cette discussion académique ne
résout point le problème du pain quotidien, qui se pose
chaque matin pour un grand nombre de nos soeurs les plus
méritantes. Combien d'entre elles sont condamnées à gagner

---

[71] *Opinions de femmes sur la femme.* Revue encyclopédique du 28 novembre 1896, p. 810.

leur vie par un labeur indépendant ? Or, j'ai établi, qu'en ce qui concerne la plupart des fonctions ordinaires actuellement remplies par les hommes, l'intelligence féminine vaut bien l'intelligence masculine. Encore est-il qu'elle a besoin, comme la nôtre, d'être instruite et cultivée. Ayant le devoir de travailler, il faut donc que les femmes aient les moyens de travailler. Ne nous moquons point de leurs formules pédantes : le « droit à la science » est tout simplement, pour les filles pauvres de la moyenne et de la petite bourgeoisie, le « droit à la vie ». Si elles veulent s'instruire, c'est que beaucoup ont l'espoir de tirer profit de ce capital intellectuel. Au lieu de tendre la main à la communauté, n'est-il pas plus honorable de gagner le repas de chaque jour à la sueur de son front ?

III

Que l'instruction soit donc largement départie aux femmes ! Je ne trouve point risible qu'elles parlent l'anglais ou l'allemand, qu'elles s'occupent de physique et de chimie, de botanique et de géologie, ni même qu'elles lisent le latin ou traduisent le grec, si le coeur leur en dit. Et plus s'élèvera le niveau de leurs connaissances, moins elles seront portées à tirer vanité de leur science. Distinguant ce que Molière n'a pas distingué, nous concevons très bien aujourd'hui qu'une « femme savante » ne soit pas nécessairement une « précieuse ridicule ».

A qui fera-t-on croire que, même dans les réunions les plus mondaines, l'instruction soit d'un secours inutile ? Elle élève et aiguise le ton de la conversation. Quel plaisir d'interloquer son valseur par une habile pointe d'érudition ! ou même de faire rougir de honte, par d'insidieuses questions d'histoire, quelque joli garçon plus familier avec le roi de pique qu'avec les rois de France ! Le développement de l'instruction féminine multipliera peut-être un type de jeune fille, dont il m'a été donné de connaître quelques jolis exemplaires : un type très vivant, très attirant, très français, je veux dire une jeune fille ouverte et franche, loyale et fière, pure sans pruderie, libre sans licence, rieuse sans frivolité, qui n'a point peur de la vie et ne redoute ni le travail ni l'épreuve, ayant de la volonté et de la décision, très capable de se dévouer, de s'attacher à qui sait la comprendre et l'aimer, en deux mots, une jeune fille qui, unissant aux qualités charmantes de son sexe une raison haute et ferme, ne saurait manquer, suivant une gracieuse image de Tennyson, de s'harmoniser avec l'époux de son choix « comme une musique parfaite avec de nobles paroles. »

Mme de Rémusat ne voyait « aucun motif de traiter les femmes moins sérieusement que les hommes. » J'ajouterai, pour dire toute ma pensée, que je ne vois aucun motif de refuser à une femme intelligente les moyens d'apprendre ce qu'un homme intelligent doit savoir. Pourquoi lui dissimuler la vérité, si elle est capable de la connaître ? N'ayez crainte que les femmes usent trop généralement des facilités de s'instruire que nous réclamons pour leur sexe : il y aura toujours de ces créatures languides et nonchalantes qui, suivant le mot de Mme de Souza, « passent leur vie à se dire trop jeunes pour savoir, jusqu'au jour où elles se croient trop vieilles pour apprendre. » Il est si doux de ne rien faire, que la paresse, qui compte tant de fidèles parmi les hommes, conservera bien assez de dévotes parmi les femmes. Qu'on se rassure : l'espèce ne se perdra point de ces oisives incultes, dont Mlle de Scudéry disait au XVIIe siècle, non sans malice, « qu'elles ne sont au monde que pour dormir, pour être grasses, pour être belles, pour ne rien faire et pour ne dire que des sottises ! »[72]

---

[72] *Opinions de femmes sur la femme, loc. cit.*, p. 840.

Si tout de même les dames de cette sorte avaient une raison plus éclairée et une existence plus active, la société s'en trouverait-elle plus mal ? Le nombre est grand des Françaises qui, pourvues de tous les agréments de leur sexe, n'en font qu'un usage frivole ou insuffisant. Ce n'est point qu'elles manquent de grâce et de goût. Elles s'habillent avec élégance ; elles ont du charme, de l'imagination, de l'aisance. Bien que la conversation soit en déclin dans la plupart des salons, elles causent bien,--ou à peu près. De ce qu'il faut pour exceller dans cet art, elles ont au suprême degré la coquetterie et la finesse ; il ne leur manque qu'une instruction, plus solide et plus sérieuse, que les familles et les maîtresses ont la faiblesse de sacrifier aux arts d'agrément, au chant, au piano, à la danse, à l'aquarelle, à ces petits talents agréables qui fleurissent l'esprit sans le mûrir et polissent les manières sans tremper le caractère ni fortifier la raison.

Loin de nous la pensée de bannir ces jolies choses de l'éducation des jeunes filles : elles sont la distraction, le sourire, l'embellissement et le luxe de la vie. Encore est-il que la culture des fleurs ne doit point nous faire oublier ou négliger la culture des fruits. À méconnaître cette règle majeure de toute éducation, les parents peuvent faire de leurs jeunes filles de gracieuses personnes, agréables à voir dans un salon, avides de plaire et de briller, bonnes musiciennes, excellentes valseuses, fières de leurs succès mondains, mais aussi de petites têtes folles, ne songeant qu'au plaisir et à la toilette, frivoles de goût, légères d'esprit, pauvres de coeur et de jugement.

« Mais elles vont au cours ! » m'objectera-t-on.--Ne m'en parlez pas ! L'instruction des jeunes filles consiste aujourd'hui à les promener à travers la science, sans ordre ni méthode, à toucher légèrement à toutes les questions pour leur permettre de parler superficiellement de tous les sujets, à introduire et à empiler dans leurs jeunes cervelles mille et mille notions confuses et indigestes, en un mot, à leur donner les apparences de l'instruction plus que la réalité du savoir et le discernement de la raison. On traite leur pauvre tête comme un vulgaire phonographe, comme une simple horloge à répétition, comme un mécanisme automatique, en la forçant à enregistrer fidèlement, à reproduire exactement tout ce qu'elle absorbe et emmagasine. Oubliant cette sage recommandation de Montaigne qu'» il ne faut pas attacher le savoir à l'âme, mais l'y incorporer,» qu'» il ne faut pas l'en arroser, mais l'en teindre,» on demande trop à leur mémoire qui est surmenée, persécutée, violentée. Et comme je comprends bien qu'après plusieurs années d'un traitement aussi féroce, nos jeunes filles de condition prennent l'étude en horreur et se jettent passionnément sur les chiffons et les romans ! A cela, quel remède ?

IV

Aujourd'hui l'objectif de l'instruction des jeunes filles doit être double : les élever plus fortement à la connaissance de la vérité, les préparer plus sérieusement aux devoirs de la vie. Ces deux choses se tiennent.

Voici ce que M. Alfred Mézières pense de la première : « En général, les jeunes filles françaises n'ont que trop de tendance à la frivolité, trop de goût naturel pour le succès, trop de désir de plaire. On devrait les préserver avec soin de la légèreté d'esprit qui est leur défaut capital, les habituer à réfléchir et à penser.» Oui ; une pédagogie bien comprise se fera une loi d'élever, de fortifier leur esprit, de leur insuffler une âme plus grave, de leur inspirer la ferveur du travail et le souci de la réflexion. A cette fin, elle tâchera surtout de faire entrer dans la tête des jeunes filles (c'est un point sur lequel Mgr Dupanloup avait coutume d'insister) que « leur éducation n'est pas finie à dix-huit ans et que la première robe de bal n'a, pas plus que le diplôme de bachelier pour les jeunes gens, la vertu de donner à leur science son parfait développement. »[73] Est-ce donc si difficile ?

Je me refuse à croire que la légèreté féminine soit incurable. On calomnie le sexe faible en lui prêtant je ne sais quelle impuissance à s'instruire et à raisonner hors de ce qui est rubans, modes, chapeaux ou autres futilités mondaines. Il n'en est pas moins vrai que « ce qui leur manque le plus (c'est encore M. Mézières qui parle), ce sont les goûts sérieux. Il faut éveiller en elles l'amour de l'étude, leur faire lire et leur faire aimer les chefs-d'oeuvre de l'esprit humain, les dégoûter ainsi d'avance des productions frivoles dont notre littérature est inondée et, en les habituant aux lectures solides, leur inspirer le mépris de tout ce qui ne l'est pas. »[74]

Faute de cultiver, d'éclairer, de redresser même le goût littéraire des femmes, le goût public ne saurait se former ou se maintenir, ce qui est beau et bon ne réussissant jamais sans elles. « Tout ce qui peut arracher les femmes à l'inutilité d'une existence mondaine ou misérable est un bien pour la patrie, un gage d'avenir. »[75] A ces mots de Mme Edgar Quinet, nous ajouterons que détourner les femmes de la littérature légère ou vicieuse qui s'étale dans les livres et les journaux, est tout profit pour l'esprit national et la moralité publique, parce qu'en plus de la maternité physique, la femme est appelée à faire oeuvre de maternité morale, parce que ses fils selon la chair sont aussi les enfants de son âme et qu'elle leur transmet avec le sang, avec le lait, avec la vie, tous les germes de progrès, l'idée qui éclaire, l'amour qui enflamme et la vertu qui exalte et sanctifie l'humanité. On lit dans les « Lois » de Platon : « Les femmes ont une si grande influence sur les hommes que ce sont elles qui déterminent

---

[73] Cité par Rebière, *Les Femmes dans la science*, menus propos, p. 339.

[74] *Le Travail des femmes*. Revue encyclopédique, *loc. cit.*, p. 908-909.

[75] *Ibid.*, *La Femme moderne*, p. 882.

leur caractère. Partout où elles sont accoutumées à une vie molle et somptueuse, vous pouvez dire que les hommes sont corrompus et amollis. » Tâchons donc de les rendre sérieuses.

CHAPITRE II

COMMENT NOUS COMPRENONS L'ÉDUCATION MODERNE DES JEUNES FILLES

I.--L'éducation des filles doit être conforme aux destinées de la femme.--Pourquoi ?--Nos raisons.--Éduquer, c'est former une personne humaine. II.--Culture « rationnelle ».--A propos de l'enseignement secondaire des filles.--Voeu en faveur de l'instruction professionnelle.--Écueils à éviter : l'inflation des études et le surmenage des élèves. III.--Culture « morale ».--Après la formation de la raison, la formation de la conscience et de la volonté.--Menus propos de pédagogie féminine.--Idées nouvelles sur l'éducation des filles.--La « dogmatique de l'amour ».--Nos scrupules. IV.--Culture « sociale ».--Esprit nouveau de l'éducation moderne des filles.--Ou est le devoir des heureuses de ce monde ?--Vieilles objections : ce qu'on peut y répondre. V.--Culture « religieuse ».--L'ame des femmes et le besoin de croire.--Le domaine de la foi et le domaine de la science.-- Si l'instruction est un danger pour la religion et la moralité des femmes.--A quelles conditions le savoir sera profitable a la piété et a la vertu des filles.

Après avoir rappelé sommairement le but élevé auquel doit tendre la pédagogie féminine, il importe, ne fût-ce que pour donner à nos idées plus de relief et de précision, d'indiquer les principes directeurs auxquels nous subordonnons l'éducation moderne des jeunes filles.

I

Quelle est, au voeu de la nature, la destinée normale de la femme ?--Être épouse, être mère. De son organisme physique et de sa constitution mentale, de ses dons et de ses penchants, de ses qualités et de ses faiblesses, de l'impressionnabilité inquiète de ses nerfs comme de la chaude tendresse de son coeur, cette vocation suprême se dégage avec toute la clarté propre aux vérités universelles. La maternité ? mais c'est le cri de son âme ! Par la maternité, elle exerce la plénitude de sa fonction, elle utilise tous ses trésors de vie ; par la maternité, elle goûte sagesse et bonheur, elle pratique devoir et vertu, elle épuise toutes les ivresses et toutes les sollicitudes de l'amour ; par la maternité, elle est femme jusqu'au bout, jusqu'au sacrifice, jusqu'à l'immolation de son être aux fins éternelles de l'humanité.

Si déjà l'homme a pour destination sociale d'être époux et père, s'il ne remplit vraiment tout son rôle, s'il ne connaît à fond toute la vie qu'à la condition d'ouvrir son coeur aux joies, aux soucis, aux responsabilités de la famille,--que dirons-nous de la femme, que la nature a soumise à des fatalités plus nombreuses, à des servitudes plus dures, dans l'intérêt manifeste de la perpétuation de l'espèce ? La maternité est sa raison d'être, sa raison d'aimer, sa raison de vivre.

De là, cette grave conséquence que l'éducation doit la préparer à cette vocation auguste, lui en faire comprendre la dignité, lui en faire chérir les devoirs. C'était l'avis de Mme de Staël : « Il faut élever la jeune fille avec la pensée constante qu'elle sera un jour la compagne de l'homme. » Et Marion ajoute avec force qu'une pédagogie, qui ne mettrait pas ce « lieu commun » au rang de ses principes, serait « extravagante ou criminelle ».[76]

Mais, en fait, le mariage n'est point la destinée de toutes les femmes. Après la règle, l'exception. Ne se marie pas qui veut. Nos moeurs laissant à l'homme l'initiative des ouvertures et l'antériorité du choix, beaucoup de femmes sont condamnées à vivre et à vieillir solitaires. Et le célibat est, pour le plus grand nombre des filles, une source d'épreuves et de privations. Sans appui et sans gagne-pain, isolées, délaissées, déclassées, elles ont mille peines à se suffire à elles-mêmes, faute de moyens d'existence lucratifs et indépendants. Bien que, par nature et par destination, la femme soit vouée à la vie de famille et à la paix du foyer, il faut néanmoins que l'éducation lui permette de se faire, en cas de nécessité, une libre place au soleil. Là est, pour les vieilles filles, la dignité et le salut. Et combien de veuves, qui ont connu les douceurs de la fortune, tombent brusquement, démunies et désemparées, dans l'infériorité ou la misère ? Les mettre à même de faire face aux éventualités les plus lourdes de l'existence par un travail indépendant et sûr, tel est le plus grand service que l'éducation puisse rendre à la généralité des femmes.

Et encore, avant d'être épouses et mères, elles sont femmes. Disons plus : en elles, comme en nous, les caractères généraux et les besoins communs de l'humanité priment les traits spéciaux et les tendances distinctives du sexe. Elles sont des personnes morales qui doivent être éduquées pour elles-mêmes, pour leur bien propre, pour leur

---

[76] *La Psychologie de la femme*, p. 242.

honneur, pour leur bonheur. Si donc il convient de cultiver les dons originaux de la féminité, il importe de ne point négliger les attributs supérieurs de l'humanité, dont elles sont les membres vivants au même titre que les représentants du sexe masculin. C'est ce qui faisait dire à Fénelon que « la vertu n'est pas moins pour les femmes que pour les hommes, » et que, de ce chef, « elles sont la moitié du genre humain, rachetée du sang de Jésus-Christ et destinée à la vie éternelle. »

En somme, qu'il s'agisse de l'homme ou de la femme, le but de l'éducation est le même, à savoir l'élévation de la personne humaine à toute la perfection dont elle est capable. Et cette éducation, nous avons trois raisons pour une de la donner pleinement à la femme : parce qu'elle est un être de chair et de sang, de raison et d'amour, un individu libre et responsable, un exemplaire de l'humanité pensante et souffrante, une personnalité morale qui doit être cultivée pour elle-même ; parce qu'elle est destinée au rôle d'épouse et de mère, et qu'appelée à régler tout le détail des choses domestiques, elle ruine ou soutient les maisons, et qu'investie de la royauté du foyer, elle est le bon ou le mauvais génie de la famille ; parce qu'enfin, ayant « la principale part aux bonnes ou aux mauvaises moeurs de presque tout le monde, » comme dit encore Fénelon, elles tiennent entre leurs mains la dignité, la moralité, l'avenir même de la société. Élever et fortifier la femme, élever et préparer la mère, de telle sorte qu'épouse, fille ou veuve, elle puisse tenir sa place utilement, honorablement, dans la famille et dans le monde, tel est le double but que nous assignons à l'éducation moderne des filles.

Il s'ensuit que les femmes doivent être élevées aussi bien que les hommes, et qu'a cette fin elles ne méritent ni dédain ni adulation ; car le dédain les voue à l'ignorance et à la médiocrité, tandis que l'adulation se contente d'admirer en elles les dons brillants et futiles, les agréments superficiels et vains. Traitons-les donc avec respect, prenons-les au sérieux ; fortifions leur faiblesse par une culture aussi complète que possible, par une éducation rationnelle, morale, sociale, religieuse. Ces quatre mots, qui résument tout notre programme pédagogique, ont besoin d'explication.

II

Premièrement, la culture de la femme doit être *rationnelle*. Autrement dit, nous voulons que l'instruction des jeunes filles soit appropriée aux fonctions de son sexe et aux devoirs de sa condition.

Qu'il faille mieux les instruire : tout le monde l'accorde. Les moins favorables s'y résignent avec mélancolie, comme à une fatalité inéluctable. Au nom de quel principe l'homme aurait-il le droit d'être moins ignorant que la femme ? En fait, tout ce que nous pouvons savoir, la femme peut l'apprendre. Mais doit-on le lui enseigner de la même manière ? Du tout, et pour bien des raisons : parce que ses aptitudes intellectuelles ne coïncident pas absolument avec les nôtres ; parce que son organisme est plus délicat et sa sensibilité plus vive ; parce que sa nature même la voue à un autre rôle dans la famille, à une autre place dans la société ; parce qu'elle ne sert point de même façon les destinées de la race et les intérêts essentiels de l'humanité.

Toutes ces disparités de nature et de fonction entre l'homme et la femme s'opposent à l'uniformité des programmes, des études et des disciplines. Point d'enseignement efficace sans une correspondance sympathique entre l'instruction donnée et le sexe qui la reçoit. « Comme notre corps ne se nourrit pas de ce qu'il mange, mais de ce qu'il digère, » de même « on ne s'instruit

pas avec ce qu'on apprend, mais avec ce qu'on s'assimile. »
Et M. Ernest Legouvé induit de cette comparaison que « la
femme a droit à être élevée aussi bien que l'homme, mais
autrement que l'homme, » et que « même dans le cas où on
leur enseignerait à tous deux la même chose, il faut la lui
enseigner, à elle, différemment. »[77] Il ne s'agit pas, bien
entendu, de faire pour les filles une science moins exacte,
une science édulcorée et fade, une science *ad usum puellarum*,
mais seulement, comme l'a dit un maître en pédagogie, M.
Gréard, « de leur rendre la vraie science plus accessible et
plus assimilable, en la dégageant de tout ce qui n'est pas
indispensable à l'éducation de l'esprit. »[78] Y a-t-on réussi ?

A peu près. Les jeunes filles ont maintenant des lycées,
des collèges, des pensionnats séparés. On s'est efforcé de les
préserver, autant que possible, des programmes
encyclopédiques qui accablent les garçons. Elles ne sont pas,
les heureuses créatures, hantées, poursuivies, étreintes par le
cauchemar du baccalauréat. Plus souple et plus libre, leur
instruction, répartie entre maîtres et maîtresses, a pour
sanction des examens de fin d'études ni trop lourds ni trop
faciles. Somme toute, l'enseignement secondaire spécial des
jeunes filles, tel qu'il a été organisé par la loi du 21 décembre
1880, nous paraît judicieusement compris et dosé. On sait,
d'ailleurs, s'il a réussi ! Depuis sa création, l'effectif de sa
clientèle n'a pas cessé de suivre une progression régulière ; et
il sert trop bien les desseins du féminisme pour qu'on puisse
douter de son extension croissante.

Sans doute possible, l'enseignement secondaire des
jeunes filles est entré dans nos moeurs. A tel point que Mme
Marie du Sacré-Coeur a proposé, non sans éclat, de fonder à
Paris, au centre des lumières, une École normale

---

[77] *Le Travail de la femme*. Revue encyclopédique, *loc. cit.*, p. 908.

[78] *L'Enseignement secondaire des filles*, p. 142.

congréganiste rivale de celle de Sèvres, destinée à fournir aux couvents un personnel enseignant capable de lutter contre les établissements de l'État, auxquels « il ne manque humainement rien. » Mais l'ouvrage dans lequel ce dessein était exposé--*Les Religieuses enseignantes et les Nécessités de l'Apostolat*--a été mis à l'index par une décision de la Sacrée-Congrégation des évêques et réguliers en date du 27 mars 1899. Le Saint-Siège a préféré s'en remettre aux instituts religieux du soin de prendre « les moyens idoines qui leur permettront de répondre amplement aux désirs des familles et d'élever les jeunes filles à la culture qui convient aux femmes chrétiennes. » Il faut avouer que, si imparfait que puisse être l'enseignement congréganiste, l'innovation projetée avait le très grave inconvénient de détruire l'active émulation et la diversité féconde des communautés enseignantes de femmes, en leur imposant une même préparation, une même discipline scolaire, un même entraînement pédagogique. Peu soucieuse de suivre les errements de l'Université de France, l'Église n'a pas voulu soumettre ses oeuvres d'éducation à l'uniformité régimentaire.

Et là, précisément, est le vice de notre système d'enseignement officiel qui, rétréci par des vues trop étroites, ne convient qu'aux besoins et aux moyens d'un petit nombre de jeunes filles privilégiées. Fénelon a écrit que « le résultat d'une éducation bien entendue doit nous mettre à même de remplir avec intelligence les devoirs de notre état. » C'est une parole de pure sagesse. Or, quels sont les devoirs ordinaires d'une femme, sinon d'élever et d'instruire ses enfants, de diriger son intérieur, de surveiller ses domestiques, de calculer ses dépenses, de balancer ses comptes, bref, de gouverner sa maison avec ordre, prudence et économie ? Cela étant, je me demande si nos pédagogues ne sacrifient pas aujourd'hui le nécessaire au superflu. Tels qui croiraient déroger en interrogeant une petite fille sur la consommation moyenne d'un ménage en beurre, sucre ou café, trouvent naturel de lui demander la quantité d'oxygène ou d'azote contenue dans le pain ou la betterave. Gardons-nous d'organiser le mandarinat féminin à côté du mandarinat masculin ! Un régime aussi sot nous donnerait une jolie société : ni hommes ni femmes, tous diplômés.

Puisque l'instruction n'est pas une fin en soi, mais un moyen de mieux agir sur la vie, puisque le mariage et la maternité sont la destinée normale de la femme, puisqu'il lui appartient de créer le foyer où grandiront les générations nouvelles, il est un sujet féminin, par excellence, qu'il importerait de joindre à tous les degrés de l'enseignement des jeunes filles, c'est à savoir l'hygiène du logis, de la famille, de l'enfance, qui n'a encore, dans les programmes d'instruction, qu'une place tout à fait insuffisante. Serait-il donc si difficile de conduire nos demoiselles, une ou deux fois par semaine, à une crèche, à un refuge, pour les initier aux soins des nouveau-nés ? Tenez pour assuré qu'elles aimeront mieux dorloter un poupon en chair et en os, qu'une poupée à ressorts et à falbalas.

Pourquoi même n'est-on pas entré résolument dans la voie de la différenciation et de la variété des enseignements ? Pour qu'une femme puisse vivre, en cas de nécessité, du travail de ses mains, il serait urgent de développer l'enseignement professionnel sous toutes ses formes : 1° l'enseignement agricole, en multipliant les laiteries, les fromageries et les fermes modèles, en instituant de nouvelles écoles d'agriculture et d'horticulture ; 2° l'enseignement industriel, en favorisant l'extension et le progrès des arts de la femme dans toutes les branches de la production manufacturière ; 3° l'enseignement commercial, en mettant à la portée des jeunes filles les ressources d'une instruction réservée trop exclusivement aux jeunes gens dans nos Écoles de commerce récemment créées. Combien de femmes, ainsi armées par une instruction technique sagement appropriée à leur sexe, seraient capables de diriger, aux champs ou à la ville, avec autant d'habileté que de profit, un domaine, un atelier ou un négoce ?

Sur ces points, tous les groupes féministes sont d'accord : l'enseignement spécial est encore à créer pour la femme. Les deux sexes devraient recevoir une instruction adaptée au milieu dans lequel ils sont appelés à vivre, une instruction agricole dans les campagnes, une instruction commerciale ou industrielle dans les agglomérations urbaines ou les centres manufacturiers. Depuis quelques années, les féministes de toutes nuances ont émis vœu sur vœu, afin de déterminer les pouvoirs publics à organiser et à multiplier au plus vite les écoles professionnelles de filles. Voilà de l'émancipation pédagogique saine et sage. Mais, sur ce point, l'État ne semble pas pressé de nous donner satisfaction. Ce n'est pas d'ailleurs un mince progrès à réaliser, puisque l'enseignement spécial des garçons,--et surtout l'enseignement agricole,--est lui-même manifestement insuffisant.

Dresser la jeune fille aux tâches sacrées de la maternité, à la bonne tenue du foyer, à l'hygiène savante de la maison, à la pratique habile d'un métier ou d'une profession, voilà déjà des points essentiels auxquels l'instruction actuelle ne fait pas la place éminente qu'ils méritent. Mais en prenant l'enseignement moderne des filles tel qu'il fonctionne aujourd'hui sous nos yeux, avec cette manie contagieuse du brevet supérieur qui en est la plaie inséparable, il n'est pas très difficile d'apercevoir qu'il penche en outre vers deux-écueils dont il faudrait, coûte que coûte, le garantir : j'ai nommé l'inflation des études et le surmenage des élèves.

Certes, il y aura toujours des jeunes filles de talent et d'esprit qui réclameront à bon droit une instruction soignée, une culture complète. S'il est peu raisonnable de vouloir instruire supérieurement toutes les femmes, il le serait moins encore d'interdire aux mieux douées les hautes spéculations de la pensée. Suivant le joli mot de M. Anatole France, « la science peut bien avoir, comme la religion, ses vierges et ses diaconesses. »[79]

Par malheur, beaucoup de maîtresses ont le tort (cela est particulièrement vrai des congréganistes) de s'appliquer à faire de leurs élèves, par une culture intensive des plus artificielles, de petites personnes, complètes et universelles, des « natures éminemment besacières », comme eût dit Alfred de Musset, des cervelles richement meublées en apparence, médiocrement instruites en réalité. Chaque maison brûle d'inscrire sur son palmarès de fin d'année le plus grand nombre de brevetées qu'il est possible ; et l'on gave, en conséquence, les pauvres petites pensionnaires ! Cette maladie du diplôme commence à pervertir les études féminines, surtout dans les établissements religieux.

Cela même nous fait craindre que l'instruction des jeunes filles ne perde peu à peu l'incontestable supériorité qu'elle possède sur l'instruction des garçons. Ajoutons que, sans même qu'on élargisse officiellement les programmes, les maîtresses, religieuses ou laïques, se chargent trop souvent de les amplifier. C'est leur préoccupation--et leur plus grave défaut--de vouloir tout dire sur chaque question ; et le malheur est qu'elles y réussissent parfois, tant leur parole coule avec aisance et fuit avec volubilité. Les femmes, en général, se dispersent, se traînent, se noient dans un flot d'explications électriques et torrentielles. D'où l'on a pu dire qu'elles sont moins bien douées que les hommes pour les oeuvres d'enseignement. Et de fait, la direction des écoles mixtes est confiée, presque partout, à des instituteurs, tandis que les classes enfantines sont laissées naturellement aux institutrices.

---

[79] *Le jardin d'Épicure*, p. 192-193.

On pense bien que les féministes s'en plaignent. La Gauche du parti a émis le voeu « que l'enseignement à tous les degrés, y compris l'Université, fût confié aux deux sexes indistinctement. »[80] Mais, pour enlever aux hommes les chaires qu'ils détiennent, ces dames ont un moyen plus décisif, qui est de professer mieux qu'ils ne font. Nous leur conseillerons donc de ne point aggraver ni alourdir l'enseignement secondaire des filles, dont les programmes et les méthodes nous semblent infiniment supérieurs à ceux de nos lycées de garçons. Après quoi, on verra, si elles y tiennent, à ouvrir aux plus dignes les chaires de nos Universités. En attendant, elles feront bien de se rappeler que l'office du maître est de solliciter, d'éveiller les esprits plutôt que de les bourrer,--l'instruction devant être subordonnée expressément à l'éducation.

Et c'est pourquoi nous la voulons rationnelle, c'est-à-dire non seulement appropriée aux devoirs des futures mères en même temps qu'à la condition sociale des jeunes filles, mais encore tournée judicieusement à l'amélioration intellectuelle de leur sexe, de manière à redresser les imperfections, à fortifier les faiblesses, à parfaire les insuffisances de l'esprit féminin.

Ainsi, nul ne conteste aux femmes la faculté de retenir ; mais il ne faut pas qu'elles apprennent et répètent à vide, sans contrôle ni réflexion. Nul ne leur conteste l'imagination ; mais il né faut pas que ce don d'invention aventureux se développe au détriment de la logique et de la raison. Non qu'elles soient incapables de généralisation ; mais elles généralisent trop vite, sans méthode, sans patience, sans scrupule. Non qu'elles soient incapables de raisonner ; mais elles raisonnent en hâte, sans correction, sans rigueur, sans prudence. Elles sont même capables de

---

[80] Voir la *Fronde* du 9 septembre 1900.

tout comprendre ; mais leur intelligence est un peu courte, un peu sommaire, un peu superficielle. Bref, leur savoir n'est trop souvent que « de seconde main »[81], ou, comme dit Mme de Maintenon, « elles ne savent qu'à demi. » Raison de plus pour les prémunir contre elles-mêmes. Se défier de soi, suspendre son jugement, peser le pour et le contre, travailler lentement, c'est à quoi la femme semble plus impropre que l'homme. Ce qu'il faut donc apprendre aux jeunes filles avant tout, c'est la logique, l'art de raisonner, l'art de réfléchir, moyennant quoi je ne serais pas surpris que la futilité des femmes se transformât en cette curiosité large et désintéressée qui fait les esprits fermes et les belles intelligences.

Quant à surmener nos écolières de gymnase comme on force la floraison d'une plante rare, je ne sais point d'exagération plus absurde et plus périlleuse. Mieux vaut pour le commun des mortels la libre croissance au grand air, qu'une culture savante distribuée avec excès dans l'atmosphère lourde des serres. Est-ce à dire que la robustesse du corps soit toujours une condition de puissance intellectuelle ? Non ; mille exemples prouvent que, chez les hommes, la débilité physique n'est pas un obstacle aux oeuvres de science et même de génie. Mais pourquoi charger les femmes d'un poids qui serait trop lourd au plus grand nombre ? Ne les écrasons point sous prétexte de les instruire. « C'est la raison principale pour laquelle, au dire de Bossuet, on exclut les femmes des sciences, parce que, quand elles pourraient les acquérir, elles auraient trop de peine à les porter. »

A la vérité, le tempérament de la femme évolue plus rapidement que celui de l'homme. La transformation des filles est plus précoce et aussi plus accidentée que celle des

---

[81] Marion, *Psychologie de la femme*, p. 217.

garçons. À cette occasion, les hygiénistes et les médecins nous avertissent qu'il serait d'une fâcheuse imprudence de soumettre les étudiants et les étudiantes au même entraînement cérébral. Un professeur, qui a surveillé des milliers de jeunes filles, atteste l'extrême fréquence des absences motivées par leur santé.[82] À pousser trop vivement leurs études, beaucoup se heurtent aux résistances de la nature qui se venge, parfois avec cruauté, de la violence qu'elles lui ont faite. On voudra bien ne pas perdre de vue ces deux écueils,--nous voulons dire l'inflation des programmes et le surmenage des élèves,--quand nous examinerons plus loin les systèmes d'» instruction et de coéducation intégrales », qui figurent au programmé de la Gauche féministe.

III

Deuxièmement, la culture de la femme doit être *morale*. Après la formation de la raison, la formation de la conscience. Ces deux choses se tiennent. Ce serait déjà un progrès considérable de mettre en honneur, dans les pensionnats, une culture solide qui induise les jeunes filles en réflexions salutaires, une culture prévoyante qui les rende capables du travail des mains et de l'esprit, et de la substituer peu à peu, dans les familles, à cette culture superficielle ramassée négligemment dans les cours mondains, à cette culture mensongère faite de phrases apprises, de gestes convenus, de petits agréments de salon, qui cache une ignorance absolue des devoirs domestiques, de l'hygiène et de la direction du ménage, du développement physique et moral de l'enfance, de tout ce qui constitue la fonction de la femme et la dignité de la mère.

---

[82] P. Augustin Rösler, *La Question féministe*, p. 123.

Joignons qu'une conduite irréprochable ne se conçoit guère sans un jugement droit. Apprenons à bien penser et, du même coup, nous apprendrons à bien agir. Une instruction purement décorative n'a pas de valeur éducatrice. On peut être un lettré ingénieux, subtil, orné, accessible aux raffinements de la pensée, amoureux des élégances de la forme, et n'être, malgré cela, qu'un triste sire. Les gens cultivés ne sont aucunement à l'abri des écarts et des chutes. L'instruction doit donc être soutenue et complétée par des habitudes de réflexion active, de discernement sage et de forte conviction. « Former des esprits capables de penser l'action juste et de la vouloir, tel est donc l'idéal de l'éducation moderne ; » et Mlle Dugard nous assure que « c'est de lui que l'Université s'inspire dans la direction des jeunes filles. »[83]

Très bien. Mais que cette nouveauté soit du goût des parents, c'est une autre affaire. Jusqu'à ce jour, la mode et la tradition préconisent, pour les filles, une éducation pusillanime et timorée qui, au lieu de développer les énergies latentes, détourne de l'action, paralyse l'effort, incline les volontés à la résignation, à l'effacement, à l'inertie. Retenues jalousement dans le giron des mères, entourées d'une sollicitude inquiète, élevées en vue de la tranquillité, du désoeuvrement et du bien-être, habituées à ne jamais faire un pas ou dire un mot sans autorisation, toujours accompagnées, surveillées, annihilées, trop nombreuses sont nos demoiselles de grande et de petite bourgeoisie qui prennent l'habitude de n'agir, de ne vouloir, de ne sentir, qu'avec l'aide et la permission d'autrui. Elles vivent par procuration. Toute responsabilité les effraie. Domestiquées par avance, elles se défient de la moindre liberté. Sans convictions éclairées, sans énergie, sans initiative, mal préparées à la vie, puisqu'elles ne connaissent le monde que

---

[83] *De l'Éducation moderne des jeunes filles*, p. 7.

par les distractions énervantes et la politesse mensongère des salons, l'âme faible et le corps anémié, elles semblent faites pour devenir la chose d'un maître. L'époux peut venir : l'esclave est prête.

Est-il sage, est-il bon que nos jeunes filles soient à la merci de la première volonté forte qu'elles rencontreront sur leur chemin ? Est-il sage, est-il bon de travailler à leur diminuer l'âme, à déprimer, à étouffer ce qu'elles contiennent de force vive pour l'action utile et bienfaisante ? Daignent les familles entendre et retenir ce mot de Fénelon : « Plus les femmes sont faibles, plus il est important de les fortifier ! » Il y a place ici pour une émancipation pédagogique des plus louables et des plus urgentes. Qu'est-ce à dire ?

Il est clair que l'éducation moderne des filles doit avoir pour but essentiel d'accroître et d'affermir en elles tout ce qui peut faire contrepoids à l'émotivité affective, à l'excitabilité capricieuse qui constitue le fond de leur nature, de manière à soumettre leur sensibilité au contrôle de la raison et à l'empire de la volonté. Son premier devoir est de tonifier leur nervosité par un régime sain et une règle large, souple et vivifiante. S'il est vrai qu'une âme bien équilibrée se plaît à habiter une chair florissante, la pratique bien entendue de certains sports leur vaudra mieux que l'énervement des bals et des soirées. Elles apporteront, de la sorte, au mariage et à la maternité plus de vigueur et de santé.

Pour être morale, l'éducation s'appliquera encore à développer en elles la franchise et la sincérité. On sait que la jeune fille est volontiers compliquée, fuyante, rusée. A lui faire perdre le goût des voies obliques, des détours habiles, des petits manèges artificiels, à lui inspirer le culte de la loyauté, l'amour de la droiture, la rectitude scrupuleuse des intentions, on lui donnera une solidité d'âme qui servira de caution à ses plus gracieuses qualités. Mais ce que l'éducation doit surtout cultiver en nos filles, c'est la volonté. De ce côté, il y a infiniment à faire : d'abord, pour la dégager du sentiment et de l'impressionnabilité qui la troublent, de l'impulsion irréfléchie et de l'entêtement obstiné qui l'aveuglent ; puis, pour l'orienter vers le bien, pour la soumettre à la loi du devoir, pour la plier au frein d'une conscience droite et pure, de façon qu'alors même où tout appui viendrait à lui manquer du dehors, elle puisse tenir fermement le gouvernement de soi-même.

Le temps n'est plus où la contrainte suffisait à assurer la soumission, de la jeunesse. C'est par une adhésion réfléchie et spontanée que les enfants d'aujourd'hui doivent être amenés à la subordination, à l'obéissance, au sacrifice. La force d'âme est le viatique des faibles. C'est par elle seulement qu'ils peuvent s'élever à la virilité morale. Vivre volontairement selon le devoir est une vertu d'autant plus nécessaire aux femmes qu'elles devront la transmettre à leurs enfants. De leur culture dépend notre honnêteté. Préparer nos filles à donner des hommes à la France de l'avenir, tel est le but à poursuivre. C'est à bon escient que, sur la médaille frappée pour commémorer la fondation de l'enseignement secondaire des jeunes filles, on a gravé cette légende : *Virgines, futuras virorum matres, Respublica docet.*

Si austères que puissent paraître ces idées, elles ne portent pas atteinte aux grâces de la féminité. Elles les élèvent et les ennoblissent, voilà tout. Qui sait même si cette façon de prendre la vie pour ce qu'elle est en réalité, c'est-à-dire comme une épreuve et un devoir, ne ramènera pas notre jeunesse dorée à une conception plus exacte de la grandeur du mariage et de la dignité du foyer ?

On sait quelles sont aujourd'hui les illusions de nos demoiselles les plus fortunées. Les unes, imbues des pires préjugés mondains, tiennent leur élégante frivolité pour le meilleur moyen d'attirer les épouseurs ; et dédaigneuses d'un choix prudent, ignorantes des goûts et des antécédents de leur futur époux, elles consentent à agréer les ouvertures du premier venu qu'elles rencontrent dans un salon ami, sur la présentation improvisée d'un tiers complaisant. A trop se renseigner sur le caractère et la moralité d'un candidat, à vouloir se marier en connaissance de cause, à prétendre donner amour pour amour à qui seulement le mérite, elles risqueraient de passer pour « romanesques », tandis qu'en courant les risques d'un mariage de hasard où l'argent a plus de part que l'affection, elles seront souvent considérées par leur milieu (ô l'étrange aberration !) comme des jeunes filles positivement « raisonnables ».

Les autres, pieuses et candides, entretenues naïvement dans les plus sottes illusions, regardent le mariage comme une revanche du paradis perdu, comme un Éden jonché de fleurs, où, appuyées sur le bras du prince Charmant qu'elles entrevoient dans leurs rêves, elles vivront le roman de leur vie dans la jouissance continue des plus ineffables délices. Derrière ce joli décor, on oublie de leur montrer les réalités de l'existence et, après les félicités de demain, les obligations d'après-demain. Aux coeurs ingénus qui escomptent aveuglément une succession ininterrompue de bien-être, de contentement et d'ivresses, l'avenir prépare de cruelles déceptions. Pareil aux années qui passent en nous vieillissant, le mariage a ses saisons et ses orages : les joies de son printemps sont brèves et fugitives ; son été ne tarde guère à charger l'épouse des fruits de la maternité ; puis vient l'automne, qui aggrave encore ce lourd fardeau des mille et mille soucis du ménage, de l'entretien et de l'éducation des enfants, des dépenses et des obligations croissantes de la famille, jusqu'au jour, tôt venu, où l'hiver apporte avec lui les maladies et les défaillances de la vieillesse.

« Voulez-vous donc apprendre aux jeunes filles ce qu'on a coutume, en France, de leur cacher

soigneusement ? »--A cette question, que me posait un jour
une femme de sens avec l'intention de m'embarrasser, la
prudence interdit de répondre par un précepte absolu et
général. Mon idée est qu'il y a moyen d'éclairer, avec tact, la
curiosité des grands enfants sans bercer leur imagination
d'histoires stupides. Et même en évitant les révélations trop
brusques, en procédant par gradations habiles, en
s'abstenant avec soin de toute crudité de langage, en
enveloppant la vérité d'un voile de précautions nécessaires, il
y a peut-être, en certains cas, plus d'avantages que
d'inconvénients à fournir à une jeune âme certains
avertissements sur les matières les plus délicates.

Qui chargerons-nous de cette initiation progressive ?
Comment la mener à bonne fin ? A cela, je le répète, point
de règle unique. Nous ne croyons pas qu'il suffise de lever
tous les voiles pour mettre toujours les jeunes filles à l'abri
des dangers et des risques du monde. Ce serait trop simple.
Nombreuses sont celles que vous amènerez plus sûrement
jusqu'au seuil du mariage en leur fermant certains horizons,
qu'en leur dévoilant tous les secrets de la vie. Combattre en
elles, par des éclaircissements préventifs, les écarts éventuels,
les complaisances possibles, les capitulations faciles de la
femme mariée, en supprimant la barrière que nos moeurs
françaises ont élevée entre les deux phases de leur vie, ne
nous paraît pas un moyen infaillible de les préparer à mieux
servir les intérêts de la race, à mieux remplir les devoirs du
foyer.

Et pourtant, dans son livre sur « La nouvelle éducation
de la femme dans les classes cultivées », Mme d'Adhémar
émet hardiment l'avis qu'on renverse « la haute muraille que
l'usage dresse, d'ordinaire, entre la vie de jeune fille et la vie
de jeune femme, » quitte à la remplacer par « une grille
transparente à travers laquelle se découvrira, petit à petit,
quelque chose de l'inévitable avenir. » De deux choses l'une,
dit-on encore, ou le futur mari sera honnête, ou il ne le sera

pas. Dans le premier cas, le brave homme trouvera son compte à recevoir des mains d'habiles éducatrices une femme complètement élevée ; dans le second, il serait criminel de confier l'achèvement de l'éducation féminine aux fantaisies d'un libertin. Plus de novices, plus de grands enfants. La jeunesse doit connaître la vie avant de la vivre.

Soit ! L'ignorance n'est pas toujours une condition de vertu. Mais à tout apprendre avant l'âge, croyez-vous que toutes les jeunes filles seront plus candides ? Levez seulement un coin du voile, et leur curiosité risquera souvent de tourner en tentation. Si partisan que je sois d'une éducation plus élargie, il ne me paraît pas indispensable de les instruire toutes, avant le mariage, en des cours publics, sous forme de leçons générales, d'après un programme arrêté d'avance, de « l'exercice normal des sens selon les règles établies par la morale religieuse. » J'ai quelque peine à me figurer les « Dames du Préceptorat chrétien », dont Mme d'Adhémar rêve la création, s'appliquant avec sincérité à étudier entre elles et à commenter devant leurs élèves « la dogmatique de l'amour », sous prétexte que celui-ci émane du ciel et qu'il mérite l'encens de nos coeurs. La psychologie et la physiologie du mariage sont-elles si nécessaires aux jeunes filles pour les préparer efficacement à leur mission future ? Une certaine ignorance de ces choses n'a pas empêché nos aïeules et nos mères de comprendre et d'accomplir magnifiquement leurs devoirs, lorsque l'heure en fut venue.

Enfin,--et c'est le point essentiel,--n'est-il pas à craindre que « les nobles ouvertures de l'enseignement chrétien » inquiètent, agitent, échauffent certains tempéraments ? Y a-t-il prudence à provoquer en toutes les âmes l'éveil des sens et la conscience du sexe ? A-t-on réfléchi aux difficultés presque insurmontables d'un pareil sujet ? Ou l'institutrice traitera éloquemment de l'amour divin, et voilà des pensionnaires qui s'éprendront de la vie religieuse. Ou l'institutrice expliquera, avec une chaude persuasion, les mystères de l'amour naturel, et de tels éclaircissements ne peuvent être sans danger pour les écolières, ni sans appréhension pour les parents. Gardez-vous d'effaroucher la sainte pudeur, sous prétexte de renoncer aux calculs étroits d'une pruderie imprévoyante et sotte ! A vouloir délivrer radicalement nos enfants de certaines ignorances, cette pédagogie hardie fait songer (excusez le mot) aux pêches sans fraîcheur et aux jeunes filles « sans duvet ».[84] Froissée trop tôt dans sa candeur par des mains rudes et indiscrètes, une âme d'adolescente peut en être meurtrie ou fanée pour la vie.

Encore une fois, la règle à suivre en ces matières infiniment graves dépend des natures et des tempéraments. Comme un caillou jeté dans une eau tranquille peut, suivant la consistance du fond, troubler, ou non, la transparence de la source entière, il est des âmes pures dont la connaissance des choses de la vie ne parvient jamais à altérer l'admirable sérénité, et des âmes troubles dont la moindre secousse remue toutes les fanges. Aux premières, dont l'honnêteté est foncière, vous pouvez tout dire ; aux secondes, dont la pureté n'est que superficielle, vous ferez bien de mesurer avec discrétion la lumière et la vérité.

Au surplus, ces initiations graduelles doivent se faire par confidences particulières, et non par enseignement public. Et nous maintenons en principe qu'il appartient aux seuls parents d'explorer les dessous mystérieux du coeur de leurs enfants. Rien de plus délicat que la formation d'une conscience de jeune fille. Il en est de certains éclaircissements que nous devons lui fournir, un jour ou

---

[84] Léon Crouslé, *Nouvelle éducation de la femme dans les classes élevées*. Le Féminisme chrétien, année 1897-1898, p. 8.

l'autre, sans déflorer sa pudeur, comme d'un papillon qu'il faut prendre sans faire tomber la poussière de ses ailes.

Cette tâche exige la délicatesse et l'inspiration d'une mère. Et les institutrices, religieuses ou laïques, ne sauraient suppléer celle-ci que rarement, avec l'agrément de la famille, sous forme d'avertissements intimes, en y mettant toutes sortes de précautions et de ménagements. Il y aurait imprudence à ériger en règle générale, en système pédagogique, des divulgations publiques et collectives qui ne sont que très exceptionnellement désirables ou possibles. L'éducation d'une conscience se peut faire, Dieu merci ! sans qu'une maîtresse ait besoin de mettre à nu, en pleine classe, les secrets et les ressorts de l'amour charnel.

IV

Troisièmement, la culture de la femme doit être *sociale*. Ceci est nouveau. Nous vivons en un temps où le spectacle de l'inégalité des fortunes et des conditions éveille dans les âmes bien nées je ne sais quel malaise indéfinissable. Jamais le problème de la misère n'a excité une préoccupation si vive, une anxiété si poignante. Jamais la légitimité des plaintes, la nécessité des réformes, l'urgence des réparations, ne se sont manifestées à la conscience publique avec une force plus instante. Les cris de la souffrance humaine, d'où qu'ils viennent, se prolongent en douloureux échos jusqu'au fond de nous-mêmes. Il semble que plus le bien-être s'étend par en haut, plus le progrès illumine les sommets, et plus notre coeur s'offense du dénuement et des ténèbres d'en bas. Un appétit de justice, que les âges précédents n'avaient point connu, travaille confusément le siècle qui commence. Les plus distraits ont peine à rester indifférents devant l'imminence des questions sociales qui les pressent, devant la multitude des souffrants, des blessés, des vaincus de ce monde, qui appellent à l'aide et demandent à se relever, à travailler, à vivre. Il n'est point douteux que l'esprit de solidarité ne se propage et ne s'avive de jour en jour. Le lien de fraternité qui nous unit mystérieusement les uns aux autres est plus présent et plus sensible à nos âmes. Chacun voit mieux le devoir social qui lui incombe. Et c'est pourquoi le moment est venu de *socialiser* l'éducation.

Expliquons-nous. Dans le conflit des classes qui nous menace, les femmes, créatures de grâce et de bonté à qui rien d'humain ne résiste longtemps, ont un rôle à remplir, dont beaucoup ne comprennent ni l'actualité ni la grandeur. En vain le domaine de la charité s'ouvre immense aux bonnes volontés : oeuvres de relèvement à créer, foyers d'assistance à entretenir, indigents et malades à visiter, maisons de refuge et de retraite à ouvrir et à multiplier. Il y a surtout l'enfance à sauver, la vieillesse à soutenir, et plus particulièrement l'ouvrière, cette soeur du peuple si méritante et si oubliée, à préserver contre les tentations de la rue, à défendre contre les mauvais conseils de la misère. Là est le devoir. Combien de femmes s'en désintéressent parce que, jeunes filles, elles n'ont pas appris à le connaître et à le pratiquer ?

Apprenons-leur donc, à l'âge où le coeur s'ouvre naturellement à tout ce qui est tendre et bon, que la destinée de la femme n'est pas dans la médiocrité du bien-être égoïste, mais plus haut, dans une vie utile, employée à combattre le mal et à diminuer la souffrance. Apprenons aux demoiselles riches, trop disposées à rêver d'une vie luxueuse et dissipée, que leurs toilettes commandées trop tard, exigées trop tôt, se traduisent en souffrances pour les ouvrières de l'aiguille ainsi condamnées, tour à tour, au travail de nuit qui les épuise et au chômage qui les affame. Apprenons aux modestes filles de la bourgeoisie que les devoirs domestiques envers le mari et les enfants ne les exonèrent point des obligations plus larges qui dépassent l'horizon familial, et qu'après avoir donné premièrement leur affection et leur peine à ceux qui leur sont le plus chers, elles doivent ouvrir leur coeur et leur bourse aux membres souffrants de la grande famille humaine. Apprenons à toutes que réparer les injustices du sort, mettre un peu de joie dans la vie des malheureux, entrer doucement dans leurs préoccupations, dans leurs épreuves, dans leurs douleurs, pour prendre sa part de leurs deuils et de leurs misères, est le seul moyen de désarmer les rancunes et les haines, en adoucissant l'amertume de certaines inégalités cuisantes. Apprenons même aux enfants gâtées des classes supérieures (il n'est que temps !) que, faute d'élever charitablement les deshérités jusqu'à elles, ceux-ci pourraient bien, un jour, les rabaisser violemment jusqu'à eux.

« Pourquoi ne pas prêcher tout de suite le socialisme à nos filles ? »--L'objection ne m'atteint nullement. Ceux qui n'approuveraient pas la direction « sociale » que j'assigne à l'éducation féminine, sont priés de croire que je n'ai pas la moindre confiance dans l'efficacité du système collectiviste. La révolution est possible, mais le socialisme est irréalisable,--j'entends le vrai socialisme, celui qui implique l'abolition de la propriété privée. Si la première peut faire des ruines, le second est incapable d'une reconstruction utile et durable. J'ai la conviction, de jour en jour plus ferme et plus nette, qu'il n'est donné à aucun mécanisme politique, si savamment combiné, si fortement tendu qu'on le suppose, de soulever, d'un coup, la société tout entière pour la rétablir, de main de maître, dans la paix, la justice et la félicité. Bien plus, l'avènement du régime collectiviste n'irait pas sans une diminution de nous-mêmes, sans un amoindrissement des libertés et des énergies individuelles, sans un ralentissement ou même une régression du progrès humain. Mais si notre société ne peut être refondue en bloc, libre à nous de l'améliorer en détail. Et c'est à cette oeuvre de restauration progressive que je convie instamment les heureuses de ce monde. Elles y ont un rôle superbe à remplir.

Pour relever une âme défaillante et rappeler l'espérance qui s'envole, pour susciter l'effort de vivre chez les plus découragés et rendre la patience et le courage aux désespérés, la délicatesse féminine est incomparable. Tel qui se révolterait contre la pitié un peu froide d'un philanthrope ou d'un professionnel de la charité, sera désarmé par quelques mots compatissants tombés des lèvres d'une femme. Il est des tristesses qui ne se peuvent comprendre et partager que par un coeur de mère, des plaies qui ne peuvent être pansées que par la main souple et fine d'une amie, des vies sombres et désolées dans lesquelles une jeune fille peut seule entrer comme un rayon de soleil. Consoler, apaiser, guérir, voilà une mission vraiment féminine. Il est plus facile aux femmes qu'aux hommes de vaincre les défiances du peuple, de gagner les bonnes grâces des mères par les soins donnés aux enfants, de désarmer les préventions farouches des pères par l'intérêt témoigné à leurs ménagères. Des messagères de paix sociale, voilà ce que les femmes riches ou aisées devraient être dans nôtre société si dure et si divisée !

Or, l'éducation moderne doit instruire les jeunes filles de ce devoir et les préparer directement à cette fonction. Il vaut mieux socialiser les âmes pour rapprocher les hommes que socialiser les biens pour supprimer les classes. Et afin de joindre l'exemple au précepte, pourquoi les mères de famille et les directrices de pensionnat n'associeraient-elles pas plus fréquemment, plus étroitement, leurs enfants aux oeuvres d'assistance et de charité ? Quelques visites, au cours de chaque semaine, chez les pauvres gens du voisinage, quelques douceurs portées d'une main amie à un enfant malade ou à un vieillard infirme, ouvriraient, mieux que toutes les prédications, le coeur de nos fils et de nos filles à la compassion, à la solidarité, à l'amour de nos semblables.

A cela qu'opposerez-vous, Mesdames ? Direz-vous que le mal social relève de la législation et de la philanthropie officielle, et qu'il ne saurait être atténué sérieusement que par des réformes politiques qui ne vous regardent point ?--Soit ! Mais les lois ne sont rien sans les moeurs. Vous ne changerez point la société, si vous ne changez préalablement les coeurs. Point de réformes efficaces sans la réforme de soi-même. Faire le bien pour son compte particulier, c'est travailler au bien général de la communauté. Car l'amour appelle l'amour et la vertu propage la vertu. Soyez donc bonnes, autant que vous le pouvez, afin de répandre autour de vous la sainte contagion de la bonté. Vous aurez la joie d'en tirer double profit, l'exercice de la bienfaisance améliorant celui qui donne autant que celui qui reçoit.

Direz-vous que la souffrance et la misère sont des fatalités nécessaires, que l'ordre mystérieux des choses implique l'existence juxtaposée des riches et des pauvres ?-- Mais avez-vous le droit de porter un jugement si hautain et si dédaigneux, tant que vous n'aurez pas essayé d'alléger les maux d'autrui avec le zèle attentif que vous mettez à prévoir et à diminuer les vôtres ? Qui sait si votre indifférence, votre luxe, votre dureté, et plus encore les fautes de la société tout entière, ne sont pas responsables, pour une large part, des épreuves, du dénuement, du vice même de ses membres inférieurs ? Avant de parler d'ordre nécessaire, essayez donc de le changer. Avant de prétendre que la misère est incorrigible, faites effort pour la guérir.

Direz-vous que les organes de la charité publique et privée, que vous commanditez largement de votre bourse, font pour les pauvres tout ce qu'il est humainement possible de faire ?--Erreur, s'il vous plaît ! L'assistance officielle entretient la pauvreté, elle ne la guérit pas. Elle considère les indigents comme un troupeau à nourrir, et non comme une famille malheureuse à plaindre et à élever. On l'a dit cent fois : il ne suffit pas d'aller au peuple les mains pleines. Le devoir social consiste à se dépenser soi-même, à se dévouer, à « servir ». Alors, quoi ?

Direz-vous que vous donnez ostensiblement, généreusement, à toutes les quêtes, à toutes les oeuvres ; que le bureau de bienfaisance et le curé de votre paroisse connaissent mieux que quiconque les pauvres honteux et méritants, et que l'intermédiaire des fonctionnaires de la charité atteint plus sûrement la misère cachée, leur assistance étant mieux renseignée et mieux répartie ?--Mauvais prétexte. Il ne suffit point que la charité s'exerce par procuration, par délégation. Il faut aborder fraternellement l'infortune et assister, fréquenter, traiter la pauvreté comme une amie. Nulle d'entre vous ne s'aviserait de faire une simple visite de politesse par l'entremise d'un mandataire : pourquoi alors refuseriez-vous de visiter personnellement les indigents à domicile,--ce qui est, pour le riche, un devoir sacré d'humanité ? L'aumône individuelle elle-même, lorsqu'elle est jetée distraitement au mendiant inconnu qui tend la main sur votre chemin, fait plus de mal que de bien ; sans compter qu'elle n'est souvent qu'un geste d'égoïsme ou d'ennui, par lequel nous croyons libérer notre conscience, en débarrassant nos yeux d'un spectacle qui nous attriste ou nous accuse. Allez donc aux pauvres avec vos filles, simplement, dignement, sans condescendance affichée, sans familiarité fausse et déplacée, comme des soeurs vont à des frères affligés ou malheureux ! Et surtout tâchez de les aimer pour qu'ils vous aiment !

Direz-vous enfin qu'un intérieur misérable est peu attrayant, qu'on y respire des odeurs déplaisantes, qu'on y subit des contacts désagréables, et qu'à ces visites répétées, vos filles risquent de perdre la distinction de leur langage et de leurs façons, le sentiment et la grâce des convenances mondaines ?--Mais nous ne vous conseillons point de conduire vos demoiselles dans les mauvais lieux. Renseignez-vous, faites un choix, et puis-ne bornez point votre sollicitude aux pires nécessiteux. Les braves gens de votre voisinage seront si sensibles à une bonne parole dite sans fierté ! Une caresse aux enfants, un conseil, un service à la mère, un vêtement chaud, une tisane aux vieux qui toussent et qui grelottent, peuvent vous conquérir leurs coeurs. Elles sont nombreuses les mansardes honnêtes et proprettes où des ouvrières de tout âge s'acharnent, du matin au soir, sur un labeur sans joie et sans répit, pour faire vivre maigrement la maisonnée. Vous y monterez gaiement, vous et les vôtres, pour peu que vous songiez que le devoir social, auquel nous vous convions, est le rachat de votre existence libre et facile, la rédemption de vos privilèges de fortune et de condition ; que vous tenez uniquement vos loisirs et vos biens de l'heureux hasard de votre naissance ; et qu'enfin si le sort moins clément vous avait fait naître aussi pauvres que vos pauvres, il se pourrait que vous ne les valiez pas. Et maintenant, Mesdames, craignez-vous, au contact du pauvre, de salir vos gants ? Eh bien ! n'en mettez pas ! La poignée de main que vous échangerez avec vos amis indigents n'en sera que plus franche et plus fraternelle.

Ce programme d'éducation sociale n'est-il pas trop beau, trop fort, pour nos âmes débiles ? J'en ai peur. Tant de gens demeurent obstinément fermés à ce qui dérange leurs aises ou n'atteint pas leurs intérêts présents ! Par bonheur, l'enseignement universitaire s'oriente vers cet idéal. Dans un opuscule très intéressant de Mlle Dugard, une maîtresse distinguée qui paraît très éprise de « l'esprit nouveau », nous lisons ceci : « On leur enseigne que si cette oeuvre de réparation relève de toutes les volontés bonnes, elle leur appartient surtout à elles jeunes filles des classes aisées, affranchies des servitudes accablantes pour l'âme, et qu'en agissant de la sorte et en se dévouant aux autres, elles ne doivent pas croire accomplir des devoirs extraordinaires, mais simplement le devoir. »[85] C'est parfait.

---

[85] *De l'Éducation moderne des jeunes filles*, p. 28.

Du côté des filles aussi bien que du côté des garçons, il n'est que l'éducation de la responsabilité et la conscience de la solidarité qui puissent réaliser l'union des classes et fonder la paix sociale. Je compte même sur le féminisme chrétien,-- d'inspiration catholique ou protestante,--pour conquérir à ces idées les familles religieuses et les établissements libres. Car ce que je viens de dire relève, il me semble, du plus pur esprit évangélique. Il suffit d'être chrétien pour traiter les malheureux en frères. Riches et pauvres sont nécessairement égaux pour qui croit à l'égalité des âmes rachetées par le même Dieu.

Et cette considération pieuse est un nouveau motif, pour les femmes dévotes, de travailler sur la terre au règne de la fraternité chrétienne. S'aimer les uns les autres : mais ce serait l'accord parfait, l'union idéale ! Voilà comment la bonté et l'unité, conçues dans leur plénitude et s'engendrant l'une l'autre, découlent naturellement d'une source divine et supposent cette vieillerie nécessaire et sainte : la religion.

V

Quatrièmement, la culture de la femme doit être *religieuse*. Nous voulons dire que le spiritualisme nous semble le complément nécessaire de l'éducation rationnelle, morale et sociale des filles d'aujourd'hui, parce que les principes directeurs de l'Évangile permettent, mieux que tous autres, de concevoir le bien avec clarté, de le vouloir avec force et de le réaliser jusqu'à l'immolation de soi-même. Rien de plus réconfortant pour la faiblesse humaine ne se trouve ailleurs. Eu égard aux épreuves et aux servitudes qui menacent particulièrement son sexe, la femme, plus que l'homme peut-être, éprouve le besoin d'appeler Dieu à son secours.

De par la sensibilité de son être et la tendresse de son coeur (nous savons que ces deux penchants expliquent toutes les contradictions de sa nature), la femme est profondément religieuse. Et ce sentiment très vif est fait de la conscience de sa faiblesse, d'une sensation d'effroi en présence du mystère des choses, de la nécessité d'un appui et d'un consolateur au milieu des tentations, des luttes, des douleurs de ce monde. Et cet instinct sublime est élargi, spiritualisé par une sorte d'élévation de l'âme vers l'infini, par un appel au principe éternel de la vie, par une soif inextinguible de piété et d'adoration. Les femmes croient, parce qu'elles ont besoin de croire à une puissance qui relève leur faiblesse, à un amour qui emplisse leur coeur.

C'est pourquoi le sentiment religieux des femmes est si vivace et si agissant. Jamais le mystère de l'au-delà ne les laissera indifférentes. Il leur faut une solution complète aux problèmes de la vie et de la mort. La critique philosophique blesse et attriste leurs âmes. Elles traitent en ennemi quiconque alarme leur foi. « Nous pouvons dire tout ce que nous voudrons, avoue Renan, elles ne nous croiront pas et nous en sommes ravis. » Chez elles, l'esprit religieux est indestructible. C'est une raison pour l'éducation de ne point s'attaquer à leurs croyances.

A la vérité, les femmes changent bien de religion, mais elles ne peuvent point s'en passer. Même parmi les fortes têtes du féminisme, il en est plus d'une qui n'a répudié les dogmes chrétiens que pour s'affilier passionnément au spiritisme ou à la franc-maçonnerie. A défaut du culte catholique, elles se rabattent sur un simulacre, un fantôme, un semblant de religion. Celles qui vont jusqu'à la négation absolue y mettent une violence impie, une intolérance haineuse, qui fait de leur incroyance une façon de religion du néant. Il n'est pas rare qu'une libre-penseuse se voue à l'athéisme avec une sorte de piété aveugle. On a vu des jeunes filles, qui avaient perdu la foi, embrasser le nihilisme avec un enthousiasme et une ferveur mystiques.

L'éducation des filles ne doit pas, ne peut pas être irreligieuse, la religion se mêlant à tous leurs sentiments. Au reste, la morale indépendante a donné de trop pauvres fruits du côté des garçons, pour qu'il soit possible de la transporter avec avantage dans nos lycées de filles. On n'ignore point avec quelle véhémence les femmes se plaignent,--non sans raison,--de l'immoralité des hommes. Tâchons, au moins, de ne pas ébranler la vertu féminine : car, sans elle, l'honnêteté qui nous reste serait bientôt réduite à rien.

Et puis, n'est-ce pas le premier devoir de la pédagogie de mettre tout en oeuvre pour former des consciences aussi éveillées, aussi scrupuleuses que possible, des âmes pures et droites, des volontés fermes et sûres ? Or, en matière d'éducation, je le répète, la religion est, aujourd'hui comme hier, la base naturelle de la morale, parce que la foi, l'espérance et la charité sont les plus augustes des préservatifs, et les plus réconfortants des viatiques, parce qu'il s'en dégage une douceur, une chaleur, une sérénité qui aide à supporter le poids et la tristesse des jours, parce qu'il s'ensuit un élargissement de notre horizon, une élévation de l'existence qui rehausse, ennoblit, sanctifie notre misérable humanité. Que les maîtres et les maîtresses, qui n'ont point le bonheur de croire, respectent donc la foi de leurs élèves. Ces égards leur sont commandés par un scrupule très délicat et très pur que Littré formula jadis en termes admirables, et dont, nous autres universitaires, nous devons, comme ce noble esprit, nous faire une loi absolue : « Je me suis trop rendu compte des souffrances et des difficultés de la vie pour vouloir ôter à qui que ce soit des convictions qui le soutiennent dans les diverses épreuves. »

Est-ce à dire que le sentiment religieux des femmes n'ait pas besoin d'être éclairé, élevé, spiritualisé par une culture intellectuelle plus forte et plus virile ?--Point du tout. La foi du charbonnier ne convient plus à notre époque. Et chose grave, dont le clergé convient lui-même : jamais les pratiques religieuses ne furent aussi nombreuses qu'aujourd'hui, et jamais l'esprit chrétien n'a été plus rare ou plus débile. La religion des modernes a besoin d'être fortement raisonnée. Ce qui ne veut pas dire que notre raison doive empiéter sur le domaine de la foi et rejeter le mystère parce qu'elle n'arrive pas à comprendre l'incompréhensible, à connaître l'inconnaissable. Croire et savoir font deux. « S'il n'y avait pas de mystère dans la religion, remarque M. Brunetière, je n'aurais pas besoin de croire : je saurais ! » Et l'objet de la connaissance et l'objet de la croyance étant distincts, il n'y a point de danger que la foi contredise la raison. « Elle ne s'y oppose point, poursuit le même auteur ; elle nous introduit seulement dans une région plus qu'humaine, où la raison, étant humaine, n'a point d'accès ; elle nous donne des lumières qui ne sont point de la raison ; elle complète la raison ; elle la continue, elle l'achève et, si je l'ose dire, elle la couronne. »[86]

D'où suit qu'il est permis d'être un savant très libre et très hardi, sans cesser d'être un catholique convaincu et pratiquant. Tel notre grand Pasteur. Science et religion peuvent voisiner en un même homme ; coexister en une même chair, sans gêne ni amoindrissement pour l'une ou pour l'autre. C'est ainsi que l'Université compte en son sein beaucoup de vrais savants qui sont de parfaits chrétiens. Et ceux-ci ne manquent point d'accueillir par un éclat de rire toutes les tirades sur l'incompatibilité de la foi et du savoir, sur la substitution de la science à la religion, et autres niaiseries énormes qui s'étalent dans les discours de certains politiciens vulgaires et malfaisants.

Mais, sans appliquer la critique aux choses qui ne la comportent point,--sans quoi la critique se résoudrait vite en négation téméraire,--l'infirmité de notre esprit a parfois

---

[86] Conférence faite à Lille en décembre 1900 sur les *Raisons de croire*.

surchargé, obscurci le dogme religieux d'une enveloppe de contingences matérielles, de pratiques dévotieuses, d'habitudes parasitaires, que l'Église subit à regret ou tolère avec peine, et qu'il est sage de discerner, de soulever, d'écarter pour mieux contempler l'infini, pour mieux constater l'inconnaissable, pour mieux sentir, aimer et adorer le divin. Somme toute, la raison, en limitant avec prudence le domaine supérieur de la foi, nous fournit d'excellentes raisons de croire. Et c'est aux maîtres qu'il appartient de les suggérer à l'âme de la jeunesse, au lieu de la noyer dans cet abîme de ténèbres et d'inquiétudes qui s'appelle : le doute.

« A cela, nous diront certains esprits courts et attardés, il n'y a qu'un malheur : c'est que l'instruction a fait le peuple incrédule et immoral, et qu'elle ruinera la croyance et la modestie des filles comme elle a déjà ruiné la foi et la chasteté des garçons. »--C'est trop dire. De grâce, n'attribuons pas à l'instruction religieuse, que nous réclamons pour le sexe féminin, les déviations et les ravages qu'une instruction irreligieuse a pu infliger à l'âme d'une certaine jeunesse indifférente ou impie ! Il n'y a pas antinomie entre la connaissance scientifique et la croyance dogmatique. Autrement, comment expliquer qu'autour de nous, de si grands savants fassent de si bons chrétiens ? Comment admettre, d'autre part, que l'ignorance des femmes soit le dernier rempart de la religion, et qu'une France mieux éclairée ne puisse être qu'une France « déchristianisée » ?

A l'accroissement de la culture féminine, nous voyons même un profit réel pour le catholicisme. Par une condescendance exclusive pour sa clientèle de dévotes, l'Église romaine (j'y faisais allusion tout à l'heure) s'est peu à peu efféminée. Petites chapelles, petites dévotions, petites confréries, ont morcelé et affaibli l'admirable unité du culte. Combien de pieuses femmes s'adressent moins à Dieu qu'à ses saints ? La religion est devenue de la sorte une complainte qui berce et endort, alors qu'elle devrait être un principe de force et d'action qui secoue les timides et réveille les endormis. Faites que les femmes soient plus instruites, et leur dévotion régénérée prendra, du coup, un ton plus grave et plus viril. C'est l'opinion d'excellents catholiques. Dans une conférence donnée à Besançon à la fin de novembre 1900, sous la présidence de l'archevêque, M. Étienne Lamy a développé cette idée que « la Française peut étendre son savoir sans exposer sa foi, et que l'Église, qui fut longtemps la seule amie de la femme, doit rester fidèle à sa tradition, sous peine de perdre son empire sur les âmes. »[87] Ce vigoureux appel au féminisme chrétien sera-t-il entendu ?

Au surplus, c'est une erreur d'éducation de croire que la culture de l'esprit soit un danger pour la foi et la piété des jeunes filles. L'ignorance n'est pas précisément une condition de vertu. Un vénérable curé de Paris m'affirmait un jour qu'au sortir des refuges et des ouvroirs, les orphelines les moins renseignées sont aussi les plus exposées aux surprises et aux défaillances. S'il est vrai qu'un homme prévenu en vaut deux, on peut dire qu'une jeune fille avertie en vaut quatre. Non qu'il faille (je me suis expliqué là-dessus) déchirer à ses yeux tous les voiles et approfondir devant elle les lois de la vie et de l'amour. L'instruction bien comprise permet à la jeunesse de tout apprendre, de tout connaître, en lui laissant deviner peu à peu ce qu'on ne dit pas à travers ce qu'on dit. Est-ce un si mince avantage ?

Sans souhaiter pour Agnès une ignorance puérile et sotte, Molière estimait toutefois que l'amour lui serait, au bon moment, une révélation suffisante. Mais cette pédagogie hasardeuse ne mettrait pas les filles à l'abri des pièges, puisqu'elles n'en connaîtraient le danger qu'en y tombant. Un savoir solide et prudent saura mieux les prémunir contre

---

[87] *La Femme de demain*, pp. 7 et s.

la licence des moeurs et les excès de leur propre imagination, en les détournant des lectures malsaines et des séductions du mauvais luxe. Depuis que l'expérience nous a démontré qu'une « savante » n'est pas nécessairement une « pédante », il nous apparaît mieux qu'étudier, apprendre, savoir, c'est proprement éclairer, élever, fortifier son jugement, sa raison, sa volonté. A regarder la vie en face et à se dire qu'elle nous réserve, presque toujours, plus d'épreuves que de joies, les jeunes filles, sans rien perdre de leur grâce, seront mieux pourvues de sagesse et de gravité, de courage et de prudence. Ce n'est point l'habitude de réfléchir et de penser, mais l'inconscience et la légèreté, qui ouvrent le coeur aux tentations et aux folies. Inculquons à nos filles des goûts sérieux ; et, sans pédantisme maussade, elles préféreront les bons livres aux romans dangereux. Simples, franches, loyales, elles sauront distinguer la pureté de la pruderie, l'aménité du bavardage, la gaieté de la dissipation. Et leur honnêteté sera plus solide et leur religion plus tolérante, puisqu'elles se seront affranchies de la routine, de l'hypocrisie et du fanatisme qui se mêlent trop souvent à la vertu et à la dévotion.

Nous dirons même que l'ouverture et la clarté de l'intelligence nous semblent inséparables d'une conscience droite, qui a l'exacte notion de ses devoirs et la ferme volonté de les accomplir. N'est-ce pas le malheur d'une instruction superficielle et d'une éducation frivole d'entretenir au coeur de la femme des illusions puériles, que les exigences de l'avenir peuvent tourner en désenchantement et en révolte contre le monde et contre Dieu ? Mieux avertie des difficultés de la vie, elle ne saurait manquer d'être plus attachée à sa condition, à sa famille, à sa maison, et de mieux discerner, par delà le mirage de la jeunesse, les réalités et les obligations de l'âge mur et, au-dessus de l'Amour qui passe, le Devoir qui reste.

Il se peut toutefois que cette forte et large culture grise certaines têtes plus faibles ou échauffe certaines âmes plus troubles. Nous savons qu'il ne suffit pas toujours d'éclairer l'innocence pour la rendre incorruptible. Après la règle, l'exception.

Prenons garde, d'abord que la soif d'apprendre et l'orgueil de savoir ne détournent certaines femmes de la modestie et de la piété. Préparer la jeune fille, non pas à usurper les fonctions de l'homme, mais à remplir sa mission de femme, tel est le but que la religion et la science doivent poursuivre en se prêtant un mutuel appui. Une croyance, quelle qu'elle soit, est nécessaire à toute oeuvre d'éducation, parce qu'on ne se fait obéir de la jeunesse qu'en lui commandant au nom de Dieu, parce que l'athéisme pèse trop douloureusement sur le coeur de la femme, et qu'en assurant à nos filles le sérieux et la probité que donne la science, la modestie et le réconfort que procure la religion, nous servirons du même coup les fins les plus élevées de l'âme, qui consistent à éclairer la piété par le savoir et à fortifier la vertu par la foi.

Veillons ensuite à ne point blesser ni défraîchir la grâce de la seizième année. J'y reviens à dessein : à tout connaître avant le temps, certaines jeunes filles risqueraient d'être moins angéliques. A côté d'âmes foncièrement honnêtes auxquelles on peut tout apprendre sans altérer leur limpidité profonde, il en est d'inquiètes, dont la pureté n'est que de surface, et qu'une révélation trop brusque jetterait hors d'elles-mêmes. Nous revendiquons pour la mère française, la plus tendre et la plus admirable des mères, la délicate mission d'ouvrir doucement, sans précipitation, sans rudesse, le coeur de leurs filles, pour y verser, au moment voulu, la lumière, l'apaisement et la sécurité. Fénelon écrivait à une dame de qualité : « J'estime beaucoup l'éducation dans un bon couvent ; mais j'estime plus encore celle d'une bonne mère, quand celle-ci peut s'y consacrer. »

Sous réserve du rôle essentiel de la religion et de l'intervention désirable de la mère, nous tenons pour exact de prétendre qu'une intelligence plus ouverte, plus claire, plus largement renseignée, arme les femmes d'une vertu plus volontaire et d'une piété plus forte. Et pour en finir avec ce grave sujet, nous avons la ferme conviction qu'une jeune fille, élevée d'après la méthode d'éducation dont nous venons d'indiquer l'esprit général, munie d'une culture *rationnelle, morale, sociale* et *religieuse*, sera préparée, à la vie aussi bien qu'elle peut l'être et, par suite, capable de remplir dignement sur la terre tout son devoir et toute sa destinée.

CHAPITRE III

DE L'INSTRUCTION INTÉGRALE

I.--Le programme du féminisme radical.--Variantes habiles.-- Instruction ou éducation ? II.--Idées collectivistes.--Idées anarchistes.--Appel a la sociale et a la mécanique. III.--L'instruction peut-elle s'étendre a toute la jeunesse et a toute la science ?--Raison d'en douter.--Ce qu'il y a de bon dans l'idéal de l'instruction pour tous. IV.--L'instruction intégrale des femmes doit-elle être laïque ? gratuite ? obligatoire ?--Défense des femmes chrétiennes. V.-- Illusions et dangers de l'instruction a « base encyclopédique ».-- L'instruction intégrale a-t-elle quelque vertu éducatrice ?--La foi en la science.--La religion de la beauté. VI.--Notre formule : l'instruction complète pour les plus capables et les plus dignes.--Point de baccalauréat pour les filles.--Conclusion.

B ien que nous attendions d'une instruction plus forte et d'une éducation plus virile les meilleurs résultats pour l'avenir du sexe féminin, soucieux avant tout de ne point appauvrir, par un surcroît d'études inconsidérées, le trésor de ses qualités propres, et estimant que ce serait payer trop cher le développement de son intellectualité que de l'acheter au prix de sa santé morale et physique, il nous est impossible d'accueillir avec complaisance les nouveautés radicales et les hardiesses exotiques, que des mains aventureuses ont la prétention d'imposer immédiatement à la jeunesse française. Sous le prétexte d'une métamorphose absolue, que nous persistons à croire fâcheuse et irréalisable, le féminisme avancé, poussant à outrance l'émancipation pédagogique des jeunes filles, préconise une série de mesures excessives qui, outre qu'elles nous paraissent peu appropriées à leur tempérament et peu profitables à leurs intérêts, ne tendent à rien moins qu'à déformer le moral et à fausser l'esprit des femmes. Qu'est-ce à dire ?

I

Nous repoussons d'abord le programme de l'Extrême-Gauche féministe, si séduisant qu'il puisse paraître. Jugez donc : il faut que tous apprennent et qu'on apprenne tout. C'est ce qu'on appelle, en langage socialiste, l'» instruction intégrale.» Mlle Bonnevial ayant pris la peine de nous expliquer ce qu'il convient d'entendre par ce vocable effrayant, nous la citerons textuellement, en soulignant, après elle, les mots essentiels. « Nous voulons l'éducation, intégrale dans son *objet*, tous les hommes et toutes les femmes ayant également droit à leur complet développement ;--nous la voulons dans la *méthode de culture* et dans les *moyens de culture*, c'est-à-dire que l'éducation doit *créer un milieu* qui permette au jeune humain de prendre contact avec tous les objets de la connaissance, afin d'éveiller son initiative personnelle ; elle doit *préserver son cerveau* de toute empreinte servile, en l'habituant à l'observation, à l'expérimentation, à la déduction, à la synthèse ; de telle sorte qu'il arrive à *se faire sa loi morale*, au lieu de la *recevoir toute faite* ; elle doit *cultiver*, *universaliser*, par la mise en présence de la matière et des outils primordiaux, ses aptitudes, le jeu normal des muscles, l'éducation des sens, de façon à lui assurer l'indépendance économique en lui donnant les *procédés généraux du travail.* » Et cette bonne demoiselle,--une pédagogue, s'il vous plaît !--

278

nous assure qu'ainsi organisée, l'éducation nationale supprimera en un tour de main « l'ignorance et la misère. »[88]

Le plan est superbe. Mais, l'avouerai-je ? il m'est difficile de concevoir que le « jeune humain » puisse si aisément prendre « contact avec tous les objets de la connaissance et universaliser ses aptitudes, ses sens et ses muscles. » Même aidé par les « outils primordiaux », quel homme ne se perdrait un peu dans ce programme de pédagogie intégrale et d'instruction encyclopédique ? Car, enfin, nous ne pouvons pas tout apprendre ni tout savoir. J'ai le bonheur de connaître et d'approcher quelques savants, de vrais savants, qui m'affirment qu'avec l'extension indéfinie du domaine de la connaissance, il devient de plus en plus impossible à une tête, si prodigieusement douée qu'on la suppose, d'être universelle.

Et c'est le « jeune humain » qui devra, sans « empreinte servile », se mesurer avec l'infinie complexité des choses, s'habituer « à l'observation, à l'expérimentation, à la déduction, à la synthèse ! » Et cela, au moment même où de bonnes âmes se répandent en lamentations sur le surmenage des jeunes générations ! Récriminations prématurées : attendons, pour nous plaindre, que le « féminisme intégral », dont c'est la prétention de faire le bonheur des petits et des grands, se soit mis à l'oeuvre pour distendre et détraquer tout à fait la cervelle de nos fils et de nos filles.

Car ce n'est pas une opinion individuelle, une opinion isolée, que nous discutons ici, mais un article même du programme de la Gauche féministe voté à l'unanimité par le « Congrès de la condition et des droits de la femme. » En voici le texte littéral : « Le Congrès émet le voeu que l'éducation soit intégrale, c'est-à-dire qu'elle cultive, chez

---

[88] Revue encyclopédique du 28 novembre 1896, p. 849.

tous, toutes les manifestations de l'activité humaine.» On remarquera de suite que le mot «éducation» a pris ici la place du mot «instruction». Mais cette substitution est un trompe-l'oeil. Si j'en crois le rapport de Mlle Harlor, le programme de l'éducation intégrale comprend «l'ensemble des connaissances humaines;» il doit être à «base encyclopédique;» il porte «sur toutes les branches de l'activité humaine.» Et suivant le commentaire de Mlle Bonnevial, qui présidait, il doit cultiver en nous «toutes les manifestations physiques, intellectuelles, morales, industrielles, esthétiques, etc., en un mot, une foule de choses.» On voit que cette «culture générale» relève de l'instruction plus que de l'éducation. Allant au devant de l'objection, le rapport nous avertit, du reste, que la formation de l'esprit ne se distingue pas de la formation du coeur. On compte sur l'intelligence pour contenir «les élans de l'instinct.»[89] En un mot, pour ces demoiselles, instruire les enfants, c'est les éduquer. Peu de mères seront de cet avis.

L'énumération des matières qui doivent être enseignées aux filles nous prouve mieux encore que, sous le vocable trompeur d'éducation, c'est l'instruction que l'on vise et que l'on réclame. Voici un aperçu des programmes pédagogiques de l'avenir, tels qu'on les imagine dans les petits cénacles du féminisme avancé.

L'éducation des jeunes filles comprendra : 1° l'enseignement littéraire et scientifique et même la préparation au baccalauréat, la femme devant disputer aux hommes toutes les fonctions libérales ; 2° l'enseignement agricole et industriel, car il est entendu que toutes les jeunes filles, riches ou pauvres, doivent apprendre un métier ou une profession, afin que le sexe féminin tout entier puisse payer à la société «sa part en production manuelle ou

___
[89] La *Fronde* du 8 septembre 1900.

intellectuelle ; »[90] 3° l'enseignement maternel et domestique qui mettra la femme en état de remplir, d'une manière plus rationnelle, son rôle d'épouse et de mère ; 4° l'enseignement social qui initiera la jeune fille à ses devoirs de citoyenne par l'étude des oeuvres et institutions d'assistance, de prévoyance et de mutualité, toutes choses qui développeront en son esprit le sens de la solidarité civique et humaine ; 5° l'enseignement du droit, afin que la femme, connaissant exactement la situation qui lui est faite par le Code, puisse défendre ses intérêts et revendiquer ses droits.[91]

En ce mirifique programme des études féminines de l'avenir, nous ne relevons, pour l'instant, que la constante préoccupation d'ériger l'instruction universelle en procédé d'éducation générale. Qu'on nous parle donc d'instruction ou d'éducation, c'est tout un. Au fond, dans ce système, les mots importent peu. Ce qu'on veut, c'est une culture à « base encyclopédique ; » ce qu'on poursuit, c'est l'enseignement intégral mis à la portée de tous. Et notons, pour achever de mettre en lumière le caractère et l'importance de cette idée, qu'elle n'est qu'un emprunt fait aux doctrines révolutionnaires, puisqu'elle figure expressément au programme collectiviste et même au programme anarchiste.

II

Et d'abord, les socialistes ont la prétention d'administrer militairement l'instruction intégrale à toute la jeunesse. Dans une brochure que M. Jules Guesde a honorée d'une préface, M. Anatole Baju s'en explique en termes tranchants, dont S. M. Louis XIV aurait hésité à se servir vis-

[90] Rapport déjà cité de Mlle Harlor.
[91] Propositions agréées par le Congrès de la Gauche féministe. La *Fronde* du 8 septembre 1900.

à-vis de son menu peuple : « Si nous voulons une société égalitaire, nous devons la préparer. Pour cela, nous prenons tous les enfants, dès le plus bas âge, avant qu'ils aient contracté de mauvaises habitudes : nous leur donnons à tous les mêmes soins, la même nourriture, la même instruction. » En un vaste domaine, dont « l'ensemble clos par un mur d'enceinte forme une ville d'enfants, garçons et filles, mêlés sans distinction de sexes, reçoivent l'instruction intégrale, quel que soit le travail auquel on les destine. »[92] Bien que M. Baju nous vante les joies de cet internat obligatoire et les prodiges de ce nivellement pédagogique, il est à craindre que l'appréhension de ces maisons de force ne procure d'innombrables recrues à l'anarchisme qui, par contre, aspire au grand air de la liberté individuelle.

L'anarchisme, en effet, pour assurer à toutes les femmes comme à tous les hommes « l'égalité du point de départ », reste fidèle à ses goûts d'indépendance et laisse chacun boire, à sa soif, aux sources communes. Il ne veut point d'une enfance enrégimentée, casernée, gavée, suivant des règles uniformes, par des pédants autoritaires. Anarchistes et socialistes,--ces frères ennemis,--ne s'entendent donc pas sur le moyen d'ouvrir à toutes les femmes l'accès des hautes études et de leur assurer une égale participation aux jouissances de l'instruction intégrale.

Il saute aux yeux que le problème n'est pas facile à résoudre. Car si frottées de science et de littérature qu'on le suppose, il faudra bien qu'un jour ou l'autre ces dames et ces demoiselles s'occupent de leur ménage. Outre qu'une belle instruction donne peu de coeur pour vaquer aux vulgaires nécessités de la vie, comment croire que les mille soins domestiques leur laisseront à toutes assez de loisir pour

---

[92] *Principes du socialisme*, p. 19-20.

entretenir leurs connaissances, goûter les délices de l'étude et poursuivre en paix la culture de leur esprit ?

Le collectivisme ne s'en montre pas embarrassé. Il se fait fort d'affranchir la femme de tous les soins du ménage. Sous le régime socialiste, en effet, « les travaux domestiques se transformeront graduellement en services publics. » Même la préparation des aliments deviendra un « service social ».[93] Pourquoi la cuisine ne rentrerait-elle pas, après tout, dans les attributions de l'État ? Chaque famille irait chercher ses aliments à un guichet administratif, les consommerait chauds sur place ou les mangerait froids à la maison, comme cela se pratique aux fourneaux économiques. C'est un idéal des plus séduisants.

Mais on se figure moins aisément la conversion en services publics de certaines autres besognes extrêmement domestiques. Chargera-t-on une équipe de fonctionnaires de faire les lits, de balayer les planchers, de nettoyer... le reste ? Ces emplois seront peu recherchés, étant de nature peu attrayante. C'est ici qu'interviendra la réquisition chère à M. Jules Guesde : chacun de nous sera chargé d'office, à tour de rôle, de pourvoir aux soins de propreté ménagère, ce qui est d'une perspective infiniment agréable--pour les femmes. C'est le régime de la corvée. Un autre point me rend perplexe : les malheureux qui seront employés, de gré ou de force, à ces besognes infimes seront détournés, pour un temps, des travaux de l'esprit et sevrés des bienfaits de l'étude. Et cette considération, jointe aux réglementations tracassières et despotiques de la société collectiviste, révolte les âmes anarchistes.

Kropotkine émet, à cette occasion, une idée qui ne manque point d'originalité. « Émanciper la femme, ce n'est

---

[93] La *Petite République* du 15 janvier 1897.

pas lui ouvrir les portes de l'université, du barreau et du parlement. C'est toujours sur une autre femme que la femme affranchie rejette les travaux domestiques. Émanciper la femme, c'est la libérer du travail abrutissant de la cuisine et du lavoir. »[94] On ne saurait évidemment multiplier les femmes d'étude sans multiplier du même coup les femmes de loisir. Faudra-t-il donc que les besognes inférieures soient accomplies à jamais par des domestiques volontaires ou par des corvéables réquisitionnés ? Faudra-t-il que, pour relever le niveau intellectuel de quelques privilégiées, on rabaisse nécessairement les autres en les surchargeant de labeurs infimes ou rebutants ? Nullement. Le problème pour la femme est de secouer au plus vite le joug du ménage et d'échapper à la servitude du foyer, sans empirer la condition d'autrui. Jusque-là, nous ne ferons des savantes qu'au prix de l'infériorité aggravée des misérables, que les nécessités de la vie condamneront à préparer la soupe, à repriser les hardes et à nettoyer la maison.

Or, continue Kropotkine, il n'appartient qu'à « la société régénérée par la Révolution » d'abolir l'esclavage domestique, « cette dernière forme de l'esclavage, et la plus ancienne et la plus tenace. » Aujourd'hui, la femme est le « souffre-douleur de l'humanité ». Mais celle infériorité douloureuse commence à peser aux plus fières et aux plus dignes. L' » esclavage du tablier » les offense. Il leur répugne d'être « la cuisinière, la ravaudeuse, la balayeuse du ménage. »[95] Il ne faut plus de domesticité. Dans un avenir prochain, les femmes cesseront d'être les servantes des hommes, sans qu'il soit besoin pour cela de contraindre les hommes à servir les femmes. Par quel moyen ? Les femmes seront affranchies tout simplement du servage familial par les progrès de la mécanique. Au lieu de cirer les souliers et

---

[94] *La Conquête du pain.* Le travail agréable, p. 164.

[95] *La Conquête du pain.* Le travail agréable, pp. 157 et 159.

de laver la vaisselle,--et vous savez combien ce travail est « ridicule »,--des machines accompliront ces fonctions avec docilité. Lorsque la force motrice pourra être transportée à distance et distribuée à domicile sans trop de frais, la vapeur et l'électricité se chargeront de tous les soins du ménage, sans nous obliger au « moindre effort musculaire ». Il est même à prévoir que la coopération s'introduira dans la vie domestique : sortant de leur isolement actuel, les ménages s'associeront pour s'offrir un calorifère commun ou un éclairage collectif.[96]

Exagération à part, disons tout de suite que ces transformations sont, jusqu'à un certain point, dans l'ordre des choses possibles. Il n'est guère douteux que la machine ne parvienne à alléger le travail domestique, comme elle allège déjà le travail manufacturier, sans qu'il soit permis de croire pourtant qu'elle parvienne à supprimer un jour toute espèce de travail manuel : ce qui dépasserait la limite des conjectures permises. En revanche, on nous accordera que les perfectionnements mécaniques, quels qu'ils soient, peuvent s'accomplir sous le régime actuel, en pleine bourgeoisie, par la puissance de l'abominable capital ; que les progrès et les bienfaits du machinisme ne sont nullement subordonnés à l'avènement de la Révolution sociale, et que, dès lors, ce n'est point à l'anarchisme destructeur, mais à la science créatrice qu'il convient de s'adresser pour les obtenir et les vulgariser. Est-ce donc la Commune de 1871 qui nous a dotés des merveilles de l'électricité ? Jusqu'à présent, l'anarchisme n'a perfectionné et vulgarisé que les bombes explosibles et les engins meurtriers : et l'on n'aperçoit pas que ce genre de progrès ait simplifié le ménage et libéré les ménagères.

---

[96] *Ibid.*, pp. 160, 161, et 162.

III

Nous sommes maintenant suffisamment édifiés sur l'origine et l'esprit de l'instruction dite « intégrale ». En cette revendication, le féminisme penche à gauche ; il fait alliance avec les partis politiques les plus avancés ; il fraternise surtout avec le socialisme, dont il épouse les tendances réglementaires. Que penser de l'idée en elle-même ? Ce qu'un esprit clair doit penser d'une formule obscure et ambiguë. Tous ceux qui ont horreur des expressions sonores et vaines, des vocables retentissants et vides, se méfieront de l'» instruction intégrale ». Le mot est superbe, mais imprécis et vague. Impossible de le prendre au pied de la lettre, sous peine de non-sens et d'absurdité.

Pas moyen d'étendre l'intégralité de l'instruction à toute la jeunesse et à toute la science. Il faudrait se flatter de tout savoir pour convier ou contraindre les deux sexes à tout apprendre, et le plus grand savant du monde n'oserait jamais y prétendre. Au vrai, l'instruction ne peut être intégrale pour personne. Nulle cervelle, mâle ou femelle, n'y résisterait. Alors que l'encyclopédie des connaissances humaines s'accroît prodigieusement de jour en jour, il serait sot et cruel d'ingérer cette volumineuse matière, sans cesse grossissante, en toutes les têtes françaises. De grâce, soyons sérieux ! On dirait vraiment que nos enfants ne sont pas déjà suffisamment gavés, gonflés, hébétés. Et pourtant, si démesurés qu'ils soient, nos programmes n'ont aucune prétention à l'universalité.

Quant à promener tous les enfants de France, filles et garçons, à travers l'enseignement primaire, secondaire et supérieur, disons tout net que cette conception n'est pas moins extravagante. Sans loisir assuré, point de culture intellectuelle possible, hélas ! ni pour les femmes ni pour les hommes. Il s'ensuit que, dans l'état présent de l'humanité, l'étude des sciences, des lettres et des arts ne saurait être également accessible à tous. Y admettre jeunes gens et jeunes filles indistinctement, c'est risquer de dépeupler les champs et de vider les ateliers. Un exemple, en passant : Mlle Maugeret, une des fortes têtes du féminisme chrétien, a fondé une école professionnelle d'imprimerie qui, dans sa pensée, s'adressait particulièrement aux jeunes filles brevetées, la carrière de l'enseignement ne leur offrant plus, à raison de son encombrement, qu'un débouché insuffisant. Or, bien que l'industrie typographique, plus lucrative qu'aucun autre métier de femmes, semblât tout indiquée pour les victimes du brevet, seules les filles du peuple en ont compris l'utilité. Quant aux « demoiselles » instruites, elles sont venues voir en grand nombre ; et, ajoute Mlle Maugeret, « après qu'elles eurent constaté qu'on se noircissait un peu le bout des doigts, que c'était, en somme, un métier d'ouvrières et non une profession, elles ne sont point revenues. »[97]

C'est le malheur de l'instruction semée à tort et à travers d'étendre dans les petites âmes, infiniment plus nombreuses que les grands coeurs, ce préjugé abominable qui voit dans le travail manuel comme une déchéance et une infériorité. Et pourtant une société pourrait, à la rigueur, se passer de savants, d'artistes, de poètes ; elle ne subsisterait pas un jour sans ouvriers. Soutenir la vie de l'individu, favoriser l'avancement de la collectivité, tel est le double but du travail le plus humble et le plus relevé. Et en multipliant les déclassés, l'instruction, répandue sans prévoyance et sans mesure, risque d'alourdir d'un poids inutile la marche de la société, sans même assurer l'existence quotidienne des diplômées qui l'auront sollicitée avec avidité et reçue avec ivresse.

---

[97] Rapport sur la liberté du travail présenté par Mlle Marie Maugeret au Congrès catholique de 1900.

Seulement, lorsque les tâches industrielles et agricoles seront abandonnées, lorsque les emplois manuels seront désertés, nos demi-savants et nos demi-savantes se trouveront fort dépourvus. Si purs esprits qu'ils deviennent à force de philosopher, ils auront toujours quelques appétits matériels à satisfaire. Un pays où les lumières surabondent doit craindre d'être réduit tôt ou tard à la portion congrue. Une société n'est pas seulement intéressée à multiplier les calculateurs, les pédagogues, les esthètes, les chimistes, les physiciens et les poètes : il lui faut vivre d'abord. Et si ardemment qu'elle souhaite d'éclairer sa lanterne, elle n'est point dispensée d'emplir la huche et le garde-manger.

En tout cas, quelque confiance que l'on mette dans les inventions de la science et les progrès de l'industrie,--et notre intention n'est pas de les diminuer,--l'instruction intégrale pour tous,--en admettant qu'elle fût possible--ne serait pas de sitôt réalisable. L'accession de tous les hommes et de toutes les femmes aux loisirs studieux de la culture intellectuelle, ne sera concevable que le jour où le machinisme aura libéré l'humanité de toutes les besognes manuelles de l'agriculture, de l'industrie, du commerce, de la cuisine et du ménage, besognes multiples auxquelles la nécessité de vivre nous condamne présentement sous peine de mort. Qui oserait dire que les temps sont proches ? Viendront-ils jamais ? Il faut avoir une foi collectiviste imperturbable pour prophétiser, à brève échéance, l'avènement de ce nouvel âge d'or. Mais il est écrit que l'évangile révolutionnaire sera fertile en miracles. Pour l'instant, du moins, l'instruction intégrale, prise dans sa formule littérale, est dénuée de sens. On peut s'en affliger, mais il faut s'y résigner : la division des travaux et des fonctions est une loi de nature et une nécessité de la vie sociale.

Aussi bien ne ferons-nous pas aux féministes l'injure de penser qu'ils puissent être dupes des mots, au point de croire à la vertu magique et au règne universel de l'instruction intégrale, telle que nous venons de la comprendre et de la combattre. Prenons cet artifice de langage pour ce qu'il vaut et n'y voyons plus qu'une formule de combat, une étiquette de propagande, destinée à éblouir et à enflammer l'imagination des masses. Mais, cela fait, demandons-nous, pour être équitable, si ce vocable excessif et impropre ne cache pas au moins une pensée, une aspiration, un voeu de justice et d'égalité, dont la démocratie puisse tirer honneur et profit. Or, la conception chimérique de l'instruction intégrale pour tous nous semble procéder d'une idée simple, infiniment généreuse et noble, qu'il nous est impossible de ne point partager.

La société est intéressée à mettre en valeur toutes les intelligences qu'elle recèle. Et présentement, l'instruction générale n'est accessible qu'aux enfants riches. L'enseignement primaire est une sorte de vestibule, dans lequel on enferme l'enfant pauvre en lui faisant défense de passer outre. Il doit rester sur le seuil du temple. On entr'ouvre devant ses yeux la fenêtre d'où lui vient une demi-clarté, sans lui permettre d'élargir ses horizons vers la pleine lumière. Est-ce juste ? Est-ce sage ?

Ni l'un, ni l'autre. Ce n'est pas juste, parce que l'enseignement secondaire n'est donné qu'à ceux qui ont les moyens matériels de le payer. Ce n'est pas sage, parce que l'enseignement secondaire est souvent donné à ceux qui n'ont pas les moyens intellectuels de le recevoir. Pourquoi les enfants du peuple, qui manifestent de réelles dispositions pour l'étude, doivent-ils se contenter du minimum des connaissances humaines ? Pourquoi les enfants du riche, qui ne font preuve d'aucune aptitude suffisante, sont-ils condamnés à subir le maximum de la culture universitaire ? Pourquoi gaver ceux-ci laborieusement ? Pourquoi sevrer ceux-là prématurément ? La société fait à cela double perte, en arrêtant d'abord les intelligences qui pourraient s'élever, en élevant ensuite les médiocrités qui devraient descendre. J'en conclus que l'instruction complète doit être administrée seulement aux enfants, riches ou pauvres, qui font preuve, aux différentes étapes de leurs études, de capacités réelles et d'activité soutenue : ce qui suppose une sélection à tous les degrés de l'enseignement, depuis le point initial jusqu'au point final. Comment la réaliser sans violence, sans secousse, sans coercition ?

IV

J'imagine que le principe, que nous venons de poser, obtiendra l'assentiment de tous ceux qui préfèrent les idées nettes aux formules équivoques. Mais le moyen de l'appliquer ravivera les divergences et les contradictions.

Il va sans dire que, pour notre part, nous n'acceptons ni le dressage en lieu clos, suivant le régime collectiviste, ni l'élevage en plein air, suivant l'idéal anarchiste. C'est trop de contrainte ou trop d'indépendance. Point de conscription scolaire, point d'école buissonnière. Ne traitons le « jeune humain » ni comme une recrue exercée entre les quatre murs de la caserne, ni comme un poulain lâché sans bride à travers les pâturages.

Nous n'admettrons pas davantage la solution préconisée par le féminisme d'avant-garde, c'est-à-dire l'instruction laïque, gratuite et obligatoire à tous les degrés. A une séance du Congrès de 1900, Mlle Bonnevial a fait, comme présidente, la déclaration suivante : « Il est bien évident que, pour que l'instruction soit intégrale pour tous (entendez par là une instruction qui cultive, chez tous, toutes les manifestations physiques, intellectuelles et morales de l'activité humaine), il faut qu'on l'impose ; et pour avoir le droit de l'imposer, il faut qu'elle soit gratuite. L'obligation et la gratuité résultent même du mot intégral. »[98] Ainsi comprise, l'éducation n'est intégrale nulle part,--fort heureusement. C'est pourquoi nous prions les chrétiennes de France, catholiques ou protestantes, de bien vouloir réfléchir un instant sur la portée de ces trois mots : « laïcité, gratuité, obligation, » qui donnent, paraît-il, à l'éducation intégrale tout son sens et tout son prix.

Laïcité d'abord ; car il est urgent de soustraire la jeune fille aux influences confessionnelles. Chez les dames de la Gauche féministe, cette préoccupation tourne à l'idée fixe. « Émanciper la conscience » des femmes, les « mettre à l'abri des séductions d'un mysticisme aveugle, » les prémunir contre « les défaillances de la superstition, » les amener à croire aux « forces de la raison » et au « génie de l'homme en dehors de toute intervention surnaturelle : » voilà les expressions courantes--et blessantes--dont elles usent à l'endroit des pauvres Françaises qui ont encore la faiblesse de croire en Dieu.[99] Ce qu'il faut se hâter de leur inculquer, c'est « une foi lumineuse, la foi scientifique. » Un congressiste est allé jusqu'à dire que l'instruction intégrale devait avoir pour but d'ériger l'homme en Dieu.[100]

Mais où a-t-on vu que les chrétiennes de France fussent dépourvues d'esprit, de droiture, de savoir, de conscience ? Une femme religieuse est-elle donc un être inférieur ? Est-il nécessaire de prêcher l'amour libre ou d'user du divorce, pour avoir le droit de se dire une femme de haute raison et de courageuse vertu ? Quant à diviniser l'homme, il faut convenir que la demi-science peut faire naître en certaines têtes cette stupéfiante insanité, car la

---

[98] Compte rendu sténographique de la *Fronde* du 8 septembre 1900.

[99] Rapport déjà cité de Mlle Harlor.

[100] Compte rendu de la *Fronde* des 7 et 8 septembre 1900.

demi-science affole et aveugle. Par contre, les grands savants sont modestes ; ils ont trop conscience du peu qu'ils sont et même du peu qu'ils savent, pour prétendre jamais à la divinité. Il n'est que les monstres, comme Néron, qui aient entrepris de se déifier. Et si, jadis, nos révolutionnaires ont encensé la Raison sur les autels de Notre-Dame, ce n'est pas sans d'étranges illusions qu'ils ont pu voir, en leur idole de chair, l'incarnation de toutes les vertus divines et humaines. Pour se croire un Dieu, il faut être ou très naïf ou très coquin. Appartient-il à l'instruction intégrale de développer en nous ces belles qualités ?

Parlons maintenant de la gratuité et de l'obligation : l'une suit l'autre, et la laïcité est leur raison d'être, comme Mlle Bonnevial nous l'a dit plus haut. Dans ce système, l'enseignement secondaire des collèges et des lycées, et même l'enseignement supérieur des grandes écoles et des universités, devraient être gratuits, comme l'est déjà l'enseignement primaire. Et cette gratuité de l'instruction à tous les degrés permettrait de l'imposer à tous les enfants. En effet, du jour où les frais de l'instruction publique seraient prélevés uniquement sur la bourse des contribuables, la logique exigerait que ces dépenses faites par tout le monde profitassent à tout le monde. Assurément, cette extension de la gratuité ne sera point du goût des catholiques, ceux-ci étant forcés de payer deux fois, et pour soutenir l'enseignement libre auquel ils tiennent, et pour subventionner l'enseignement de l'État dont ils se méfient. Mais il est convenu, dans certains milieux avancés, que le catholique français doit être la bête de somme de la démocratie.

J'avouerai qu'ainsi comprise, la gratuité me choque : elle est vexatoire, puisque de nombreuses familles en pâtissent ; elle est irrationnelle, car s'il est juste de l'octroyer aux pauvres, il est absurde de l'accorder aux riches. Et pourquoi l'aggraver, en faisant de l'instruction intégrale une obligation légale ? Si les parents doivent assurer à leurs enfants, filles ou garçons, les bienfaits de l'enseignement élémentaire et professionnel, c'est aller trop loin que de leur imposer le devoir d'en faire des docteurs ou des licenciés, des savants ou des lettrés. Que tout enfant soit mis en état de vivre, voilà l'essentiel. Au fond, les parents n'ont qu'un devoir, qui prime et embrasse tous les autres : faire de leurs enfants d'honnêtes hommes ou d'honnêtes femmes et de courageux travailleurs. Nous n'admettons, au profit des jeunes gens des deux sexes, que le droit à l'éducation.

V

« D'accord ! dira-t-on. C'est à dessein que l'on a substitué l'éducation à l'instruction, dans le programme des revendications féministes. »--Nous avons répondu d'avance en montrant que cette substitution de mots n'est qu'un simple artifice de langage. L' » éducation intégrale », selon l'esprit révolutionnaire, repose uniquement sur l' » instruction intégrale ». Et cette formule, adroitement remaniée, ne dissipe aucune de nos méfiances, aucune de nos appréhensions : plus clairement, je doute de sa valeur instructive et plus encore de son action éducatrice.

Ainsi la Gauche féministe est d'accord pour assigner à l'éducation intégrale « une base encyclopédique. » Et je ne sais pas d'erreur pédagogique qui puisse faire plus de mal aux études et aux étudiants. C'est obéir, vraiment, à une préoccupation assez sotte que de contraindre les maîtres à promener hâtivement leurs élèves à travers le monde infini des connaissances humaines. Et je redoute pour les filles ce vice de méthode dont souffrent les garçons, nos programmes actuels n'ayant pas de plus grave défaut que leur ampleur encyclopédique. Lorsqu'on les allège timidement d'un côté, nous pouvons être sûrs qu'on les alourdit par ailleurs, deux fois pour une.

Contre cette manie, heureusement, la réaction commence. On se dit qu'effleurer beaucoup de choses est le contraire même de la science ; qu'à vouloir tout savoir on risque de ne rien retenir, comme à vouloir tout entreprendre on risque de ne rien faire ; qu'à jeter à pleines mains en une tête d'enfant les semences de toutes les connaissances, c'est s'exposer à étouffer leur croissance, à surmener, à appauvrir le fond qui les porte, à déprimer, à accabler, à hébéter le cerveau à peine formé qui les emmagasine avec effort et les assimile avec peine ; bref, qu'instruire un enfant, ce n'est pas en faire, suivant l'esprit de l' » éducation intégrale », une encyclopédie vivante, mais former son intelligence, éclairer sa raison, lui apprendre à bien apprendre.

Quant à la vertu éducatrice de l'instruction intégrale, franchement, je n'y crois pas. Quel serait, en ce système, le principe éducateur ? La science ? C'est une entité bien vague, bien sèche et bien froide, pour une cervelle d'enfant. Si l'homme mûr parvient, après de longues et laborieuses études, à en comprendre l'austère beauté, elle n'apparaît généralement aux écoliers et aux étudiants des deux sexes que sous une forme rébarbative, avec un cortège de leçons, de pensums, d'examens, qui en font une divinité plus redoutable que bienfaisante. En tout cas, son action sur le coeur de l'enfant sera minime.

Cela est si vrai que des femmes, qui « s'interdisent toute incursion dans le domaine religieux, » se sont demandé avec inquiétude si « l'étude serait toujours suffisante pour alimenter l'imagination des jeunes filles, »--imagination d'autant plus active qu'elle sera mieux cultivée,--s'il n'était pas imprudent de les abandonner aux aspirations de leur coeur, au besoin d'aimer, aux « perfides conseils de la passion, » aux appels incessants de la « curiosité, »--curiosité d'autant plus inquiète qu'elle sera plus éveillée. Pour lutter contre l' » impérieux besoin de se satisfaire, » il convient donc de plier les jeunes âmes à l' » habitude de se maîtriser. »

Et comme ressort moral, ces dames esthètes proposent la religion de la beauté ! C'est le voeu de Mme Lydie Martial, notamment, que, « pour donner pâture aux plus nobles et aux plus hautes aspirations de l'intelligence humaine, aussi bien que pour atténuer la sécheresse que la science sèmerait dans le coeur des femmes sans le remplir, on enseigne dans toutes les classes de filles et de garçons et l'on étende à l'enseignement tout entier, jusqu'aux établissements pénitentiaires pour les deux sexes, la recherche de la perfection, la connaissance, le goût et l'amour du beau. »[101]

L'intention est louable, mais le viatique est maigre. Comment croire que celui-ci puisse suffire à la jeunesse pour lutter contre les épreuves de la vie et les faiblesses du coeur ? L'étudiant qui prend une maîtresse, le viveur qui entretient une danseuse, nous diront qu'ils sacrifient au culte du Beau. Il faut pourtant qu'un principe d'éducation soit un principe de conduite et de vertu. Mieux vaut encore la vieille morale du devoir, fût-elle appuyée de ces « affirmations dogmatiques » qui scandalisent si fort le féminisme radical. Vainement on nous représentera sur le mode lyrique les adolescents des deux sexes travaillant côte à côte dans une intimité fraternelle, promenant gravement, par groupes sympathiques, leurs rêveries et leurs méditations sous l'oeil des pédagogues attendris, s'exerçant à vivre en force, en grâce et en allégresse, cultivant leur raison, assouplissant leurs muscles, immolant leurs passions sur l'autel de la Science ou unissant leurs coeurs devant la statue de la Beauté. Tout ce joli paganisme fait bien dans un tableau, surtout s'il est peint par un Puvis de Chavannes. Mais lorsqu'on redescend aux réalités de la vie, on s'aperçoit bien

---

[101] Communication faite au Congrès de la Condition et des Droits de la Femme. La *Fronde* du 8 septembre 1900.

vite que cette poésie est impuissante à faire vivre honnêtement le commun des mortels.

Même intégrale, l'éducation scientifique ou esthétique ne peut manquer d'être pauvrement éducatrice, surtout si l'on ajoute que, dans le plan féministe, l'État est chargé de la distribuer officiellement et impérieusement à toute la jeunesse de France. Nous avons pourtant sur terre un excellent instrument d'éducation : la famille ; et dans la famille, un être d'élection qui le sait manier avec une infinie délicatesse : la mère. Si bien tenus qu'on le suppose, les pensionnats, les collèges, tous les établissements religieux ou laïques, quels qu'ils soient, ne remplaceront jamais l'action morale des parents. Il n'est guère d'internat où l'éducation ne soit insuffisante ou nulle,--ou pire. Trop de parents abandonnent aux maîtres le soin d'élever leurs enfants, trop de mères se déchargent sur l'école de leurs devoirs de surveillance. Et comme si ce n'était pas assez de cette coupable indifférence, il semble que, depuis un quart de siècle, tous les efforts de notre démocratie tendent à affaiblir l'autorité familiale au profit de l'autorité sociale.

Et les parents acceptent sans mot dire toutes ces diminutions, comme s'ils ne savaient pas, les malheureux ! que toute atteinte à leurs prérogatives est une atteinte à la liberté et à la grandeur du pays. Les pierres du foyer ne sont-elles pas les fondations mêmes de la patrie ? Je porte à la famille française, autrefois si simple, si digne, si unie, si respectable, un amour désespéré. Je crois fermement que, si elle décline davantage, ç'en est fait de la puissance et de l'avenir du nom français. Et c'est pourquoi tous ceux qui aspirent, comme nous, à la sauver des oppressions qui se préparent au dehors, et de la décomposition qui l'envahit au dedans, doivent lutter contre l'ébranlement dont elle est menacée par l'effort combiné des mauvaises lois et des mauvaises moeurs.

VI

Mais nous avons reconnu que la société est intéressée à la mise en valeur des intelligences de ses membres, et nous y revenons en peu de mots. L'instruction intégrale poursuit des fins trop ambitieuses et trop difficilement réalisables. Soyons plus modestes et plus pratiques. *L'instruction complète pour les plus capables et les plus dignes* : telle est notre formule. Remplacer la médiocrité bourgeoise, qui encombre les collèges, par l'élite du peuple, qui mérite d'y accéder : tel est notre but. Comment l'atteindre ? Lorsque le clergé paroissial distingue, parmi les enfants d'ouvriers ou de paysans, des sujets qui lui semblent remarquablement doués, il prend leur instruction à sa charge et les fait passer, avec l'assentiment des parents, de l'école au séminaire. Faisons comme lui, faisons mieux que lui. Chargeons nos professeurs de cette sélection, et poussons gratuitement jusqu'au sommet les enfants du peuple qui le méritent par leur intelligence et leurs efforts. Ainsi se fera, dans les limites du possible, sans offense à la liberté des parents, l'ascension des déshérités vers la lumière. Élargi et amélioré, le système des bourses a du bon, à condition qu'elles soient la récompense de la valeur et non le prix des recommandations.

Pour ce qui est de l'élimination des petits bourgeois qui languissent sur les bancs sans utilité pour personne, établissons, à la fin de chaque classe, un examen de passage sérieux, prudent, mais décisif. Et afin de couper court à l'obstination des parents, ayons le courage d'abolir le baccalauréat qui est devenu, peu à peu, une sorte de sacrement universitaire, sans lequel un jeune homme est disqualifié pour la vie. Une fois ce titre supprimé, il est à croire que les enfants de la bourgeoisie, qui n'ont pour les lettres ou les sciences que des aptitudes insuffisantes, se disperseront d'eux-mêmes, après quelques efforts infructueux, vers les emplois industriels, agricoles ou commerciaux. Et ce sera profit pour tout le monde.

Mais s'il est bon de mettre l'homme ou la femme à la place qui lui convient, encore faut-il qu'il y ait des places à prendre. C'est pourquoi l'accession en masse de toute la jeunesse des deux sexes à l'enseignement secondaire nous semble un rêve inquiétant, qui réserverait aux générations à venir des réveils douloureux et des déceptions cruelles. On s'écrase déjà à l'entrée de toutes les carrières libérales ; que serait-ce si les femmes se précipitaient dans la mêlée ?

C'est leur droit, assurément : est-ce leur intérêt ? Nous aimons à croire qu'elles hésiteront à se fourvoyer dans une impasse, où il y a moins d'argent à gagner que de risques à courir et de privations à endurer. Que si quelques-unes persistent à nous disputer des professions qui nourrissent maigrement leur homme, ce n'est pas une raison de leur imposer le baccalauréat dont nous aimerions à débarrasser nos garçons. Et pour être beau joueur dans la partie qu'elles mènent contre nous, le législateur ferait galamment d'admettre que le diplôme de fin d'études, institué dans les lycées de jeunes filles, donnera directement accès aux cours et aux grades de l'enseignement supérieur. Nous serions assez payés de notre générosité si, cette brèche faite, l'enceinte fortifiée du baccalauréat pouvait s'écrouler tout entière.

En somme, ce qui est vrai aujourd'hui, ce qui le sera demain et toujours, c'est que tous les « humains » ne sauraient prétendre à une instruction intégrale, synthétique ou encyclopédique, le plus souvent irréalisable. Tous, tant que nous sommes, nous n'avons droit qu'à une bonne éducation, que nous devons recevoir à l'école ou dans la famille. En admettant même, avec M. Fouillée, que l'enseignement universel soit dans les probabilités idéales de l'avenir, nous y mettrions, comme lui, cette condition expresse qu'il soit « éducatif et non pas instructif. »[102] Et de plus, cette éducation, renonçant aux chimères décevantes de l'intégralité, devra poursuivre seulement des vues spéciales, c'est-à-dire favoriser l'éclosion des vocations naturelles et tendre à la formation d'individualités distinctes, au lieu de viser à modeler, à pétrir, à dresser toutes les intelligences sur un même type uniforme. A ce compte, est-il possible de soumettre les deux sexes aux mêmes méthodes, aux mêmes programmes, aux mêmes disciplines ?

---

[102] Alfred Fouillée, *L'Instruction intégrale*. Revue bleue du mois d'octobre 1898.

CHAPITRE IV

LA COÉDUCATION DES SEXES

*I.--La coéducation intégrale préconisée par la Gauche féministe.--
Coéducation familiale.--Coéducation primaire. II.--Coéducation
secondaire.--Le « collège mixte » des États-Unis.--Ce que vaut le
mot, ce que vaut la chose. III.--Côté moral.--Témoignages
contradictoires.--Ce qui est possible en Amérique est-il désirable en
France ?--Inconvénients probables.--L'âge ingrat.--Contact
périlleux.--Pour et contre la séparation des sexes. IV.--Coté mental.-
-Développement inégal de la fille et du garçon.--Psychologie du
jeune age.--La crise de puberté. V.--Les programmes respectifs de
l'enseignement masculin et de l'enseignement féminin.--Convient-il
de les unifier ?--La coéducation intégrale est un symbole féministe.--
Déclarations significatives. VI.--Coéducation supérieure et
professionnelle.--Est-elle une nécessité ?--Accession des jeunes filles
aux cours des Universités.--Ce qu'il faut en penser.*

I

Au système de l'« instruction intégrale » selon le mode
révolutionnaire, devons-nous préférer le régime de la
« coéducation des sexes » selon la mode américaine ?
La Gauche féministe semble aussi passionnément éprise de

l'une que de l'autre. Témoin cette déclaration de Mme Pognon à la séance de clôture du Congrès de 1900 ; « Vous avez voté à l'unanimité la coéducation, et ceci est un immense pas fait en avant. J'affirme que c'est la première fois qu'un congrès féministe vote, à Paris, la coéducation, et cela même sans contestation. Voyez comme nous avons marché depuis quatre ans !»[103]

La coéducation est-elle donc une si étonnante nouveauté ? Pas précisément. La coéducation est même une très vieille chose. Si nous remontons aux premiers temps de l'humanité, nous voyons partout les garçons et les filles élevés en commun dans les tribus et les villages ; mais personne n'osera, je l'espère, nous présenter cette coéducation barbare comme un parfait modèle d'éducation. Mieux vaut la coéducation familiale, dont les nécessités de la vie font une loi à tous les hommes. Aujourd'hui comme hier, fils et filles grandissent côte à côte, sous l'oeil plus ou moins vigilant des père et mère. Mais, ici, l'affection fraternelle est, tout à la fois, un lien qui rapproche les enfants et un frein qui les maintient à distance respectueuse les uns des autres. Encore est-il que, dans les familles d'où la moralité est absente, le contact journalier des frères et des soeurs ne va point sans de graves dangers. Depuis l'origine du monde, l'humanité fait donc de la coéducation sans le savoir.

Bien plus, afin de ménager la bourse des parents et d'alléger le budget des communes, l'école enfantine, l'école maternelle, l'école primaire, réunissent souvent les garçons et les filles sous la férule d'un même maître. En France, depuis la loi sur l'instruction obligatoire, un très grand nombre d'écoles sont mixtes, les communes au-dessous de 500 habitants ayant la faculté de n'en ouvrir qu'une seule pour les deux sexes. La coéducation de la première enfance n'est

---

[103] Compte rendu sténographique de la *Fronde* du 12 septembre 1900.

donc, chez nous, qu'une sorte de pis aller, auquel on se résigne à regret pour des raisons d'économie. C'est le régime des pauvres.

Faut-il s'en affliger ? Cette vue serait vraiment trop pessimiste. J'admets la coéducation du jeune âge,--sans enthousiasme, il est vrai. La nécessité l'impose, surtout dans les campagnes. Je sais bien que le voisinage des garçons est souvent une cause de dissipation pour les filles. Par leur turbulence naturelle, ces petits démons risquent d'induire leurs compagnes de classe, plus douces et plus dociles, en tentation de paresse ou d'indiscipline : beaucoup d'instituteurs s'en plaignent. En séparant les sexes, l'ordre y gagnerait peut-être, et l'instruction aussi. Du moins, toute cette enfance peut impunément s'asseoir sur les mêmes bancs et jouer dans la même cour sans que la morale en souffre. A cet âge innocent, comme nous le disait un vieux maître d'école, on songe plus à se battre qu'à s'embrasser.

Mais convient-il d'étendre la coéducation à l'enseignement secondaire et à l'enseignement supérieur ? C'est une autre affaire. Disons tout de suite que, distinguant entre ces deux enseignements, la coéducation nous paraît acceptable dans les universités et inadmissible dans les collèges.

II

Appliquée aux divers établissements d'instruction secondaire, la coéducation ne nous dit rien qui vaille. Les précédents invoqués en sa faveur sont-ils suffisamment démonstratifs ? On nous oppose, avec assurance, les résultats de l'expérience américaine. De fait, les États-Unis possèdent bon nombre de collèges où jeunes gens et jeunes filles étudient en commun ; et l'on nous assure que, dans ces écoles mixtes, la coéducation est sans inconvénient et la cohabitation sans conséquence. Du moins, on ne s'alarme aucunement des accidents possibles. Les jeunes filles font les mêmes études et suivent les mêmes exercices que les jeunes gens. Leur zèle d'apprendre et de savoir est extrême, paraît-il. Et vous n'avez pas idée de la somme indigeste de connaissances dont on surcharge leur esprit ; nos programmes, en comparaison des leurs, sont des jeux d'enfants. Joignez qu'on ne leur cache rien, qu'on les éclaire sur toute chose, qu'on les initie même aux mystères de l'embryologie.

Comment expliquer que l'unité d'enseignement et d'éducation, le rapprochement et la fréquentation quotidienne des sexes, la satisfaction de toutes les curiosités de l'esprit, n'induisent point la jeunesse en tentations et en fautes faciles à deviner ? Dans son livre *Les Américaines chez elles*, Mme Bentzon nous dit que, chaque fois qu'elle aborda devant celles-ci le chapitre des périls que pouvait présenter le système d'enseignement mixte, « elle ne fut pas comprise. » Cette placide camaraderie des deux sexes tient sans doute à la froideur du sang, au calme de la race, au juste équilibre du tempérament, peut-être aussi au rigorisme des moeurs et à la solidité des principes, et encore à la préoccupation de l'avenir, à la passion de l'étude, ou, enfin, à une pruderie conventionnelle, à un optimisme hypocrite qui cache le mal au lieu de l'avouer.

En tout cas, les partisans de la coéducation des sexes triomphent bruyamment des résultats de l'expérience américaine ; et si nous les écoutions, il conviendrait d'inaugurer chez nous, le plus tôt possible, l'admirable système de l'éducation mixte. Un homme de lettres d'outre-mer, M. Théodore Stanton, écrit à Mme Marya Cheliga : « Si l'on pouvait appliquer en France notre système et élever les deux sexes ensemble, dès l'école primaire jusqu'à l'université inclusivement, en passant par l'enseignement secondaire, je suis sûr qu'on ferait plus pour la République et pour le bonheur de la France, que ne peuvent faire la Chambre et le Sénat pendant vingt ans. »[104] M. Stanton est-il sérieux ou ironique ? Car, après tout, ce n'est pas honorer l'éducation mixte d'un si gros compliment, que d'en comparer les bienfaits au labeur et à la fécondité de nos parlementaires.

« Les faits ont parlé, nous dit-on : inclinez-vous. »-- Mais le langage des faits est-il si décisif qu'on le prétend ? Tous ceux qui ont voyagé aux États-Unis ou au Canada nous attestent qu'au cours de leurs visites scolaires, les pédagogues et les sociologues coéducateurs leur ont assuré, avec une belle unanimité, que le rapprochement des sexes fait merveille sur les filles et les garçons. Cet accord ne me surprend point. Demandez à un inventeur ce qu'il pense de son système : il vous répondra naturellement qu'il est parfait. J'aurais plus de confiance dans le témoignage des jeunes gens soumis au régime coéducatif. Et précisément, j'ai entendu des fils de la libre Amérique, qui avaient fait toutes leurs études dans les écoles mixtes, se moquer agréablement de ces messieurs très graves venus d'Europe pour faire leur enquête sur la coéducation et qui rapportaient en France, ou ailleurs, les impressions les plus touchantes et les rapports les plus élogieux. Et puis, la coéducation ne peut invoquer chez nous, comme précédent, que l'expérience tentée à Cempuis par M. Robin, sous les auspices du conseil municipal de Paris ; et vraiment, nous avons bien le droit de dire qu'elle n'est pas suffisante.

En outre, la coéducation,--comme tous les mots prétentieux qui servent d'enseigne à un parti,--exprime mal ce qu'elle veut dire. D'abord, il faut distinguer la coéducation, qui suppose l'internat, de la coinstruction, qui n'exige que l'externat. Si la première offre des dangers qui sautent aux yeux, la seconde peut se défendre plus aisément,

---

[104] Revue encyclopédique du 28 novembre 1896, p. 829.

et les États-Unis ne pratiquent guère que celle-ci. D'autre
part, si favorable qu'on soit au rapprochement des garçons
et des filles, on ne saurait se dispenser d'admettre que la
coéducation, fût-elle poussée aussi loin que possible,
comporte forcément, sous peine de dégénérer en
promiscuité honteuse, une certaine séparation des sexes. A
Cempuis, l'orphelinat Prévost, qu'on nous présente comme
« une école modèle de coéducation, »[105] comprend deux
internats, un pour les garçons, un pour les filles, avec une
école au milieu où les uns et les autres reçoivent un
enseignement commun. Le mot « coéducation » manque
donc de précision et de probité. C'est « coinstruction » qu'il
faudrait dire, la coéducation n'existant vraiment que dans la
famille.

Sachant ce que vaut le mot, cherchons ce que vaut la
chose. Avec ou sans l'internat, la coéducation éveille en nous
bien des scrupules et bien des objections.

III

Au point de vue moral, d'abord, ses partisans ne
tarissent pas en éloges pompeux et en mirifiques promesses.
Le malheur est que leurs dithyrambes sont souvent
contradictoires. Lorsqu'on leur oppose que l'instruction
donnée en commun tend à effacer les traits distinctifs des
deux sexes, en efféminant les garçons, en virilisant les filles,
ils répondent, avec Mme Emma Pieczynska, que, « de l'avis
unanime des pédagogues et sociologues coéducateurs,
l'éducation des sexes en commun favorise la différenciation
de leurs génies, » que « leur seul rapprochement révèle à
chacun sa place naturelle dans l'oeuvre collective, » que,
« loin d'affaiblir leurs aptitudes distinctives, la communauté

---

[105] Rapport de Mme Mary Léopold-Lacour. La *Fronde* du 9 septembre 1900.

des études les précise et les met en relief ; »[106] qu'en un mot, grâce à la coéducation, les filles sont plus femmes et les garçons plus hommes. Si, maintenant, nous objectons qu'en mettant la femme et l'homme en concurrence dès l'enfance, en les préparant dans les mêmes classes aux mêmes carrières, on risque d'étendre et d'aviver entre eux les rivalités et les conflits, certains nous répondent avec M. Paul Delon, que, dans les écoles éducatives, « les rapports journaliers adoucissent les contrastes, les harmonisent, les corrigent l'un par l'autre, » que « les garçons deviennent moins brusques, moins secs, plus délicats, plus gracieux ; les jeunes filles plus franches d'allure et moins légères d'esprit, moins affectées de niaiseries, moins perdues dans les chiffons, » bref, que les garçons prennent quelque chose de la femme et les filles quelque chose de l'homme. Mais que devient alors la différenciation des sexes ?

Et pour aggraver notre embarras, voici M. Buisson, une autorité en matière pédagogique, qui nous assure que l'effet de l'éducation en commun a été d'inspirer aux jeunes filles américaines, au lieu d'airs pédants et hardis, une modestie, une réserve, une tenue toute féminine, sans lesquelles, elles le sentent bien, elles perdraient tout leur prestige aux yeux de leurs jeunes compagnons d'études. »[107] Qui croire ? Car, enfin, ce témoignage prouverait que la coéducation ne fait rien perdre aux filles des charmantes qualités de leur sexe. Et pourtant, les livres les plus récents des moralistes en voyage confirment ce que nous savions déjà par nos relations et nos renseignements personnels, à savoir que la jeune Américaine prend, à l'heure actuelle, de telles libertés d'allure et de langage, que cette extrême indépendance, lorsqu'elle n'est pas combattue et corrigée par les père et mère, relâche gravement les liens sociaux et les

---

[106] Étude présentée au Congrès de Londres, en 1899, sur la coéducation.

[107] Rapport officiel sur l'instruction à l'Exposition de Philadelphie.

liens de famille. D'où il faudrait induire que, par l'effet de la coéducation, les filles d'outre-mer échangent les grâces de leur sexe contre les hardiesses du nôtre. Et cette conclusion est infiniment plus vraisemblable.

Ceci nous amène à la question la plus grave que soulève la coéducation : ce régime n'est-il pas gros de tentations pour l'adolescence, gros de périls pour la moralité ?

On nous affirme que garçons et filles de tous âges, habitués à vivre côte à côte, ne sont pas plus en danger que les frères et soeurs dans la famille. Comme preuve, on allègue ce fait qu'à l'orphelinat « rationaliste » de Cempuis, « la voix des enfants ayant même atteint leur seizième année n'a pas encore mué.»[108] Tous chantent dans les choeurs avec les voix angéliques que voudrait l'Église. A quoi Mlle Bonnevial ajoute que les enfants des colonies mixtes de vacances, bien que ne s'étant jamais vus, ont tôt fait de vivre en parfaite confraternité, « sans aucune sorte de gêne sexuelle.»[109] Mais en admettant que la pureté des voix puisse servir de caution à la pureté des moeurs, les faits que nous venons de rapporter nous paraissent d'une valeur trop mince pour déterminer l'État à donner, en commun aux deux sexes, l'enseignement secondaire qu'il distribue à chacun d'eux séparément.

Plus sérieuse est cette observation de M. Buisson, que la coéducation éveille moins les curiosités inquiètes : « Enfants, ils ne s'étonnent pas d'avoir en commun le travail et le jeu ; adolescents, ils continuent de se trouver ensemble sans surprise et sans trouble. Ainsi se trouve résolu pour l'Amérique, par la transition insensible de l'enfance à la

---

[108] Rapport déjà cité de Mme Mary Léopold-Lacour.

[109] Voir la *Fronde* du 9 septembre 1900.

jeunesse, un des plus graves problèmes de l'éducation morale. » En Amérique, peut-être ; mais en France ? Pour être aussi aimable, le commerce des sexes sera-t-il chez nous aussi candide et innocent ? Autres pays, autres moeurs.

J'en appelle au témoignage de M. Paul Bourget. Nous lisons dans son beau livre *Outre-Mer* : « Tous ceux qui ont étudié de près les jeunes Américains s'accordent à dire qu'ils sont pareils aux jeunes Anglais, et plus froids encore. »[110] Entre eux et nous, l'ardeur du tempérament n'est pas la même, l' » animalité de la race » est différente. Quant aux jeunes filles de là-bas, leur innocence avertie est comme déflorée. M. Bourget nous l'apprend d'un mot incisif : « Elles ont la dépravation chaste. »[111]

Le climat et la race peuvent donc autoriser au-delà de l'Atlantique des fréquentations et des contacts qui n'iraient point ici, vu l'état des moeurs françaises, sans d'assez fâcheuses conséquences. Nos habitudes masculines sont apparemment plus tendres, ou plus impétueuses, ou plus inconvenantes, comme on voudra. Avec la chaleur du sang gaulois, avec la sensibilité du coeur et--disons le mot-- l'humeur galante du tempérament latin, il est permis de croire que l'éducation mixte aurait souvent, pour nos lycéens, tant de charmes attrayants qu'il est plus sage de ne les y point exposer.

Sans nier qu'en s'ajoutant à une nature plus calme et plus platonique, le culte austère de la science puisse être aux pays d'outre-mer un préservatif souverain contre les amourettes de collège et les tentations de jeunesse, sans contester même que ce phénomène soit possible chez nous dans les relations de l'élite la plus studieuse des deux sexes,

[110] Tome I, pp. 109-110.
[111] Tome I, p. 115.

nous persistons à croire que c'est faire preuve d'un optimisme excessif que de vouloir généraliser en France la coéducation américaine. Sans doute, Mme Séverine s'est moquée spirituellement de l'» effervescence du tempérament français.» Comment accorder cette effervescence avec la dépopulation ? N'est-il pas évident que notre race se refroidit, puisqu'elle fait moins d'enfants ?[112] Par malheur, cette plaisanterie facile ne prouve rien,--les nombreuses familles n'attestant souvent que la loyauté conjugale. La diminution des naissances ne va guère, hélas ! sans une diminution de la moralité. Si notre race est moins prolifique, n'en concluons pas qu'elle est moins ardente, mais qu'elle est moins honnête. En ce moment, il est plus urgent de moraliser les enfants que de rapprocher les sexes.

« Précisément, nous réplique-t-on, la coéducation est moralisatrice.» Et pour le démontrer, on nous fait un tableau lugubre de la vie de collège. Chacun sait que la « plaie » de notre enseignement, c'est l'internat. Au dernier Congrès de la Gauche féministe, Mme Kergomard, qui siège avec distinction au Conseil supérieur de l'Instruction publique, a brodé sur ce thème une variation nouvelle : « Quand les jeunes gens sortent de ces boîtes, où ils sont presque sans air et sans lumière, où la femme n'entre jamais, ils ont pourtant besoin de voir la physionomie d'une femme ; et ma foi ! malheureusement, ils vont en chercher où ils en trouvent ; et ce qu'ils trouvent est véritablement très désolant.»[113]

D'accord. Mais cela prouve que l'internat est mauvais, et nullement que la coéducation soit bonne. Certes, lorsque des oiseaux languissent dans une cage, il n'est que d'y joindre quelques oiselles pour leur rendre la gaieté. Seulement,

---

[112] Déclaration, faite au Congrès de 1900. Voir la *Fronde* du 9 septembre.
[113] Compte rendu sténographique de la *Fronde* du 9 septembre 1900.

personne ne pousse la coéducation jusque-là. Est-ce donc en juxtaposant un internat de filles près d'un internat de garçons et en ouvrant de l'un à l'autre quelques portes de communication minutieusement surveillées, que vous aurez rendu la joie à vos pensionnaires ? Il leur manquera toujours la liberté. Pourquoi emprisonner les filles, si la réclusion fait tant souffrir les garçons ? Mieux vaudrait ouvrir la cage, c'est-à-dire supprimer l'internat. Mme Kergomard sera de cet avis.

Joignez que, dans un collège mixte, la surveillance est singulièrement délicate et compliquée. Dans la période intermédiaire qui sépare l'enseignement primaire de l'enseignement supérieur ou professionnel, se placent, pour les garçons la crise de puberté, pour les filles la crise de nubilité, pour les uns et pour les autres l'âge ingrat. C'est une époque critique où la personnalité se complète, l'imagination s'avive, le coeur s'émeut. Et jusqu'à ce que l'individualité sexuelle soit formée, précisée, achevée, il faut compter avec l'éveil et le trouble des sens. En cette période de transition où l'être, encore indécis, est exposé aux sollicitations inquiètes de la nature, sans avoir la pleine conscience de ses actes, ni surtout le sentiment très net des suites qu'ils comportent et des lourdes responsabilités qu'ils engendrent, il est sage de le prémunir contre les entraînements de l'instinct, il est bon de le protéger contre les pièges tendus par la nature elle-même à son ignorance et à sa faiblesse.

Je sais bien que ces scrupules et ces précautions paraîtront futiles aux esprits hardis qui pensent que la séparation des sexes est « immorale », que l'enseignement unilatéral est un « piège », une « hypocrisie », la « cause des grands vices ». A cela rien à répondre, si ce n'est que l'éducation unisexuelle a fait ses preuves et que, pour une minorité de polissons réfractaires à sa discipline, on compte par millions les hommes et les femmes honnêtes qu'elle a formés depuis des siècles et qu'elle forme tous les jours. On dirait vraiment que tous les jeunes gens et toutes les jeunes filles, élevés d'après les méthodes actuelles, sont de pauvres gens sans droiture, sans sincérité, sans vertu, et qu'il n'est que la coéducation pour redresser leurs déformations mentales, pour guérir leurs infirmités morales ! Mme Kergomard elle-même a déclaré ceci : « Il nous faut la coéducation pour que les êtres soient moraux et sachent pourquoi. »[114]

La coéducation n'a-t-elle pas au moins l'avantage de favoriser le mariage ? On l'a souvent prétendu. En Amérique, la jeune fille *se* marie ; en France, on *la* marie. Là-bas, le mariage est affaire d'inclination ; ici, on le tient pour une affaire d'argent. Où est la moralité ? Et l'on cite cette déclaration du docteur Fairchild, président du plus ancien et du plus grand collège mixte des États-Unis : « Ce serait une chose contre nature si des liaisons qui mènent au mariage ne se formaient pas entre nos élèves. Ces engagements mutuels pourraient-ils être contractés dans des conditions plus favorables, dans des circonstances offrant plus de chance de choix réfléchis et, par conséquent, plus de bonheur dans le ménage ? »[115]

Mais il faudrait savoir si toutes ces liaisons précoces ont le mariage pour but ; et lorsqu'elles y aboutissent, on se garde bien de nous dire que ces mariages se terminent souvent par un divorce. En Amérique, le cas n'est pas rare de jeunes couples, très amoureux, mariés à vingt et un ans et désunis à vingt-cinq. L'expérience atteste que, dans tous les pays où fleurit la coéducation, le divorce sévit plus que partout ailleurs. C'est une erreur, souvent cuisante, de traiter le mariage comme une amourette. Vraiment, la coéducation intégrale, avec son programme de « vie en liberté, en joie, en

---

[114] Compte rendu sténographique de la *Fronde* du 9 septembre 1900.
[115] Rapport précité de Mme Mary Léopold-Lacour.

beauté » et autres turlutaines, ne se comprend guère que dans une société convertie à l'union libre. Ceci appelle cela, et réciproquement.

Et ce qui aggrave nos appréhensions, c'est que la coéducation, telle que ses plus chauds partisans la conçoivent, affiche une imprévoyance, une témérité, un relâchement extrêmes. A ceux qui s'inquiètent des contacts trop fréquents et trop faciles entre les grands garçons et les grandes filles de l'enseignement secondaire, Mme Séverine répond, par exemple, que « ces petites préoccupations sont les restes d'une ancestralité et d'un servage moral, sur lesquels il vaut mieux ne pas appuyer. » Il paraît que les enfants d'aujourd'hui ne sont plus les enfants que nous avons été. « Une grande évolution s'est faite dans les cerveaux pendant ces trente dernières années. » Nul n'ignore, en effet, que, malgré les envahissements de la pornographie, les adolescents d'aujourd'hui sont de purs esprits. C'est pourquoi Mme Séverine invite tous les instituteurs à s'affranchir de « la basse et éternelle préoccupation du sexe qui est la plaie que nous portons au flanc. » Et cette préoccupation « est au fond de tout comme un reste des vieux dogmes qu'il est temps d'abolir et d'oublier. » Retenons que cette conclusion, animée du plus pur optimisme libertaire, fut couverte de bravos prolongés.[116]

On voit qu'avec de pareilles idées nos enfants seraient bien gardés. Mais ils seront si sages, si savants, si purs ! De petits anges libres-penseurs ! Car il va sans dire que, dans les collèges mixtes, les éblouissements de la science dissiperont les vagues et obscures croyances. Plus de métaphysique, rien que des faits. Aux révélations de la religion on substituera les

---

[116] Compte rendu sténographique du Congrès de la Gauche féministe. Voir la *Fronde* du 9 septembre 1900.

313

« révélations de la biologie ». Un sociologue coéducateur nous a affirmé, d'un air sérieux, que la déclaration des Droits de l'Homme remplacerait fort avantageusement les commandements de Dieu. En tout cas, la Gauche féministe a émis le voeu que « la loi ne tolère dans aucune école les affirmations dogmatiques qui se réclament de la liberté de l'enseignement pour asservir les consciences. »

IV

Ainsi entendue, la coéducation ne peut qu'effrayer toute âme chrétienne. Aussi les catholiques n'en veulent point et les libéraux n'en veulent guère. Ce qui achèvera peut-être d'en détourner les indécis,--du moins, pour la période intermédiaire de l'enseignement secondaire,--c'est que nous ne voyons pas qu'à cet âge, ses avantages intellectuels soient mieux fondés que ses prétentions morales. D'où il suivrait que, pour ce qui est de la formation de l'esprit comme de la formation du coeur, les collèges mixtes offrent plus d'inconvénients que de profits.

En effet, la coéducation, avec un même programme d'études pour les deux sexes, est en contradiction avec un fait naturel de première importance qui est le développement inégal de la fille et du garçon. C'est ce qu'a démontré, avec beaucoup de vigueur, un congressiste de 1900, M. Kownacky, dont la ferveur « coéducative » s'est fort attiédie à la réflexion, puisqu'il répudie le collège mixte après l'avoir préconisé. Inutile de dire que son argumentation fut accueillie par la Gauche féministe avec impatience et irritation.

C'est un fait constant que la femme arrive, plus rapidement que l'homme, au plein épanouissement de ses facultés. Tous les parents, tous les maîtres peuvent attester que l'intelligence des filles est plus précoce que celle des garçons. Prenez une fillette et un garçonnet de huit ans, la première sera presque toujours en avance sur le second. De là, même dans les classes primaires, de sérieuses difficultés pour faire suivre les mêmes exercices à des enfants inégalement développés. Veut-on des exemples et des témoignages ? D'après une directrice d'école maternelle, Mlle Lauriol, l'émulation scolaire, l'ambition des premières places, le goût et la recherche du succès sont plus vifs chez les filles que chez les garçons.[117] Leur moi est plus précocement éveillé, leur amour-propre plus ardent, plus sensible ; elles sont plus facilement jalouses de leurs compagnes, plus portées au dépit et à l'orgueil, plus compliquées, plus rusées, plus fines mouches. Suivant M. Marion, elles biaisent, elles brodent, elles inventent, elles amplifient, elles mentent même « pour l'amour de l'art ».[118]

Mais, par-dessus tout, le désir de briller, d'étonner, l'émulation de réussir et de triompher, les animent si généralement que Mgr Dupanloup déclare qu'ayant fait, pendant plusieurs années, le catéchisme à 150 garçons et à 150 filles, il a toujours vu ces sentiments plus accusés chez celles-ci que chez ceux-là.

Au fond, la petite fille se développe plus tôt que le petit garçon. Les partisans les plus décidés de l'infériorité intellectuelle des femmes conviennent de cette antériorité très générale. A égalité d'âge et de travail, les filles ont plus de pénétration, plus de finesse, plus de mémoire, plus de facilité, plus de promptitude à tout saisir, à tout apprendre. « Rien de plus aisé, conclut M. Marion, que de les pousser très vite et très loin. »[119] Mgr Dupanloup abonde en ce sens : « Dès cinq ou six ans on peut leur parler raison. La précocité

[117] Marion, *Psychologie de la femme*, p. 135.
[118] *Ibid.*, p. 86.
[119] Marion, *Psychologie de la femme*, p. 87.

de leur esprit est étonnante, souvent redoutable. » Tous les pères de famille sont à même de constater l'avance énorme qu'une fille de seize ans a prise sur ses frères ou ses camarades de même âge, en sérieux, en finesse, en esprit de conduite, en connaissance de la vie, pour ce simple motif que sa formation physique est plus rapide. Ce fait n'est pas niable : mentalement, la fille est mûre avant le garçon. Voilà déjà un obstacle à la coéducation des sexes.

Et ce qui aggrave encore les risques de cette précocité, c'est qu'elle éclate subitement. La maturité des filles a la soudaineté d'une éclosion spontanée. Où le garçon n'arrive qu'à la longue, pas à pas, avec une progression tranquille et régulière, la fille s'y élève d'emblée. De douze à seize ans, ces différences sont particulièrement tranchées. Et cet épanouissement de l'esprit féminin coïncide avec l'épanouissement du corps. Tandis que le jeune homme pousse si lentement qu'il n'est souvent, à dix-sept ans, qu'un adolescent frêle, gauche, en pleine croissance physique et cérébrale, la jeune fille du même âge peut déjà faire, en la majorité des cas, une charmante épouse et une bonne petite maman.

Mais cette floraison rapide du corps et de l'esprit ne se fait point sans accidents ou, du moins, sans un trouble général, hasardeux pour le présent, décisif pour l'avenir. Lorsque la femme apparaît dans l'adolescente, cette métamorphose est inséparable d'une perturbation de tout l'être, d'un ébranlement de la sensibilité, d'une secousse nerveuse qui exige des ménagements et des soins clairvoyants. C'est la crise de puberté. Si l'on veut en diminuer les risques, le calme et la paix sont nécessaires ; car moins elle sera consciente, moins elle sera douloureuse. Les médecins recommandent alors de suspendre le travail de tête, de mener une vie saine et tranquille, au grand air, d'écarter les soucis d'études, d'examens, tout ce qui pourrait aggraver le trouble des sens ou l'application du cerveau. Et pour toutes ces causes de fragilité, de lassitude et d'excitabilité, qui diminuent chez la jeune fille la résistance physique et l'équilibre mental, il faut encore repousser l'éducation mixte, dont c'est l'inconvénient d'entraîner aux mêmes programmes et à la même discipline, deux sexes qui diffèrent profondément par le développement des aptitudes et l'évolution des forces.

Si enfin le développement des garçons est plus tardif, il suit, par une revanche de la nature, une progression plus durable et plus prolongée. L'évolution de la femme se fait plus vite, mais s'arrête plus tôt. Ce qui a fourni aux misogynes toutes sortes d'observations désobligeantes : « La femme n'a jamais qu'une raison de dix-huit ans bien mesurée, » prétend Schopenhauer. « Elles sont faites pour commercer avec notre folie, et non avec notre raison, » déclare à son tour Chamfort. Sans acquiescer à ces impertinences, il est certain qu'au point de vue intellectuel, beaucoup de jeunes filles promettent plus qu'elles ne tiennent.

Et cela est bien ; car elles conservent de la sorte, plus longtemps que les hommes, une fraîcheur et une grâce d'esprit, une spontanéité jaillissante, une vivacité, une chaleur de coeur, sans quoi elles ne pourraient remplir, dans leur plénitude, les fonctions de leur sexe et les devoirs augustes de la maternité. Bien qu'il nous déplaise de comparer les femmes à de grands enfants, ce rapprochement contient pourtant cette part de vérité, que le plus grand nombre d'entre elles n'a pas plus besoin « d'acquérir les talents virils que d'avoir de la barbe au menton. »[120] A chacun sa destinée. Pourquoi alors imposerait-on aux deux sexes mêmes études et mêmes examens, même travail et même formation ?

---

[120] Marion. *Psychologie de la femme*, p. 63.

V

Soumettre l'un et l'autre sexe aux mêmes disciplines intellectuelles, c'est donc risquer de surmener le garçon et de retarder la fille, au préjudice de l'un et de l'autre. Les partisans de la coéducation admettent eux-mêmes que les résultats de ce régime sont favorables aux filles, et que les garçons ont quelque peine à le suivre.[121] On ajoute bien que l'introduction des filles dans les lycées de garçons exercera une influence salutaire sur les deux sexes, en avivant l'émulation. Mme Pieczinska estime même que cette action stimulante sera « surtout profitable aux garçons qui ont moins de goût pour l'étude, moins de vivacité d'esprit et d'ardeur au travail que leurs camarades filles. »[122] Mais nous persistons à croire qu'il est antipédagogique de contredire les indications de la nature, d'accélérer, de forcer le développement cérébral de nos fils en leur donnant pour émules des intelligences plus éveillées et plus précoces. Il y a danger d'apparier deux forces inégales : ou la plus active se relâche, ou la plus faible s'épuise prématurément.

Et puis, dans ces collèges mixtes que l'on souhaite de voir entre les mains de libres-penseurs très féministes, dans ces « grandes familles » où les maîtres s'appliqueront à développer la « fraternité des sexes », il est bien entendu qu'on rompra courageusement avec les détestables habitudes des bourgeois français qui, paraît-il, « exercent leurs fils à être plus tard les tyrans de leurs femmes en les faisant d'abord les tyrans de leurs soeurs. »[123] On protégera donc fermement la jeune fille contre les rudesses du jeune garçon. Nos petits hommes devront toujours céder : cela est

---

[121] Rapport de M. W. J. Stead sur la coéducation en Angleterre.

[122] Étude déjà citée sur la coéducation.

[123] Déclaration de Mme Renaud : voir la *Fronde* du 9 septembre 1900.

inévitable. Et ces demoiselles, habituées à voir leurs compagnons plier devant leurs volontés (ce qui, n'en déplaise aux dames socialistes, arrive en bien des familles bourgeoises), se feront peu à peu une idée superbe et fausse de leur rôle et de leur condition, au risque d'engendrer à la longue l'égoïsme, la vanité, l'esprit d'orgueil et de domination, bref, de graves déformations morales.

Appliquée aux écoles secondaires, la coéducation est donc mauvaise pour les garçons, puisqu'elle tend à les constituer, vis-à-vis de leurs compagnes, et en état d'infériorité dans leurs études, et en état de subordination dans leurs relations. Est-elle meilleure pour les filles ? Pas davantage.

Les programmes de l'enseignement secondaire sont accablants pour l'intelligence des jeunes gens. Nos belles humanités sont devenues inhumaines. C'est un surmenage cruel que, suivant M. Kownacky, « nous n'avons pas le droit d'imposer à nos fils et moins encore à nos filles. » Celles-ci, d'ailleurs, ont un enseignement secondaire qui, sans être parfait, est mieux conçu, mieux organisé, mieux adapté que celui des garçons. Ce serait folie de lui substituer les programmes encyclopédiques de nos lycées. Rien de plus sot, rien de plus vain que d'astreindre toute la jeunesse aux mêmes méthodes, aux mêmes disciplines, aux mêmes examens. Il en est des intelligences comme des fleurs : elles sont frêles ou vivaces, précoces ou tardives, robustes ou délicates. Cela est vrai surtout des deux sexes : leur mentalité ne comporte pas les mêmes soins. Pourquoi les enrégimenter sous la même férule ? L'uniformité comprime et blesse. Il faudrait consulter les goûts de nos enfants, chercher, éveiller, aviver leurs aptitudes, au lieu de les jeter pêle-mêle dans le même moule éducateur.

On insiste : « Les filles ne pourront jamais arriver au baccalauréat qui ouvre toutes les carrières libérales. »--Qu'à cela ne tienne ! Si l'on s'obstine à exiger des jeunes filles ce grade préliminaire (nous aimerions mieux l'abolir pour tous), il est bien simple d'instituer, dans leurs lycées, des cours facultatifs de grec et de latin pour celles qui désireraient préparer le baccalauréat classique. Pas besoin de coéducation pour permettre à l'élite d'accéder, par cette porte basse, à l'enseignement supérieur. Quant aux autres, qui sont et seront toujours la très grande majorité (je l'espère bien pour elles et pour nous), la coéducation violerait la loi fondamentale de toute pédagogie, qui est l'adaptation des diverses connaissances au rôle spécial que la femme est destinée à remplir dans la famille et dans la société. C'est dans le sens de sa nature, et non dans le sens de la nôtre, que le sexe féminin doit se développer. Dès lors, il serait illogique d'enseigner les mêmes choses, et dans la même enceinte, aux filles et aux garçons. Ce qui le prouve mieux encore, c'est que les congrès féministes réclament eux-mêmes l'adjonction aux collèges et lycées de filles d'un annexe comprenant une crèche, un atelier familial et une école ménagère ; et nous y applaudissons, toutes les femmes devant apprendre l'art de tenir une maison.

Rentrent, par excellence, dans l'enseignement féminin : tout ce qui concerne l'hygiène de l'enfance et l'économie domestique, les lois et les méthodes d'éducation, la couture, la lingerie, la médecine usuelle, les notions de comptabilité, de cuisine, de floriculture ; tout ce qui peut apporter au logis l'ordre, la santé, la joie et l'embellissement ; tout ce qui peut préparer la jeune fille à ses fonctions et à ses devoirs de future mère de famille. D'autant mieux que la femme est merveilleusement douée pour les sciences d'observation, et même pour les sciences expérimentales, dont les applications prennent une importance croissante en ce qui concerne la salubrité du foyer et la bonne tenue du ménage. Les coéducateurs voudraient-ils, par hasard, imposer indistinctement toutes ces spécialités à nos garçons comme à nos filles ? Mlle Bonnevial nous avertit que, dans un prochain avenir, les maris devront s'occuper un peu plus des « besognes de l'intérieur », surveiller le rôti, arranger les fleurs et, au besoin, cirer les bottines de leur femme.[124] Simple habitude à prendre, qui ne serait pas, du reste, pour beaucoup plus d'hommes qu'on ne pense, une si grande et si extraordinaire nouveauté. Il reste toutefois que, dans son ensemble, le rôle social des deux sexes étant différent, leur préparation à la vie ne saurait être la même.

Résumons-nous. Je me résigne à la coéducation élémentaire du jeune âge ; j'accepte la coéducation des études, pour ce qui est de l'enseignement supérieur ; mais j'estime que, dans la période moyenne correspondant aux études secondaires, la coéducation est mauvaise, irrationnelle, antipédagogique. Loin de moi la pensée, d'ailleurs, que nos raisons puissent convaincre les fanatiques de la coéducation intégrale. Ceux-ci les tiennent communément pour de « petites barricades d'enfants », pour de « petits tas de sables », qui n'empêcheront pas l'humanité de poursuivre sa route.

Voulez-vous savoir, en fin de compte, pourquoi la coéducation tient si fort au coeur des féministes intransigeants ? M. Léopold-Lacour, dont les écrits sont empreints du plus ardent féminisme, vous le dira avec autant de franchise que de vigueur : « Le séparatisme de l'enseignement, c'est l'image même d'une société où les deux sexes sont traités inégalement ; c'est l'humanité coupée en deux dès l'enfance ; c'est la guerre des sexes perpétuée, et c'est, de plus, le principe de l'autorité sauvegardé dans la famille contre la femme réputée inférieure, mise à part dans l'enseignement, préservée de certains pièges, comme si elle était toute faiblesse et fragilité. » La coéducation est donc,

---

[124] Rapport de Mlle Bonnevial présenté au Congrès de la Condition et des Droits de la Femme en 1900.

CHARLES TURGEON

pour le féminisme radical, un symbole, c'est-à-dire « la négation immédiate, dès l'enfance, du principe d'autorité dans la famille, la transformation de la famille selon les principes de liberté, de véritable fraternité humaine. » Et ces paroles véhémentes furent longuement applaudies au Congrès de 1900.

Renchérissant même sur cet enthousiasme significatif, Mme Kergomard s'écriait quelques minutes plus tard : « Il nous faut la coéducation, si nous voulons avoir un pays digne de son passé et digne de son avenir, si nous voulons être la grande République issue de la Révolution de 1789. »[125] C'est trop de lyrisme. Ceux-là penseront comme nous qui repoussent la coéducation aussi bien dans l'intérêt des filles que dans l'intérêt des garçons, convaincus que ce régime nouveau, n'ayant point fait notre passé, ne saurait mieux préparer notre avenir. C'est une grave imprudence d'imposer aux deux sexes mêmes études, mêmes examens, mêmes directions, afin de supprimer plus tard, entre les époux, toute hiérarchie, toute primauté, toute autorité, grâce à quoi la société conjugale deviendrait une sorte de monstre à deux têtes où les heurts de volonté et les conflits de pouvoir n'auraient le plus souvent d'autre résultat que la mésintelligence et d'autre solution que le divorce.

VI

Désarmerons-nous nos adversaires en reconnaissant que tous ces inconvénients--uniformité des programmes et rapprochements de vie--ne se retrouvent que d'une façon très atténuée, dans l'enseignement supérieur ? A dix-huit ans, chez les jeunes gens et surtout chez les jeunes filles, la crise de croissance touche à sa fin. L'organisme arrive à la

---

[125] Compte rendu sténographique de la *Fronde* du 9 septembre 1900.

plénitude de son développement. La raison est plus ferme, la conscience plus clairvoyante. C'est le moment de commencer l'apprentissage de la vie. Avec un sentiment nettement averti de ses devoirs et de ses responsabilités, la jeunesse des deux sexes peut nouer, à l'Université, des relations amicales sans trop de risques, ni trop de défaillances.

Non que je déconseille aux parents toute espèce de surveillance. La règle, que j'établis en ce moment, comporte de nombreuses exceptions. Même à vingt ans, certaines natures, certains tempéraments sont incapables de sage liberté. Ils n'aspirent à la vie que pour en mésuser. Il faut compter aussi avec les surprises du coeur ; et je pourrais citer telle partie de tennis entre jeunes gens des deux sexes, à laquelle l'amour, ce terrible enjôleur, a mis une fin tragique. Encore est-il que ce n'est pas en gardant trop sévèrement la jeunesse, qu'on lui apprend toujours à se défendre d'autrui et de soi-même.

Et puis, la séparation des sexes, qui est possible pour l'enseignement primaire et secondaire, ne l'est plus autant pour l'enseignement supérieur ou professionnel. En France, les cours d'adultes sont mixtes. Infirmiers et infirmières reçoivent en commun les mêmes leçons. L'École des Beaux-Arts est ouverte aux femmes. Fonderons-nous des Universités pour demoiselles ? On pourrait, à la rigueur, en faire les frais, si le nombre des étudiantes en valait la peine. On vient d'instituer à Londres une Faculté de médecine pour les jeunes filles ; et il est à prévoir que cette création se développera rapidement. Dans ces derniers temps, près de 1 200 femmes ont conquis leurs grades dans les universités anglaises : 300 à Oxford, 400 à Cambridge, 500 à Londres.

Que cette fièvre soit à imiter, c'est une autre affaire. Montaigne disait aux mères de son temps : « Il ne faut qu'éveiller un peu et réchauffer les facultés qui sont dans les femmes. Si elles veulent, par curiosité, avoir part aux livres, la poésie est un amusement propre à leur besoin. Elles tireront aussi diverses commodités de l'histoire. Mais quand je les vois attachées à la rhétorique, à la judiciaire, à la logique et semblables drogueries si vaines et inutiles à leur besoin, j'entre en crainte.» Le conseil a du bon. Seulement, la jeune fille d'aujourd'hui devant être plus instruite que la jeune fille d'autrefois, et les difficultés croissantes de la vie nous faisant un devoir de lui offrir de plus larges occasions de travail et de plus nombreux moyens d'existence, notre gouvernement s'est décidé en faveur de la coéducation universitaire, moins par passion que par nécessité. Reculant devant la fondation d'écoles supérieures affectées spécialement aux étudiantes,--qui sont encore trop peu nombreuses pour justifier la création d'organismes aussi dispendieux,--il a ouvert aux jeunes filles l'accès de l'École de médecine et de l'École de droit, de la Faculté des lettres et de la Faculté des sciences. On ne saurait être plus hospitalier.

Aujourd'hui, tous les cours de l'enseignement supérieur sont accessibles au sexe féminin. Jeunes filles et jeunes hommes peuvent briguer et conquérir tous nos grades académiques, depuis le baccalauréat jusqu'à l'agrégation. Et par une conséquence naturelle, la loi du 27 février 1880 a reconnu aux femmes chargées d'une haute fonction d'enseignement le droit d'électorat et d'éligibilité au Conseil supérieur de l'Instruction publique. Citons enfin une loi du 30 octobre 1886 qui a octroyé aux institutrices les mêmes prérogatives de vote et de représentation aux Conseils départementaux de l'Instruction primaire.

En France, donc, l'émancipation scolaire des femmes est à peu près réalisée. Est-ce une victoire très méritoire pour le sexe féminin ? Non. L'assaut livré aux Écoles, Facultés et autres prétendues forteresses de la science, n'a enfoncé que des portes ouvertes. En réalité, jamais nos Universités n'ont empêché les profanes de se glisser dans le sanctuaire. Nulle part leur enseignement n'était clandestin. La science est vouée à la publicité. Elle n'aime ni le mystère ni le privilège. C'est un préjugé de croire que nos professeurs poussent le verrou derrière leurs initiés et enseignent à huis clos, dans l'ombre et le secret, les rites et les gestes de la haute culture, à un petit nombre de fervents agenouillés dévotement devant leurs chaires. Lorsque les femmes, ramassant leur courage et raidissant leurs forces, se sont ébranlées pour emporter la citadelle, elles se sont aperçues avec stupéfaction que les docteurs enseignaient dans le temple, au grand jour, publiquement, pour tout le monde. De fait, nous n'excluons personne.

D'abord, quelques femmes sont entrées, timidement. Puis, en fréquentant nos amphithéâtres, elles n'ont pas tardé à faire cette autre découverte, qu'il n'est pas très difficile de s'élever à la taille d'un bachelier, d'un licencié ou d'un docteur, et que, sans grands efforts, une jeune fille bien douée est capable d'escalader les hauteurs où, juchés sur leurs diplômes, les petits camarades planaient dédaigneusement sur la platitude féminine. Mon avis (je le répète avec intention) est qu'on a trop surfait l'intelligence relative du sexe masculin et que, rationnellement parlant, la capacité moyenne des femmes vaut la capacité moyenne des hommes.

N'y a-t-il point cependant quelque inconvénient à convier la jeunesse des deux sexes au même enseignement supérieur ou professionnel ? De bons esprits s'obstinent à voir en cette communauté de vie intellectuelle plus de dangers que de profits. Mais n'exagérons rien. Il est possible que, si consumé d'amour que soit le cœur de nos étudiants pour les belles-lettres, la procédure ou les mathématiques, le voisinage quotidien d'étudiantes, gracieuses ou jolies, apporte quelque distraction à leurs études ou refroidisse même leur passion pour le Code ou la philosophie. Seulement, on oublie que les étudiantes peuvent être laides, que ce fait regrettable est d'une constatation fréquente, qu'il n'est pas sans exemple que des intellectuelles, entraînées aux spéculations viriles, éveillent l'idée d'un demi-homme sans grâce et sans beauté,--auquel cas, il faudrait reconnaître que leur fréquentation serait moins, pour leurs camarades, une cause de tentation qu'un précieux antidote. Rappelons même que l'introduction de cet élément--inoffensif--dans nos écoles officielles et l'émulation qui en résultera, contribueront peut-être à secouer la torpeur de notre clientèle masculine et à relever le niveau des études et des examens.

Et puis, le travail est un dérivatif et la science un réfrigérant. Ouvrons donc largement nos « Palais universitaires » au public féminin ; et il est à espérer que, parmi les étudiantes, beaucoup useront de cette permission, surtout parmi les plus âgées, pour travailler avec application et profit. Que si les plus jeunes ne se risquent point en ce lieu de perdition sans être chaperonnées par leurs mères ou leurs gouvernantes, où sera le mal ? Les amphithéâtres deviendront d'agréables salles de spectacle ; les cours serviront de prétexte à des réunions de famille. Cela s'est vu jadis à la Sorbonne.

Que si même le temple de la science se transforme, à de certaines heures, en salon de conversation pour les dames du « monde où l'on s'ennuie », nos étudiants auraient grand tort de s'en indigner comme d'une profanation. Car il se pourrait que les mamans, qui amèneront leurs filles aux cours, poursuivissent un but éminemment humain et que l'instruction supérieure leur fût un simple prétexte pour exhiber leur aimable progéniture en un lieu où s'assemble un grand nombre de jeunes gens à marier. Voyez-vous l'Université transformée en office matrimonial ? Quel rôle charmant ! On raconte que l'Université de Berlin a eu la mauvaise grâce de s'en émouvoir et que, pour faire droit aux réclamations des étudiants, elle a décidé, en 1898, de procéder sévèrement au « contrôle des dames ». Précaution irritante et vaine ! Est-il donc si facile de discerner une jeune fille qui brûle de se marier d'une jeune fille qui brûle de s'instruire ?

Et puis, savez-vous rien de plus charmant pour un professeur que de présider aux examens et aux fiançailles de ses élèves ? Nous faisons donc des voeux pour que les études de droit ou de médecine se terminent souvent par des mariages entre docteurs et doctoresses, et que l'école mixte d'enseignement supérieur ou professionnel devienne une pépinière de savants et heureux ménages. Mais nous verrons, hélas ! que le mariage n'est pas précisément en faveur auprès des « femmes nouvelles ».

En attendant, la perspective d'atteindre à tous nos grades littéraires et scientifiques embrase peu à peu d'une noble ardeur toutes celles qui ambitionnent le double qualificatif de « femmes savantes » et de « femmes libres ». Nos Universités commencent à se peupler d'étudiantes qui aspirent (ne le prenez pas en mauvaise part) à toutes les licences. Nos grandes écoles produisent déjà des bachelières et des doctoresses. Les femmes médecins croissent en nombre et en autorité. Et croyez-vous qu'il n'y aurait pas plus de jeunes filles à faire leur droit, si la loi française les autorisait à instrumenter comme elle les a autorisées à plaider ? On peut donc se demander si la France est appelée à devenir, comme l'Amérique, une vaste garçonnière, et s'il faut s'en désoler ou s'en réjouir.

CHAPITRE V

LES CONFLITS DE L'ESPRIT ET DU COEUR

I.--Dangers d'une instruction inconsidérée.--La faculté de comprendre et la faculté d'aimer.--L'intellectualisme féminin et le mariage. II.--La femme savante et les soins du ménage et du foyer.-- Adieu la bonne et simple ménagère ! III.--Moins de mariages et plus de vieilles filles.--Le divorce des sexes.--Clubs de femmes.--Point de séparatisme!--Ce que l'individualisme des sexes ferait perdre a l'homme et a la femme. IV.--L'émancipation intellectuelle et la maternité.--Instruction et dépopulation.

Sans vouloir de l'instruction intégrale comme but ni de l'enseignement mixte comme moyen, nous persistons à croire que la culture féminine doit être élargie et améliorée. C'est une nécessité qui résulte de l'exhaussement général du niveau des esprits et de l'extension croissante du domaine de la connaissance. Non toutefois que l'élévation intellectuelle de la femme ne puisse se résoudre en graves préjudices pour les deux sexes, si elle est mal comprise et mal dirigée. Il n'appartient qu'à un petit nombre d'élus d'entretenir,--et d'accroître, s'il est possible,--la flamme sacrée qui éclaire le monde. Les humains doivent apprendre et savoir pour bien faire et bien vivre, pour agir honnêtement et utilement. D'où il suit que la culture de l'esprit n'est pas un but, mais un moyen. Tout savant même qui a l'âme haute et large, ne saurait se contenter de

l'instruction pour l'instruction ; les femmes qui la
rechercheraient dans cet esprit étroit et exclusif, ne
tarderaient pas à en souffrir. Et c'est à mettre en lumière les
dommages possibles de cette avidité périlleuse que nous
devons maintenant nous appliquer avec franchise.

I

Les féministes se plaisent à nous représenter les époux
de l'avenir également instruits, travaillant en coopération à
quelque oeuvre de style ou d'érudition, traduisant un texte
hébreu, grec ou latin, sous la douce clarté de la même lampe,
associant leurs recherches ou leur imagination et signant le
même livre de leurs deux noms réunis. L'idylle est touchante.
N'en abusons pas. Sans admettre malignement que, pour
l'amour de l'hébreu, du grec ou du latin, notre couple de
savants puisse se chamailler *unguibus et rostro*, il est permis de
conjecturer qu'en ce temps-là les ménages se moqueront de
l'antiquité et ne feront oeuvre de collaboration matrimoniale
que pour fendre l'espace en « tandem » de famille.

Mais nous avons de plus graves appréhensions à
formuler. Et d'abord, n'est-il pas à craindre que
l'intellectualité de la jeune fille--si elle est cultivée avec
passion, avec excès,--se développe au détriment de la
tendresse et que, finalement, l'esprit l'emporte sur le coeur ?
Cette prévision, par malheur, n'a rien d'invraisemblable.
Telle est, nous assure-t-on, la fascination de la science pure
dans les Universités d'Amérique, que le flirt lui-même n'y
résiste pas. D'après plus d'un témoin, les femmes
américaines, instruites et lettrées, ne sont pas exemptes de
raideur hautaine. La culture de l'esprit ne va-t-elle point sans
une certaine froideur, sans une certaine sécheresse qui, à la
longue, découronnerait la femme de sa grâce émue et de sa
sensibilité attendrie ?

Mme Bentzon, qui nous a fait connaître « les Américaines chez elles », nous décrit finement ces « petits phalanstères, comme il en existe à New York, formés exclusivement de jeunes filles du monde, qu'enlèvent à leur milieu naturel de prétendues obsessions philanthropiques et des aspirations très vagues vers une plus haute féminité, le tout étayé par certains rêves creux d'entreprise personnelle et par la curiosité de vivre en garçon. » Vivre en garçon, voilà bien la préoccupation sécrète du féminisme ! Il ne faut plus que la femme soit un reflet, mais une force libre, une énergie spontanée, se suffisant à elle-même, repoussant la main de l'homme et ne reculant point, pour sauvegarder sa très chère indépendance, devant un célibat farouche et austère.

Et puis, pour des âmes littéraires et des natures éthérées, les choses de l'amour sont si grossières ! On se mariera donc le moins possible, afin d'éloigner de sa vie les vulgarités déplaisantes. Est-ce donc chose si délicate et si relevée que de faire des enfants ? Et comment y réussir sans subir le contact avilissant des hommes ? Poussé trop loin, l'intellectualisme féminin traite l'amour en ennemi. Dans une visite qu'elle fit au club des dames de Boston, Mme Bentzon reçut d'une amie cette confidence : « Il n'y a pas à se le dissimuler, à mesure que s'accentue la culture, beaucoup de filles ne se soucient plus de se marier ; en fait de conquêtes, elles visent à l'indépendance. » Pourtant l'humanité a besoin de femmes, de simples et vraies femmes. Et voici que le féminisme nous promet à foison des docteurs, des avocats, des médecins, des hellénistes en jupons ou en culottes, sans prendre garde que déjà l'offre dépasse la demande !

A tout le moins, l'émancipation intellectuelle de la femme semble impliquer une certaine diminution des mariages. Ceux-là se trompent qui pensent que l'harmonie parfaite dans l'humanité se réalisera par l'égalité absolue des deux sexes. A devenir trop semblable à nous, la femme risque de se détourner de l'homme, et l'homme de se détacher de la femme. Chez l'un et chez l'autre, des études trop absorbantes aboutiraient à une désaffection réciproque. Une femme lettrée, sachant le grec et le latin, une savante éprise de découvertes, qui ne voit rien au-delà de la perfection du savoir et de l'affinement du sens intellectuel, n'est pas seulement exposée à rompre avec les habitudes de son sexe, mais à sortir de l'humanité même. Refroidie vis-à-vis de l'homme, il est possible qu'elle en vienne à ce point d'abstraction stérile de le considérer seulement comme un simple collègue, comme un condisciple ou un confrère.

Tout cela promet à nos petits-neveux un avenir amusant. Mais comme il est difficile d'étouffer en soi la nature, comme l'admiration est toujours, même chez les femmes instruites, une déviation du besoin d'aimer, ils verront peut-être, avec les progrès de l'instruction féminine, des vierges lettrées ou savantes s'éprendre de leurs maîtres par inclination ou par vanité. Il en résultera des unions très spirituelles. Peu importera du reste la disproportion des âges, car les doctoresses de l'avenir épouseront moins l'homme que le savant. A force de vivre dans la fréquentation des philosophes, des chimistes, des grammairiens ou des économistes, elles se prendront à rêver, dans le mystère des nuits d'été, des Berthelot, des Gaston Pâris et des Leroy-Baulieu de ce temps-là. Sûrement les jeunes filles du XXIe siècle seront moins proches de la nature que leurs aînées du XXe, qui s'en éloignent déjà tous les jours.

Il est remarquable, en effet, que les mariages disproportionnés par l'âge des époux choquent de moins en moins l'opinion courante. Voyez ce qui se passe au théâtre : un auteur met en scène un jeune homme de vingt-cinq ans et un vieillard de soixante également amoureux d'une même jeune fille ; entre les deux, les spectateurs d'aujourd'hui n'hésitent guère : ils sont pour le sexagénaire. Nos critiques dramatiques ont relevé plus d'une fois ce singulier état d'âme. Qu'une demoiselle soit aimée par un homme sur le retour, riche et distingué, et qu'elle lui préfère un jeune homme honnête, rustique et pauvre, c'est ce que le public n'admet pas. Il n'y a qu'un cri : « Cette petite dinde serait bien plus heureuse avec son vieillard ! »[126] Et notez qu'un sexagénaire amoureux eût excité au théâtre la risée de nos grands-pères. Et le voilà maintenant transformé par l'opinion dite éclairée en « personnage sympathique » ! C'est un fait : nous nous éloignons de la nature.

Si vivement que la femme savante repousse la protection et le contact familier de l'homme, disons bien vite, pour rassurer nos contemporains, qu'elle ne songe pas à rompre tout à fait avec le sexe masculin : il faut bien assurer la survivance de l'espèce et l'avenir de la race. Mais, tenant sans doute pour affligeant d'être contrainte de temps en temps à recourir à nos bons offices, elle subordonne expressément les faiblesses du sentiment à l'amour de l'indépendance et à la conscience de sa dignité. Son esprit ne fait à son coeur qu'une concession : elle ne s'interdit point d'aimer « ceux qui le mériteront par leur valeur morale et intellectuelle. » Cette fière déclaration d'une congressiste de 1896 est évidemment rassurante pour MM. les membres de l'Institut ; mais voilà, du même coup, les pauvres d'esprit (il y en a dans toutes les classes) condamnés au célibat.

II

Tout cela n'est que risible : voici qui est plus grave. Non que ce soit tout à fait une plaisanterie que d'apercevoir, dans la culture intensive de l'esprit, une cause d'amoindrissement possible de la sensibilité, qui, en aggravant l'effort cérébral, risque de refroidir les sources de l'émotion et de contraindre et de resserrer les mouvements

---

[126] Émile Faguet. Feuilleton du *Journal des Débats* du 18 janvier 1897.

du coeur. Mais, à mesure que l'intellectualisme étouffera le sens commun, il est plus à craindre encore que la femme nouvelle ne manifeste, dans toutes les conditions, une répulsion croissante pour les besognes manuelles de la famille ; d'autant plus que, pour la conquérir à leurs doctrines, les écoles révolutionnaires, entrant dans ses vues d'instruction et flattant ses aspirations d'indépendance, s'engagent, par une surenchère de promesses stupéfiantes, à l'affranchir des soucis mesquins de son intérieur.

Comment ne coûterait-il pas à une femme, qu'obsède la préoccupation de cultiver son âme et de perfectionner son moi, de mettre la main au ménage et à la cuisine, de surveiller la tenue de son mari et de ses enfants, et la sienne propre ? Comment des jeunes filles, élevées ainsi que des garçons, ne dédaigneraient-elles pas l'art, si appréciable pourtant, de soigner et d'orner leur intérieur et leur personne ? Comment ces créatures, très compliquées et très artificielles, ne s'offenseraient-elles point de la surveillance de l'office ou de la préparation d'un plat sucré ?

On me dira que la mondaine d'aujourd'hui n'est pas plus attentive à son foyer que ne le sera la savante de demain. Il est d'évidence qu'une femme tirée à quatre épingles ne saurait, sans risquer de se tacher, mettre le pied dans sa cuisine. Trop élégante chez elle ou trop répandue au dehors, il est à prévoir qu'elle négligera plus ou moins son ménage. Mais, avec nos demoiselles brevetées ou émancipées, cet absentéisme ne fera que s'étendre et empirer. Ce qu'elles feront manger à leurs maris de singuliers fricots ! Mettre le nez dans une casserole, quand on a passé tous ses examens : y pensez-vous ? Adieu la cuisine bourgeoise ! Si les bonnes domestiques se font rares, prenons garde qu'il n'en soit de même pour l'espèce si précieuse des « maîtresses de maison » habiles à préserver leur intérieur de la gargote et du coulage, pour le plus grand profit du père et des enfants !

Il n'est pas niable qu'une application excessive aux travaux de l'esprit, ne rende la femme indifférente aux petits soins qui embellissent et égaient l'existence quotidienne, et--ce qui est plus grave--aux mouvements naturels et spontanés du coeur, qui sont le principe de son dévouement et le charme de son sexe. Pourquoi, dès lors, l'amour lui-même, qui est le lien de l'humanité, n'y perdrait-il point de sa force et de sa chaleur ? Certains le prévoient et s'en réjouissent. Grâce aux progrès de l'instruction féminine, les hommes, selon Mme Clémence Robert, « se sont avisés subitement d'un sentiment nouveau ; ils ont enrichi leur âme d'une jouissance ignorée jusqu'à nos jours : l'amitié d'une femme. »[127] Il ne faudrait pourtant pas que cette amitié fasse tort à l'amour !

Mais après tout, ce sentiment divin court-il de si sérieux dangers ? Libre aux pures intellectuelles de nous traiter en simples camarades : s'imaginent-elles que les hommes partageront les mêmes vues calmes, neutres et froides ? Lors même que la femme la plus vivante réussirait à ne voir dans l'homme que l'ami,--ce qui serait un miracle de spiritualité,--il est inévitable qu'à un moment donné, l'homme le plus sage ne pourra s'empêcher de voir la femme en l'amie. Nous pouvons espérer, d'ailleurs, que le féminisme ne changera point la nature, mais, bien au contraire, que les lois de la nature déjoueront les outrances du féminisme. Et c'est pourquoi, dans l'intérêt même de ce mouvement où l'extravagance se mêle si souvent à la vérité, nous nous obstinons à séparer l'ivraie du bon grain.

---

[127] *La Femme moderne par elle-même.* Revue encyclopédique du 28 novembre 1896, p. 840.

III

Que l'intellectualité de la femme se développe au détriment de la tendresse, et l'amitié au préjudice de l'amour, et le goût de l'indépendance en raison inverse de l'attachement au foyer et du dévouement au ménage, nous savons ce qu'il en adviendrait : moins de mariages et plus de vieilles filles. Le célibat n'est-il pas en faveur auprès de beaucoup d'intellectuelles ? Au vrai, la recherche passionnée de la vérité et le culte des choses de l'esprit s'accommodent difficilement des obligations de la vie commune et des charges de la maternité. Il n'est pas possible, toutefois, que l'amour de la science absorbe et refroidisse toujours le coeur de la femme, au point de lui faire oublier et dédaigner l'homme. Puissent donc les mariages de convenance intellectuelle remplacer les mariages de convenance mondaine ! Apparier deux esprits sympathiques vaudrait mieux qu'unir deux fortunes.

Ce qui n'empêchera pas, je le maintiens, les vierges, savantes d'être nombreuses. Et ces vierges laïques seront-elles toujours des vierges fortes ? Je veux bien que celles qui tireront vanité de leur savoir et en prendront prétexte pour protester contre le mariage et même contre l'utilité du mâle, ne forment jamais qu'une minorité plus tapageuse qu'imposante. Néanmoins le féminisme avancé travaille, en conscience, à propager chez les femmes instruites une misanthropie dédaigneuse, dont il n'est pas inutile d'indiquer en passant les symptômes et les moyens d'action.

Voici d'abord une proposition émise par certaines personnalités féministes dans le but de relever devant l'opinion le célibat féminin. Pourquoi dit-on à certaines femmes : « Madame », et à d'autres : « Mademoiselle », suivant qu'elles sont mariées ou non ? Faisons-nous une différence entre le mari, le veuf ou le célibataire ? On lui donne du « Monsieur ! » dans tous les cas. Pourquoi ne pas appeler indistinctement toute femme, jeune ou vieille, conjointe ou fille : « Madame » ? Il paraît que cette petite réforme ferait avancer d'un grand pas l'émancipation des demoiselles.[128] Mais, au risque d'attrister les vieilles filles, on doit leur rappeler que rien n'est plus malaisé que de changer une habitude sociale. Beaucoup de parents hésiteront à décerner à leur héritière en quête d'un mari une appellation aussi vénérable. Et pour cause ! La fille est, par définition, en possession d'une intégrité physique que la femme a perdue par le fait de l'homme ; et cette grave différence (en moins pour celle-ci, en plus pour celle-là) a introduit dans le langage courant des vocables spéciaux auxquels l'humanité ne renoncera pas facilement.

Autre signe des temps dont la gravité saute aux yeux : parmi les nouveautés qui ont soulevé le plus d'étonnement, de moquerie et de protestations, il faut citer les clubs de femmes. Ils sont nombreux et florissants à Londres et aux États-Unis. Paris a le sien, fondé, rue Duperré, par MMmes de Marsy. « C'est parfait, dira-t-on. Monsieur au cercle, Madame au club, les domestiques au foyer pour garder les enfants : telle sera l'intimité familiale de l'avenir. »

Il est incontestable que ces séparations de corps intermittentes ne semblent point faites pour resserrer le lien conjugal. Et que de mauvaises habitudes une femme risque de prendre dans la fréquentation quotidienne des cercles plus ou moins littéraires ? Que d'excentricités cette vie mêlée favorise : cigarette, billard, apéritif et autres affectations masculines de distinction douteuse ? Si, au contraire, nous l'imaginons studieux et austère, le club nous fait songer, malgré nous, à une réunion de bas-bleus à lorgnons, les yeux rougis et lassés dans les lectures tardives, la tête

---

[128] La *Fronde* du jeudi 13 septembre 1900.

congestionnée de science et de littérature, sans tournure, sans grâce, sans élégance, sortes d'êtres hybrides qui ont cessé d'être femmes sans être devenus des hommes.

Il paraît cependant, d'après les relations les plus dignes de foi, que ces clubs de femmes fonctionnent aux États-Unis le plus correctement du monde, qu'ils respirent toute la « respectabilité » anglo-saxonne, et qu'après les soucis et les tracas d'une journée d'affaires, c'est une joie pour le mari de dîner en tête-à-tête avec une femme qui a « écrémé » pour lui les journaux et les revues, feuilleté les livres à la mode et recueilli les nouvelles du jour. C'est ce qu'une femme distinguée appelle le « reportage conjugal ».[129]

Il y a un revers, hélas ! à cette jolie médaille. Ce que la « femme nouvelle » recherche et adore dans le club, c'est un salon sans hommes, une société sans mâles, une assemblée sans maîtres. Et cette innovation est la marque d'un individualisme regrettable et le prélude d'une division fâcheuse. Elle obéissait à cet égoïsme séparatiste, cette Américaine qui déclarait à M. Paul Bourget d'un ton décisif : « Nous tenons à briller pour notre propre compte ! »

Comme si nos « maîtresses de maison » ne régnaient point dans leur salon ! A écarter les hommes de leurs réunions, ces dames pourront apprendre à discourir, à pérorer, même à plaider les plus mauvaises causes ; en revanche, elles perdront vite l'habitude de causer. Et pourtant, chez nous, la conversation, qui, hélas ! languit et se meurt, est la grâce, souveraine des femmes d'esprit. Encore faut-il que les hommes soient admis à leur donner la réplique. Il en va de la causerie, qui est la lumière des salons, comme de l'électricité qui, pour jaillir en éclair, suppose le choc de deux courants contraires. Entre femmes seules, la

[129] Mme Dronsard. Le *Correspondant*, du 25 septembre 1896, p. 1091.

conversation devient aisément vide ou banale. Qu'un homme intelligent s'y mêle, et elle s'avive, se relève, s'échauffe. J'en appelle à l'expérience des dames.

Faut-il rappeler que le flirt lui-même, malgré sa provenance américaine, et ses libres allures, ne trouve point grâce devant le féminisme intransigeant ? On ne voit plus là qu'un amusement d'enfant, qui ne saurait convenir à des femmes versées dans les hautes études et rompues aux grandes discussions. Comment de graves personnes, qui rêvent de chimie ou de sanscrit, pourraient-elles s'intéresser à ces escarmouches spirituelles, à cette bataille de fleurs, à ce duel de salon entre gens d'esprit, où le malicieux amour dirige l'attaque et la riposte, les coups de langue et les coups d'éventail ?

Il convient pourtant que les qualités propres à chaque sexe se joignent et se marient aux qualités inverses, si l'on veut qu'elles ne se tournent point en défauts. N'est-il pas à craindre que, sans le contact des hommes, la sensibilité des femmes s'affadisse en sensiblerie niaise ou s'exaspère en susceptibilité pointilleuse et maladive ? Même en admettant que l'homme ait, par définition, l'avantage de l'énergie et le mérite de l'initiative agissante, ne doit-il pas chercher en un commerce délicat avec les femmes à corriger sa rudesse, à tempérer ses emportements ? Pour parler net, sans nous, les femmes seraient un peu nigaudes, et sans elles, nous ferions d'insupportables brutes. Les vertus de chaque sexe ne prennent toute leur valeur qu'en se complétant les unes par les autres. Ne séparons pas ce qui doit être, par un dessein visible de la nature, incessamment uni et combiné.

Daignent les femmes nous rendre la politesse, les bonnes et les belles manières ! Il n'est que temps : nous perdons le goût des nuances, de la finesse et de la mesure. La rudesse démocratique tend à chasser la galanterie française de nos relations et de nos moeurs. On ne sait plus badiner, comme autrefois, avec l'amour. Est-ce dureté ? est-ce sottise ? Le coeur est-il moins délicat, ou l'esprit moins affiné ? Le goût du bien dire, l'ironie légère et rieuse, cette hardiesse simple et aisée qui ne dépasse jamais l'extrême limite des libertés permises, cette bonne grâce qui a été jusqu'à nos jours dans les usages de notre société et dans les traditions même de notre langue, tout cela se perd. On ne se comprend plus à demi-mot. C'est à croire que nous ne sommes plus assez bien élevés pour nous plaire aux intentions, aux délicatesses, aux élégances du langage. La distinction et le bon ton passent de mode. Nous devenons vulgaires et violents. Sans doute, la faute en est aux crudités et aux inconvenances de la triste littérature dont nous nous repaissons depuis un quart de siècle. Qui donc nous guérira de cette dépravation du goût et de la politesse, sinon la retenue et la grâce des femmes ?

Et c'est au moment même où les douces et belles manières s'en vont, que des femmes systématiques se plaisent à provoquer le divorce des sexes, à diviser la société en deux camps ennemis,--côté des dames, côté des hommes,--en soufflant à ces deux moitiés de l'humanité un individualisme de plus en plus ombrageux et fermé ! La plupart des associations féministes marquent un esprit d'exclusion et de séparatisme ; elles ont une tendance à refuser tout pouvoir à l'élément masculin. Les clubs isolés en sont une curieuse manifestation. Non moins intolérante que l'abeille, la société féministe de l'avenir a quelque chance de ressembler à une ruche hostile aux mâles, sans qu'on puisse augurer qu'on y fera d'aussi bonne besogne.

Mais à vouloir mettre l'homme à la porte de leurs réunions, à repousser ses offres de tutelle et de protection, à le traiter en égal, en adversaire, en ennemi, les femmes risquent d'être prises au mot. Nous avons entendu, dans un congrès féministe, une apôtre imprudente nous renvoyer avec mépris cette forme de déférence protectrice et tendre, qu'on appelle encore la vieille galanterie française. Eh bien ! soit ! Puisque ces dames ne veulent plus de nos égards et de notre respect, elles auront la concurrence et la guerre. Tant pis pour elles si la leçon est dure. Elles seraient mal venues à s'en plaindre : les moeurs à venir seront leur fait. Lorsque le sexe fort sera las des dédains et des prétentions extravagantes du sexe faible, lorsque le féminisme, à force d'exigences et de maladresses, aura fatigué la patience et la longanimité des hommes, alors l'opinion se rebiffera et les mâles prendront brutalement leur revanche. A quand le masculinisme ?

IV

L'émancipation intellectuelle de la femme poussée à outrance soulève un dernier grief, et l'on trouvera peut-être que c'est le plus grave. En admettant que l'érudition féminine soit, un jour ou l'autre, à la mode, et que les familles se piquent d'avoir des filles sublimes et des demoiselles géniales,--et sans rechercher pour l'instant si le surmenage ne coupera point court à ces sottes vanités,--on doit se demander avec appréhension si les femmes de l'avenir, qui condescendront encore au mariage, nous feront la grâce d'avoir des enfants. Le pourront-elles ? le voudront-elles ? La question de la maternité des femmes savantes est digne de préoccuper ceux qui ont à coeur l'avenir de la race. Or, les femmes de grand esprit sont souvent stériles ; à tel point qu'on se demande s'il y a antagonisme entre l'intelligence et la prolificité.

On a vu que les femmes ne semblent point faites, ni physiquement ni intellectuellement, pour les fortes oeuvres et les grand rôles. Cela est si vrai que, dans la femme qui fait preuve d'une réelle puissance cérébrale, on trouve presque toujours, suivant le mot de M. Secrétan, un « homme caché ». Les femmes de talent ne sont pas rares qui présentent des caractères virils. Celles-là sont, au pied de la lettre, de véritables confrères ; il faut vraiment n'en parler qu'au masculin. De Goncourt a dit de son côté : « Il n'y a pas de femmes de génie ; lorsqu'elles sont des génies elles sont des hommes. »

Les hautes études exigeant une dépense de force nerveuse, un effort de tête, une tension soutenue du cerveau, qui raidit violemment tous les ressorts de l'être pensant, il semble bien que la généralité du sexe féminin soit moins capable que l'homme de subvenir aux frais de la production intellectuelle, sans porter préjudice à la reproduction de l'espèce. Doué, au contraire, d'une énergie plus résistante, pourvu d'un organisme naturellement fait pour l'action, le sexe masculin dispose d'une réserve dynamique et d'une puissance motrice qui lui permettent d'appliquer et de soutenir plus longtemps son attention, de pousser plus avant la recherche intellectuelle et la pénétration scientifique, sans d'aussi graves dommages pour la transmission du sang et la perpétuité de la famille.

L'expérience des États-Unis confirme ces inductions. Les voix les plus autorisées y attribuent déjà la décroissance progressive de la natalité à la culture excessive ou prématurée de l'intellectualité des femmes. Par exemple, le docteur Cyrus Edson, « commissaire de santé » de l'État de New-York, déclare expressément que l'Américaine dégénère : parce que, durant les années d'adolescence, sans souci des indications et des exigences de la nature, on surmène les forces mentales de la jeune fille, et que celle-ci, se trouvant plus tard trop faible pour remplir ses devoirs de femme, ne peut plus ou ne veut plus être mère. Impuissance physique ou aberration mentale, voilà donc où conduit le fétichisme des grades et des diplômes. Et qu'il est gai de vivre avec des femmes savantes ! Le docteur Edson nous en prévient charitablement : « Une jeune Américaine, élevée comme nous sommes fiers de l'élever, se marie ; elle est intelligente, brillante, belle, heureuse. Elle a un enfant, deux au plus ; puis elle devient méconnaissable, irritable, un fardeau pour son mari et pour elle-même : c'est une malade qui ne guérira jamais. »[130] Ce tableau ne pourrait-il point s'appliquer à plus d'une Française ?

Dès lors, cette conclusion s'impose que j'emprunte à M. Fouillée : « Une force et une dépense d'intelligence qui, si elles étaient générales parmi les femmes d'une société, amèneraient la disparition de cette société même, doivent être considérées comme une atteinte aux fonctions naturelles du sexe. »[131] Gardons-nous donc de développer à tort et à travers l'instruction féminine : la maternité en souffrirait. Certes, il est désirable que la jeune fille puisse enrichir son esprit de toutes les lumières utiles ; mais veillons à ne point l'encombrer d'une érudition vaine et prenons garde surtout, qu'en la préparant aux professions compatibles avec ses aptitudes et les vertus de son sexe, elle ne soit détournée de son rôle familial, de ses fonctions domestiques, c'est-à-dire de sa vocation d'épouse et de mère. Que si la fièvre de l'instruction « intégrale » doit émousser sa sensibilité, dessécher son coeur, tarir l'héritage de dévouement et d'amour qu'elle tient de ses aïeules ; que si, la concurrence individuelle l'entraînant hors de ses fonctions traditionnelles dans la mêlée brutale des égoïsmes, elle oublie peu à peu sa maison, son mari, ses enfants, pour ne songer qu'à elle-même, on verra bientôt la moralité faiblir, l'amour se corrompre et la famille se dissoudre. La femme est le soutien des bonnes moeurs : quand elle déchoit, tout s'écroule avec elle.

---

[130] Cité par Mme Dronsart dans le *Correspondant* du 10 octobre 1896, p. 137.

[131] Alfred Fouillée, *La Psychologie des sexes*. Revue des Deux-Mondes du 15 septembre 1893, p. 420.

CHAPITRE VI

LES INFORTUNES DE LA FEMME SAVANTE

I.--L'instruction et ses débouchés insuffisants.--Mécomptes et déceptions. II.--Surmenage cérébral et débilité physique.--Inégalité des forces de l'homme et de la femme. III.--L'instruction ne donne pas le bonheur.--Les épines de la science.--Lamentables confidences.--Le savoir et la vertu.

I

L'élévation spirituelle du sexe féminin poursuivie avec excès ne serait pas seulement dommageable à l'homme, à la famille et à la société : la femme elle-même serait la première à en pâtir, si elle n'a pas, comme nous le craignons, la force intellectuelle, la force morale et surtout la force physique, indispensables pour en profiter.

On nous sait partisan d'une plus sérieuse et plus complète instruction des femmes ; on nous sait convaincu que ce développement de culture est susceptible de se résoudre en lumières et en bienfaits pour l'humanité tout entière. Seulement il y faut mettre des conditions : si par hasard ces acquisitions intellectuelles devaient détourner la femme de son rôle naturel, ou nuire à sa santé, ou compromettre sa dignité, sa moralité, sa personnalité, nous n'hésiterions pas à déclarer que le progrès, plus apparent que réel, se solderait, tout compte fait, en pertes nettes pour elle-même et pour tout le monde. Quiconque étudie le problème de l'expansion intellectuelle du sexe féminin, doit s'appliquer scrupuleusement à éviter ces écueils. Ils ne paraîtront pas imaginaires à qui voudra bien y réfléchir.

A l'heure qu'il est, amis ou ennemis s'accordent à penser qu'il est impossible de remonter le courant féministe ; mais les gens prudents doivent s'opposer à ce qu'il submerge ou emporte les fondements essentiels de la famille. Si utile qu'il soit pour la femme de cultiver et d'enrichir son esprit, il faut qu'elle sache d'abord qu'à multiplier les études, les examens, les diplômes et finalement les préoccupations et les fatigues, elle ne multiplie pas nécessairement ses chances d'amélioration, de succès et d'enrichissement. Le féminisme a ceci d'imprudent et de cruel, qu'il fait luire trop souvent aux yeux des jeunes filles le mirage d'espérances et d'ambitions décevantes qui, en les détournant des métiers manuels où elles auraient trouvé peut-être à exercer plus profitablement la finesse de leur goût et la délicatesse de leur main, grossissent d'autant l'armée déjà trop nombreuse des déclassées.

A quoi sert de distribuer à profusion les brevets d'institutrices sans place et les titres d'inspectrices sans inspection ? Que les Françaises aillent en masse au collège et à l'Université : elles n'auront fait, sous prétexte de libre culture, qu'augmenter les occasions de souffrir et les moyens de mourir de faim. Le meilleur outil ne sert de rien à qui ne peut le mettre en oeuvre. Que deviendront les doctoresses sans clientèle et les diplômées sans occupation ? Multipliez les lettrées et les savantes : qu'en ferez-vous ? Les carrières libérales sont encombrées. La science est une ambroisie qui grise le cerveau, sans assurer toujours aux estomacs affamés le morceau de pain quotidien. Pour modérer cet appétit d'apprendre, cette fringale de savoir qui pousse un nombre croissant de jeunes filles vers les hautes études, je ne leur dirai point qu'elles risquent d'accroître outre mesure le nombre des bas-bleus et des précieuses ridicules : c'est un petit malheur. Toute instruction un peu développée incline les âmes faibles aux tentations de vanité ; qu'elle fasse donc, sur le nombre, des pédantes et même d'insupportables orgueilleuses, il faut s'y attendre. Chez les hommes cultivés, les « poseurs », comme l'on dit, sont-ils si rares ?

Mais ce que j'appréhende surtout, c'est que l'orgueil, aigri par les déceptions probables, ne dégénère en misanthropie, en rancune, en jalousie, d'autant plus facilement que le goût de la science et la soif de l'étude procèdent, chez bon nombre de jeunes filles instruites et de jeunes femmes lettrées, d'un désir de lutte, d'un besoin de concurrence, d'une ambition d'égaler l'homme. Ajoutons que les personnes ardentes et impressionnables assignent, généralement, à l'accroissement des connaissances qu'elles convoitent, un but très individualiste : c'est, à savoir, l'émancipation de leur raison, l'expansion de leurs facultés, l'exaltation de leur moi. Ouvertes de bonne heure à toutes les curiosités, avides de connaître et d'expérimenter la vie, ambitieuses de briller, malaisées à satisfaire, envieuses des lauriers de nos savants, de nos littérateurs, de nos artistes, elles tendront avec effort toutes les fibres de leur cerveau vers le succès, vers la renommée, vers la gloire. « Tout le monde peut monter au minaret, dit un proverbe turc ; mais il en est peu qui soient capables de chanter une prière. » La voix de la femme risque de se perdre sur les hauteurs.

Et si nul ne l'écoute, si l'indifférence s'obstine autour d'elle, si le succès ne vient pas, comme il est à prévoir, on verra les incomprises et les dévoyées se révolter contre l'obstacle, et de plus en plus agressives et déplaisantes à mesure qu'elles vieilliront, perdre peu à peu les grâces de la femme sans acquérir l'estime et la considération qui soutiennent et honorent les hommes. C'est alors que leurs âmes déçues et endolories s'ouvriront naturellement aux nouveautés les plus hardies et aux revendications les plus excentriques. Trop heureuses encore si, avant l'âge des désillusions et l'amertume des insuccès, elles n'ont point perdu la santé !

II

Eh oui ! dans cette question du développement intellectuel des femmes, il y va de leur santé et, par conséquent, de leur vie. Si inquiétante qu'elle soit, cette perspective n'est pas nouvelle. Au XVIIIe siècle, un médecin suisse, Tissot, constatait chez les femmes la prodigieuse fréquence des maladies nerveuses : « De la bavette, dit-il, jusqu'à la vieillesse, les femmes ne sont plus occupées que de lecture ; la passion des romans ne leur permet plus aucun exercice, les condamne aux veilles tardives, surexcite follement leurs nerfs ; une femme qui, dès l'âge de dix ans, commence à lire, ne peut être, à vingt ans, qu'une femme à vapeurs. »

Aucune de ces causes n'a disparu. Elles se sont même aggravées. Il n'est pas rare que nous infligions le supplice de la lecture à des enfants de cinq à six ans. Et de nouveaux motifs de crainte ont surgi : c'est, avec la dégénérescence d'une race vieillie, la lecture fiévreuse et gloutonne des journaux quotidiens, et surtout la tension d'esprit de notre vie électrique qui épuise nos nerfs et brûle notre sang. La névrose est le mal du siècle. Combien de femmes elle dévore ! Et comme si les victimes n'étaient pas assez nombreuses, on s'ingénie, sous prétexte d'instruction et d'émancipation intégrales, à en sacrifier de nouvelles au monstre qui les guette.

Quelque cultivée que doive être la femme moderne, il est nécessaire d'enfermer ses désirs d'apprendre et de contenir ses appétits de savoir en de sages limites. Et nous persistons à croire que ces limites ne peuvent être les mêmes pour les filles que pour les garçons. Vainement on nous objecte sans cesse que « l'esprit n'a point de sexe. » Je réponds à nouveau--et c'est le moment d'y insister,--que l'esprit s'incarne en deux êtres très distincts, qu'il se meut à travers deux organismes très différents, et que le corps de la femme est plus vite et plus gravement affecté que le corps de l'homme par l'effort intellectuel prolongé. On compare souvent l'esprit à une épée : qu'elle soit chez les deux sexes d'une pointe aussi aiguisée, aussi fine, aussi pénétrante, je le concède ; mais le métal est-il aussi solide aussi résistant, aussi fortement trempé ? En tout cas, la lame usera plus rapidement le fourreau chez la généralité des femmes que chez la généralité des hommes. J'en appelle à l'expérience de tous les médecins.

Je ne dis plus à ces dames qu'à nous imiter laborieusement, afin de conquérir des qualités qui ne leur sont pas foncièrement naturelles, leur copie tournera souvent à la caricature ; je veux même leur accorder qu'il n'y a point, entre le cerveau féminin et le cerveau masculin, de radicales différences. Mais un fait nous est acquis : le surmenage cérébral triomphera moins facilement de notre rudesse que de leur grâce. A travail égal, elles s'usent plus vite que nous, parce que leur organisation est plus fine, plus délicate, plus fragile. Mme de Rémusat a fait cet aveu : « L'attention prolongée nous fatigue. » La nature le veut ainsi, et nul ne la violente impunément.

D'où il suit, encore une fois, que les mêmes recherches et les mêmes carrières ne peuvent être également poursuivies par les femmes et par les hommes, et qu'il est rationnel et prudent de ne point imposer aux deux sexes même instruction et même pédagogie, mêmes efforts et mêmes travaux, mêmes exercices et mêmes professions. Le sexe faible (ce qualificatif est ici tout à fait à sa place) ne saurait se vouer aux mêmes labeurs que l'homme. A chacun selon ses forces.

A cela, on pense bien que les prophètes du féminisme intégral opposent obstinément que le passé et le présent ne prouvent rien contre l'avenir : ce qui ne manque point de hardiesse. La loi de l'homme, disent-ils, a pétri et façonné un être factice qui disparaîtra au fur et à mesure de son émancipation. Condamnée à une vie sédentaire, confinée dans son ménage, sans cesse repliée sur elle-même, la femme s'est développée, comme dit M. Lourbet, dans le sens des « émotions affectives nées de sa fonction de mère.» Cet état se perpétuant à travers les siècles, l'atavisme a créé chez la femme une infériorité artificielle, transitoire, momentanée, qui, n'étant ni organique ni constitutionnelle, pourra disparaître avec les conditions de l'éducation qu'elle reçoit et les ambiances du milieu où elle se meut. Laissez-la jouir de la libre activité de son compagnon, laissez-la boire à volonté à toutes les sources vives de la science, et elle ne manquera point de se hausser rapidement à notre niveau. Écoutez ce cri de belle et fière assurance poussé par une doctoresse ès lettres, Mlle Kaethe Schirmacher : « A nous la vie intense, sans entraves, le libre développement, la forte éducation, notre part de l'héritage commun, et dans quelques siècles on verra si nous avons marché !»[132]

M. Lourbet trouvera peut-être ma réponse «viciée par des sentiments égoïstes et puérils ;» il m'accusera sans doute de «myopie d'esprit;» mais je ne puis croire à de si prodigieuses métamorphoses.[133] Les femmes auront beau marcher,--et les siècles avec elles,--il est une chose qu'elles ne changeront point : c'est leur constitution et, par suite, leur tempérament. La question féministe a, si j'ose dire, un côté viscéral ; et puisqu'on m'y oblige, j'en parlerai clairement. Sans prétendre que la femme soit une malade,--expression qui traîne après elle des insinuations désobligeantes,--il faut

---

[132] *La Femme moderne par elle-même.* Revue encyclopédique déjà citée, p. 886.

[133] Jacques Lourbet, *La Femme devant la science contemporaine.* Alcan, 1896.

bien reconnaître que la nature, qui l'a faite pour être mère, lui inflige des misères, des tourments ou, du moins, des sujétions que l'homme ne connaît pas. Sa vie n'a point la régularité de la nôtre ; elle est traversée de défaillances qui avivent sa sensibilité et énervent son courage. Elle restera, quoi qu'on dise, l'éternelle blessée chère à l'âme compatissante des poètes. Et n'étant point faite comme l'homme, elle ne saurait aspirer, sans grand dommage pour sa santé, à faire tout ce que font les hommes. Des indications mêmes de la nature, il résulte que le sexe féminin est prédestiné à certaines fonctions, et qu'à les négliger, à les contrarier, il s'expose aux plus périlleuses déformations, à l'épuisement prématuré, à l'enlaidissement, à la maladie, à la mort.

III

Enfin, ce n'est pas seulement la santé physique des femmes que menace un intellectualisme immodéré, c'est encore leur santé morale, leur équilibre spirituel, la paix de leurs âmes. Eu égard à leur complexion même, les femmes sont douées d'un tempérament impressionnable, sensitif, presque souffrant ; elles ont, comme on dit vulgairement, une nature malheureuse. Supposez une femme aussi intelligente que possible, affinée, polie, civilisée par un concours de soins habiles, une merveille d'élégance précieuse alliant les délicatesses du sentiment à toutes les cultures de l'esprit, une savante ou une artiste : croyez-vous qu'elle goûtera le contentement du coeur avec les pures jouissances de la pensée ? Non, si elle a le malheur de ne point vivre, comme c'est le cas du plus grand nombre des femmes, pour le bonheur d'un être aimé, pour l'entretien d'un foyer et la survivance de la race.

Et voici pourtant que la femme nouvelle, la femme apôtre, l' » évangéliste », nous déclare que la vierge forte demeure l'idéal de l'Ève à venir, qu'il vaut mieux s'enrôler libre dans la phalange sacrée, et que, suivant le mot d'un personnage de roman, « l'aristocratie des femmes se composera un jour de celles qui ne connurent point d'hommes. »[134] On pense que l'étude sera pour ces fortes têtes un dérivatif suffisant au besoin d'aimer qui tourmente l'âme de presque toutes les femmes. Erreur ! Qu'elles s'adonnent au grec et au latin, aux lettres ou aux mathématiques : rarement, très rarement, la science comblera le vide de leur coeur. Et tel est bien le problème féministe : il ne faut pas que les choses de l'esprit empiètent sur les choses du sentiment. Lorsque celui-ci est refoulé, violenté, blessé par celui-là, il est impossible qu'une femme, si instruite que vous le supposiez, ne souffre cruellement au plus profond de son être.

Nous voudrions croire à cette parole de Mme Augusta Fickert : « L'émancipation féministe, s'appuyant sur la science, conduit la femme et, par elle, l'espèce humaine entière à la liberté et au bonheur ! »[135] Mais combien cette affirmation est téméraire ! La science ne fait pas le bonheur, parce qu'elle est moins une jouissance qu'une fièvre et un tourment. Quand l'ambition de savoir a pris possession d'une nature sensible et ardente, elle s'aiguise en faim dévorante et s'exaspère en soif inextinguible. Pour quiconque a mordu avec intempérance aux fruits de la science, toute autre nourriture paraît fade. Dès maintenant, il est des femmes sur lesquelles la petite instruction de nos grand'mères produit l'effet d'un morceau de pain sec insuffisant pour assouvir leur appétit. Elles voudraient posséder le monde entier pour connaître la saveur de toutes choses.

---

[134] *Frédérique* de M. Marcel Prévost.

[135] *La Femme moderne par elle-même, loc. cit.*, p. 860.

Et c'est ici que le châtiment commence, leur passion ne pouvant plus être rassasiée, ni leur curiosité satisfaite. Et comment la science, que notre siècle poursuit avec avidité, serait-elle capable de nourrir et de remplir le coeur d'une femme vraiment femme ? Si peu haut qu'on place son idéal, nul n'est assuré de l'atteindre. Le travail de la pensée ne va point sans déceptions, sans tristesses, sans souffrances. Pour un savant heureux qui trouve, invente et triomphe, combien sont condamnés à chercher toujours sans jamais rien découvrir ? Que de fronts charmants risquent de s'assombrir et de se faner prématurément sous le poids des préoccupations intellectuelles ? Quand le succès ne suit pas l'effort, le découragement survient et, avec lui, la fatigue du cerveau, l'amertume de l'avortement, le pessimisme final et peut-être la sombre désespérance. Combien ont commencé par adorer la science, qui l'ont finalement maudite ?

C'est l'histoire de Sophie Kovalewski, cette Russe éminente, dont les travaux mathématiques furent, en 1888, honorés du prix Bordin par l'Académie des sciences de Paris. Elle mourut à quarante ans, malheureuse et désabusée. Que nos amoureuses d'indépendance et de savoir méditent ces cris de douleur que la science et la vie lui arrachaient en plein triomphe : « Que la vie est donc une chose horrible ! écrivait-elle à l'occasion d'un anniversaire de sa naissance. Qu'il est bête de continuer à vivre ! J'ai trente et un ans, et il est horrible de penser qu'il m'en reste autant à vivre. Bien des personnes me font songer à des insectes dont les ailes auraient été arrachées, plusieurs articulations écrasées, les pattes brisées et qui ne se décident pas à mourir. »-- » La création scientifique, disait-elle un autre jour, n'a aucune valeur, puisqu'elle ne donne pas le bonheur et ne fait pas avancer l'humanité. C'est folie que de passer les années de sa jeunesse à étudier ; c'est un malheur surtout pour une femme d'avoir des vues qui l'entraînent dans une sphère où elle ne sera jamais heureuse. » Et quand les honneurs lui viennent de Paris, elle répète : « Je ne me suis jamais sentie si malheureuse, malheureuse comme un chien. »[136]

Ces plaintes à fendre l'âme partent d'un coeur désespéré. C'est qu'il faut à la femme autre chose que les caresses de la gloire et l'encens de la célébrité. Qu'on la suppose comblée de tous les dons et honorée de tous les succès, il manquera quelque chose à son coeur, parce qu'elle a moins besoin de comprendre et d'être comprise que d'aimer et d'être aimée. A une âme qui a soif de tendresse, tout le génie du monde ne saurait apporter le contentement et la joie. Vainement les créations de son esprit lui attireront l'admiration des spécialistes : elles seront impuissantes à lui assurer ce qu'elle désire par-dessus tout, l'occasion de se dévouer, de rendre à qui le mérite affection pour affection et de répandre à profusion les trésors de sa tendresse sur les élus de son choix. Montaigne a écrit ceci : « Le savoir est un dangereux glaive et qui empêche et offense son maître, s'il est en main faible et qui n'en sache l'usage. » Avis à ceux qui rêvent de mettre cette arme aux mains de toutes les jeunes filles !

Voici, par exemple, une institutrice d'intelligence cultivée, une savante, pour dire le mot. Son énergie et son talent sont d'un homme. Elle n'est plus jeune : le travail de tête a fané son visage ; les longues lectures ont fatigué ses yeux. Elle est sèche et raide, sans beauté, sans grâce. Elle le sait et elle en souffre. Et sous cette enveloppe disgracieuse et vieillie, brûle une âme ardente, un véritable coeur de femme, avide de rendre amour pour amour. Préservée de toute chute par l'élévation de son esprit et par l'orgueil de sa volonté, elle s'enferme en une réserve dédaigneuse et froide et se réfugie dans un labeur obstiné, afin de distraire par la fièvre de

---

[136] *Souvenirs de* Sophie Kovalewski *écrits par elle-même et suivis de sa Biographie par* Mme Leffler, duchesse de Cajanello ; Hachette, 1895.

l'étude son pauvre coeur abandonné qui, à de certaines heures d'isolement, dans le vagabondage des rêveries du soir, aux demi-clartés de la petite lampe, se gonfle malgré elle de tristesse et de regret.

Alors, tout ce qui reste de la femme dans cet être artificiellement virilisé, s'échappe furieusement en révoltes et en malédictions. Que les crises alors sont douloureuses ! Et combien d'institutrices les ont traversées ? L'une d'elles écrivait à Francisque Sarcey : « Être étrangère partout, sans affection, sans protection : la navrante solitude ! Toujours et toujours tourner dans le même cercle ! Voilà tantôt vingt-deux ans que cela dure ! C'est le supplice perpétuel. J'ai quarante-six ans : c'est demain la vieillesse. Oh ! que j'ai peur du désespoir final ! Déjà, j'ai songé à finir cette atroce vie de bagne. Un peu de chloroforme, et ce serait fini... Mais non, je crois. Et après ? »[137] Et si elle ne croyait pas ? Décidément, le « préjugé religieux » a du bon.

Outre qu'elle ne donne pas le bonheur, comme l'on voit, la science est incapable, à elle seule, de nous rendre honnêtes et vertueux. Ce serait folie de trop attendre de l'instruction. L'intelligence la plus affinée est impuissante à remplacer la volonté. Voir juste est une chose, bien agir en est une autre. Tel, qui manifeste en esprit une raison éclairée, n'en manifeste aucune dans sa conduite. C'est le caractère qui manque le plus. Il ne suffit pas de connaître le bien pour le pratiquer, ni d'être renseigné sur le mal pour le fuir. A qui n'a pas le courage d'accomplir son devoir, toutes les lumières ne servent de rien. Sainte-Beuve rapporte d'une femme célèbre du XVIIIe siècle, plus réputée pour son intelligence que pour sa vertu, qu' » elle était destinée à être toujours sage en jugement et à faire toujours des sottises en conduite. » Jeanne d'Arc fut une héroïne et une sainte : elle ne savait pas

---

[137] *L'Institutrice de province*. Annales politiques et littéraires du 23 mai 1897, p. 322-323.

lire, mais elle savait prier. On ne voit pas, au contraire, que tout le génie de George Sand lui ait été de quelque secours pour régler sa vie.

Nombreux sont les hommes qui savent beaucoup et qui trébuchent à chaque pas. La science n'est point une condition de vertu. Jamais la géométrie ou la médecine, le droit ou l'histoire, ne vous rendra aimant si vous êtes égoïste, doux et compatissant si vous êtes dur et brutal. Il n'est point besoin surtout d'être savante pour être vraiment femme. Lisez les discours sur les prix de vertu : vous y verrez les créatures les plus simples et les plus naïves cultiver l'héroïsme, sans soupçonner même la grandeur de leur dévouement. Donnez la même instruction à deux jeunes filles : elle fera souvent de la première un esprit juste et un coeur droit, sans corriger l'autre de sa sécheresse ou de son étourderie.

Il se peut donc qu'une femme soit très vertueuse sans être très instruite. La culture scientifique ne développe pas inévitablement la force morale. Certaines femmes de mérite ont le tort de partager le préjugé sentimental du XVIIIe siècle, qui attribuait à l'instruction toute seule une valeur éducatrice : illusion dangereuse que Taine a percée à jour. Au vrai, il n'y a point de relation nécessaire entre les lumières de l'esprit et la noblesse du caractère.

Mais pour n'être pas absolument moralisatrice, une bonne culture intellectuelle ne saurait tout de même gâter la femme plus que l'homme. Elle peut guérir l'un et l'autre de la routine et de l'intolérance et, en leur faisant mieux voir la vérité, les rendre plus capables de l'aimer et de la servir. Ouvrons donc aux jeunes filles nos établissements de haute culture académique, mais en les prévenant des épreuves et des déceptions qui les attendent. Outre qu'un petit nombre seulement sera capable d'en user pour le profit de leur sexe, pour l'avancement des sciences et l'enrichissement des lettres et des arts, il est à prévoir que l'expérience refroidira peu à peu l'enthousiasme d'apprendre, la fièvre de savoir, le feu sacré dont brûlent certaines têtes éprises de « féminisme intégral ». Une sélection se fera parmi ces fières ambitieuses ; et je souhaite de tout mon coeur qu'elle ne soit point trop douloureuse.

CHAPITRE VII

INSTRUISEZ-VOUS, MAIS RESTEZ FEMMES

I.--Tant vaut la femme, tant vaut l'homme.--Supériorité morale du sexe féminin sur le sexe masculin.--Beauté et bonté. II.--Ce qu'a produit la vieille éducation française.--L'antagonisme des sexes est antisocial et antihumain. III.--Le vrai et utile féminisme.-- Régénération sans révolution.

I

En souhaitant pour la femme future plus d'instruction, plus de lumière, plus de sérieux, notre grande préoccupation est que ce progrès intellectuel ne soit pas acheté par elle au prix d'une diminution morale. Nous ne voulons pas, en fin de compte, que, sous prétexte de science et de liberté, on « dénature » la femme. Toutes ses qualités de coeur, d'affection, de dévouement, nous sont nécessaires. Tant vaut la femme, dit-on, tant vaut l'homme. Le proverbe a raison : si les hommes font les lois, les femmes font les moeurs. C'est que la femme recèle des trésors de pitié, de désintéressement, de vertu, qu'il serait criminel d'appauvrir sous couleur d'autonomie individuelle. Oui ; les femmes valent mieux que nous. Là est leur maîtrise, et nous la saluons en toute humilité. En veut-on des preuves ?

D'abord, les statistiques établissent que la femme est moins criminelle que l'homme. Pendant l'année 1894, ont été accusés : 1 327 hommes et 377 femmes, de crimes contre les personnes ; 2 007 hommes et 264 femmes, de crimes contre les biens. Sur 104 614 récidivistes, on comptait, à la même date, 95 115 hommes et seulement 9 529 femmes. De ces renseignements judiciaires, il résulte qu'il existe plus de coquins que de coquines.

Autre preuve de supériorité morale du sexe féminin sur le sexe masculin : après avoir établi que, dans tous les pays, les divorces sont généralement prononcés à la demande et au profit des femmes, le docteur Bertillon conclut qu'en règle générale, « les hommes font environ quatre fois plus souvent d'insupportables maris que les femmes ne font d'insupportables épouses. » Et pour infirmer ce témoignage, personne n'aura le mauvais goût d'insinuer que les femmes sont peut-être pour quelque chose dans la détestable humeur de leurs conjoints. Elles ne manqueraient point, du reste, d'écraser leur contradicteur sous le poids d'une autorité indiscutable : par la bouche de M. le comte d'Haussonville, l'Académie française a proclamé, dans sa séance du 26 novembre 1896, que « la proportion de la vertu académique est singulièrement favorable aux femmes. » Il est assez rare que les prix Montyon soient mérités par des hommes. La raison en est que « le dévouement est par excellence la vertu de la femme. » Et l'éminent rapporteur ajoutait : « Certaines le pratiquent avec enthousiasme, avec héroïsme, et celles-là, on nous les propose. Les autres, on ne nous les signale même pas. Il paraît toujours si naturel aux hommes que les femmes soient dévouées ! »

N'en doutons point : les femmes sont meilleures que nous. Toute leur noblesse est dans l'amour ; et qui dit amour, dit sacrifice. C'est leur ambition et leur joie de se donner pour ceux qu'elles aiment, frères et parents, époux et enfants, de se donner pour leurs semblables, non point au grand jour, avec fracas et ostentation, mais en détail et en secret. Et par là j'entends ce constant oubli de soi, cette succession ininterrompue de petits sacrifices obscurs et ignorés, dont se compose la vie d'une femme véritablement aimante : sacrifice de ses jours et de ses veilles, de ses goûts, de ses loisirs, de ses joies, de ses aises, toute cette immolation lente, dont une femme, appréciée en Italie pour son talent poétique, Mlle Sylvia Albertoni, a si bien dit qu'elle « s'accomplit dans le silence du foyer, des écoles, des hospices où la femme, mère, éducatrice, soeur de charité, se consacre toute au bien-être des autres, à les élever, à les sauver de la mort physique et morale. »[138]

Non, ce n'est pas une exagération de prétendre que toute femme porte en ses veines un peu du sang généreux de la soeur de charité ; et sans aller jusqu'à prétendre qu'elle trouve un plaisir extrême à appliquer des cataplasmes, c'est un fait, glorieux pour elle, que cette besogne d'infirmière ne répugne pas plus à sa délicatesse qu'elle n'effraie son coeur tendre et vaillant. La femme, en d'autres termes, est faite pour panser toutes les blessures. Sa résignation, sa douceur, sa compassion, sa vertu, sont des dons supérieurs que la nature refuse à beaucoup d'hommes éminents, dons aussi précieux, aussi incommunicables que leur génie. Il est doux d'entendre une femme, Mme Arvède Barine, chez laquelle le talent égale la modestie, nous dire avec une simplicité touchante : « Le meilleur de mes idées se trouve dans Pascal ; le voici : « Tous les corps et tous les esprits et toutes leurs productions ne valent point le moindre mouvement de charité. » Et ce mouvement est la respiration même du coeur féminin, sa raison d'être et sa vie.

---

[138] *La Femme moderne par elle-même*, loc. cit., p. 843.

Que voilà bien la dignité et la supériorité des femmes ! Les philosophes qui nous représentent le beau comme la splendeur du bien, songeaient sans doute à la femme vraiment femme, dont l'âme est bonne autant que l'enveloppe de chair est belle. En elle, l'esprit et le corps s'harmonisent délicieusement ; et de même qu'elle nous surpasse en vertu, en affection, en dévouement, de même encore elle nous prime par l'agrément, la finesse et le charme. Matérielle beauté, immatérielle bonté, tels sont les titres de prééminence que l'homme ne saurait lui disputer raisonnablement. On voit que nous oublions pour l'instant (nous sommes bon prince) qu'il y a des femmes abominablement laides et méchantes ; mais quelque nombreuses qu'on les suppose, il est magnanime de les tenir pour une exception. Celles-ci du moins manquent à leur mission, à leur fonction, à leur devoir social, qui est la grâce et la tendresse.

Qu'on ne nous parle plus, en tout cas, de l'égalité des sexes : chacun a ses privilèges de nature, ses qualités originelles et ses prérogatives éminentes. Dès lors, nous pouvons nous dire supérieurs aux femmes en certains points, sans rabaisser leur mérite ni blesser leur amour-propre, puisqu'elles rachètent et compensent ce qu'elles ont en moins par des avantages physiques et des qualités morales, qu'il n'est point donné aux hommes de reproduire également.

II

Mais qui les a faites ainsi vertueuses et vaillantes, sinon cette vieille éducation française, prudente et fermée, que le féminisme a coutume de railler ? Il faut cependant constater, pour être juste, que la femme française est restée capable d'héroïsme, de cet héroïsme quotidien qui consiste à tenir tête obscurément à la mauvaise fortune, aux peines, aux privations, aux devoirs de chaque jour, et de cet héroïsme particulier qui, aux moments de panique, consiste à se dévouer quand de plus forts se sauvent. Il faut pourtant confesser (la démonstration en est faite) que le niveau moral des femmes est très supérieur à celui des hommes ; qu'elles ont sur nous, notamment, cette primauté rare qu'elles croient encore à l'efficacité des grandes idées, au désintéressement, à l'amour, à tout ce qui élève et ennoblit l'existence, et qu'ayant foi en l'idéal, quelles que soient les amertumes et les désillusions de la vie, elles conservent dans le secret de leurs âmes le trésor des pures aspirations et des généreuses vaillances.

Et si nous voyons autour de nous tant de femmes admirables, c'est donc qu'elle n'est pas si mauvaise, si surannée, si futile, cette vieille éducation qui consiste à entourer la jeune fille de soins jaloux, à la préserver des contacts prématurés du monde, à la couver chaudement sous l'aile de la mère ! On ne voit point que tant de précautions l'aient placée en un état d'infériorité avilissante. Initiée prématurément au goût de l'indépendance et à la connaissance des hommes, exposée de bonne heure aux heurts et aux complications de la vie, ne cessera-t-elle point, par contre, d'être une jeune fille « bien élevée » ? A la viriliser à outrance, comme un certain féminisme le réclame, elle sera certainement moins timide ; est-il sûr, en revanche, qu'elle soit plus charmante aux heures de gaieté et plus courageuse aux jours d'épreuve ? Ne soyons pas injustes envers le passé, ne répudions point son héritage. Acceptons-le, au contraire, avec reconnaissance et tâchons de le compléter, de l'enrichir, de l'améliorer, nous disant que, même en cherchant le progrès, même en aspirant à plus de lumière et à plus de liberté, une société ne doit jamais rompre la chaîne de ses traditions morales.

Au point où nous en sommes, la conclusion s'impose. Du moment qu'il n'y a point de sexe qui soit absolument supérieur à l'autre, et que l'homme et la femme ont des aptitudes, des penchants, des goûts, des tempéraments propres et divers, il est logique d'affirmer que ces différences de nature les prédestinent à des fonctions distinctes. Confions donc à chacun d'eux les rôles dans lesquels ils doivent exceller de par leur constitution même. De la dissemblance des organes et des dons, nous induisons un partage d'attributions qui, ainsi que le prouvent les bienfaits de la division du travail, ne peut manquer de profiter à tous. Le bonheur des individus et le progrès de l'humanité nous font une loi de laisser l'homme et la femme à leurs places respectives.

C'est donc à tort qu'on s'efforce d'exciter la compagne contre le compagnon. De grâce, ne parlons plus du « duel des sexes » : au lieu de se traiter en rivaux et en adversaires, qu'ils se traitent en alliés ! La vérité est que l'homme ne peut rien sans la femme, de même que la femme ne peut rien sans l'homme. La civilisation dépend de leur entente cordiale, de leur union. D'où il suit que le but de l'instruction et de l'éducation des femmes ne doit pas être le développement égoïste de leur « autonomie mentale ». Ni la femme ni l'homme n'ont le droit de travailler ou de vivre pour soi seul. Quelques-uns rêvent de voir la femme libre « faire un solo dans le concert humain. » Cet individualisme, plus ou moins musical, serait antisocial. Je ne le crois pas même capable d'apporter la joie et le contentement à qui que ce soit. *Vae soli !* L'homme et la femme ne sont point nés pour chanter isolément, mais en chœur. Duellistes, non ; duettistes, oui. Il faut que leurs voix se mêlent comme leurs âmes. Étant faits l'un pour l'autre, ils doivent être l'un à l'autre. Point de division, point d'antagonisme. Le peu de bonheur qui se puisse goûter sur terre réside dans l'harmonie des sexes ; et s'il arrive que l'accord de deux êtres se fonde en une parfaite correspondance de pensée, d'aspiration, de goût et de volonté, alors la vie de chacun, embellie et amplifiée par la confiance et l'affection, élève le couple humain à la plus haute félicité qui se puisse atteindre ici-bas. Ne séparons pas ce que la nature, dans ses profonds desseins, veut manifestement unir pour le bien de l'espèce et la conservation de l'humanité !

III

Il est néanmoins un féminisme qui, dans le domaine du travail intellectuel, rallierait sûrement l'adhésion de tous les sages. On rencontre trop souvent des femmes purement réceptives, dont c'est la triste fonction de refléter les pensées et les sentiments d'autrui. Quoiqu'elles aient une forme humaine, une forme souvent aimable et gracieuse, quoiqu'elles parlent français comme tout le monde, c'est-à-dire ni bien ni mal, et qu'elles expriment même, de temps en temps, des apparences d'idée ou des ombres de raisonnement, ces êtres flexibles et inconsistants, véritables cires molles où le pouce du maître marque à volonté son empreinte souveraine, ne sont pas des personnes. Leur âme est somnolente et inerte. Elles ont la passivité des choses et la souplesse inconsciente des éponges ; elles s'imbibent de toutes les opinions ambiantes ; elles prennent le ton, l'allure, l'esprit, les goûts, les tics de leur entourage. Elles produisent un certain effet dans les salons, quand elles ont de la beauté et des manières : ce qui n'est pas rare. Elles savent, à l'occasion, sourire avec grâce ou se guinder avec noblesse. Elles font, non sans élégance, les entendues ou les offensées. Mais ne vous y trompez pas : ces figurantes jouent sans conviction un rôle appris dans le salon de leur mère. Dressées aux rites de la frivolité mondaine, elles n'ont ni volonté, ni caractère, et au lieu de penser et d'agir, elles trouvent leur bonheur à vivre dans l'inconscience stupide des choses. Il leur suffit de servir de muse aux esthètes, d'idole aux artistes et de mannequin aux couturiers.

Mettons que j'exagère. Il demeure que la frivolité des femmes est malheureusement trop fréquente. De la petite ouvrière à la grande dame, la coquetterie occupe, affolle toutes les têtes, et les dépenses de toilette rongent tous les budgets. On ne saurait trop y insister : la plus grande plaie de notre époque, c'est *la démoralisation de la femme par le luxe*. Eh bien ! le féminisme opposé comme réactif à cette puérilité, à cet affaissement, à cette dépravation des âmes, est digne d'encouragement : c'est un féminisme modeste, sincère et généreux, qui convie la jeune fille à faire retour sur elle-même, à se pénétrer de son néant relatif, à se corriger de cette nullité élégante que beaucoup d'hommes recherchent et qui n'est pas sans plaire aux mères, à sortir, par un vigoureux effort, de l'infériorité mentale et morale où ce travers de vanité l'a mise. Ainsi compris, le féminisme aiderait la femme à se raidir, non pas contre le sexe fort, mais bien contre sa propre faiblesse, à s'insurger, non contre les vices des hommes, mais contre ses propres défauts, pour se grandir et se régénérer ; il serait, suivant le mot de M. Émile Faguet, « une généreuse révolte de la femme contre elle-même, un désir impatient, impétueux même, de s'amender, de s'améliorer, de se redresser dans tous les sens du mot ; »[139] bref, ce féminisme serait très légitime, très sain, très digne et très vertueux. Tous les hommes de sens y applaudiraient.

Mais, au lieu de travailler à leur propre perfectionnement, les indépendantes préfèrent à ce relèvement modeste et méritoire un féminisme de protestation criarde et d'émancipation hasardeuse. C'est à qui clamera le plus haut : « Enfants, on nous réprime ; jeunes filles, on nous déprime ; épouses et mères, on nous opprime ! » Et sous prétexte d'affranchissement, armées de leur demi-science, elles s'élancent à la conquête de toutes les

---

[139] Feuilleton dramatique du *Journal des Débats* du 5 juillet 1897.

professions viriles. On verra tout à l'heure que, pour leur excuse, elles y sont souvent obligées.

LIVRE V

ÉMANCIPATION ÉCONOMIQUE DE LA FEMME

CHAPITRE I

LA QUESTION DU PAIN QUOTIDIEN

I.--Aspects économiques de la question féministe.--Aggravation de la loi du travail pour la femme du peuple ou de la petite bourgeoisie. II.--Point d'accroissement d'instruction sans accroissement d'ambition.--Il faut des places aux diplômées. III.--Débouchés ouverts a l'activité des femmes.--Le mariage.--Le couvent.--La femme pasteur. IV.--Plaidoyer pour les vieilles filles.--Leur condition pénible et effacée.--La dévotion leur suffit-elle ?

La question féministe est, pour une large part, une question économique. Puisque tant de femmes réclament aujourd'hui le droit au travail, il faut apparemment qu'elles aient besoin de travailler pour vivre. En réalité, le temps qui passe voit s'accroître incessamment le nombre de celles qui sont forcées de gagner leur pain à la sueur de leur front. Le féminisme n'est donc pas un simple caprice de mode, un tour d'esprit, une attitude élégante, une pose. Sans nier que, dans les plus petites villes de province, des femmes existent qui, si appliquées qu'on le suppose aux affaires de leur intérieur, si curieuses même qu'elles soient des affaires de leurs voisins, commencent à s'ennuyer vaguement de leur situation présente, à rêver éperdument d'une situation meilleure ; sans contester que l'activité électrique, qui nous enfièvre, entraîne l'épouse, même heureuse, vers un idéal de vie plus agissante, et qu'à mesure qu'elle s'instruit davantage et vise des buts plus élevés, elle trouve plus pénible qu'autrefois de rester confinée dans l'obscurité du ménage ; sans méconnaître, enfin, que la trépidation qui nous secoue commence à l'envahir et à l'énerver, et qu'en somme, dans une société tourmentée comme la nôtre, le sexe féminin soit excusable de prétendre jouer un rôle de plus en plus indépendant et personnel,--il est moins douteux encore que, plus nombreuses d'année en année, de pauvres filles bien douées et parfois bien nées, sans ressources, sans dot, sans l'espoir de trouver un mari, sont obligées de lutter, comme les hommes et contre les hommes, pour soutenir leur existence de chaque jour.

I

Cela est vrai de l'ouvrière aussi bien que de la bourgeoise. D'après les plus récentes statistiques, on compte en France 5 381 069 femmes vivant d'une profession, contre 500 000 rentières ou propriétaires. Ce chiffre représente à peu près la moitié de la population féminine âgée de vingt ans et au-dessus. Ce qui revient à dire que la moitié des femmes françaises gagnent leur vie en travaillant.

Dans le peuple, les mères chargées d'enfants ne peuvent plus se vouer exclusivement à leur ménage ; elles y mourraient de misère. En plus du besoin qui les condamne, sous peine de mort, à demander des ressources au travail extérieur, le machinisme, qui a renouvelé l'industrie, a porté un coup funeste à l'atelier domestique et jeté l'ouvrière hors du foyer, où elle vaquait à sa tâche coutumière en surveillant les enfants. La vie de famille a été si gravement modifiée par la vapeur et la mécanique, que bon nombre d'ouvrières sont dans la triste obligation de déserter la maison qui fut jadis leur domaine et leur sanctuaire, et de s'enfermer, du matin au soir, dans la promiscuité des fabriques et des usines.

Épouses et mères, telles étaient les deux fonctions de la femme, l'alpha et l'oméga de sa destinée. Maintenant, il lui faut en plus gagner son pain et, à cette fin, abandonner son intérieur pour travailler au dehors. Qu'on s'étonne, après cela, qu'elle revendique le droit à un salaire honorable ! Il serait cruel de lui répondre, fût-ce avec un doux regard, qu'elle est faite pour la famille, pour le ménage, pour l'amour. Aimer, avoir des enfants et les élever, garder le foyer et filer la laine, voilà un joli rôle qui pouvait suffire aux heureuses mères d'autrefois ; quant à la femme d'aujourd'hui, elle doit quitter la maison pour la fabrique et travailler durement pour vivre pauvrement.

Notre petite bourgeoisie, si digne et si intéressante, n'est pas beaucoup plus fortunée. Depuis vingt-cinq ans, la baisse de l'intérêt et les conversions de la rente ont réduit gravement son modeste budget. Et du coup, le mariage est devenu difficile pour ses filles. Beaucoup même ont dû s'éloigner de la demeure paternelle, qui n'était plus assez riche pour les nourrir et les abriter ; et les plus courageuses se sont mises résolument en quête d'un gagne-pain honorable. Il n'est pas excessif de dire que, dans nos classes intermédiaires, le féminisme est né, moins des conceptions très contestables de l'égalité des sexes que de l'appauvrissement du foyer familial et des difficultés croissantes de la vie. Et comme au début les écoles étaient largement ouvertes et les positions universitaires facilement accessibles, les jeunes filles pauvres de bonne famille s'y sont précipitées.

Par malheur, les fonctions de l'enseignement, rapidement envahies et surabondamment occupées, n'ont pas suffi longtemps à l'afflux des aspirantes. Maintenant le féminisme cherche et réclame d'autres débouchés. Pour ce qui est particulièrement des femmes qui ne sont point engagées dans les liens du mariage et qui doivent, comme les filles et les veuves, subvenir par elles-mêmes à leur entretien, il est à conjecturer qu'elles s'appliqueront à forcer l'entrée des nombreuses carrières qui leur sont fermées. En quoi ce mouvement d'invasion pourrait-il blesser la plus stricte justice ? Il faut bien travailler pour vivre.

II

Du jour même où l'on s'est décidé à ouvrir aux filles les collèges, les lycées et les facultés, du jour où, pour obéir aux suggestions des pédagogues, on a mis à la disposition de nos demoiselles les brevets et les diplômes, il était facile de prévoir, qu'après avoir pâli sur les livres et conquis laborieusement leurs grades, beaucoup d'entre elles ne se résoudraient point à considérer leurs titres universitaires comme des titres nus, simplement décoratifs, poursuivis avec désintéressement, *ad pompam et ostentationem*. Aujourd'hui la République distribue la même instruction aux deux sexes ; elle équipe et exerce également les filles et les garçons pour les luttes de ce monde ; elle leur met en main les mêmes armes et les soumet au même entraînement. Comment s'étonner que bon nombre d'étudiantes manifestent l'intention d'user, comme nos étudiants, des bagages et des munitions dont elles sont aussi abondamment pourvues ? Puisque pour elles, comme pour nous, l'existence est un combat, n'est-il pas naturel qu'elles cherchent à tirer parti de leur instruction pour vaincre, c'est-à-dire pour vivre ?

La graine de bachelières, de licenciées et de doctoresses devait logiquement s'épanouir en moisson de praticiennes décidées à envahir les bureaux, les prétoires et tous les emplois virils. Lorsqu'une jeune fille a subi le long labeur d'accablantes études et sacrifié au désir d'apprendre son repos, sa jeunesse, sa gaieté, souvent même sa grâce et sa santé, lorsqu'elle mesure la supériorité que son savoir, ses diplômes,--et aussi son orgueil,--lui assurent à rencontre du commun des mortels, comment voulez-vous qu'elle renonce à utiliser cette force patiemment accumulée ? Ce serait, de sa part, héroïsme ou folie de se refuser à tirer profit de l'outil qu'elle s'est mis en main. Pourquoi la préparer à la lutte, si elle n'a pas le droit de s'y mêler ? Pourquoi lui distribuer les grades et les diplômes, s'il lui est interdit d'en user ? Pourquoi lui apprendre un métier, si elle n'a pas le moyen de l'exercer ? A cela, l'État n'a rien à répondre. Il est bien inutile d'armer savamment les jeunes filles pour les batailles de la vie, si d'invincibles préjugés les tiennent éloignées du champ de l'action et les relèguent au foyer pour garder les malades et panser les blessés. Instruites comme l'homme, elles entendent monnayer, comme l'homme, leur savoir et leur mérite. Après avoir partagé nos labeurs, elles aspirent à partager nos bénéfices. Cette prétention est dans l'inéluctable logique des choses.

A ce propos, M. Izoulet a écrit : « L'âme féminine a conquis sa dignité mentale et morale, laquelle ne saurait manquer de se traduire tôt ou tard en accroissement de dignité légale, car le passage est irrésistible du psychique au juridique. »[140] Rien de plus vrai : comme le flot pousse le flot, un accroissement de lumière engendre un accroissement de conscience ; un accroissement de conscience détermine un accroissement de pouvoir ; un accroissement de pouvoir provoque et entraîne finalement un accroissement de droit.

Décidée à n'être plus le satellite de l'homme, mais à briller de son propre éclat, sentant qu'elle le peut si elle le veut, il est naturel que la femme réclame le droit au libre travail. Mais ses réclamations seraient moins instantes et moins générales, si le besoin ne la chassait souvent du foyer. Ce n'est qu'en peinant courageusement au dehors que beaucoup parviennent à vivre maigrement à la maison. Qu'on approuve ou qu'on regrette cette transformation de la

---

[140] Lettre citée dans la *Faillite du mariage* de M. Joseph Renaud, p. 33.

condition des femmes, il faut la subir. Ce n'est pas un bien, mais une nécessité ; ce n'est pas un idéal, mais une fatalité.

Hors de là, quel parti la femme pourrait-elle prendre ? Quelle voie pourrait-elle suivre ?

III

Pour ne point parler de l'amour vénal que tout le monde doit flétrir et pleurer comme la plus lamentable diminution de soi-même, il est au besoin d'activité des femmes trois débouchés normaux : le mariage, la religion ou l'industrie.

Que le mariage soit la destination la plus conforme aux voeux de l'espèce et aux indications de la raison, c'est à quoi nul ne saurait contredire. La femme n'a pas de plus essentielle mission que d'être épouse et mère. Mais ne se marie pas qui veut. Notre population française compte plus de femmes que d'hommes : 270 000, environ. Bien que cet excédent soit inférieur à celui qu'on relève en Angleterre, il mérite cependant une sérieuse considération. D'autre part, l'effectif du célibat augmentant, le nombre va croissant de celles qui doivent vivre seules et dont l'existence tournera en banqueroute, en misère et en souffrance, si elles n'en trouvent pas l'emploi. Il ne s'agit pas ici des femmes heureuses qui jouissent de la sécurité du lendemain, ou de l'appui d'un mari et des douceurs d'un foyer. A bien des filles et à bien des veuves, il faut une carrière, un gagne-pain. Il convient donc de préparer l'opinion et d'agir sur les moeurs afin d'ouvrir des carrières honorables et lucratives à l'activité inemployée des femmes qui veulent travailler. Combien doivent lutter pour la vie--et souvent contre la vie,--depuis l'ouvrière et la servante jusqu'à la caissière et l'artiste ?

Je crains fort que cet esprit nouveau ne se heurte aux scrupules, sinon même aux résistances de l'esprit chrétien. On peut ramener à trois règles la condition des femmes selon la conception de l'Évangile : 1° devant Dieu, la femme est l'égale de l'homme ; 2° dans la famille, c'est à l'homme de commander et à la femme d'obéir ; 3° dans la société, la femme doit veiller sur le foyer pendant que l'homme travaille au dehors. Fidèle à ce programme, l'Église tient pour désirable que le sexe féminin ne s'épuise point aux labeurs de la vie industrielle, ni ne se dépense aux offices de la vie publique.

Ce n'est pas à dire que les femmes, qui n'ont point de goût pour le mariage ou pour le monde, ne puissent rencontrer dans les institutions religieuses un refuge et un appui. En France et, plus généralement, dans les pays catholiques, l'Église offre au sexe féminin d'innombrables asiles, où filles et veuves trouvent dans la vie de communauté un aliment à leur besoin de dévouement et de charité. Depuis des siècles, l'institution de la virginité monastique a donné au féminisme une solution qu'on a pu longtemps juger suffisante. Aujourd'hui encore, il semble bien que les vocations religieuses ne soient pas en décroissance dans les communautés de femmes. Les statistiques officielles ont constaté 127 783 congréganistes, en 1877, contre 129 492, au 1er janvier 1901. Et ce dernier chiffre, qui comprend sans doute les religieuses étrangères établies sur notre sol, n'indique pas, en revanche, le nombre des religieuses françaises établies à l'étranger. Suivant le R. P. Gaudeau, notre pays compterait seulement 125 000 congréganistes françaises, mais il faudrait ajouter 34 000 sœurs missionnaires disséminées à travers le monde.

Le passé a connu même de véritables sociétés coopératives de femmes qui, sous le nom de « béguinages » ou de « fraternités », offraient aux ouvrières indigentes un réconfort pour leur vertu et une protection pour leur travail.

Les membres de ces corporations se plaisaient aux douces appellations de mères, de filles et de soeurs. Certaines de ces communautés se transformèrent en ordres monastiques, en refuges ou en pénitenciers.

Actuellement, chez les catholiques, l'existence des couvents simplifie la question féministe, puisque, d'après les chiffres que nous venons de citer, plus de 160 000 Françaises y trouvent, à peu de frais, une vie honorable et une retraite assurée. Par contre, dans les pays protestants où les asiles de piété ne s'ouvrent plus guère à la femme qui n'a pas le moyen ou le goût de se marier, le malaise est devenu plus aigu. Sans soutien, sans refuge, sans ressources, certaines jeunes filles y sont comme frappées de « mort sociale ».[141] Que si jamais, par hypothèse, on fermait en France les couvents et les asiles ouverts dans toutes nos villes à toutes les délaissées, à toutes les misérables, aux domestiques sans place, aux malheureuses sans famille, aux femmes déchues ou abandonnées, aux pauvres et aux orphelines, il s'ensuivrait une crise douloureuse, un vide, une angoisse, que l'esprit se refuse à concevoir.

Privées des débouchés du couvent catholique, les femmes protestantes d'Amérique s'insinuent tout simplement dans le clergé méthodiste, baptiste ou unitarien. Elles se font d'emblée « ministres du Verbe divin ». Lors de la dernière exposition de Chicago, on a pu voir, le jour de la Pentecôte, de charmantes « ladies » revêtues de l'habit ecclésiastique,--une ample tunique noire passée sur le costume de ville,--prêcher et officier avec une dignité, un art et une grâce qui ont ramené au temple bien des pécheurs endurcis. « Derrière les officiantes, dix-huit femmes pasteurs, nous raconte un témoin oculaire, étaient assises,

[141] Holtzendorf, cité par P. Augustin Rösler, *op. cit.*, p. 290.

régulièrement ordinées, parmi lesquelles plusieurs négresses. »[142]

Il n'est pas à croire que les prêtres de l'Église catholique aient à redouter une semblable concurrence. La tradition d'abord s'y oppose. Bien que Jésus ait été suivi dans ses courses apostoliques par de pieuses femmes qui l'aidaient de leurs aumônes, on ne voit point qu'il leur ait confié jamais une mission publique. Ce n'est qu'aux disciples d'élection qu'il a dit : « Allez et prêchez l'Évangile à toute créature. » De plus, il est remarquable qu'aucune femme n'assistait à la dernière cène. Pas une parole du Christ, en somme, ne convie les femmes aux honneurs du ministère ecclésiastique. Et depuis lors, une discipline constante les a écartées de la chaire et de l'autel.

A défaut d'autres motifs d'exclusion, la confession suffirait, d'ailleurs, à éloigner les femmes du sacerdoce romain. La femme confesseur,--si agréable que puisse être cette nouveauté par plusieurs côtés très humains,--viderait peu à peu les confessionnaux de leur clientèle habituelle. Que deviendrait le secret professionnel ? Comment s'imaginer qu'une femme puisse supporter longtemps d'aussi lourdes confidences sans éprouver le besoin de les épancher en des oreilles amies ?

Mais, si naturel que soit le mariage et si consolante que soit la religion, il serait cruel de mettre le sexe féminin en demeure de choisir entre la vie monastique et la vie conjugale, entre Dieu et l'homme. L'Église elle-même n'y songe point. Aussi bien, entre la religieuse et l'épouse, y a-t-il la vieille fille, dont le sort mérite considération.

---

[142] Kaethe Schirmacher, *Journal des Débats*, du 4 septembre 1896.

IV

Les vieilles filles ! On ne songe pas assez à leur mélancolique destinée. Il semble que ces pauvres délaissées, qui ont senti se faner lentement leur jeunesse et parfois leur beauté, ne comptent pas dans notre société. La solitude se fait autour d'elles. Leur existence déserte et monotone s'écoule sans bruit. Au sortir de l'enfance, elles s'étaient mises en marche vers l'avenir avec de beaux rêves et de larges ambitions ; et d'année en année, les espoirs déçus et les ardeurs refoulées ont creusé à leur front une ride nouvelle et déposé en leur âme une amertume plus cuisante et plus profonde. Et elles passent ainsi, tristes et inaperçues, jusqu'à ce que la mort les prenne. Elles ont manqué leur vie.

On nous dira qu'une vieille fille est rarement aimable, que sa vertu manque de douceur autant que son image, que son coeur est sec comme ses mains sont maigres, qu'elle parle avec aigreur du bonheur des autres, et que, si elle est malheureuse, elle a le tort de ne point s'y résigner avec grâce. Peut-être ; mais je tiens ce portrait pour une exception. Je connais de vieilles demoiselles tout simplement exquises. Leur tendresse ingénue, leur candeur souriante, se refuse à croire au mal ; mieux que cela : elles l'ignorent. Il y a longtemps qu'elles ont renoncé à chercher le bonheur pour elles-mêmes, n'ayant point d'autre préoccupation que de travailler au bonheur des autres. Elles sont de toutes les oeuvres. Pauvres et orphelins n'ont point de meilleures amies. Nul sacrifice ne les rebute. Et pour utiliser les trésors de maternité inemployée qui se sont amassés en leur coeur, elles épousent la grande famille des malheureux. C'est ainsi que ces vierges grisonnantes, sans perdre leur âme de petites filles, sont devenues, envers ceux qui souffrent autour d'elles, les plus aimantes et les plus dévouées des mères.

Encore faut-il qu'elles puissent vivre ; et pour cela, bon nombre sont dans la stricte obligation de travailler. Y pensons-nous assez ? Tandis que notre société prodigue la plus scandaleuse indulgence aux vieux garçons, elle réserve tous ses dédains, toutes ses rigueurs, toutes ses plaisanteries aux vieilles filles. Est-ce donc toujours leur faute si elles n'ont pu se marier ? Est-il équitable de traiter comme une déclassée, comme une réfractaire, une malheureuse isolée qui, faute d'être épousée devant le maire et le curé, n'a pas le droit d'avoir des enfants ? On conviendra que la société serait cruelle de la punir d'une solitude qu'elle n'a point cherchée. Seule, elle doit vivre avec honneur ; seule, elle doit conséquemment travailler avec profit. Or, voyez l'ironie des choses : recherche-t-elle une profession libérale ? on lui permet de s'y préparer, mais la loi ou l'opinion lui fera un crime de l'exercer ; s'adonne-t-elle à un métier manuel ? on lui pardonne de peiner autant qu'un homme, mais, à travail égal, on la paiera moitié moins.

A l'encontre de ces préjugés, dont la barbarie finira bien un jour par nous révolter, le féminisme n'est vraiment, pour les filles pauvres, que la revendication de leur honneur et de leur pain.

Et qu'on ne prenne point nos doléances pour une critique détournée des pratiques et des moeurs de l'Église. Outre que la religion est presque l'unique consolation des vieilles filles, nous reconnaissons volontiers que le couvent, avec ses oeuvres d'assistance pour les âmes actives et ses exercices de contemplation pour les natures mystiques, offre encore un large débouché aux ardeurs inoccupées du célibat féminin, et qu'il contribue de la sorte à adoucir l'amertume de la condition faite aux filles qui n'ont pu accéder au mariage et à la maternité. Mais la femme n'a-t-elle ici-bas d'autre raison d'être, d'autre destination naturelle que l'amour conjugal ou l'amour divin ? Pourquoi le célibat laïque, honoré chez l'homme, serait-il moins respectable chez la femme ? De quel côté est-il le plus vertueux, le plus digne, le plus chaste ?

On voudra bien croire qu'il ne s'agit point, dans notre pensée, de laïciser les oeuvres d'apostolat et de charité : nous nous inclinons, au contraire, avec admiration et reconnaissance, devant la robe de bure de nos religieuses. Certains livres ont beau nous présenter le féminisme comme « une religion qui a ses devoirs, ses dévotions et ses voeux, » on a beau nous parler d'ériger la femme nouvelle en « gardienne des lois morales, » d'en faire « l'inspiratrice et la consolatrice de l'humanité, » ou, plus poétiquement, « la chaste prêtresse qui incarnera la moralité la plus haute et le désintéressement le plus absolu, »--on ne fera pas que les vierges de roman puissent remplacer jamais les vierges du sanctuaire. Le mobile de celles-là ne vaut pas l'idéal de celles-ci.

Qu'une fille instruite et clairvoyante, s'exagérant l'égoïsme et les brutalités de l'homme, l'assujettissement et les humiliations de la femme, prenne l'amour en suspicion et le mariage en dégoût, et que, par peur ou par horreur du masculin, elle s'enferme pour la vie dans une virginité farouche et intangible ; que, nourrie de lectures hostiles au sexe fort, entraînée, brûlée par le désir ardent de se dévouer au relèvement de la condition féminine, « chaste épouse de l'Idée », elle se détache de la chair et s'enflamme d'un amour spiritualisé qui l'incline à dépenser au profit de l'humanité la tendresse vacante de son coeur, cela se voit beaucoup plus souvent dans les livres que dans la vie. Ce féminisme insexuel, mystique et douloureux, est un féminisme d'imagination, un féminisme de roman. Si rare pourtant que puisse être cette sorte de « religion laïque », nous devons la saluer respectueusement ; d'autant mieux que certaines fonctions briguées et poursuivies par la femme moderne ne semblent compatibles qu'avec le célibat. Il ne serait pas impossible, par exemple, que le siècle présent vît naître (je parle sans rire) la vierge médecin.

Là encore, toutefois, nos doctoresses devront subir la concurrence des ordres charitables. Je sais des soeurs de la Miséricorde et de la Charité auxquelles il ne manque, en fait de science médicale, que les brevets et les diplômes. Pourquoi leur serait-il défendu de les conquérir ? Après les soeurs gardes-malades, qui aident les petits à naître, pourquoi n'aurions-nous pas un jour les soeurs-médecins, qui aideront les grands à se guérir ? Pour être vierge laïque, il suffit de s'éprendre d'un idéal terrestre. Mais si l'amour de l'humanité peut faire des héroïnes, l'amour de Dieu fait des saintes. Au vrai, le féminisme de nos libres vestales, éprises de chasteté orgueilleuse et savante, n'est qu'un emprunt inconscient au vieux christianisme qu'elles méconnaissent, à la loi impérissable du Décalogue et du Sermon sur la montagne qu'elles oublient.

Et pourtant, il faut bien le dire et même s'en réjouir, la dévotion ne suffit point à de certaines âmes, même religieuses, que travaille de plus en plus le besoin d'agir. Nombreuses sont les filles et les femmes qui, par une conception nouvelle de leurs devoirs, revendiquent le droit de s'occuper des grands problèmes sociaux dont notre époque est tourmentée, estimant qu'il leur appartient, sans entrer en religion, de panser les plaies rebutantes, de soulager, sinon de guérir, les misères du pauvre, de combattre, en un mot, les maux innombrables dont leur conscience est scandalisée et leur âme endolorie. A ces femmes de volonté et d'action, la prière ne saurait être le but exclusif de la vie ; car elles n'admettent point la foi sans les oeuvres. Et ces oeuvres ne sont pas seulement celles de miséricorde et de charité ; aux oeuvres religieuses, elles entendent joindre les oeuvres laïques. Est-ce un bien ? est-ce un mal ? Il faut répondre à cette question.

CHAPITRE II

DU RÔLE SOCIAL DE LA FEMME

I.--Charité religieuse et charité laïque.--Le féminisme philanthropique. II.--Fonctions d'assistance qui reviennent de droit au sexe féminin.--Le relèvement de la femme par la femme. III.--La question des domestiques.--Doléances des maîtres.--Doléances des servantes. IV.--L'ouvrière des villes et la mutualité.--Misère a soulager, moralité a sauvegarder.--Aide-toi, la charité t'aidera ! V.--Appel aux riches.--L'assistance publique et l'assistance privée.--Les devoirs de l'heure présente : le devoir social et le devoir patriotique.

I

Non moins que ses devancières, la femme d'aujourd'hui aime à goûter la douceur de se dévouer. Elle préfère encore, Dieu merci ! les joies du sacrifice, les tendres inquiétudes de la maternité, les exquises souffrances de l'amour, aux émotions lucratives de la profession d'avocat, à l'orgueilleuse possession d'un siège de magistrat, ou même aux jouissances supérieures d'un mandat de conseiller municipal. Il en est toutefois qui, sans songer à sortir de leurs attributions naturelles, s'impatientent d'une existence obscure et fermée, et qui aspirent à l'action. Si elles tendent à se viriliser, c'est avec la volonté de nous mieux aider. Substituant l'amour de l'humanité à l'amour de l'homme, elles entendent se vouer au service de tous au lieu de se vouer au bonheur d'un seul.

On dira que nos soeurs de charité en font tout autant depuis des siècles. J'en conviens, et ce n'est pas moi qui chercherai à diminuer ce qu'a d'utile et d'admirable l'élargissement de la maternité dans une âme de vierge. Cependant il m'est impossible de croire que les oeuvres d'assistance et de relèvement appartiennent en propre aux congrégations religieuses, et que, hors d'elles, la femme laïque doit vivre pour son plaisir ou pour son intérêt. En France, malheureusement, la plupart des bonnes oeuvres sont confessionnelles, c'est-à-dire catholiques, protestantes ou juives. Par réaction, les autres--et elles sont rares--se disent neutres et sont le plus souvent athées. De là une gêne de conscience pour la femme qui voudrait s'adonner à la charité toute simple, sans s'affilier à une congrégation ni s'enrôler dans un parti.

Or, loin de s'épuiser follement à faire éclore en la femme des virilités inouïes, le féminisme mériterait d'être béni, s'il encourageait seulement à l'activité charitable les femmes embarrassées de loisirs ennuyés et de forces stériles. Puisse-t-il se borner à des leçons d'apostolat ! Présentement, les femmes inoccupées sont légion ; et le premier but du féminisme doit être de constituer les veuves et les filles indépendantes en associations secourables et de les mobiliser, pour la campagne de moralisation et d'assistance, que nécessite impérieusement le malheur des temps. En se consacrant à cette grande oeuvre humanitaire, sans abdiquer leurs privilèges de charme et de séduction, les femmes peuvent préparer un monde meilleur à nos descendants. Soeur de charité sans la cornette, voilà un rôle digne de tenter une grande âme.

Sans viser ni si haut ni si loin, il est encore au besoin d'activité qui dévore bien des femmes, d'autres emplois plus modestes auxquels suffisent des vocations laïques et des goûts purement séculiers. En ce qui concerne l'instruction primaire et la direction ou le contrôle des oeuvres charitables, pour ce qui est de l'administration des bureaux de bienfaisance ou de la surveillance des services hospitaliers, bref, en tout ce qui a trait à la défense et au soutien de l'enfance et de la vieillesse,--les deux causes qui sont le plus chères au coeur féminin,--nous sommes persuadé que l'on pourrait étendre le cercle de leurs attributions. Pourquoi même (c'est un avis que nous donnons en passant) ne pas leur permettre de grossir la liste des « Amis » de nos « Universités » ? Leur patronage ne serait ni moins affectueux ni moins efficace que celui de leurs maris ou de leurs frères.

Et à l'exemple des femmes d'Angleterre et d'Amérique, les femmes françaises feraient bien de chercher dans l'association le moyen de résoudre les problèmes qui intéressent leur sexe et le nôtre. Leurs groupements littéraires, philanthropiques ou professionnels pourraient déterminer, non sans profit pour tous, plus d'un mouvement de réforme dans les directions les plus diverses : instruction publique, inspection du travail, patronages ouvriers, protection de l'enfance, surveillance des nouveau-nés et des nourrices.

Nous voudrions même qu'elles prissent en main les questions des logements insalubres, de l'ornementation des places, des promenades et des rues, de la protection des arbres et de l'embellissement des jardins et des musées. Tout ce qui tient à la beauté et à la salubrité des villes relève de leur compétence et de leur goût. Il n'est pas une « agitation » locale à laquelle les femmes américaines ne prennent part avec entrain. A leur suite, les Françaises pourraient étendre peu à peu leur influence bienfaisante sur les écoles publiques, les bibliothèques populaires, les expositions artistiques et les fêtes urbaines. Leur bonne grâce a quelque chance de relever et d'embellir notre vie sociale, ne fût-ce qu'en rappelant aux hommes les règles souvent méconnues de la douce tolérance et de la civilité puérile et honnête.

Pourquoi surtout (j'y insiste à dessein) ne pas ouvrir largement à leur action les commissions scolaires et les comités de surveillance des asiles, des crèches, des ouvroirs, des refuges, des hôpitaux et des maisons d'éducation correctionnelle ? Pourquoi ne pas confier à leur vigilance l'inspection du travail féminin et la tutelle des enfants assistés ? Pourquoi ne pas souhaiter que, par imitation de leurs soeurs d'Amérique, les femmes et les jeunes filles de la bourgeoisie riche ou aisée entreprennent de courageuses croisades contre le vice, l'intempérance et l'ivrognerie ?

Des oeuvres existent déjà qu'il ne s'agit plus que de propager : l'Union française pour le sauvetage de l'enfance, l'Union française des femmes pour la tempérance, l'Union internationale des amies de la jeune fille, et nos deux Sociétés de secours aux blessés des armées de terre et de mer, et bien d'autres institutions qui manifestent avec éclat la rayonnante bonté féminine. Que les femmes de France se dévouent donc, sans respect humain, à toutes les tentatives de bienfaisance, de moralisation et de solidarité même les plus hardies, et qu'elles laissent dire les routiniers, les poltrons et les pharisiens : ce féminisme chevaleresque est celui des saintes.

II

D'une façon générale, tout ce qui concerne l'assistance publique et les oeuvres de préservation et de relèvement, c'est-à-dire tout le département de la charité, devrait être aux mains des femmes. Leur domaine est là où l'on souffre. Elles sont admirablement douées pour toutes les oeuvres de consolation, de rédemption, de pacification ; elles sont plus douces que nous et plus pitoyables ; elles ont plus que nous la vocation de la charité. « Une société bien ordonnée confierait à des femmes tous les offices de la bienfaisance. » Cette conclusion de M. Jules Lemaître a reçu du Congrès international d'assistance publique une consécration solennelle. Ce congrès, où trente-six États étaient représentés, a émis le voeu qu'une plus large place fût faite aux femmes dans l'administration de toutes les institutions de bienfaisance publique.[143]

Où la police, l'hygiène, la réglementation et la science des hommes échouent, les femmes ont chance de réussir. L'aumône distraite, bruyante ou vaniteuse, pas plus que l'assistance officielle et bureaucratique, ne suffit à réconcilier le pauvre avec le riche. Le coeur doit s'ouvrir avec la bourse. Pour bien donner, il faut se donner. Dans la main qu'on lui tend, il faut que le misérable sente la main d'un ami qui fait le bien pour le bien. La charité supérieure est dictée moins par la pitié que par la justice. Sans faire à l'aumône un crime de poursuivre parfois un mobile intéressé, de calculer avec Dieu, d'escompter les récompenses futures de l'au-delà, encore faut-il que, pour être féconde, elle soit animée d'un appétit de dévouement, d'une tendresse intelligente, d'un élan de maternité morale, où l'on sente non seulement le devoir, mais le besoin et le plaisir de donner.

Telles ces femmes d'Amérique qui ont entrepris une véritable croisade contre l'alcoolisme, la misère et la déchéance légale des femmes avilies, et qui prêchent la décence et la sobriété sur les places publiques, pénétrant dans les brasseries et les cabarets, et appuyant au besoin leurs discours de douces violences pour arracher l'ivrogne à son vice et la prostituée à sa dégradation. Telle, chez nous,

---

[143] Rapport de M. Jules Lemaître sur les prix de vertu : novembre 1900.--Voir aussi la *Fronde* du 12 septembre 1900.

l'OEuvre des libérées de Saint-Lazare, fondée par Mme
Bogelot, pour préserver la femme en danger de se perdre et
fournir à celle qui est tombée le moyen de se réhabiliter. Est-
il charité plus admirable ? Protéger la jeune fille et relever la
femme déchue, rendre aux créatures les plus décriées le
respect d'elles-mêmes, visiter infatigablement les hôpitaux,
les refuges et les prisons, braver les épidémies et s'installer au
chevet des malades pauvres, joindre au don d'argent, qui
nourrit et réchauffe le corps, la bonne parole qui rapproche,
console et pacifie les âmes, verser généreusement à toutes les
misères qui se cachent et sur toutes les plaies honteuses le
pur lait de la fraternité humaine : voilà l'instante mission qui
sollicite et attend la femme nouvelle.

Nos congrégations n'y suffisent point, de quelque
vertu qu'elles soient capables. Et puis leur action est trop
circonscrite, trop fermée, trop cloîtrée. Nos admirables
soeurs de charité elles-mêmes sont trop exilées de
l'humanité. Le mal est au milieu du monde, dans la rue, dans
les mansardes. C'est là qu'il faut aller le surprendre et le
soigner. Allez-y donc, mesdames, les mains pleines et le
coeur jaillissant ! Empiétez hardiment sur le domaine de la
philanthropie masculine, si sèche et si imprévoyante ! Tant
que le féminisme ne commettra pas d'autre usurpation, il ne
comptera que des alliés parmi les hommes. C'est votre droit
d'être associées au soulagement de toutes les souffrances et
au redressement de toutes les iniquités.

III

Il est,--à titre d'exemple,--une question très grave que
les congrès féministes ont hésité longtemps à évoquer dans
leurs assemblées : c'est la question des domestiques (elles
sont 650 000 en France), question que les femmes riches ou
aisées peuvent résoudre sans sortir de chez elles. Tous ceux
qui ont à coeur la paix sociale devraient s'émouvoir de

l'abîme qui se creuse de plus en plus entre les maîtresses et les servantes.

Notre intention, bien entendu, n'est pas de plaider ici, auprès des bons maîtres, la cause des mauvais domestiques ; et les premiers ne sont pas moins nombreux que les seconds : ce qui n'est pas peu dire. Il n'en est pas moins vrai que la domesticité est une sujétion pénible, dont souvent les supérieurs abusent et les inférieurs pâtissent. C'est ainsi que certaines femmes du monde affichent pour les filles attachées à leur personne un dédain, une raideur, un mépris capables de froisser, de rebuter, d'irriter les meilleures natures. La raison en est d'abord dans l'aversion que ces dames professent pour les travaux du ménage. Comment attendre d'une domestique, qu'elle accomplisse avec exactitude une tâche que sa maîtresse considère comme dégradante ? Cela étant, il est logique qu'on tienne pour des êtres inférieurs les serviteurs, que les rigueurs du sort ont condamnés aux humbles besognes de la cuisine ou de la basse-cour.

Chez d'autres mondaines, il y a même, vis-à-vis de la domestique, comme une survivance des abominables sentiments de la matrone païenne pour l'esclave antique. Telle cette parole atroce d'une Parisienne élégante : « Je n'aime pas le pauvre : c'est de la chair à domestique. » Cette femme sans entrailles méritait d'être servie par des furies.

Rien de plus triste encore que la situation des pauvres filles arrivées de la campagne, sans protection, sans argent, qui entrent au service de petits bourgeois peu aisés, chez lesquels la nourriture est mesurée avec parcimonie, tandis que le travail est imposé sans trêve ni sans mesure. Quand elles ont atteint leur majorité, elles peuvent se défendre, et elles n'y manquent pas. Mais comment ne point s'apitoyer sur le sort de la petite bonne de quinze à seize ans, jetée loin des siens sur le pavé des grandes villes et qui, dépourvue d'appui et de conseil, connaissant à peine son métier, accepte tout ce qu'on lui propose, se plie à toutes les corvées qu'on lui inflige. Je recommande aux bonnes âmes la petite bonne à tout faire : elle est presque toujours digne d'intérêt.

On me dira que les domestiques d'aujourd'hui n'ont pas les qualités des serviteurs d'autrefois ; que les idées d'égalité et d'indépendance ont surexcité en eux l'égoïsme et l'envie ; qu'elles sont d'un autre âge, ces servantes probes et dévouées qui épousaient, en quelque sorte, la famille de leurs maîtres et lui rendaient en fidélité et en respect ce qu'ils recevaient en sollicitude et en affection. A quoi je répondrai que, si vraies qu'elles soient, ces réflexions confirment le mal social dont nous souffrons,--sans le guérir. Et puis, les maîtres n'ont-ils pas fréquemment les domestiques qu'ils méritent ? Prennent-ils un soin attentif de leur moralité, de leur santé, de leur avenir ? Si l'inférieur a des devoirs, le supérieur a les siens. Voulez-vous que vos domestiques s'attachent à votre maison : montrez-leur, par vos paroles et par vos actes, que vous n'êtes pas indifférents à leur existence.

Encore une fois, nous ne défendons point (on voudra bien le remarquer) les drôlesses, sans conduite et sans honnêteté, qui pillent et rançonnent la maison où elles sont entrées par ruse ou sur la foi de quelque recommandation mensongère. Les maîtres qu'elles exploitent ne font qu'user du droit de légitime défense en se débarrassant au plus vite de ce fléau domestique.

Mais pour combien de pauvres filles honnêtes la domesticité est-elle l'unique moyen de subvenir aux frais de l'existence ? Pendant que madame traîne dans l'oisiveté une vie à peu près inutile, ceux qui la servent lui donnent l'exemple du travail continu et soumis. Puisse-t-elle se rappeler que, sans rompre absolument avec les agréments de la société joyeuse qui l'entoure, elle a quelque chose de mieux à faire que de promener à travers les salons sa grâce précieuse et parée ! Témoigner à nos soeurs inférieures de l'attachement et de la sympathie est la meilleure façon, pour les privilégiés de la fortune, d'atténuer l'injustice du sort.

On voit qu'à la question des domestiques, nous n'admettons qu'une solution d'ordre moral. Faisant appel aux maîtres et surtout aux maîtresses, nous les prions de se mieux pénétrer de cette idée chrétienne et humaine, que leurs domestiques sont leurs égaux devant Dieu et devant la nature, des êtres qui pensent comme eux, qui souffrent comme eux, et que les progrès de l'instruction et de l'égalité rendent de plus en plus sensibles à l'injustice, à la dureté, à l'humiliation. Ayons le courage de nous dire qu'il leur faut plus de patience et de résignation pour nous servir qu'à nous pour les supporter. Il n'est qu'une réforme de notre mentalité,--la réforme de nous-mêmes,--qui puisse améliorer graduellement la condition de nos inférieurs. Et comme toute révolution morale, cette oeuvre d'éducation ne se fera pas en un jour.

Déjà, cependant, il existe à Paris, et dans les grandes villes, une « Société des amis de la jeune fille », qui ne manquera pas, je l'espère, de prendre sous sa protection les petites bonnes mineures, éloignées de leur famille et dénuées de ressources. Quant aux majeures, elles commencent, un peu partout, à s'unir et à se syndiquer ; et nous verrons peut-être un jour les mauvais maîtres mis en interdit par la « fédération » des domestiques et, à titre de revanche, les mauvais domestiques mis en quarantaine par la « coalition » des maîtres.

Pourtant, ces moyens extrêmes nous répugnent. Mieux vaut l'entente que la lutte. Que dire alors des mesures excessives proposées par la Gauche féministe ? Celle-ci n'hésite point à mobiliser contre les maîtres toutes les forces coercitives de l'État, réclamant qu'une loi et des règlements fixent le travail des bonnes, les heures de service et les heures de sortie, ou, du moins, que « le travail des domestiques soit assimilé à celui des ouvriers et des employés quant aux conditions d'hygiène et de repos.» Vainement on ferait remarquer qu'en ce qui concerne même les bonnes mineures, il existe un protecteur naturel, la famille, et qu'il serait excessif de lui substituer l'État, d'autant mieux que rien n'oblige une domestique à rester dans une maison où elle se trouve mal payée ou mal traitée : il est entendu que les inspecteurs et les inspectrices du travail auront le droit de contrôler ce qui se passe dans les cuisines. Ne dites pas qu'il faudra créer toute une armée de fonctionnaires pour procéder à ces incessantes visites domiciliaires : il suffira, répond-on, que les bonnes déposent une plainte chez l'inspecteur. Et voyez l'ingénieux détour : la dénonciation tortueuse et lâche remplacera l'inquisition à domicile.[144] On ne saurait vraiment imaginer rien de plus libéral : ou l'espionnage ou la délation. Avec un pareil régime, le shah de Perse lui-même se déciderait à cirer ses bottes. Si jamais cette savante réglementation est votée, une loi s'imposera d'urgence pour défendre les maîtres contre la tyrannie des domestiques.

IV

Il est urgent, par ailleurs, que nos élégantes, qui ont le rare privilège de pouvoir soigner leur intelligence et leur beauté, se disent et se persuadent que le sort de la femme qui peine est entre les mains de la femme qui dépense. Rappelons aux dames riches qu'il y a, en France, 950 000 couturières et 30 000 modistes, dont elles utilisent plus ou moins les services. Comme M. Charles Benoist avait raison de dédier son excellente étude sur les ouvrières, à l'aiguille :

---

[144] Congrès international de la Condition et des Droits des femmes. Compte rendu sténographique de la *Fronde* du 7 septembre 1900.

« A celles qui font travailler, pour qu'elles prennent pitié de celles qui travaillent ! » Les patrons subissent le caprice de leur clientèle. Les intermittences de presse et de chômage proviennent de l'irrégularité des commandes. N'est-ce pas pour satisfaire l'intérêt et l'humeur des acheteuses, pour attirer ou retenir leurs clientes si susceptibles et si instables, que chaque magasin, chaque fabricant, s'ingénie à réduire ses prix de vente, en réduisant ses prix de façon ? Nous aurions tort de lui en faire un crime : c'est une nécessité qu'il subit à regret. Seulement, comme il n'est pas de limites à la misère, il se rencontre toujours des malheureuses prêtes à travailler à plus bas prix que d'autres moins malheureuses. A cela, quel remède ?

Puisque les moeurs règlent le travail plus que les lois, serait-il si difficile à nos belles dames de se concerter entre elles, le confesseur ou le prédicateur aidant, pour aviser aux moyens d'atténuer cet avilissement de la main-d'oeuvre ? Il dépend de tout le monde que le travail s'abrège et s'améliore. Faites vos commandes à temps, et bien des veillées seront évitées. Interdisons-nous d'acheter le dimanche, et le repos dominical sera plus facilement respecté. Ce n'est pas assez. La femme riche a le devoir de prendre en main les intérêts de la femme pauvre. Il faut qu'il s'établisse de plus fréquentes et de plus amicales relations entre les rentières du premier étage et leurs soeurs pauvres des mansardes. Voilà une bonne occasion pour le féminisme de montrer ce qu'il peut et ce qu'il vaut. La paix sociale est à ce prix. Si les heureux de ce monde ne se soucient point de secourir la femme du peuple, le socialisme la prendra ; et « quand il aura l'ouvrière, nous déclare M. Benoist, nous ne pourrons même plus tenter de lui disputer l'ouvrier. » C'est pourquoi nous souhaitons qu'il s'établisse bien vite, entre les patriciennes du luxe et les déshéritées de la terre, un féminisme de solidarité fraternelle qui pacifie les hommes en réconciliant les épouses et les mères.

C'est surtout à l'ouvrière des grandes villes qu'il importe de tendre une main secourable. Moralement abandonnée au milieu de la foule indifférente, en butte aux embûches et aux plaisanteries des compagnes perverties qui s'appliquent à la déniaiser, en proie aux angoisses du chômage, se brûlant les yeux au travail de nuit, maigrement nourrie, maigrement payée, poursuivie dans la rue par les propositions les plus éhontées, on ne saura jamais à quelles difficultés de vie, à quels héroïsmes de vertu elle doit se condamner pour rester honnête et pure. C'est à peine si les plus économes, en se privant d'un plat, d'une robe ou d'une paire de chaussures, peuvent se payer le luxe d'un livret à la Caisse d'épargne. La plupart vivent au jour le jour. Vienne la morte-saison ou la maladie, elles s'endettent ; et quand les infirmités arrivent, c'est l'hôpital qui les attend. Que l'on joigne à cela l'inconstance d'humeur, l'imprévoyance, la légèreté et la coquetterie de la jeunesse, et l'on s'expliquera pourquoi si peu d'ouvrières participent aux bienfaits de la mutualité. Contre 5 326 sociétés de secours mutuels composées exclusivement d'hommes, nous ne relevons, sur les statistiques officielles, que 227 sociétés de femmes. Pourquoi l'adjonction de dames honoraires ne viendrait-elle pas grossir et compléter, par la bienfaisance, les trop faibles apports des membres participants ? La mutualité entre femmes, plus encore que la mutualité entre hommes, ne saurait vivre actuellement sans la charité.

L'idée, du reste, fait son chemin. Des oeuvres fonctionnent à Paris, sous le patronage de femmes intelligentes et généreuses qui ont au coeur la religion de la souffrance humaine. Certaines sociétés, comme le « Syndicat mixte de l'aiguille », la « Couturière » et l' » Avenir », ont fondé une caisse de prêts gratuits ; et cette entreprise hardie a donné d'étonnants résultats. Ces petites ouvrières, à l'air évaporé, sont des emprunteuses loyales et exactes, qui font honneur à leur signature et se montrent très capables de fidélité dans les engagements et de régularité dans les paiements. Pourquoi les congrégations de femmes, assistées d'un comité de dames patronnesses, n'essaieraient-elles pas de grouper les ouvrières de leur quartier en sociétés d'assistance mutuelle ? Pourvu qu'elles aient le bon esprit de séculariser un peu leurs procédés et d'alléger avec mesure les exercices de piété, les communautés sont tout indiquées pour devenir le siège social où les adhérentes se retrouveraient chaque dimanche en famille.

Outre la misère à soulager, il y a chez l'ouvrière la moralité à sauvegarder. Que de tristes exemples la pauvre fille trouve souvent dans sa propre famille ! Exténués par une longue journée de travail, les pères et les frères ne se préoccupent guère de leurs filles ou de leurs soeurs. Beaucoup même ne se gênent point pour étaler au logis leur inconduite et leur grossièreté. Vienne alors un de ces ouvriers hardis et blagueurs, prompts aux entreprises, sans retenue, sans honnêteté, dont l'espèce abonde dans les grands centres, et les malheureuses, pour peu qu'elles soient coquettes et curieuses, ne lui feront qu'une faible résistance. Les bonnes amies, d'ailleurs, ne manquent point de les encourager aux pires défaillances. Les scrupules ? Des bêtises ! Une fille vertueuse est une sotte ! Quand on ne peut pas se payer ce que l'on veut, il est simple de se faire offrir ce que l'on désire ! « C'est un fait, conclut M. Charles Benoist, que le plus souvent l'ouvrière tombe par l'ouvrier. Il n'est pas d'ouvrier qui n'attaque l'ouvrière ; il n'en est pas qui la défende. »

Pour prévenir ces tentations et ces chutes, je ne sais que l'association mixte des patronnes et des ouvrières, assistée, conseillée, commanditée par les dames riches, qui puisse soutenir ou relever les filles du peuple, en leur procurant l'appui moral d'une famille professionnelle.[145]

---

[145] *Bulletin du Musée social* du 30 juin 1897, circulaire n° 14, série A, pp. 271-283.

C'est ce que M. le comte d'Haussonville appelle, en un livre plein de coeur, « rapprocher celles qui portent les robes de celles qui les font. »[146]

En définitive, le mouvement mutualiste ne peut naître et se développer qu'en prenant pour devise : « Aide-toi, la charité t'aidera. » C'est en se conformant à cette règle, que certaines oeuvres sociales sont aujourd'hui en pleine activité : tels les restaurants féminins et les patronages de jeunes ouvrières. Que les femmes riches ou aisées s'enrôlent donc dans cette croisade d'assistance et de moralisation de leurs soeurs malheureuses : le temps presse. Il n'est que la pénétration réciproque des différentes classes de la société pour effacer nos divisions et apaiser nos querelles. La charité officielle et automatique des hommes a un malheur : elle connaît les maladies sans connaître les malades. Si bien qu'un abîme s'est creusé peu à peu entre les petits et les grands, abîme qui ne se peut combler qu'avec plus de sacrifice, plus d'amour et plus de pitié. Mieux entendue, mieux organisée, l' » assistance de la femme par la femme » est seule capable de faire ce miracle, en rapprochant peu à peu, dans une entente fraternelle, la richesse et la pauvreté.

V

Que le coeur de la femme riche ou aisée s'ouvre donc de plus en plus à la bienfaisance et à la charité, et les questions sociales, qui nous affligent et nous inquiètent, perdront peut-être de leur acuité menaçante.

Aux pauvres gens, nés sous une mauvaise étoile, pour lesquels la destinée est, dès le berceau, pleine de pièges et d'amertume, aux malheureux et aux abandonnés que les

---

[146] Comte d'Haussonville, *Salaires et misères de femmes*, pp. 212 et suiv.

inclinations d'une hérédité perverse, les tentations d'un milieu corrompu et la contagion des mauvais exemples guettent au foyer, à l'atelier, dans la rue, à tous ceux que mille périls et mille entraînements vouent à la misère, à la souffrance, à la chute, il faut que les heureux de ce monde (ceci soit dit pour les hommes aussi bien que pour les femmes) apportent une tendresse de plus en plus compatissante. Ne disons point que certaines maladies sociales sont incurables, pour nous dispenser d'en chercher les remèdes. Reconnaissons que la vie est inclémente pour les faibles, que le monde est dur aux petits, que les conditions de fortune sont trop inégales, que les compartiments où nous vivons sont séparés par de trop hautes barrières, que les uns ont trop de peines et les autres trop de joies. N'ayons point l'égoïsme ou la lâcheté de nous accommoder des injustices du sort, de nous résigner aux infortunes imméritées d'autrui. Ouvrons notre coeur à plus de pitié, afin de faire régner en ce monde plus de justice et plus de solidarité.

Sans cela, nul système, nul changement, nulle réforme ne servira utilement la cause du progrès et de l'humanité. Bien qu'il soit nécessaire, à mesure que le temps marche et que la société se transforme, de reviser les lois devenues trop dures ou trop étroites, l'expérience atteste que le législateur intervient moins dans l'intérêt des minorités souffrantes que des majorités saines et puissantes. C'est une sorte d'hygiéniste qui se préoccupe surtout de faire la part du mal, d'enrayer la contagion, d'isoler ou de punir ceux qui menacent la santé ou la moralité publiques. La prison et l'hôpital, voilà ses armes et ses remèdes. Que si, d'aventure, il s'alarme de quelque plaie sociale, sa main est trop lourde pour la panser, trop maladroite pour la guérir. Ses lois opèrent par coercition générale, sans se plier à l'infinie variété des maladies et des misères. Il réprime et il frappe de haut, en appliquant à tous même formule et même traitement. Faute de se pencher avec compassion sur chaque infortune, l'État est presque toujours impuissant à l'adoucir. Qui ne sait que, pour soulager vraiment une souffrance, il n'est que de la plaindre ? Point d'amélioration sociale sans bonté. Voulons-nous que notre société soit plus hospitalière et notre monde meilleur : soyons humains. Or, ce progrès de la tendresse et de la pitié, sans quoi toutes les lois seraient vaines, est subordonné à l'active coopération de la femme, dont les poètes ont vanté de tout temps « les paroles de grâce et les yeux de douceur. » Sans elle, nulle plaie n'est guérissable. Afin donc de faire entrer dans cette vie plus de justice, plus d'harmonie et plus de beauté, l'obligation incombe à la femme d'élargir nos coeurs,--et le sien, premièrement. Là est, pour elle, le « devoir social » qui, au temps où nous vivons, se complète et se complique, pour chacun de nous, d'un « devoir patriotique ». Nous permettra-t-on d'insister sur ces deux grands devoirs ? Ce nous sera seulement l'occasion d'un petit sermon en deux points.

L'aurore du XXe siècle émeut d'on ne sait quel trouble, mêlé de crainte et d'espérance, nos âmes inquiètes et impatientes. L'heure présente est triste et rude, l'avenir obscur et menaçant. C'est le rôle de la Française d'aujourd'hui d'empêcher que les soucis de la vie et les préoccupations du monde ne courbent trop bas le front de l'homme vers la terre. C'est sa mission de nous éclairer d'un rayon d'idéal à travers les voies étroites et pénibles de la « cité humaine ».

Sur le terrain des oeuvres d'assistance, toutes les femmes de bonne volonté peuvent, Dieu merci ! se rapprocher et s'entendre. Qu'il s'agisse de charité évangélique ou de solidarité démocratique, toutes peuvent saluer d'un même coeur la fraternité de l'avenir. A celles surtout qui ont foi en une direction supérieure des événements et des sociétés, aux chrétiennes qui se croient et se sentent les collaboratrices obscures de Dieu, il est facile de voir dans les travailleurs, non des inférieurs, mais des coopérateurs, des compatriotes, des amis, des frères. Pour quiconque sait la puissance de la fortune, et que l'homme doit en être le maître et non l'esclave, et que le riche ne peut mieux s'en servir qu'en la faisant servir à l'amélioration du sort de ceux qui peinent et qui souffrent, c'est une vérité de salut et un précepte de conscience que, pour remuer et conquérir le coeur des déshérités, il faut leur apporter un peu de confiance et d'amour ; que ce n'est pas assez de donner ce qu'on possède, qu'il est nécessaire de se donner soi-même ; qu'après avoir ouvert largement sa bourse, il importe d'ouvrir largement son coeur, afin d'opposer à la misère qui redouble un redoublement de douceur et de compatissante générosité. A ce compte seulement, nous serons les amis de l'humanité.

Et nous en serons récompensés au centuple, puisque, par un retour des choses qui est la justification humaine de la moralité, nous ressentirons nous-mêmes le bienfait des bienfaits que nous aurons répandus, la joie des joies que nous aurons causées : ce qui fait qu'en améliorant les autres, nous sommes assurés de nous améliorer nous-mêmes, et qu'en cherchant le bien d'autrui, nous aurons l'avantage de travailler à notre propre bien.

Mais l'humanité souffrante ne doit pas nous faire oublier la patrie. Une nation organisée comme la nôtre, une nation qui a un passé, une histoire, des traditions, une nation qui a le respect d'elle-même et la conscience de ce qu'elle est, de ce qu'elle a été et de ce qu'elle doit être, une nation qui se tient et qui veut se tenir debout, la tête haute, la voix ferme et le bras vaillant, a pour premier droit de vivre et pour premier devoir de durer.

Au lieu de cela, il semble que, par instants, notre pays ne croie plus à rien, pas même à son rôle, à sa vitalité, à son avenir, et que, las de soutenir le rude combat pour l'existence, il ait pris le parti de finir gaiement, c'est-à-dire follement, et que, soucieux surtout de s'amuser, « il se donne à lui-même, selon le mot hardi de M. René Doumic, le spectacle de sa décomposition, » préférant mourir en riant que mourir en combattant. Plus de vaillantes ardeurs, plus de fortes ambitions. On ne sait plus vouloir, on ne rougit plus de déchoir. L'effort soutenu nous épouvante. Notre caractère est de ne plus avoir de caractère. On se laisse aller, on s'abandonne. On assiste, en témoin ironique ou larmoyant, à la déroute de la conscience publique, à l'effondrement de la puissance nationale. C'est un suicide lent, un suicide collectif.[147]

Et pourtant, j'affirme qu'il est des Français qui ne veulent pas mourir. Et c'est à secouer notre vieille nation fatiguée par tant d'efforts infructueux, énervée par tant de révolutions, épuisée de sang par un siècle de guerres et d'épreuves, que nous convions toutes les femmes de France.

Qu'on ne nous objecte point nos divisions, et que des hommes de toutes classes et de toutes opinions ne se peuvent dévouer longtemps à la même tâche, sans bruit, sans heurt, sans schisme ? A cela je répondrai que l'unisson n'existe nulle part, pas même dans les meilleurs ménages. Ce qui n'empêche point les époux de s'unir pour la vie, malgré leur diversité de goûts et d'humeur. Et leur alliance offensive et défensive n'a point de fin, pour peu que l'amour la soutienne et la vivifie. Ainsi, quelles que soient nos divergences de vues, d'idées et de croyances, un même amour doit nous rapprocher et nous unir : l'amour de la patrie, amour puissant, fécond et durable, amour fraternel, qui nous fait oublier nos dissentiments et nos antagonismes, nos préférences et nos antipathies, pour nous rappeler seulement que nous sommes Français, c'est-à-dire enfants de

---

[147] Voir une étude de M. René Doumic sur le théâtre. *Revue des Deux-Mondes* du 15 décembre 1898.

la même mère, unanimement résolus à mettre à son service tout ce que nous pouvons, tout ce que nous valons, pour la rendre plus unie, plus forte, plus prospère, plus redoutable aux rivaux qui la jalousent et aux ennemis qui la détestent.

Voilà les sentiments que je voudrais voir fleurir au coeur des femmes de France, pour qu'elles les transmettent à leurs enfants et les communiquent à leurs hommes. Grâce à quoi, plus respectueux de la solidarité humaine et plus soucieux de notre avenir national, ouverts en même temps aux espérances d'un monde meilleur et d'une patrie plus florissante, nous aurions peut-être le bonheur de voir, par un miracle de la toute-puissance féminine, s'épanouir, sur le vieil arbre de nos traditions françaises, une nouvelle frondaison d'espérances et de nouveaux fruits de bénédiction.

A cet exposé du rôle social de la femme, les socialistes ne manqueront point de sourire. Ils ont un moyen plus simple et plus sûr d'abolir la misère et de renouveler le monde : c'est le collectivisme. Parlons-en.

CHAPITRE III

DOCTRINES RÉVOLUTIONNAIRES

I.--Aspirations socialistes et anarchistes.--La famille menacée par les unes et par les autres.--Identité de but, diversité de moyens. II.-- Doctrine collectiviste.--L'indépendance de la femme future.--Notre ennemi, c'est notre maître. III.--L'ouvrière se convertira-t-elle au socialisme ?--Inconséquences du prolétariat masculin. IV.--Doctrine anarchiste.--La liberté par la diffusion des lumières.--Le « réactionnaire » Voltaire. V.--Encore l'instruction intégrale.-- L'avenir vaudra-t-il le passé ?--La femme sera-t-elle plus honnête et plus heureuse ?

I

L'émancipation de la femme figure naturellement au cahier des doléances socialistes et anarchistes. A côté du féminisme bourgeois, qui s'attarde à revendiquer contre les hommes l'égalité intellectuelle et conjugale sans briser les vieux cadres de la famille monogame, le féminisme révolutionnaire, dédaigneux des demi-mesures et impatient du moindre frein, pousse l'indépendance des sexes à outrance et, bousculant les traditions reçues, violentant les règles établies, se riant des scrupules les plus honorables, proclame, avec une audace tranquille, l'émancipation de l'amour.

En tirant cette conclusion, l'anarchisme reste fidèle à son principe, qui est de rompre tous les liens gênants. Pour ce qui est du socialisme, au contraire, les mêmes revendications ne vont pas sans quelque inconséquence. Mais l'esprit de libre jouissance est si dominant à notre époque, qu'il pénètre toutes les classes et envahit toutes les écoles. Peu à peu, les vieilles doctrines françaises, qui s'inspiraient du bien public et de l'ordre familial, ont perdu le prestige dont elles bénéficiaient auprès de nos pères. L'indépendance absolue de la femme est la manifestation la plus effrénée de cet individualisme latent, que l'on retrouve plus ou moins en germination au fond des âmes contemporaines. Si donc le socialisme fait, sur tant de points, cause commune avec l'anarchisme, la raison en est dans la prédominance inquiétante des vues étroitement personnelles sur les vues largement nationales.

Pour adoucir le sort de quelques intéressantes victimes des hasards de la vie ou des fautes de leurs proches, pour prémunir celui-ci ou celui-là contre les suites dommageables de ses propres imprudences, notre époque n'hésite point à ébranler, à affaiblir tout notre édifice social. Dans l'espoir d'effacer quelques anomalies regrettables, elle trouve naturel d'infirmer toutes les règles de notre organisation civile et familiale. Désireuse de remédier à des infortunes exceptionnelles, de guérir quelques blessures pitoyables, elle ne se gêne aucunement de troubler l'existence des valides et de paralyser l'activité des vaillants. Rien de plus conforme à la pensée anarchique que de fermer obstinément les yeux aux réalités, aux nécessités, aux fins supérieures de l'ensemble et de s'abstraire, avec complaisance, dans la considération et la poursuite des vues individuelles.

Il semble pourtant que, sous peine de faillir à son nom, le socialisme, qui se fait une loi de subordonner l'» entité individuelle » à l'» entité collective », devrait se préoccuper un peu plus de l'avenir du groupe et un peu moins des satisfactions passionnelles de chacun. Mais emporté par le courant sans cesse grandissant des idées individualistes, mû par la haine de tout ce qui est religieux, hiérarchique, traditionnel, ennemi surtout de l'esprit de famille qui est le plus sûr obstacle au développement de l'esprit révolutionnaire, il s'est empressé de se mettre au service des époux mal assortis, s'offrant de jouer, auprès du peuple, le rôle d'une bonne fée capable de guérir d'un coup de baguette toutes les blessures du mariage, sans s'inquiéter de savoir si, à force de délier les serments, de relâcher les unions, de désagréger les foyers, la société humaine pourra continuer de vivre et de se perpétuer.

Il n'est point niable, en tout cas, qu'en s'appropriant, relativement à la femme, les plus extrêmes revendications du programme individualiste, le socialisme fait oeuvre d'anarchie. De plus, la condition économique de l'ouvrière est étroitement liée aux nécessités supérieures de la vie de famille ; et c'est le tort commun de toutes les doctrines révolutionnaires de n'en point tenir compte. Émanciper la femme de l'autorité paternelle et de l'autorité maritale pour mieux l'affranchir de l'autorité patronale et, plus généralement, de l'autorité masculine : tel est le but qui ressort d'une lecture attentive des oeuvres socialistes et anarchistes. Je le trouve très nettement exprimé dans un livre intitulé : *La Femme et le Socialisme*, où l'un des chefs du collectivisme allemand, Bebel, écrivait, dès 1883, à propos de la femme de l'avenir : « Elle sera indépendante, socialement et économiquement ; elle ne sera plus soumise à un semblant d'autorité et d'exploitation ; elle sera placée, vis-à-vis de l'homme, sur un pied de liberté et d'égalité absolues ; elle sera maîtresse de son sort. »

Mais si l'anarchisme et le socialisme sont d'accord pour promettre à la femme la maîtrise souveraine d'elles-mêmes, ils prétendent l'y élever par des moyens différents.

Ce nous est une très suffisante raison de distinguer, en cette matière, l'esprit collectiviste et l'esprit libertaire.

II

Il est constant que la femme du peuple est sortie peu à peu du foyer pour s'installer dans les grands ateliers. En diminuant l'effort musculaire, « le développement de l'industrie mécanique a élargi la sphère étroite dans laquelle la femme était confinée et l'a rendue apte aux emplois industriels.» Cette constatation faite, M. Gabriel Deville, un des représentants les plus qualifiés du collectivisme, en tire cette conséquence que la femme, « arrachée au foyer domestique et jetée dans la fabrique, est devenue l'égale de l'homme devant la production. »[148] Il se trouve d'ailleurs que la femme a plus de persévérance et d'obstination que l'homme. Ses travaux de couture le démontrent : ce sont des oeuvres de patience telle, que M. Lombroso,--qui ne recule point devant l'incongruité,--la compare à celle du chameau.[149] A mesure donc que la machine demandera moins d'effort musculaire à celui qui la sert, mais plus d'attention, plus d'habileté, plus de souplesse, on peut conjecturer que l'ouvrière aura plus de chance d'évincer de la fabrique l'ouvrier, qui s'y regardait comme chez lui de temps immémorial.

Cette évolution servira grandement, paraît-il, l'intérêt et la dignité de la femme moderne. Aujourd'hui la femme n'est-elle pas de toutes façons l' » entretenue » de l'homme ? Et naturellement l'on donne à ce mot la signification la plus déplaisante qui se puisse imaginer. Lisez plutôt : « Celles qui ne peuvent acheter un mari chargé par cela même de

---

[148] *Le Capital de Karl Marx*. Aperçu sur le socialisme scientifique, p. 31.
[149] *La Femme criminelle*, chap. IX, p. 186.

pourvoir à toutes les dépenses, se louent temporairement pour vivre ; mariées ou non, c'est de l'homme et par l'homme qu'elles vivent.»[150] Il est donc entendu que la femme nouvelle ne saurait, sans dégradation, se laisser nourrir et vêtir par son mari ou son amant. Mieux vaut qu'elle soit le propre artisan de sa fortune. Ouvrez-lui donc largement tous les emplois, toutes les carrières, toute l'industrie, la grande comme la petite. Le travail est la sauvegarde de son indépendance.

En août 1897, les nombreuses dames qui prenaient part au congrès de Zurich se sont toutes rangées du côté de M. Bebel, qui défendait l'émancipation économique de la femme contre les démocrates catholiques dirigés par M. Decurtins. Le capitalisme ayant fait entrer la femme dans la production, il n'est pas plus facile, au dire du socialiste allemand, de supprimer la main-d'oeuvre féminine que d'abolir le télégraphe ou le chemin de fer. Effrayé d'une concurrence qui se fait de plus en plus redoutable, l'homme s'apitoie hypocritement sur le sort de l'ouvrière des fabriques et réclame son expulsion des métiers mécaniques. Mais qu'arriverait-il si, d'un trait de plume, le législateur jetait dehors les millions de femmes qui y sont employées ? Ce serait les vouer à la misère ou à la prostitution. Le travail domestique suffirait-il aux femmes honnêtes ? Son résultat le plus certain serait de transformer la chambre familiale en atelier nauséabond. Au reste, la femme est un être humain qui doit se suffire à lui-même. Sa dignité, sa liberté sont au prix de son travail. Si dur qu'on le suppose, celui-ci vaut mieux encore que la sujétion et l'abaissement. Les misères de la femme ouvrière sont le fruit amer du capitalisme ; et il n'appartient qu'au socialisme de l'en débarrasser.

---

[150] Gabriel Deville, *op. cit.*, p. 44.

C'est en effet l'opinion unanime de nos bonnes âmes révolutionnaires que ni la renaissance de la vie de famille, ni l'équitable égalité des salaires, ni les autres améliorations possibles, n'élèveront le sexe féminin à l'existence idéale qu'il ambitionne. Les collectivistes s'obstinent à considérer l'infériorité de sa condition industrielle comme la conséquence du salariat. Pour soustraire la femme à la puissance masculine, il faut supprimer le patronat et sa domination capitaliste. « L'égalité civile et civique de la femme, conclut une des fortes têtes du parti socialiste français, ne saurait être efficacement poursuivie en dehors de ce qui peut amener l'émancipation économique, à laquelle, pour elle comme pour l'homme, est subordonnée la disparition de toutes les servitudes. »[151] La première prééminence qu'il importe d'abattre, c'est donc l'autorité patronale ; et l'on convie les femmes à s'allier aux ouvriers pour courir sus à l'entrepreneur. « Notre ennemi, c'est notre maître ! » L'ouvrière ne sera délivrée de son joug que par l'avènement du collectivisme.

III

Mais il ne semble pas jusqu'à présent que la femme brûle très fort de se faire socialiste. Deux choses retarderont vraisemblablement sa conversion. C'est d'abord la méfiance qu'inspire une nouveauté systématique qui, en dépit de ses promesses libératrices, ne pourrait s'établir et durer que par la contrainte. Impossible de concevoir l'organisation collectiviste sans violence pour la fonder, sans despotisme pour la maintenir. Si vagues que soient les programmes de la société future, ils sont pleins de menaces pour la liberté individuelle. Poussée trop loin, la surveillance préventive risque, avec les meilleures intentions du monde, de rendre la

---

[151] Gabriel Deville, *op. cit.*, p. 31 et p. 44.

vie intolérable. Pénétrer dans les ménages, envahir les foyers, sous prétexte de réveiller la torpeur des inoccupées ou de calmer la fièvre des vaillantes, édicter lois sur lois pour obliger les fainéantes au travail et imposer le repos aux laborieuses, est un système qui, pour être imposé par les plus pures vues sociales, n'en reste pas moins un chef-d'oeuvre d'inquisition tyrannique. Croit-on faire le bonheur de toutes les femmes françaises en les plaçant sous la surveillance de la haute police ? Elles ont trop de peine à supporter maintenant l'autorité d'un mari débonnaire pour accepter de vivre sous une règle conventuelle, fût-elle l'oeuvre des sept Sages de la communauté future.

Ensuite, le prolétariat d'aujourd'hui rappelle trop certains maris fantasques qui gratifient leur douce moitié de caresses et de bourrades, avec une même libéralité. Après avoir proclamé la femme « l'égale de l'homme devant la production, » et au même moment où certains syndicats lui font, par une conséquence logique, une place dans leurs conseils d'administration, il est étrange d'entendre des membres du parti ouvrier réclamer des dispositions légales, à l'effet d'interdire l'entrée des ateliers industriels aux ouvrières, qui ont le désir ou l'obligation d'y gagner leur vie. Est-il permis d'imposer, à celles qui rêvent de s'émanciper, le lourd devoir de travailler sans recourir aux bons offices du mari, et de leur refuser en même temps le droit et le bénéfice du libre travail ?

Entre nous, cette contradiction, assez vilaine, s'explique par un secret désir d'empêcher les femmes d'envahir des métiers et des emplois, que les hommes ont pris l'habitude de considérer comme leur domaine exclusif. C'est ainsi qu'à diverses reprisés ceux-ci ont manifesté l'intention de les expulser des postes, des télégraphes, des imprimeries et autres ateliers, où elles menacent de leur créer une redoutable concurrence.

411

Et pourtant, si les socialistes, qui parlent d'émanciper la femme, voient dans ses revendications autre chose qu'une admirable matière à belles phrases et à déclamations vaines, il leur est interdit de lui ôter tout moyen pratique de gagner honnêtement sa vie. Défendre aux patrons de l'embaucher, même à prix égal, n'est-ce point permettre à d'autres de la débaucher en plus d'un cas ? Je n'hésite pas à dire que des mâles, qui s'attribuent violemment le monopole d'une fabrication et l'exploitation exclusive d'un métier, poussent l'antagonisme des sexes jusqu'à la barbarie. A ce compte, la liberté du travail, qui est un des premiers principes de nos lois organiques, n'existerait pas du tout pour les femmes. Et les mettre hors des cadres du travail, n'est-ce pas en mettre beaucoup hors l'honneur ou même hors la vie ? Par bonheur, ce protectionnisme masculin, qui unit l'égoïsme à la cruauté, aura quelque peine à triompher de ce vieux fond de politesse française qui est encore, chez nous, le plus ferme appui de la femme dans la lutte pour la vie. Et puisqu'on admet de moins en moins qu'il faille la tenir étroitement dans la dépendance de l'homme, le seul moyen honorable de relever sa condition est de lui faire une place au comptoir, au bureau ou à l'atelier.

IV

Les collectivistes disent aux femmes : « Voulez-vous être libres ? faites avec nous la révolution socialiste. » Même refrain du côté des anarchistes : « La femme ne peut s'affranchir efficacement, écrit Jean Grave, qu'avec son compagnon de misère. Ce n'est pas à côté et en dehors de la révolution sociale qu'elle doit chercher sa délivrance ; c'est en mêlant ses réclamations à celles de tous les déshérités. »[152] Les femmes prolétaires ne seront donc affranchies que par

---

[152] Jean Grave, *La Société future*, chap. XXII : la femme, p. 322.

l'avènement du communisme anarchiste. Et les voilà du coup fort embarrassées : quel parti suivre ? Qui assurera le mieux leur bonheur, de la « dictature du prolétariat », selon le mode socialiste, ou de la « commune indépendante », suivant le programme anarchiste ?

Chose curieuse : les deux écoles révolutionnaires ont une même foi dans la « diffusion des lumières » pour conquérir la femme du peuple à leurs idées, cependant si contraires. De l'avis de l'une et de l'autre, il n'est qu'un moyen de soustraire la femme à la domination masculine, quelle qu'elle soit, et c'est de l'instruire intégralement. Après avoir réclamé « l'admission de tous à l'instruction scientifique et technologique, générale et professionnelle », le commentateur de Karl Marx, M. Gabriel Deville, déclare que « l'affranchissement de la femme aussi bien que de l'homme » ne peut sortir que de « l'égalité devant les moyens de développement et d'action assurée à tout être humain sans distinction de sexe. »[153] Par ailleurs, un très curieux document, attribué à M. Élie Reclus dont l'anarchisme se réclame avec fierté, abonde dans le même sens : « Les vices et les défauts qu'on a souvent reprochés à la femme, nous ne les nions pas, mais nous sommes persuadé qu'ils résultent de la condition qu'on leur a faite ; nous affirmons qu'ils sont, non pas sa faute, mais son malheur, en tant que serve ou esclave. Qu'on ose donc supprimer la cause, si l'on veut abolir les effets ! »[154]

On a pu voir que, sans accepter cette manière de voir, nous ne trouvons point déraisonnable d'élever le niveau intellectuel de la femme et d'admettre, à cette fin, les jeunes filles aux études de haute culture scientifique. Et telle est déjà la diffusion de l'enseignement dans les classes aisées,

---

[153] *Le Capital de Karl Marx*. Aperçu sur le socialisme scientifique, p. 30.

[154] *Unions libres* ; Souvenir du 14 octobre 1882, p. 21.

que Jean Grave a pu dire qu'» à l'heure actuelle, la femme riche est émancipée de fait, sinon de droit. »[155] En sorte qu'il n'y a plus guère que la femme pauvre qui ait à souffrir de la prétendue supériorité masculine. Et pour l'en débarrasser, anarchisme et socialisme s'entendent (nous l'avons vu) pour prôner l'instruction intégrale. Autrement dit, l'instruction doit cesser d'être un privilège de la fortune. Il faut, au voeu de Kropotkine, notamment, que la science devienne un « domaine commun », qu'elle soit la « vie de tous », que sa « jouissance soit pour tous. »[156]

Nous avons fait du chemin depuis Voltaire ! Pour cet ancêtre de la libre pensée, l'homme est seul capable de cultiver les lettres et les sciences. Que les bourgeoises, à la rigueur, s'instruisent et se déniaisent, la chose est de peu de conséquence, à condition toutefois que l'étude ne les détourne point de leurs devoirs de bonnes poules couveuses. A la vérité, la haute éducation ne devrait être permise qu'à celles qui, par extraordinaire, s'élèvent au-dessus du commun : à celles-là, on ne demande plus d'être honnêtes femmes ; il suffit qu'elles soient d'» honnêtes gens. » Quant à la femme du peuple, Voltaire la jugeait d'une espèce inférieure et indigne de boire aux sources de la science ; il abandonnait aux prêtres le soin de catéchiser « les savetiers et les servantes. » Aux hommes seulement l'orgueilleuse philosophie ! Le bon Dieu n'a-t-il pas été inventé pour les bonnes femmes ?

Aujourd'hui, tout le monde doit être convié, nous dit-on, à étudier, à savoir, à libérer sa raison. Et si nous objectons que les loisirs manqueront aux cuisinières et aux paysannes, les anarchistes nous rappellent que le machinisme merveilleux du XXe siècle pourra aisément les leur procurer.

---

[155] *La Société future*, p. 328.

[156] *Paroles d'un révolté* : Aux jeunes gens, pp. 49 et 51.

Prochainement, comme dans les contes de fée, d'extraordinaires mécaniques, obéissant au doigt et à l'oeil, accompliront toutes les tâches manuelles d'aujourd'hui. Et alors, les femmes et les hommes, unissant leurs forces, fraterniseront dans la paix et la lumière, par la grâce toute-puissante de la science universalisée.

V

Débarrassé même de ces espérances chimériques, le goût immodéré d'instruction, l'appétit insatiable de savoir,-- que l'on retrouve au fond de toutes les doctrines féministes,- -nous ménage (je m'en suis déjà expliqué) de pénibles surprises. Est-ce donc un idéal suffisant que la multiplication des diplômées et des raisonneuses ? Disons plus : l'instruction affranchie de tout frein religieux, libérée de toute obligation morale, laïcisée à outrance, suivant le voeu révolutionnaire, risque tout simplement d'élever le niveau intellectuel de la galanterie. Le mot est dur, j'en conviens. Mais pourquoi nous fait-on entrevoir, dans l'avenir, le type de la féministe émancipée de tout, sauf de ses instincts et de ses vices, sans illusions, sans préjugés, sans scrupules, indépendante d'esprit et de coeur, libre en paroles, libre en morale, libre en amour, exagérant ses droits et méprisant ses devoirs. Cette femme me fait peur, et je le dis rudement.

On nous répète dans certains milieux que l'éducation, pour être franche et loyale, doit initier préventivement la jeune fille à tout ce que nous avons coutume de lui voiler par respect pour sa pudeur et sa vertu. Ainsi comprise, l'instruction intégrale est évidemment à la portée de toutes les intelligences, mais (c'est une question que j'ai déjà posée) bon nombre d'âmes n'en seront-elles point gravement déflorées ? Nos écrivains révolutionnaires n'ont pas assez de mépris pour la jeune fille timide, discrète, naïve, telle qu'elle sort du giron des mères chrétiennes ou du cloître de nos pensionnats religieux. Ils trouvent stupide de ne point l'avertir de toutes choses. « Pourquoi, disent-ils, lui fermer en tremblant les fenêtres qui s'ouvrent sur le monde ? Faites-lui voir en face la nature et la vie. Déniaisez vos petites nonnes, instruisez vos petites oies. »

Le malheur est que ces conseils commencent à être suivis, non pas seulement dans cette société frivole, exotique, où la modernité triomphe avec fracas, mais encore dans le monde moyen, ordinairement sage, timoré, rebelle aux nouveautés troublantes. Et nous pouvons déjà juger aux fruits qu'elle porte, l'éducation nouvelle qui déchire tous les voiles et approfondit toutes les réalités. Soit ! Mettez aux mains de vos filles n'importe quel livre ou, si vous n'osez, éveillez seulement sa curiosité sur les dessous mystérieux de l'existence ; usez de franchise brutale ou de prudentes réticences : vos filles pourront tout savoir, mais aurez-vous toujours lieu d'en être fiers ? Ce sera miracle si toutes parviennent à conserver, à ce régime, une demi-virginité d'âme.

En seront-elles plus heureuses ? Que non ! C'est un dicton banal que la science ne fait pas le bonheur. Seront-elles moins exposées aux pièges de la vie ? Je voudrais le croire ; mais à trop savoir, à trop comprendre, on s'expose à des indulgences, à des expériences, à des périls, contre lesquels la simple candeur les eût prémunies plus sûrement. On nous réplique que les illusions, dont la jeune fille est nourrie, préparent à l'épouse et à la mère les plus attristantes déceptions. Mais est-il indispensable de tout lui apprendre positivement, de tout lui dévoiler méthodiquement, pour la mettre en garde contre les amertumes et les duretés possibles de la vie ? Et puis, le rêve a cela de bon sur la terre qu'il nous empêche souvent d'apercevoir les bassesses et de croire aux turpitudes de ce monde. Ceux-là même qui prétendent que la vertu, l'amour, le dévouement sont des duperies, nous avoueront du moins que ces chimères sont bienfaisantes, puisqu'elles ont pour effet d'entretenir l'âme en paix et en sérénité, de bercer la souffrance et d'embellir la destinée. Ne bannissons point ces douces choses du coeur de la femme, car sa mission première est d'en garder le dépôt à travers les âges, afin de perpétuer parmi nous le règne de l'idéal, en croyant au bien pour nous y faire croire, en aimant ce qui est bon et pur pour nous le faire aimer.

En résumé, nous ne voulons point, pour les femmes, de l'instruction intégrale selon l'esprit révolutionnaire, la jugeant inutile, sinon préjudiciable, aux intérêts économiques non moins qu'à l'amélioration intellectuelle du plus grand nombre.

CHAPITRE IV

L'ÉCONOMIE CHRÉTIENNE

I.--Le socialisme chrétien.--Dissentiments irréductibles entre la révolution et l'église. II.--L'homme a la fabrique et la femme au foyer.--La famille ouvrière dissociée par la grande industrie.-- Interdiction pour la femme de travailler a l'usine. III.--Exception en faveur du travail domestique.--Cette exception est-elle justifiée ?-- Pourquoi les prohibitions catholiques sont malheureusement impraticables.

I

Qu'il s'agisse, en somme, des règlements collectivistes ou des procédés anarchistes, on vient de voir que les deux écoles s'entendent au moins sur ce point, qu'il faut émanciper la femme. Divisées sur la question des voies et moyens,--l'une préconisant la « commune indépendante » et l'autre, la « dictature du prolétariat »,--il reste que toutes les forces révolutionnaires poursuivent unanimement le même but, qui est la destruction des entreprises patronales par l'abolition de la propriété capitaliste. Après l'ouvrier, la femme du peuple finira-t-elle par épouser les idées de M. Jules Guesde ou celles de M. Élisée Reclus ? Ou bien M. le curé aura-t-il assez d'influence pour la prémunir contre ces redoutables enjôleurs ? Car je ne vois que la religion qui puisse lutter avantageusement, auprès des ouvrières, contre les tentations révolutionnaires. Dans toutes les questions qui concernent la femme, les doctrines subversives entrent en conflit avec ce vieux christianisme latent qui inspire nos lois, règle nos mœurs et gouverne encore nos familles. Aussi bien ne manquent-t-elles aucune occasion de le combattre avec fureur. C'est pourquoi j'ai l'idée que la bataille rangée du XXe siècle ne mettra guère aux prises que deux armées sérieusement organisées : l'Église et la Sociale. A moins que le clergé lui-même ne se laisse entamer par les nouveautés ambiantes et mordre par les idées d'indépendance et d'indiscipline : auquel cas, tout conspirerait au chaos.

Déjà certains ecclésiastiques sont entrés en coquetterie avec les partis avancés. De ce symptôme peu rassurant, le dernier congrès de Zurich, dont je parlais tout à l'heure, nous a donné quelques exemples significatifs. Les orateurs ont pris plaisir à rappeler le mot célèbre du P. Lacordaire : « Lorsqu'il s'agit du travail, c'est la liberté qui opprime et la loi qui affranchit. » Et un Suisse catholique, l'abbé Beck, a fait cette déclaration grave : « Oui ; c'est le capitalisme qui tue la famille et non le socialisme »[157]

Mais quelles que soient les avances faites et les politesses échangées, il est douteux que les deux partis puissent vivre longtemps en bonne compagnie. Outre que l'un croit en Dieu, tandis que l'autre s'en moque,--ce qui constitue déjà un dissentiment irréductible,--la famille, que l'Église veut rétablir et fortifier, alors que la révolution travaille à l'affaiblir et à la ruiner, rend impossible un rapprochement durable. A ce même congrès de Zurich, M. Bebel a marqué, avec une netteté brutale, la distance qui sépare les deux points de vue : « Ce que vous voulez en réalité, a-t-il dit, c'est revenir en arrière, rétablir la société de

---

[157] *Revue d'Économie politique*, juillet 1898, p. 614, note 1 ;--*Revue socialiste*, XXVI, pp. 446 et 453.

petits bourgeois antérieure à l'avènement de la grande industrie. Comme nous, sans doute, les socialistes chrétiens condamnent la société capitaliste et en poursuivent l'abolition ; mais, celle-ci obtenue, leur chemin se sépare du nôtre. Ils remontent vers le passé, tandis que les socialistes marchent à la société socialiste ! Cette divergence essentielle ne nous empêchera pas d'accomplir ensemble, dans une amicale entente, la partie urgente et commune de notre programme. » L'impression qu'a laissée ce congrès, où les socialistes étrangers, à la différence des socialistes français, ont rivalisé avec les catholiques de tolérance et de courtoisie, est que révolutionnaires collectivistes et démocrates religieux tirent souvent à la même corde, mais en sens inverse.

II

Désireux de conserver la femme à la maison, les catholiques voudraient l'exclure de la fabrique. Se retranchant derrière l'autorité de Jules Simon, ils répètent après lui : « La femme est absente du foyer depuis que la vapeur l'a accaparée ; il faut qu'elle y rentre et qu'elle y ramène le bonheur. » Cette parole exprime bien l'idéal essentiel, le but suprême qui s'impose au législateur et au sociologue. L'école chrétienne y adhère sans réserve. Point de repos, point d'ordre, point de joie sur terre pour l'ouvrier sans un intérieur. Si la femme passe ses journées à l'usine, comment le logement pourrait-il être propre, salubre, habitable ? Comment la cuisine pourrait-elle être soignée et la table exactement servie ? Qui veillera sur les enfants ? Qui soignera les malades ? Qui rangera, ornera, embellira de mille petits riens charmants la modeste chambre de famille ? La femme au dehors, c'est le désordre et la tristesse au dedans.

Il n'est pas jusqu'au talent que la nature a mis aux doigts de la femme,--je veux parler de la couture qui est son plus bel art,--qui ne risque d'être gâté ou aboli par les rudes besognes industrielles. L'ouvrière des usines ne sait plus manier l'aiguille avec adresse, ni chiffonner une étoffe avec habileté. Dans le peuple, pourtant, la jeune femme devrait être sa propre couturière et l'habilleuse de la famille. Mais retenue à la fabrique du matin au soir, elle se néglige et néglige les siens. Que de fois père, mère et enfants, ne sont que des paquets de chiffons malpropres. On conçoit aisément qu'émus de ce triste spectacle, de bons esprits proposent à la terrible question du travail des femmes une solution radicale, à savoir que, hors des occupations domestiques, « la femme ne doit pas travailler. »

C'est ruiner le foyer, en effet, que d'admettre l'épouse aux travaux de la grande industrie. Voulez-vous qu'elle reste à la maison : fermez-lui l'entrée des usines. Point de famille possible, avec l'exploitation de la main-d'oeuvre féminine hors du logis. Peut-on songer sans tristesse à ces milliers de mères obligées de travailler debout, pendant dix heures, dans une atmosphère accablante, au milieu du fracas des machines et de la poussière des métiers ? Il faut les voir à la sortie des filatures, maigres, pâles, exténuées ! Quelle effrayante menace pour l'avenir de la race ! Aussi a-t-on pu dire que le travail industriel de la femme est la méconnaissance monstrueuse des lois physiologiques.

Contraire à l' » ordre naturel » qui a pourvu la femme d'une complexion différente de celle de l'homme et, lui ayant refusé les mêmes forces, n'a pu lui imposer les mêmes travaux ; contraire à l' » ordre social » qui veut un gardien pour le foyer et, prenant en considération la faiblesse relative de la femme, lui a confié partout le ministère de l'intérieur ; contraire à l' » ordre économique » qui atteste que le salaire industriel de la femme est souvent absorbé par les dépenses d'entretien et de lessivage du linge, par le soin et la garde des enfants que l'ouvrière doit confier à des mains étrangères ; contraire, enfin, à l' » ordre moral » qui souffre grandement de la promiscuité des sexes et de la désertion du foyer domestique,--le travail de la femme dans la grande industrie devrait être interdit graduellement. Répondant à M. Bebel, le chef des catholiques démocrates de Suisse, M. Decurtins, concluait en ces termes : « Depuis le berceau de l'humanité jusqu'à ce jour, sauf de rares périodes qui n'ont été que des périodes d'exception, la famille monogame a été le rocher de bronze contre lequel s'est arrêté le flot des révolutions. Nous attendons l'époque où le père suffira à l'entretien de sa famille. Voilà l'aurore des temps futurs que perçoit déjà notre esprit. »

III

Il n'est qu'un genre de travail féminin qui trouve grâce devant les chrétiens démocrates, c'est le travail domestique, le travail familial, c'est-à-dire la tâche industrielle exécutée à la maison, près des enfants, dans les moments de loisir que laissent à bien des mères les soins du ménage. Suivant quelques bons esprits, la femme mariée n'aurait pas même, en conscience, le droit de louer sa main-d'oeuvre pour un travail manufacturier accompli hors du foyer. Le cardinal Manning a exprimé cette idée avec une force extrême : « Les femmes mariées et les mères qui, par contrat de mariage, se sont engagées à fonder une famille et à élever leurs enfants, n'ont ni le droit ni le pouvoir de se lier contractuellement, pour tant d'heures par jour, en violation du premier engagement qu'elles ont pris comme épouses et comme mères. Une telle convention est, *ipso facto*, illégale et nulle. Car, sans vie domestique, point de nation. »[158]

Bref, le grand différend, qui divise les catholiques et les socialistes, consiste en ceci, que les premiers veulent « la reconstitution de la famille chrétienne, » tandis que les

[158] Lettre écrite à M. Decurtins en 1890.

seconds souhaitent « l'émancipation individuelle de la femme. » Comme conclusion, le congrès de Zurich n'a point exclu les femmes de la grande industrie ; il a voté seulement sa réglementation.

On doit se demander, en effet, si la situation actuelle de l'ouvrière ne serait pas gravement empirée par les prohibitions catholiques. La société capitaliste existe : c'est un fait. Et qui peut se flatter de la détruire, ou même de la transformer, du jour au lendemain ? Et puis, hélas ! la femme est fréquemment dans la nécessité de grossir, par son gain, le salaire du mari pour soutenir le ménage. Et toutes les interdictions du monde ne prévaudront point contre cette triste obligation. La doctrine catholique limite au mariage la fonction naturelle et sociale de la femme. Elle voit en celle-ci le bon génie de la famille, la gardienne du foyer conjugal, prescrivant au mari de lui apporter la nourriture de chaque jour, avec le respect et l'amour. L'objection essentielle qu'on peut faire à cette conception de la vie féminine, c'est que la société contemporaine n'est point arrivée à ce point de perfection que chaque femme se puisse marier, avoir des enfants et trouver au foyer une sûreté de vie sans labeur industriel. Qu'une existence, bornée au gouvernement de son intérieur, soit pour la femme l'état le plus heureux, l'idéal de l'avenir, nous le voulons bien ; seulement les nécessités du présent lui permettent rarement de s'en contenter. Il est certain que la vie au coin du feu conviendrait mieux à bien des femmes ; mais les condamner au repos forcé quand le pain manque au logis, c'est les vouer irrémédiablement à la misère ; et il nous est difficile d'apercevoir en cette prohibition une manifestation de fraternité chrétienne.

Certes, lorsque la femme est mariée, nous sommes d'avis que sa véritable place est au foyer conjugal : sa santé y gagnera, et sa moralité aussi. Encore est-il qu'à l'expulser des emplois qu'elle occupe, c'est la condamner souvent à mourir de faim. On parle en termes émus des soins à donner aux enfants, du pot-au-feu à surveiller, des travaux du ménage, des obligations de la maternité, des joies austères du foyer ; mais lorsque la marmite est vide et la cheminée sans feu, lorsque les petits souffrent du froid ou de la faim, conçoit-on qu'une mère consente à se reposer, inactive et désolée ? Cette vaillante (ceci soit dit à sa louange) ne trouve alors aucun labeur trop pénible pour nourrir son monde, les jeunes et les vieux.

Quant aux filles, aux veuves, aux femmes maîtresses d'elles-mêmes, je ne vois pas au nom de quel principe on pourrait leur refuser le droit de travailler à l'usine. Impossible de leur opposer les soucis de la maternité, cette raison ne concernant que les femmes chargées de famille. Or, les mères ne sont qu'une minorité parmi les « travailleuses » proprement dites. D'après notre dernier recensement, il existerait en France 2 622 170 filles célibataires, 2 060 778 veuves, 924 286 femmes mariées sans enfants ; soit, ensemble, 5 607 234 femmes qui ne connaissent pas les soucis de la maternité. De ce nombre, beaucoup doivent et peuvent travailler pour vivre. Pourquoi les lois et les moeurs y feraient-elles opposition ? N'a-t-on pas dit que les droits de chacun ne sont que des intérêts juridiquement protégés ?

Objectera-t-on la faiblesse musculaire des femmes ? Elle a moins d'importance depuis l'invention et le perfectionnement incessant des machines,--celles-ci exigeant plus de dextérité que de force, plus de surveillance que d'énergie. D'autre part, le travail à la maison, pour lequel on professe tant déconsidération, n'est pas exempt d'inconvénients et de périls. N'oublions pas que c'est la petite industrie, beaucoup plus que la grande, qui attire et exploite la main-d'oeuvre féminine. Bien que travaillant chez elle, à ses pièces, à prix fait, une lingère de Paris aux gages des grands tailleurs est-elle plus heureuse que l'ouvrière des fabriques ? Cette exploitation du travail, que les Anglais appellent le « système de la sueur », sévit surtout sur l'ouvrière en chambre. Le *sweating-system* est la lèpre du travail à domicile. L'hygiène déplorable des ouvrières qui le subissent, le surmenage qu'il leur impose, l'isolement où il les tient, les maigres salaires qui le rémunèrent, sont autant de griefs contre le travail domestique. Celui-ci est-il donc si préférable au labeur collectif des grandes usines ?

Il n'est pas moins vrai que la vie au foyer et les tâches simplement ménagères reviennent, par droit de nature, à l'épouse et à la mère. L'avenir verra peut-être se constituer un état social nouveau (dont il n'est point défendu de poursuivre le rêve), où l'ouvrier sera mis, plus efficacement qu'aujourd'hui, à l'abri des risques du chômage, des accidents, de la maladie et des infirmités ; où le mari, plus conscient de ses devoirs, se fera un crime de détourner le fruit de son travail de sa destination légitime, qui est le soutien de la femme et des enfants ; où le père, enfin, pourra subvenir, par son seul labeur, à l'entretien d'une famille que la morale et la patrie s'accordent à vouloir nombreuse.

Qui sait même si le travail industriel en chambre ne sera pas rendu, pour la femme, plus sain, plus aisé, plus rémunérateur ? Qui nous dit que la force motrice ne se transportera pas un jour à domicile, aussi facilement, aussi économiquement que l'eau et le gaz ? Ce que la vapeur a fait, l'électricité peut le défaire. Il est dans l'ordre des conjectures permises que, de ces vastes agglomérations humaines qui s'entassent présentement autour des usines, le progrès de l'industrie nous ramène, en une certaine mesure, à un travail familial amélioré, que chacun accomplirait dans la paix du foyer reconquis. Alors cesserait la nécessité douloureuse de la présence des femmes à l'atelier ; et les mères pourraient reprendre leur place naturelle à la maison, sans être exposées à mourir de faim sur la pierre du foyer.

Sera-ce pour demain ? On ne sait. Mieux vaut, en tout cas, utiliser l'heure présente à préparer ce joyeux avenir qu'à pleurer stérilement un passé irrévocablement révolu.

CHAPITRE V

CE QUE LES HOMMES PENSENT DU TRAVAIL DES FEMMES DANS L'INDUSTRIE

I.--Notre idéal pour l'avenir.--Nos concessions pour le présent.--Point de théories absolues.--Il faut vivre avant tout. II.--Restrictions apportées au travail féminin dans l'intérêt de l'hygiène et de la race.--Théorie de la femme malade : ce qu'elle contient de vrai. III.--Aperçu des réglementations de la loi française relatives au travail des femmes dans l'industrie.--Leurs difficultés d'application.--Leur nécessité, leur légitimité.

E n ce conflit d'opinions contraires et de tendances adverses, nous proposerons une solution modeste qui, bien qu'ayant l'avantage d'être pratique, fera sourire de pitié, j'en ai peur, les réformateurs systématiques, grands partisans du « tout ou rien ». Notre conviction est que le travail, avec quelque équité qu'on le puisse répartir, pèsera toujours d'un poids lourd sur l'immense majorité des femmes et des hommes. Nul système n'aura la vertu de les affranchir des humbles soins de la maison ou des rudes corvées de la vie. Il n'est donné à personne de sortir des lois de la nature et des conditions de ce monde.

I

Cela dit, nous distinguerons entre les fonctions propres de l'homme et de la femme et nous formulerons notre idéal par cette règle toute simple : « Le père à l'atelier, la mère au foyer. » En cela, nous nous rallions expressément au programme chrétien. La grande préoccupation du législateur doit être, avant tout, de rendre l'épouse à son ménage et la mère à ses enfants. La place des femmes mariées n'est pas à la fabrique, mais au logis. La renaissance de la vie de famille, voilà le but suprême. Mais n'espérons point l'atteindre ni aujourd'hui ni demain. Beaucoup de femmes devront continuer, pour vivre, à travailler au dehors. C'est pourquoi, toute mesure susceptible d'alléger le fardeau, qui pèse sur les frêles épaules d'un si grand nombre, nous paraît digne de sympathie et d'encouragement. S'il nous est impossible de supprimer la misère, tâchons au moins d'améliorer la condition des malheureuses.

En conséquence, nous nous féliciterons de tous les débouchés nouveaux, qui permettront aux femmes de gagner leur vie autrement qu'en s'usant les yeux sur des confections peu rémunératrices. Mais gardons-nous des chimères : à quelque état de progrès et de civilisation que l'humanité puisse s'élever, toutes les merveilles de l'assistance mutuelle ne dispenseront jamais la femme de peiner pour les siens. Quand l'industrie du chef de famille ne suffit pas à soutenir le ménage, il faut bien que la mère se dépense pour les vieux et les petits.

Là-dessus, les docteurs socialistes et anarchistes s'emportent. « Bête de luxe et bête de somme, » voilà, paraît-il, comment nous comprenons le rôle de la femme.[159]

Ce langage est impie. Aux champs comme à la ville, la femme française n'est point, autant qu'on le dit, frivole ou

---

[159] Gabriel Deville, *op. cit.*, p. 30.

surmenée, et bête encore moins. Célibataire et libre, son devoir est de travailler pour vivre, comme le commun des mortels. Le métier d'idole ne doit point lui suffire. Et notez que loin de se refuser à la loi du labeur, qui pèse sur elle comme sur nous, son âme courageuse nourrit l'espoir de disputer aux hommes les emplois industriels qu'ils occupent et les carrières libérales qu'ils encombrent. Voudrait-on les en chasser ?

Si maintenant nous la supposons mariée, nous maintenons que l'obligation incombe au mari de l' » entretenir », quelque offensant que soit le mot pour des oreilles révolutionnaires. En ce cas, ce qu'elle reçoit de son homme n'est pas un don gratuit, un cadeau indu, une aumône mortifiante, mais le juste salaire de ses soins domestiques. Soit que, riche et fortunée, elle se contente de présider au gouvernement de son intérieur,--ce qui n'est pas toujours une sinécure,--soit que, pauvre et vaillante, elle prenne un métier pour accroître de ses gains le budget du ménage, la femme française n'est jamais une assistée, mais une associée. Elle collabore à l'oeuvre commune. Et pour ce qui est de l'ouvrière en particulier, elle a coutume d'apporter tant de coeur à l'ouvrage que, pour la prémunir contre les excès de son zèle, il a fallu que les lois intervinssent pour réglementer son travail dans les ateliers industriels.

A la maison d'abord, à la fabrique ensuite, telles sont les places successives que nous assignons aux femmes. Mais en reconnaissant que la première de leurs fonctions sociologiques est un rôle domestique et maternel, nous qui sommes de bonnes gens et des esprits simples, nous repoussons de toutes nos forces la conception antique et païenne de la femme esclave, de la femme enfant. C'est pourquoi il nous répugnerait de leur interdire l'entrée des usines et des ateliers, dans le but de supprimer une concurrence fâcheuse pour les hommes. Loin de nous la pensée, quelque peu cruelle, de les charger de liens pour avantager indirectement la main-d'oeuvre masculine, et de faire appel à la loi pour les obliger impérieusement à donner moins de temps à la fabrique et plus de soins au ménage. De même que nul ne s'aviserait d'empêcher les bourgeoises de cultiver les arts libéraux, d'écrire dans les journaux et dans les revues, de publier des volumes, de manier le crayon, le pinceau ou le burin, ainsi nous trouvons naturel que la femme du peuple siège au comptoir ou au magasin, dirige un métier ou surveille une machine.

Qu'elle se donne d'abord à son intérieur, à sa famille, à ses enfants, c'est son premier devoir, et nous ne cesserons de l'inviter à s'y consacrer entièrement, s'il est possible. Mais dès qu'elle doit travailler au dehors pour soutenir le ménage, qui aurait le triste courage de la ramener de force à la maison ? Avant de se reposer au coin du feu, il faut vivre. Beaucoup y parviennent mal en travaillant trop ; beaucoup n'y parviendraient plus en ne travaillant point. Retenons que, d'après les statistiques officielles, la France compte, en chiffres ronds, 2 700 000 travailleuses agricoles, 570 000 ouvrières de fabrique et 245 000 employées de commerce. Peut-il être question sérieusement de renvoyer cette armée de vaillantes dans leurs foyers respectifs ?

Méfions-nous donc des théories abstraites, de la logique pure, de l'absolu. N'exagérons point l'*indépendance de la femme* ; car les socialistes eux-mêmes, si attachés qu'ils soient à cette idée, sont obligés d'y mettre des limites. Ainsi, leurs congrès sont unanimes à interdire au sexe féminin les travaux insalubres et dangereux, tels que les travaux des mines et des carrières. N'exagérons point davantage l'*intérêt de la famille* ; car, pour sauvegarder la vie du foyer, ce n'est pas seulement la grande industrie que les catholiques devraient fermer à la main-d'oeuvre féminine, mais encore les emplois les plus recherchés et les moins fatigants. Qu'une femme soit assise à un comptoir ou derrière un guichet télégraphique, qu'elle soit embauchée dans un tissage ou dans une filature, le foyer n'est-il pas également désert et l'enfant également abandonné ? Essayons de donner à la femme plus de liberté, sans épuiser ses forces ni compromettre sa santé : voilà l'essentiel.

II

Le travail féminin comporte donc des restrictions nécessaires ; et ces restrictions doivent lui être imposées dans l'intérêt de l'hygiène, qui se confond ici avec l'intérêt de la race. Sans distinguer entre la grande et la petite industrie, il suffit qu'un travail menace la vie ou compromette la santé de l'ouvrière, pour que le législateur ait le droit de le surveiller ou de l'interdire. Le travail manufacturier est souvent insalubre ou dangereux ; sans compter que l'amour maternel peut entraîner bien des mères à accepter des tâches trop pénibles et trop prolongées. C'est pourquoi il est inévitable de réglementer le travail des femmes dans les manufactures. De fait, aucun législateur n'y a manqué ; et catholiques et socialistes, quelles que soient leurs divergences doctrinales, sont unanimes à provoquer son action, à réclamer son contrôle et même à appuyer ses prohibitions. « Travaillez à la sueur de votre front, dirons-nous aux femmes, c'est votre droit ; à cette condition, toutefois, que votre labeur vous apporte effectivement les moyens de vivre sans accroître démesurément vos chances de mort. » Il n'est que les économistes de l'école individualiste qui aient soutenu que la femme majeure doit être libre de se conduire comme elle l'entend ; et leur voix faiblit, leur nombre décroît, leur influence diminue.

Croirait-on pourtant qu'il est des femmes qui s'irritent de la protection du Code ? Nos prévenances légales ne sont-elles point l'attestation publique de leur faiblesse et, par suite, une marque d'infériorité ? Les accepter équivaudrait à un aveu d'impuissance. « Comme Michelet, nous disent-elles, pensez-vous que nous soyons si débiles, si malades, si incapables de nous conduire, qu'il faille instituer autour de nous un contrôle et une sauvegarde ? Vos chaînes de fleurs sont encore une façon de nous assujettir à votre domination. Un protégé est toujours subordonné, plus ou moins, à son protecteur. Nous ne voulons point de cette tutelle des lois qui ne va point sans amoindrissement pour nous. Les femmes ne sauraient agréer d'être défendues par les hommes sans s'abaisser et déchoir. »

Il n'est point prudent, comme on le voit, de s'apitoyer sur les femmes, fût-ce pour tirer de cette compassion attendrie des raisons d'indulgence et de sollicitude. Michelet en sait quelque chose : les femmes ne l'aiment point, bien qu'il les ait paternellement aimées. Expliquons-nous brièvement sur sa doctrine, puisqu'elle trouve ici sa place et aussi, peut-être, quelque application.

Au dire de Michelet, la femme est, par constitution, un être faible, précieux, délicat, voué, par intermittences, à une sorte de misère physiologique ou, du moins, à une morbidité incurable qui la rend impropre à tout travail continu, à tout effort persévérant. Pendant les périodes renouvelées de ses souffrances, elle n'est qu'une infirme passionnée, une malade ; et ses crises physiques se répercutant, se prolongeant jusqu'à l'âme en troubles et en inquiétudes, doivent nous la faire tenir pour incapable, en un pareil moment, d'une responsabilité complète. C'est une pauvre énervée que le mari a le devoir de soigner, de consoler, de guérir. Michelet veut, en effet, que l'époux soit le confesseur indulgent et le médecin avisé de sa femme. En échange de la grâce, de la tendresse qu'elle lui apporte souvent, il doit lui procurer la paix et la santé.

En réalité, et sans nous occuper pour l'instant des devoirs du mari, il reste, au fond de la théorie de notre grand écrivain, un fait qui n'est point niable : c'est que l'organisme de la femme est sujet à des souffrances périodiques, à un énervement maladif, que l'homme ne connaît pas. On nous dira que, par une certaine pudeur très respectable, la femme n'aime point qu'on en parle, de même que, par discrétion et par justice, il ne convient point que l'homme en triomphe. Aussi bien n'insisterons-nous pas sur cette diversité de constitution et de tempérament, nous réservant seulement d'en tirer cette conséquence que, soumise à des assujettissements que notre sexe ignore, obligée de payer un lourd tribut à l'espèce dont la conservation dépend d'elle, la femme n'est point capable des mêmes efforts, des mêmes métiers, et que, pour le moins, la nature lui défend le labeur ininterrompu que la vie moderne nous impose. Certaines sociétés de secours mutuels ont constaté que, jusqu'à l'âge de quarante-cinq et cinquante ans, la morbidité des femmes (calculée par le nombre des journées de maladie) est une fois et demie supérieure à celle des hommes. A Lyon, notamment, la mortalité des ouvrières en soie dépasse, du triple, celle des ouvriers du même métier.[160]

Aux femmes qui repoussent d'un air offensé les mesures de protection légale, sous prétexte qu'elles leur font toujours injure et souvent tort, nous pouvons maintenant répondre : « La nature ne vous permet point de travailler aussi longtemps que l'homme, ni aux mêmes tâches ni aux mêmes chantiers que l'homme. Elle a voulu que vous réserviez le meilleur de vos forces à ceux qui sont nés ou qui naîtront de vous, et vous ne pourriez gaspiller imprudemment la réserve de vigueur et de santé qu'elle vous a confiée, sans compromettre l'avenir de la race et le recrutement de l'espèce. Résignez-vous donc à être protégées, puisque vous êtes redevables de votre sang et de votre vie à l'humanité future. ».

---

[160] Marion, *Psychologie de la femme*, p. 60.

III

En fait, la loi du 2 novembre 1892, complétée par la loi du 30 mars 1900, apporte au travail des femmes majeures les notables limitations que voici : 1° interdiction de travailler plus de onze heures par jour ;[161] 2° interdiction de travailler plus de six jours par semaine ; 3° interdiction de travailler la nuit, de neuf heures du soir à cinq heures du matin ; 4° interdiction de travailler sous terre, dans les mines, minières et carrières. Au total, réduction de la journée de travail, obligation du repos hebdomadaire, prohibition des veillées prolongées et suppression des travaux souterrains, telles sont les mesures prises par la loi française pour protéger l'ouvrière contre les exigences du patronat et les entraînements de son propre courage. Cette réglementation défensive entre avec quelque peine dans nos moeurs industrielles. Pourquoi ?

Nul n'ignore que la loi française s'applique de son mieux à protéger le travail des femmes et des filles mineures dans l'industrie, sans toujours y réussir. En fait, la loi du 2 novembre 1892, qui a édicté les mesures de protection ouvrière que l'on sait, soulève un concert de récriminations, la question de principe étant plus simple à trancher que la question d'application n'est facile à résoudre. Toute réglementation légale du travail féminin se heurte, en effet, à deux difficultés graves. Veut-on l'appliquer strictement, à la lettre, dans toute sa rigueur ? On risque d'éliminer peu à peu les femmes de certaines professions, plus particulièrement surveillées à cause des dangers qu'elles font courir à la santé. Et alors, la loi, faite en vue de protéger la femme, protègera surtout le travail masculin, en le débarrassant de la sérieuse

---

[161] Ce maximum sera réduit à 10 h. 1/2, au cours de l'année 1902, et à 10 heures, au cours de l'année 1904,--s'il est possible.

concurrence que lui fait, un peu partout, la main-d'oeuvre féminine.

Au contraire, les pouvoirs publics tiendront-ils compte des difficultés de la vie, des nécessités du métier ? appliqueront-ils les règlements avec tolérance ? accorderont-ils des autorisations avec largesse ? Alors, les exceptions emporteront la règle. C'est ainsi que, dans la couture, la loi a été à peu près impuissante à protéger l'ouvrière contre le surmenage résultant de la durée excessive du travail et de la prolongation exagérée des veillées. De là, chez les patrons et même chez les ouvrières--en plus d'une hostilité à peine dissimulée à l'égard de la loi et de l'inspection,--une tranquille assurance de pouvoir tromper l'une et violer l'autre.

Sans doute, il faut bien, dans les cas d'urgence, permettre à l'atelier de travailler la nuit et même le dimanche ; et les heures supplémentaires, ajoutées aux heures légales, sont acceptées le plus souvent avec joie par les apprenties, qui n'y voient qu'une occasion d'augmenter leur gagne-pain, en méritant par un surcroît de travail un surcroît de rémunération. Il reste pourtant que ces autorisations bienveillantes et ces concessions nécessaires énervent, discréditent, infirment les prescriptions légales, et que, par condescendance pour la liberté, on arrive indirectement à fausser ou à paralyser tout l'appareil protecteur du travail féminin. D'où l'on a pu dire que la loi de 1892, par exemple, avait supprimé la veillée sans la supprimer, et que les règlements postérieurs l'avaient rétablie sans la rétablir. C'est le chaos.

Mais quelles que soient les difficultés d'application, les femmes peuvent être sûres que nulle société, consciente de ses devoirs, ne s'abstiendra de protéger leur travail. Un peuple est trop directement intéressé à ce qu'elles lui fournissent de solides épouses, des mères fécondes et de bonnes nourrices, pour se décider jamais à les laisser, par amour de l'indépendance, s'anémier ou se détruire par un travail excessif en des ateliers malsains. L'État serait fou qui permettrait aux femmes de se tuer à l'ouvrage, sachant que sa population ne peut se perpétuer que par leur vie. En conséquence, il ne les admettra qu'aux professions compatibles avec leur santé physique et morale ; mais il ouvrira toutes celles-ci avec largesse et impartialité, le devoir de l'homme étant de ne point aggraver l'inégalité des sexes par des prohibitions inutiles. Je ne sais point d'autre moyen d'accorder les droits individuels de la femme avec les droits supérieurs de la société.[162]

---

[162] Voyez Paul Leroy-Beaulieu, *Le Travail des femmes au* XIXe *siècle*, 2e partie : De l'intervention de la loi pour réglementer le travail des femmes dans l'industrie, pp. 188 et suiv.

CHAPITRE VI

CE QUE LES FEMMES PENSENT DE LA CONDITION DE L'OUVRIÈRE

I.--Infériorité regrettable de certains salaires féminins.--Ses causes.--Le travail des orphelinats et des prisons.--Griefs a écarter ou a retenir.--Solutions proposées. II.--Inégalité des salaires de l'ouvrière et de l'ouvrier.--Doléances légitimes.--A travail égal, égal salaire pour l'homme et pour la femme. III.--Protection de la mère et de l'enfant nouveau-né.--OEuvres privées.--Intervention de l'état.--Une proposition excessive : hospitalisation forcée de la femme enceinte. IV.--Protestation de tous les groupes féministes contre la loi de 1892.--La réglementation légale fait-elle a l'ouvrière plus de mal que de bien ? V.--Pourquoi le féminisme ne veut plus de lois de protection.--Un même régime légal est-il possible pour les deux sexes ?

Nous venons d'indiquer l'esprit et la lettre de la loi de 1892,--» la loi des hommes, » comme l'appellent ces dames. Et maintenant, qu'en pensent-elles ? qu'en disent-elles ?

Tout le mal possible. Le féminisme reproche à nôtre législation industrielle ses lacunes et ses maladresses, l'accusant de ne point faire ce qu'elle doit et de mal faire ce qu'elle fait. Ces griefs se peuvent ranger sous trois chefs : 1° insuffisance et inégalité des salaires féminins ; 2° hygiène et protection de l'ouvrière enceinte ; 3° réglementation abusive et vexatoire de la main-d'oeuvre féminine.

I

En ce qui concerne les salaires féminins, tous les honnêtes gens, même les plus hostiles aux programmes des écoles révolutionnaires, éprouvent le même serrement de coeur, professent le même avis et formulent les mêmes voeux.

Que trop souvent l'ouvrière ne puisse vivre qu'avec peine du travail de ses mains, voilà un fait malheureusement hors de doute. Nous avons pris la mauvaise habitude de considérer le salaire de la femme comme un salaire d'appoint, destiné seulement à grossir celui du mari. Aussi, dès qu'elle reste fille ou devient veuve, ses gains sont insuffisants pour la faire vivre. Depuis longtemps, les statistiques des écrivains officiels et les enquêtes des économistes indépendants nous ont fixés sur l'infériorité lamentable des salaires féminins.[163] L'ouvrière adulte gagne, en moyenne, deux francs dix centimes par jour en province et trois francs dans le département de la Seine. Si l'on tient compte des chômages de la morte saison, il faut reconnaître que, dans bien des cas, la couture elle-même, qui est la principale occupation des femmes, est rémunérée d'une façon dérisoire : nos belles dames ne l'ignorent pas. Les lingères ne sont pas rares qui gagnent moins d'un franc par

---

[163] Paul Leroy-Beaulieu, *le Travail des femmes au* XIXe *siècle* ; Paris, 1873 ; 1re partie : Du salaire des femmes dans l'industrie, pp. 50 et suiv.--Office du travail, *Salaires et durée du travail dans l'industrie française*, t. IV ; Résultats généraux, p. 16.--Comte d'Haussonville, *Salaires et misères des femmes*.

jour. M. Charles Benoist affirme qu'à Paris, on en est venu à payer dix-huit centimes de façon pour un pantalon de toile. »[164] Je sais même à Rennes, où j'enseigne, des malheureuses chargées de famille qui, peu habiles de leurs doigts, tirent l'aiguille durant douze ou quinze heures pour gagner quinze ou vingt sous. C'est à fendre le coeur.

Celles qui se résignent bravement à cette misère sont de grandes saintes. Mais quand la moralité est faible (nul n'ignore ce qu'elle est devenue dans les centres industriels), faute de pouvoir vivre d'un travail indépendant, « on se met avec quelqu'un, » suivant l'expression populaire, ajoutant aux soucis de la vie quotidienne les abaissements de la plus dure des servitudes, celle du corps. Et nous savons jusqu'où, de chute en chute, cette dégradation peut descendre : de même que, chez un grand nombre de tribus sauvages, c'est la femme qui travaille pour nourrir l'homme et les enfants, on voit dans certaines grandes villes, par un renversement innommable des rôles et des devoirs, la prostituée des boulevards extérieurs faire trafic d'elle-même pour soutenir le souteneur.

Les salaires des ouvrières de l'aiguille sont donc insuffisants : c'est un fait notoire. A qui la faute ? La Gauche féministe répond avec une belle unanimité : « Aux couvents et aux prisons, qui jettent sur le marché commercial des produits payés à vil prix, et qui font de la sorte au travail libre une concurrence désastreuse. »[165] Les remèdes proposés à ce mal sont bien simples : dans les ouvroirs et les couvents, « on interdira tout travail à l'enfance pour supprimer la concurrence faite à l'ouvrière libre, » et dans les prisons de femmes, « l'État imposera des prix de série fixés par

---

[164] Charles Benoist, *Les Ouvrières de l'aiguille à Paris.*

[165] Rapport de Mlle Bonneval au congrès de 1900.

l'administration, après entente avec les groupes corporatifs intéressés. »[166]

La suppression du travail dans les orphelinats me paraît tout simplement abominable. Car, soyez sincères, Mesdames : décréter ici la prohibition, c'est déchaîner la persécution. Et quelle prohibition ! Est-ce que le travail n'est pas moralisateur pour l'enfant comme pour le prisonnier ? Et puis, dussé-je par cette affirmation heurter rudement les préventions vulgaires ! j'ose dire que la plupart des communautés religieuses, qui se vouent au sauvetage de l'enfance abandonnée, ne sont pas riches. J'en connais qui, suivant le mot des pauvres gens, joignent à peine les deux bouts. Il faut pourtant bien qu'une maison, qui a tous les jours deux ou trois cents petites bouches à nourrir, s'occupe de leur trouver du pain. Quoi de plus juste qu'en échange du vivre et du couvert, du logement et du vêtement, elle emploie ses pensionnaires à des travaux de couture usuels et faciles ? En vérité, il serait plus franc de fermer les couvents de femmes que d'affamer celles qui les habitent. Mais, dans les deux cas, on risquerait de rejeter à la rue et souvent au ruisseau des milliers de jeunes filles arrachées, non sans peine, à la boue des grandes villes. Et je ne puis songer à cette criminelle imprudence sans que mon coeur se soulève contre les inconscients qui la proposent.

D'autre part, les travaux, exécutés à prix réduit dans les orphelinats, ont cet avantage avéré de mettre le linge de corps à la portée des plus petites bourses. Comme consommateurs, les humbles ménages retrouvent ce qu'ils ont perdu comme producteurs. Il paraît même que la concurrence des ouvroirs n'est vraiment redoutable qu'aux lingères. Les modistes, les corsetières, les fleuristes en souffrent peu. Dans la couture surtout, les bonnes ouvrières

---

[166] Même rapport : La *Fronde*, du 6 septembre 1900.

sont rares, et les patrons y tiennent. Mme Marguerite Durand nous en donne la raison : « Le tour parisien de la couture est propre à certaines mains, à certains cerveaux, si l'on peut dire, à l'air ambiant, à la tradition de certaines maisons qui font des modes de Paris les modes du monde entier. S'imagine-t-on les modèles de la rue de la Paix sortant des ouvroirs de Saint-Vincent de Paul ou de la prison de Clermont ? »[167] Au fond, la modicité des salaires féminins résulte moins de la concurrence du travail congréganiste ou pénitentiaire, que de cette regrettable habitude qui attribue à l'effort manuel de la femme une importance accessoire et, par suite, une valeur inférieure au labeur de l'homme. Il y a là un jugement téméraire, une prévention coutumière, une dépréciation convenue, dont notre mentalité sociale ne se corrigera qu'à la longue.

Est-ce à dire que les orphelinats religieux soient à l'abri de tout reproche ? Assurément non. Pouvant faire travailler les jeunes filles à peu de frais, puisqu'ils n'ont ni salaire, ni patente à payer, leur concurrence pèse lourdement sur les prix de la main-d'oeuvre libre. Joignez que les communautés se disputent souvent les commandes des grands magasins, et que la concurrence qu'elles font aux ouvrières s'aggrave encore de la concurrence qu'elles se font à elles-mêmes : toutes choses qui, de réduction en réduction, dépriment les prix de façon, au préjudice de la main-d'oeuvre laïque et même de la main-d'oeuvre congréganiste. Où est le remède ? Dans l'action syndicale ou dans la réglementation légale ?

Le syndicat est, à coup sûr, le moyen le plus digne, le plus agissant, le plus efficace, de défendre le salarié contre le salariant. Ce n'est pas nous qui déconseillerons ou découragerons les groupements professionnels, convaincu que, lorsqu'ils sont sagement inspirés, habilement dirigés, ils

---

[167] La *Fronde* du 6 septembre 1900.

peuvent faire beaucoup de bien aux travailleurs. Mais, pour l'instant, les syndicats féminins sont rares. Un exemple : à Paris, la couture compte environ 60 000 ouvrières, et son syndicat, fondé par Mme Durand, comprend à peine 500 membres, dont 60 seulement, montrent quelque activité.[168] L'idée syndicale fait donc péniblement son chemin parmi les femmes ; et il n'est pas douteux que les lingères dispersées aux quatre coins des villes, travaillant en chambre, isolées, solitaires, sans se fréquenter, sans se joindre, sans se connaître les unes les autres, n'aient plus de peine encore à s'unir et à se concerter. Et puis, comment pourraient-elles s'entendre avec les couvents ?

Il y a bien une solution que M. d'Haussonville a proposée :[169] c'est à savoir que les communautés se syndiquent pour lutter contre les rabais des grands magasins et relever les prix de la main-d'oeuvre. En Amérique, ce serait déjà chose faite. Mais en France, imagine-t-on un syndicat de bonnes soeurs, une coalition de congréganistes, une grève de nonnes ? Je ne conseillerai pas aux orphelinats, aux ouvroirs, aux patronages, d'en faire l'essai. Ils soulèveraient contre eux un tumulte de récriminations, le bon public les accusant sur-le-champ d'une soif de gain effrénée, d'enrichissement insatiable, d'accaparement illicite. Et si jamais leurs réclamations venaient à aboutir, le relèvement des prix de façon qui profiterait aux ouvrières libres, entraînerait du même coup une hausse des prix de vente, que les petits consommateurs ne pardonneraient jamais aux communautés.

Mais que l'opinion se rassure : on ne verra pas de sitôt un syndicat de religieuses faire la loi aux patrons. Les congrégations de femmes n'en ont sûrement ni le goût ni le

[168] La *Fronde* du 6 septembre 1900.
[169] *Salaires et misères de femmes*, pp. 42 et 43.

moyen : elles sont trop routinières, trop timorées, trop pacifiques, pour tenter une nouveauté si hardie ; et le voulussent-elles, on peut croire qu'elles en seraient empêchées, l'État les condamnant à l'impuissance par une législation draconienne qui subordonne leur droit de contracter, de plaider, d'exister même, au bon plaisir du gouvernement.

D'autre part, nous ferons grief aux orphelinats de deux choses : en général, ils pensent moins à l'enfance qu'à la communauté, moins à l'avenir qu'au présent. Il y a, je le sais, d'admirables exceptions. Néanmoins, certains ouvroirs, trop exclusivement préoccupés de faire vivre la maison,--et souvent, la nécessité les y contraint,--négligent l'instruction et l'apprentissage des jeunes filles. On me dit que les grandes doivent gagner le pain des petites. Encore est-il qu'il faudrait mettre les unes et les autres en état de travailler utilement, pour vivre dignement à leur majorité. Au lieu de cela, on les confine en un même atelier, on leur impose toujours la même tâche : aux unes les pantalons, aux autres les chemises, à celles-ci les ourlets, à celles-là les boutonnières. Ici, comme ailleurs, cette division du travail présente des avantages considérables pour le rendement du travail, qui est plus rapide et plus soigné, et de graves inconvénients pour l'éducation professionnelle des orphelines, qui reste forcément incomplète. Ajoutons que le travail des enfants est rarement payé en argent. Ce qu'elles font est retenu en compensation de ce qu'elles consomment ; et les pauvres filles sortent sans un sou de l'établissement qui les a recueillies. Il est vrai que la plupart des couvents leur composent un petit trousseau ; mais pourquoi ne pas essayer de leur constituer un petit pécule ? Quelques menues gratifications, distribuées suivant l'ouvrage fait et déposées à la Caisse d'épargne, donneraient à cette intéressante jeunesse plus de coeur à la besogne et plus de confiance en l'avenir.

Pourquoi même n'imposerait-on pas aux établissements d'assistance privée, religieux ou laïques, l'obligation d'apprendre une profession et d'accorder, dans la mesure du possible, une certaine rémunération pécuniaire à leurs petites pensionnaires, de façon que celles-ci, mieux préparées à la vie, puissent atteindre leur majorité avec un peu d'argent dans leur poche et un bon métier dans les mains ? Et ces charges légales, qui augmenteraient plus ou moins gravement les frais généraux des ouvroirs et des orphelinats, relèveraient peut-être, du même coup, le salaire des ouvrières libres, en obligeant les couvents à réclamer aux grandes maisons de confection des prix de façon plus rémunérateurs.

Quant à laisser aux syndicats féminins, comme beaucoup l'ont réclamé, la nomination des inspecteurs du travail investis du droit de visite dans les ateliers tenus par les congrégations religieuses, nous n'y souscrirons jamais. Cette fonction de surveillance est une fonction d'État. Les délégués des syndicats seraient trop enclins à traiter les orphelinats comme des rivaux qu'il est de bonne guerre de vexer, d'affaiblir ou d'abattre, et non comme des justiciables à qui l'on doit le respect et l'impartialité. Que l'État conserve donc le choix et l'investiture des fonctionnaires,--hommes ou femmes,--chargés d'inspecter les ateliers congréganistes, sauf à prendre l'avis des travailleuses elles-mêmes, puisque celles-ci ont obtenu, en 1900, l'électorat et l'éligibilité au Conseil supérieur du Travail. Libre même à l'État de faire mieux que les couvents dans les maisons qu'il dirige, c'est-à-dire dans les prisons de femmes et les refuges de l'Assistance publique. Nous l'inviterons même, pour les travaux qui le concernent, à fixer des prix de séries, afin de relever, par une sorte d'exemplarité attractive, les salaires de la main-d'oeuvre laïque et religieuse, toutes les fois, du moins, que les ressources du budget et l'intérêt des contribuables lui permettront de prendre cette généreuse initiative sans préjudice pour personne. N'est-ce pas le devoir de l'État d'être un patron modèle ?

II

Par ailleurs, il n'est pas rare que la main-d'oeuvre féminine soit, à quantité et à qualité égales, moins rétribuée que la main-d'oeuvre masculine. On assure même que, dans certains cas, le salaire des femmes est inférieur de moitié au salaire des hommes. Une chose certaine, c'est qu'en général l'ouvrière est moins payée que l'ouvrier, et la cuisinière moins que le cuisinier, et la femme de chambre moins que le valet de chambre. Pourquoi ce traitement inégal, si les uns et les autres rendent les mêmes services ? De telles différences de rétribution ne sauraient laisser insensible quiconque s'intéresse au relèvement économique de la femme du peuple. Et si, par hasard, elles n'avaient d'autre raison qu'une mauvaise pensée d'envie, de rancune, de dédain, pour celle qui travaille de ses mains, il faudrait dire tout crûment qu'un pareil sentiment est abominable.

C'est justice, assurément, qu'une disproportion dans l'oeuvre faite se traduise par une disproportion correspondante dans la rémunération reçue. Mais, lorsque le travail de la femme est aussi pénible, aussi prolongé, aussi productif que celui de l'homme, pourquoi la rétribution de l'un et de l'autre ne serait-elle pas la même ? La raison et l'équité font un devoir au patron d'égaliser les salaires entre les travailleurs des deux sexes, dont les tâches (cela peut arriver) sont identiques comme effort et comme rendement. Si nous sommes condamnés, hélas ! à voir souvent l'amour vénal mieux payé que l'honnête labeur, prenons garde, du moins, que l'infériorité des gains féminins ne soit, pour les âmes faibles, le prétexte ou l'occasion de chutes lamentables. De là cette formule de revendication : « A travail égal, égal salaire.» Le féminisme ouvrier, qui exprime de tels voeux, est-il si déraisonnable ?

Savez-vous même plus belle formule et plus impressionnante vérité ? En stricte équité (j'y insiste), l'équivalence de productivité entre le travail de l'ouvrière et celui de l'ouvrier emporte nécessairement l'équivalence de leurs rémunérations respectives. Pourquoi ? Parce que, dans ce cas, payer la femme moins que l'homme, c'est violer la plus élémentaire justice, subordonner sans raison le sexe faible au sexe fort, provoquer l'abaissement des salaires, aviver la concurrence entre la main-d'oeuvre féminine et la main-d'oeuvre masculine, remplacer à l'atelier l'homme que l'on paie plus par la femme que l'on paie moins, créer l'antagonisme entre l'ouvrier et l'ouvrière, désunir deux forces faites pour s'aider, dissocier deux êtres nés pour s'entendre. Cela suffit, je pense, pour légitimer la péréquation des salaires masculins et féminins.

Mais cette égalité de rémunération suppose, en fait, (nous y revenons à dessein) l'égalité préalable de production. Et il arrive plus fréquemment qu'on ne le croit, que, travaillant le même temps et aux mêmes pièces que l'homme, l'ouvrière soit impuissante à fournir même valeur, même productivité, même somme d'efforts, l'ouvrier disposant, par constitution et par tempérament, de plus de muscle, de plus d'énergie, de plus d'endurance.

Et lors même que les machines viendraient à simplifier, à alléger l'effort musculaire, de manière à n'exiger pour les conduire que du soin, de l'adresse et du coup d'oeil, qualités qui se rencontrent habituellement chez la femme, il resterait contre l'ouvrière, fille ou veuve, les crises énervantes de son sexe et, lorsqu'elle est mariée, les épreuves intermittentes de la maternité. J'ai peur que le féminisme ne se débatte vainement contre ces causes naturelles d'infériorité économique. Point de doute, assurément, que les disparités actuelles ne s'atténuent graduellement. C'est l'avis de M. Paul Leroy-Beaulieu : « Nous croyons, dit-il, que la différence entre les salaires des hommes et les salaires des femmes s'affaiblira avec le temps, et que les deux niveaux se rapprocheront. »[170] Mais arriveront-ils à se confondre ? C'est une autre affaire. Il faudrait, pour cela, que l'ouvrière cessât d'être femme.

Maintenons, néanmoins, qu'il est bon de tendre à l'unification des gains entre les deux sexes,--la stricte équité exigeant qu'un travail égal soit payé d'un égal salaire. C'est pourquoi, prenant texte de ce principe, la Gauche féministe a émis le voeu, que « les administrations nationales, départementales, communales et hospitalières donnent l'exemple aux patrons, en rétribuant de même façon les femmes et les hommes qu'elles emploient. » A quoi une excellente femme d'humeur socialiste objecta que « les administrations étaient aussi capitalistes que les patrons. » Mais un ancien fonctionnaire fit observer philosophiquement que « les administrations ne demandent pas mieux que de payer, pourvu qu'on leur donne de l'argent. » Ce qui est la vérité même,--toutes les innovations se faisant, chez nous, avec la bourse des contribuables. Et le voeu fut adopté à l'unanimité.[171]

III

Pour ce qui est de la sécurité, de l'hygiène et de la durée du travail, nous nous associons de grand coeur à toutes les innovations, équitables et pratiques, susceptibles d'améliorer le sort des travailleuses. Telle la loi du 29 décembre 1900, qui a reconnu et sanctionné le droit de

---

[170] *Le Travail des femmes au* XIXe *siècle*, p. 141.

[171] Voir la *Fronde* du 6 septembre 1900.

s'asseoir pour les ouvrières et les employées, et l'obligation corrélative pour les patrons de mettre des sièges à la disposition des femmes qu'ils emploient ; telles la réduction graduelle des heures de travail et l'extension progressive du repos hebdomadaire à toutes les occupations manuelles ; telles encore les mesures capables de faciliter aux femmes du peuple l'accomplissement de ce grand devoir social qui s'appelle la maternité.

Que de progrès à réaliser, rien que sur ce dernier point ! Dans l'intérêt de l'espèce et par simple devoir d'humanité, n'est-il pas urgent d'arracher la mère et l'enfant aux privations et aux souffrances, en ouvrant de nouveaux refuges à la femme enceinte ? n'est-il pas de supérieure justice de mettre l'ouvrière au repos, en demi-solde, avant et après l'accouchement, tant que le médecin le juge nécessaire ?

Il y a danger pour une mère de se charger de trop gros travaux dans le temps qui précède ou qui suit l'accouchement. A trop hâter l'époque des relevailles, à retourner trop tôt à la fabrique, elle risque de compromettre sa santé, de léser grièvement son organisme par des efforts prématurés. Le nouveau-né n'est pas moins à plaindre : que de fois le manque de soins, la mauvaise nourriture, la faim et l'abandon le vouent à la dégénérescence ou à la mort ? Le peu d'enfants qui résistent poussent comme ils peuvent, au petit bonheur, sans connaître les douces caresses de la mère.

Mais comment permettre à l'ouvrière de garder le foyer aux époques de la maternité ? Cette question devrait éveiller davantage la sollicitude des oeuvres privées et des pouvoirs publics.

Jadis, en plusieurs contrées, la femme du peuple sur le point d'être mère devait être entretenue aux frais du public, jusqu'à ce qu'elle fût en état de reprendre son travail. Il se mêlait parfois à ces prescriptions des détails charmants. Certaines vieilles coutumes permettaient de chasser ou de pêcher, même en temps prohibé, pour la jeune mère. Ailleurs, chaque vigneron était tenu, quand elle en manifestait le désir, de lui couper trois belles grappes de raisin au moins.[172]

Jusqu'ici, la question d'argent a empêché l'État de prendre à sa charge l'assistance des femmes en couches. Mais si les pouvoirs publics reculent devant une obligation aussi lourde, certaines oeuvres d'initiative privée se sont montrées plus ingénieuses et plus hardies. La *Couturière* et la *Mutualité maternelle*, patronnées par les grandes maisons d'habillement, allouent à toute sociétaire qui accouche une indemnité de 50 francs, sous la condition qu'elle restera quatre semaines sans travailler ; elles y joignent une prime d'allaitement dans le cas où la mère nourrit elle-même son enfant. Grâce au chômage absolu pendant la période critique, ces sociétés se font gloire d'avoir abaissé à 9 ou 10%, parmi leurs participantes, le chiffre de la mortalité infantile qui, à Paris, s'élève à 35 ou 40%. A la préservation de la santé de l'ouvrière vient s'ajouter ainsi la diminution de la mortalité des nouveau-nés. C'est double profit pour la société. Nous applaudissons de même à l'idée d'une « association des mères de famille », sortes d'inspectrices de santé à domicile qui assisteraient, avec discrétion, de leurs conseils et de leurs bons offices, les mères pauvres et les enfants malades.[173]

Mais convient-il de pousser plus loin l'idée de protection ? Considérant que, dans la période de gestation et d'allaitement, la femme est un véritable « fonctionnaire

---

[172] Voyez pour les détails P. Augustin Rösler, *La question féministe*, p. 237.

[173] Congrès international de la condition et des droits des femmes. La *Fronde* du 7 septembre 1900.

social,» M. Viviani a demandé la fondation d'une «Caisse de la Maternité», afin de mieux assurer aux femmes enceintes un secours pécuniaire, au moment où leurs ressources diminuent et leurs charges augmentent. Et comme on s'inquiétait de savoir où prendre l'argent nécessaire à cette dotation, il fut répondu que le budget des Cultes en ferait les frais, ce budget étant non seulement «inutile,» mais encore «préjudiciable à l'humanité tout entière.»[174] Poussant même à l'extrême l'intervention de l'État, le Congrès de la Gauche féministe de 1900 a émis le voeu qu'» un séjour d'un mois, au minimum, dans les hôpitaux spéciaux ou les maisons de convalescence, fût *imposé* à la mère qui, après son accouchement, ne pourrait justifier de moyens d'existence pour elle et son enfant.»

Une pareille prescription ferait saigner le coeur de bien des mères. Je ne crois pas qu'il soit possible d'infliger aux ouvrières pauvres l'obligation d'accoucher à l'hôpital. Parlant en leur nom, Mme Renaud a déclaré qu'elles n'accepteraient pas cette injonction, «parce qu'une femme, qui a souci de son mari et de ses enfants, ne pourrait pas jouir tranquillement de l'air pur de la campagne, et s'en irait plutôt par la porte ou par la fenêtre rejoindre les malheureux qu'elle aurait laissés.» Et puis, les ouvrières,--comme les ouvriers, d'ailleurs,--ont horreur de l'hôpital. Il n'en est pas une qui ne préfère le dénuement de sa chambre froide et malsaine à l'hygiène savante et luxueuse d'une salle commune. Elles veulent être chez elles. Et comme si cette obligation d'hospitalisation n'était pas assez dure par elle-même, on la subordonne, en outre, à une constatation humiliante entre toutes : celle de la misère. Nous ne voulons point de réclusion forcée pour les mères pauvres.

---

[174] Voir la *Fronde* du 7 septembre 1900.

Mais l'enfant, direz-vous, ne doit pas souffrir des préventions de la mère.--Cette objection montre que la question a deux faces et qu'on doit la trancher différemment, suivant qu'on envisage l'intérêt de la mère ou l'intérêt du nouveau-né. Ceux qui entendent protéger l'enfant, avant tout, n'hésiteront pas à imposer aux mères de famille toutes sortes de précautions, d'obligations, d'inquisitions. On leur dira que le fruit de leurs entrailles appartient non moins à la société qu'à la famille ; qu'elles ne sont pas libres de remplir ou de méconnaître, à leur gré, les mesures hygiéniques requises pour la bonne venue des petits ; qu'il est des heures où l'État doit forcer les gens à se soigner ; bref, que la mère est débitrice, vis-à-vis de la communauté, de l'être qu'elle porte en ses flancs, et que toute imprudence, qui compromettrait son existence et sa santé, serait un crime de lèse-nature et de lèse-humanité.

Bien que j'admette l'antériorité et la primauté des droits de la famille sur les droits de la société, je ne contesterai point que celle-ci ne soit intéressée à la naissance de l'enfant et à la préservation de l'espèce. J'avouerai même que beaucoup de femmes, qui ne sont pas précisément de mauvaises mères, prendront difficilement, d'elles-mêmes, les soins et le repos qu'exige leur état. Ceux-là n'en douteront point qui ont vu, dans les crèches, quelqu'une de ces malheureuses, maigres et hâves, donner à leur enfant un sein vide ou un lait appauvri. Est-ce une raison suffisante pour aggraver d'une nouvelle charge le lourd fardeau de la maternité ? Convient-il de sacrifier à la santé de l'enfant la liberté de la mère ? Et lorsque celle-ci refusera de subir l' » imposition » qu'on propose de lui infliger, fera-t-on appel à la gendarmerie pour la séparer violemment des siens et la traîner à l'hôpital ? Transformerons-nous les maisons de convalescence en maisons de force ? Placerons-nous toutes les femmes enceintes, après vérification faite de leur pauvreté, sous la surveillance de la police ? Une telle loi serait humiliante et cruelle. Je mets l'État au défi de l'appliquer.

Certes, le budget de la maternité, qu'il soit alimenté par l'assistance publique ou la charité privée, ne sera jamais assez riche. Mais si nous devons secourir largement les mères indigentes et leur pitoyable progéniture, il importe, autant que possible, de ne point arracher les enfants à leurs parents, ni les mères à leur foyer. Encore une fois, pas d'hospitalisation obligatoire. Sinon, la maternité finirait par être redoutée comme une déchéance, au lieu d'être acceptée comme un honneur. Ce n'est pas le moment d'affaiblir, dans l'esprit du pauvre, la conscience et l'amour de ses devoirs.

L'hospitalisation de la femme enceinte sera donc *facultative*. Et j'ajoute que l'assistance de l'État sera *supplétive* : ces deux choses se tiennent. Que si, en effet, la mère est, comme le socialisme l'affirme, redevable de son enfant à la communauté, celle-ci lui doit, en échange, « la nourriture, l'habitation et le repos indispensables pour faire un être de beauté aussi parfait qu'elle en est capable. »[175] C'est la solution collectiviste. Mais alors je ne vois pas ce que l'État répondrait aux mères qui lui tiendraient le langage suivant : « Du moment que mon enfant est à vous autant qu'à moi et que vous m'imposez, à ce titre, un internement obligatoire dans un asile à votre choix, je prétends que, par une suite nécessaire, j'ai le droit de vous imposer la responsabilité et la charge des miens et d'exiger que mes enfants soient nourris et élevés aux frais de la collectivité. »

Du coup, le budget des Cultes n'y suffirait pas. Mais ici, la question d'argent est de peu d'importance à côté de la question de principe. Ce qu'il faut empêcher, c'est que les

---

[175] Rapport de Mme la doctoresse Edwards Pilliet présenté au Congrès international de la condition et des droits des femmes. La *Fronde* du 7 septembre 1900.

droits et les devoirs de l'État n'entament les droits et les devoirs de la famille. A ruiner peu à peu la responsabilité des parents, on affaiblirait, dans l'esprit des hommes, la notion même du mariage qui est la sauvegarde suprême de la femme et de l'enfant. A donner une prime à la maternité naturelle, dont les enfants seraient élevés presque toujours aux frais du public, on découragerait la maternité légitime qui, Dieu merci ! s'obstine et s'épuise à élever les siens ; on désapprendrait au mari les premiers devoirs de la paternité, en l'habituant à se désintéresser du sort de la mère et des petits ; et finalement on préparerait la voie à l'union libre, qui nous paraît (nous le démontrerons plus loin) inséparable de l'avilissement et de l'asservissement du sexe féminin.

Que faire ? Persévérer dans la direction où nos lois sont entrées. Que les femmes pauvres soient donc assistées à domicile : cette solution libérale sauvegarde à la fois l'intérêt de l'enfant et les justes susceptibilités de la mère. Dès maintenant, les femmes en couches sont assimilées aux malades et bénéficient de l'assistance médicale gratuite ; elles peuvent même, en cas d'urgence, être hospitalisées, sur l'avis du médecin, aux frais de la commune, du département ou de l'État. Nous souhaitons que ces mesures de protection soient complétées au profit des domestiques, mariées ou non, dont la grossesse est souvent une cause de renvoi. Il y aurait même de grands avantages à fonder et à multiplier les « maternités secrètes » ouvertes aux filles-mères qui veulent dissimuler leur grossesse. En résumé, nous acceptons l'» assistance maternelle », aussi largement pratiquée qu'on le voudra, à la seule condition qu'elle soit *supplétive pour l'État* et *facultative pour la mère*. Ainsi comprise, quelles belles occasions d'efforts utiles et de nobles dévouements elle peut offrir aux femmes médecins de l'avenir !

IV

Quant aux réglementations légales de 1892, le féminisme n'en veut plus. Il les dénonce comme un abus et les repousse comme une insulte. C'est un fait notable que les trois Congrès de 1900 ont émis le voeu,--non sans vive discussion, il est vrai,--que « toutes les lois d'exception qui régissent le travail des femmes fussent abrogées. » Est-ce une simple bravade ? Pas tout à fait. Au Congrès catholique, Mlle Maugeret s'est exprimée ainsi : « Dans le groupe que j'ai l'honneur de représenter, nous sommes tous partisans de la liberté du travail, sans autre réglementation que les forces, le courage, les besoins du travailleur, toutes choses dont lui seul est compétent. Au Féminisme chrétien, nous réprouvons la législation ouvrière à l'endroit des femmes. »[176] Nous relevons dans le rapport présenté au Congrès du Centre féministe par Mme Maria Martin les mêmes déclarations péremptoires : « Nous demandons pour toute femme majeure, même pour la mère, le droit de juger des conditions qui doivent gouverner son travail. Nous voulons le travail libre dans un pays libre. »[177] Enfin, Mme Marguerite Durand, au Congrès de la Gauche féministe, s'est prononcée dans le même sens, pour ce motif que « le premier devoir d'humanité doit consister à lever devant la femme travailleuse les obstacles et les difficultés, » et que « la loi, qui soi-disant la protège, les accroît et les amoncelle, et va de la sorte à l'encontre de son but. »[178]

Point de doute : pour le gros des féministes, protection signifie vexation, oppression, persécution. Cet état d'esprit trouve peut-être son explication dans un fait qui

---

[176] Rapport sur la Liberté du travail présenté par Mlle Marie Maugeret au Congrès catholique de 1900. *Le Féminisme chrétien* du mois de juillet 1900, p. 211.

[177] *La Ligue*, organe belge du Droit des femmes, n° 3 de l'année 1900, pp. 82 et 83.

[178] *La Fronde* du 6 septembre 1900.

a récemment défrayé la presse et occupé la justice. La *Fronde* est imprimée uniquement par des femmes. Or, le travail de composition d'un journal quotidien est de ceux qui ne peuvent guère se faire que la nuit. De ce chef, de nombreuses infractions furent relevées contre Mme Marguerite Durand qui, sur appel du Ministère public, fut condamnée finalement pour violation de la loi. Ce qu'il y a de plus étrange en cette réglementation, c'est que le travail de nuit, interdit aux ouvrières typographes, est permis exceptionnellement aux plieuses et aux brocheuses. Comprend-t-on une loi disant à la femme : « Tu ne pourras composer un journal de neuf heures du soir à minuit, mais tu pourras le plier de deux à quatre heures du matin ? » Ces inconséquences et ces entraves furent sans doute plus vivement senties par les femmes dont nous venons de citer les noms, puisque toutes les trois touchent de près au journalisme et à l'imprimerie.

On sait que Mme Durand est directrice de la *Fronde* ; de son côté, Mme Maria Martin a fondé le *Journal des Femmes* ; et quant à Mlle Maugeret, non contente d'inspirer et d'imprimer le *Féminisme chrétien*, elle a créé une école professionnelle de typographie pour les jeunes filles, où elle a pu étudier sur le vif tous les inconvénients de la surveillance légale.

De là cette conclusion que les lois ne sont pas faites pour les femmes, mais contre les femmes ; d'autant mieux que la réglementation ne s'étend qu'aux industries où l'ouvrière fournit un travail salarié. Rentrée chez elle, elle peut, si bon lui semble, travailler toute la nuit à telle besogne qu'elle voudra. Si donc le législateur lui défend, au nom de l'hygiène, de compromettre sa santé à l'atelier, il lui permet, au nom de l'inviolabilité du foyer, de la ruiner librement à son ménage.

Faut-il donc supprimer purement et simplement la loi de 1892 ? J'y souscrirais sans hésitation, s'il m'était démontré que la protection légale est une simple survivance des anciens préjugés qui tenaient la femme pour une éternelle mineure. Mais n'en déplaise à certaines féministes qui poussent le parti pris jusqu'à l'injustice, j'ai l'assurance que, parmi les partisans du travail réglementé, il est beaucoup d'hommes qui cherchent le bien de l'ouvrière et croient sincèrement, sans arrière-pensée de domination humiliante, servir ses intérêts en la défendant contre le surmenage et l'exploitation dont elle est souvent victime.

Je me résignerais encore à l'abrogation pure et simple des lois de protection, s'il m'était démontré qu'elles font à la femme plus de mal que de bien. Mais, quoi qu'on dise, cette preuve ne me semble pas faite. La loi de 1892 est un moyen terme, une transaction et une transition entre les nécessités du présent et les progrès de l'avenir. Elle n'est pas parfaite, et ses auteurs eux-mêmes en jugent ainsi puisqu'ils la modifient sans cesse. L'imprimerie nous a servi d'exemple, et il y en a d'autres. Je dirai même que, si savamment remaniée qu'on la suppose, cette loi fera toujours des mécontents.

C'est pourquoi je souhaite qu'on l'applique avec discrétion, là seulement où elle est susceptible de faire quelque bien. Si j'étais magistrat, je prendrais pour règle de décision, en cette matière, cette maxime de large équité : « La meilleure interprétation des lois est celle qui les plie et les adapte le mieux aux besoins présents et aux intérêts actuels des justiciables. » J'aurais donc absous Mme Durand, comme l'avaient fait ses premiers juges, par ces motifs que l'esprit de la loi n'est pas de dépouiller les femmes de leur gagne-pain et que, la composition d'un journal ne pouvant se faire que la nuit, l'imprimeur ne doit pas être inquiété pour ce fait, dès qu'il n'exige pas des ouvrières une durée ou une intensité de travail excessive. Les lois de protection sont, à mon sentiment, beaucoup moins des règles de coercition rigide que des moyens d'intimidation morale. Ce n'est pas moi qui reprocherai à l'inspection du travail de ne les faire appliquer que par intermittences ou même par exception.

Il faut se défendre contre cette monomanie autoritaire de réglementer minutieusement les moindres détails de la main-d'oeuvre industrielle. Il faut se dire qu'avec les meilleures intentions, une loi trop sévère et trop uniforme risque de ruiner et d'affamer les prolétaires que l'on veut protéger. Ceux mêmes qui voient dans la réglementation légale une arme dirigée *contre* le patron, beaucoup plus qu'une garantie instituée *pour* la femme, feront bien de réfléchir que cette arme est à deux tranchants, et qu'en frappant le capitaliste elle peut atteindre l'ouvrière. Quant aux gens d'âme plus libérale qui se sentent peu de goût pour l'intervention de l'État dans les conditions du travail, ils tiendront les lois de protection pour des lois d'indication destinées, par la crainte révérentielle qu'elles inspirent, à préparer l'avènement de meilleures moeurs industrielles.

D'autre part, nous nous refuserons à étendre leurs prohibitions aux travaux du ménage, si pénibles qu'ils puissent être. On nous dit bien que les veillées employées à réparer les vêtements du père et des enfants sont aussi fatigantes que les travaux de l'usine ou de l'atelier : nous n'en disconvenons pas. Mais le foyer nous apparaît comme l'asile sacré, le rempart auguste, le dernier refuge de la liberté. Autoriser l'inspecteur à en franchir le seuil, c'est abandonner la famille aux investigations les plus insupportables, c'est livrer nos actes, nos secrets, notre vie aux pires inquisitions. Singulière logique, en vérité, que celle de ces féministes qui, mécontentes des réglementations de l'atelier, proposent de « les étendre aux ménagères dans leurs ménages ! »[179]

---

[179] La *Fronde* du 6 septembre 1900.

Appliquées à la famille, les lois d'exception feraient beaucoup plus de mal que de bien.

Même restreintes à l'industrie, ne sont-elles pas encore plus nuisibles qu'utiles ? C'est précisément ce qu'on soutient, en affirmant que « toutes les fois qu'une loi a voulu protéger les ouvrières, celles-ci en ont été les dupes. » Cette assertion est excessive : nous en appelons au témoignage des femmes elles-mêmes. Au Congrès de la Gauche féministe, Mme Vincent, parlant au nom de la Société coopérative des ouvriers et ouvrières de l'habillement, a déclaré que « tous, hommes et femmes, sont d'accord sur ce point que le travail de nuit doit être rigoureusement interdit. » Et la même congressiste a terminé sa communication pleine de faits et d'exemples décisifs, en disant que « la fermeture à heures fixes des ateliers de couture, de lingerie et, plus généralement, de toutes les maisons qui occupent des femmes, serait une excellente mesure pour sauvegarder la santé et la moralité des jeunes ouvrières. »

Eu égard à la concurrence qui sévit particulièrement dans les travaux de l'aiguille, le patron ne connaît forcément qu'une chose : il faut que ses commandes soient exécutées. Et l'ouvrière, qui se dit que ses maigres salaires sont nécessaires pour la faire vivre, elle et ses petits, sera tentée d'accepter toutes les charges d'un surtravail accablant. C'est le rôle bienfaisant de la réglementation de mettre un frein aux exigences du patronat et aux rigueurs de la concurrence. Aimez-vous mieux que la loi se taise et que l'ouvrière se tue ? Lingères, fleuristes, couturières, en un mot, toutes les femmes qui n'ont pas à redouter la concurrence du travail masculin, ne sont pas de cet avis. Pour elles, du moins, la protection a du bon.[180]

Même assentiment chez tous ceux qui pensent que, par définition, l'État est le défenseur naturel des faibles et des incapables. Qui oserait effacer de la loi de 1892 les dispositions prises en faveur de la jeune fille ? Impuissante à se protéger elle-même, il faut bien qu'elle soit protégée par quelqu'un. Lorsqu'il s'agit d'introduire les inspecteurs dans les couvents et les orphelinats, afin de mettre un terme à l'» exploitation cléricale» des pupilles de la charité, le féminisme libre-penseur ne manque pas d'y applaudir. C'est donc que la tutelle du bras séculier n'est pas toujours à dédaigner.

Autre exemple. Pour des raisons d'hygiène et de moralité, la loi française interdit aux femmes le travail minier. Qui trouvera cette prohibition mauvaise ? Je regrette vivement, pour ma part, que les nécessités actuelles de l'industrie condamnent l'homme à ce travail dangereux et lugubre ? Comme dans les anciens temps, ces travaux souterrains devraient être seulement la punition des criminels. Convient-il, par un scrupule de liberté, d'ouvrir aux femmes tous les chantiers où les hommes s'épuisent en efforts périlleux et abrutissants ?

V

Malgré les belles phrases, dont ces dames honorent le « travail libre », nous croyons qu'elles obéissent, dans le secret de leur coeur, à un tout autre mobile que celui de l'indépendance du labeur et de l'autonomie de l'effort. Celles d'entre elles qui se disent incroyantes, ne veulent pas

---

[180] Compte rendu sténographique du Congrès de la condition et des Droits de la Femme. La *Fronde* du 6 septembre 1900.

entendre parler de liberté pour les orphelinats et les couvents : ce qui n'est ni logique, ni magnanime. Et quant aux autres, si elles repoussent la protection de l'homme, c'est moins par amour de la liberté que par haine de l'inégalité. Leur fierté s'offense d'une tutelle qui prend des airs de commisération supérieure. Que ce soit bien là leur sentiment véritable, certains congrès l'ont manifesté clairement. « Nous demandons qu'il n'y ait pas deux poids et deux mesures pour les deux sexes, » déclare une congressiste. « Protégeons le père comme nous protégeons la mère, » s'écrie une autre. « Je ne suis pas contre les lois du travail, prononce une troisième, je suis contre les lois d'exception. »[181] Au fond, les réglementations de l'État trouvent grâce auprès des femmes. Mme Maria Martin, elle-même, dont le rapport se termine par cette formule du plus pur libéralisme : « Le travail libre dans un pays libre, » nous fait cet aveu : « Si la loi avait été applicable aux deux sexes, nous n'aurions eu rien à dire ; un bien pour la classe ouvrière, en général, en eût pu sortir. »[182]

Ainsi donc, en serrant de plus en plus près la question, nous arrivons à cette double constatation que les lois, qui régissent le travail féminin, ne sont guère attaquables dans les dispositions qui régissent : 1° les travaux restés presque exclusivement aux mains des hommes, comme les travaux souterrains,--ceux-ci n'étant ni dans le tempérament ni dans les goûts des femmes ; 2° les travaux restés presque exclusivement aux mains des femmes, comme les travaux de l'aiguille,--ceux-ci étant beaucoup moins dans les habitudes et dans les aptitudes de l'homme.

Restent les industries où la main-d'oeuvre féminine fait concurrence à la main-d'oeuvre masculine : telle l'imprimerie, et souvent la filature et le tissage. Il n'est pas

---

[181] La *Fronde* du 6 septembre 1900.

[182] Rapport cité plus haut, *eod. loc.*, p. 78.

rare que, dans une même usine, hommes et femmes dirigent
les mêmes machines. C'est à propos de ces industries mixtes
que le mot « protection », toujours bienveillant en apparence,
peut être nuisible dans l'application, en mettant l'ouvrière en
état d'infériorité vis-à-vis de l'ouvrier.

Comment voulez-vous qu'un patron accepte sur un
pied d'égalité les hommes et les femmes, si les travailleuses
lui causent, de par la loi, plus de tracas et plus d'obligations
que les travailleurs ? Or, les lois de protection du travail
féminin l'assujettissent plus gravement aux visites imprévues
des inspecteurs, au contrôle perpétuel des heures d'entrée et
de sortie, aux vexations des enquêtes, à la surveillance de
l'hygiène et du repos des ouvrières. Pour se dédommager de
ces charges et de ces ennuis, rien de plus naturel que le
patron paie la main-d'oeuvre féminine moins cher que la
main-d'oeuvre masculine. Et voilà comment les lois de
protection, suivant la démonstration de Mme Durand, ont
pour résultat certain l'abaissement des salaires. On se flattait
de protéger les femmes contre les hommes, et finalement on
arrive à protéger les hommes contre les femmes. On voulait
ménager la faiblesse de l'ouvrière, et l'on accroît l'infériorité
de son labeur. Bref, en diminuant sa peine, on rationne son
pain. D'où cette conclusion : « Voulez-vous l'égalité du
salaire ? Vous ne l'aurez que par l'égalité du travail. Et point
d'égalité dans le travail sans liberté dans l'effort. Plus
d'exception : le droit commun pour tous. »[183] Et sur la
proposition de M. Tarbouriech, le Congrès de la Gauche
féministe a voté « l'application à toute la population
ouvrière, et sans distinction de sexe, d'un régime égal de
protection. »

Il y a dans ce voeu, si je ne m'abuse, une part de
chimère et une part d'exagération. L'exagération, d'abord,

---

[183] La *Fronde* du 6 septembre 1900.

sera évidente pour quiconque aura bien voulu se pénétrer des développements qui précèdent. Pourquoi, en effet, rejeter en bloc une loi de réglementation industrielle dont certaines catégories d'ouvrières,--et notamment les syndicats de la couture,--prétendent tirer profit ? En maintenant même ces mesures d'exception pour les corps de métier qui en bénéficient, il n'est pas impossible de réaliser, en certains cas, l'unification des lois de protection au profit des deux sexes. Notre législateur est entré dans cette voie, en fixant le maximum de la journée de travail à onze heures pour les ouvriers et les ouvrières adultes. Par ailleurs, toutes les garanties prescrites en faveur de la sécurité et de la salubrité du travail profitent aux uns et aux autres ; et nous espérons bien que le repos hebdomadaire s'imposera pareillement, avant qu'il soit longtemps, aux hommes comme aux femmes. L'égalité de protection pour les deux sexes est donc réalisable, en plus d'un point, là où ceux-ci travaillent dans les mêmes ateliers, coopèrent à la même fabrication, servent les mêmes machines.

Mais cette assimilation peut-elle être absolue ? Et elle devrait l'être pour amener et justifier l'égalité des salaires.--Je n'en crois rien, et c'est ici que m'apparaît la chimère. D'abord, il arrive souvent (l'aveu en a été fait à plus d'un congrès) que le travail de la femme ne vaut pas celui de l'homme. A temps égal, l'ouvrier l'emporte sur l'ouvrière par la résistance physique et la force musculaire. Je relève, dans une communication intéressante de Mme Durand, ce passage significatif : « La régularité dans le travail, la continuité dans l'effort, sont, en général, contraires au tempérament de la femme, qui est capable plutôt d'efforts momentanés, d'accès de zèle, de ce que l'on appelle, vulgairement des coups de collier. »[184] Est-il possible que cette inégalité de labeur n'engendre pas une inégalité de

---

[184] La *Fronde* du 6 septembre 1900.

rémunération ? La lassitude et l'excitabilité, les indispositions et les maladies, sont plus fréquentes chez les ouvrières que chez les ouvriers : c'est un fait. Est-il possible au patron de n'en point tenir compte ? Rester debout, par exemple, pendant de longues heures, à la boutique ou à l'usine, offre beaucoup plus d'inconvénients pour le personnel féminin que pour le personnel masculin ; et c'est pourquoi la loi du 29 décembre 1900 n'a fait bénéficier d'un siège--tabouret, chaise ou strapontin--que les ouvrières et les employées.

Dès lors, comment parler sérieusement d'égalité de protection légale entre l'homme et la femme ? A peine le Congrès de la Gauche féministe avait-il voté cette assimilation que, par un hommage involontaire rendu à la vérité des choses, il s'est empressé de réclamer une protection spéciale pour l'ouvrière enceinte. Pas moyen, je pense, d'étendre aux hommes une pareille sollicitude. Or, de combien d'interruptions de travail et d'irrégularités inévitables sont cause et les grossesses, et les couches, et l'allaitement, c'est-à-dire toutes les charges de la maternité, dont c'est le propre d'exalter le coeur et aussi d'invalider momentanément les forces de la femme.

Ces inégalités de nature ne permettent guère, on le voit, d'unifier la protection pour égaliser les salaires. Ce qui revient à dire que la maternité, qui est le lot de la femme, constituera toujours (fût-elle simplement virtuelle), pour les travailleuses de l'usine, une énorme surcharge dans cette course qui s'appelle la vie. Finissons donc par un conseil. Si nous voulons améliorer efficacement le sort des ouvrières, acceptons les services de tout le monde, d'où qu'ils viennent, du patron, de l'État, de la femme elle-même. Institutions patronales, réglementations légales, oeuvres syndicales, ont un rôle à jouer dans le relèvement de la condition féminine. Tirons-en tout le bien qu'elles comportent, ne décourageons aucune bonne volonté, et surtout gardons-nous des idées absolues si contraires aux complexités de la vie et à la nature des choses !

Et maintenant, quels métiers, quelles fonctions peuvent être ouverts impunément au sexe féminin, sans détriment pour sa santé et, par suite, sans dommage pour la communauté ? C'est une question d' » espèces », qu'on ne peut résoudre qu'en passant en revue les différentes carrières, auxquelles les femmes prétendent s'élever en concurrence avec les hommes. Et parmi ces prétentions nouvelles, il en est de graves et d'innocentes, de sérieuses et de risibles. Nous les traiterons, comme elles le méritent, en mariant le plaisant au sévère.

CHAPITRE VII

LA CONCURRENCE FÉMININE

I.--La femme ouvrière ou employée.--Protection de la main-d'oeuvre féminine.--Accord des prescriptions françaises avec les déclarations papales. II.--La femme professeur.--Répétitions au rabais.--Condition précaire et détresse cachée. III.--La femme bureaucrate.--Emplois et fonctions qui conviennent éminemment au sexe féminin. IV.--La femme artiste.--La carrière théâtrale.--Les beaux-arts et les arts décoratifs.

Avant d'entrer dans l'examen des carrières revendiquées aujourd'hui par les femmes, il est bien entendu, encore une fois, que nous ne reconnaissons à l'État le droit d'intervenir, avec son appareil coercitif, pour départager les deux sexes et intimer impérieusement à l'un : « Vous ferez ceci ! » et à l'autre : « Vous ferez cela ! » qu'autant qu'il s'agit d'une distinction d'attributions réclamée par la nature des choses et dictée manifestement par le souci des intérêts supérieurs de l'ordre public. Hors de là, nous devrons appliquer aux femmes, comme aux hommes, le principe de la liberté du travail qui, depuis la Révolution française, fait partie de notre droit public.

I

Nous ouvrons conséquemment, toutes larges, les portes de l'industrie,--de la grande et de la petite,--aux femmes qui se flattent d'y trouver leur gagne-pain. A cette liberté nous n'apportons qu'une restriction : il ne saurait convenir à l'État que, sous couleur d'indépendance ou même de nécessité, l'ouvrière risquât sa vie et compromît sa santé.

C'est pour ce motif essentiel que la loi française lui tient présentement ce langage impératif : « Jeune fille ou jeune femme, tu ne travailleras point dans les mines, sous quelque prétexte que ce soit ; car il te faut de l'air pour nourrir tes poumons et du soleil pour enrichir ton sang. En toute autre occupation industrielle, tu te reposeras la nuit et le dimanche, sauf en des cas urgents et sous réserve d'une autorisation expresse ; car il te faut un plein sommeil pour réparer tes forces et un jour de distraction pour détendre tes nerfs. Je tiens à ce que ta journée de travail n'excède point onze heures ; et je m'efforcerai de la réduire davantage, si la chose est possible, afin que tu puisses vaquer plus facilement et plus longuement aux soins du ménage. S'il m'est défendu pour l'instant de te réserver, en cas de grossesse, avant et après les couches, une période de repos consécutif de six ou huit semaines, faute de pouvoir te payer une indemnité équivalente à ton salaire interrompu (tu n'ignores pas que nos finances sont gravement obérées), mes inspecteurs, du moins, veilleront à ce que, dans les exploitations dangereuses pour ta santé, toutes les mesures de sécurité soient prises, toutes les règles d'hygiène observées, afin d'alléger ton labeur et de protéger la vie. Que si le zèle de mes fonctionnaires te paraît un peu rude ou intempestif, songe qu'il leur est inspiré par le désir de servir efficacement tes propres intérêts, qui sont inséparables de ceux de la race et de la patrie. »

Ce petit discours, plus pratique qu'éloquent, mérite d'être approuvé. Nous savons pourtant qu'il ne le sera point par toutes les femmes. En tout cas, les bonnes chrétiennes auraient mauvaise grâce à l'incriminer, puisque les garanties tutélaires, dont la loi française entoure le travail industriel des femmes, sont conformes aux recommandations les plus instantes du Souverain Pontife.

Témoin cette citation de l'Encyclique de Léon XIII sur la condition des ouvriers : « Ce que peut réaliser un homme valide et dans la force de l'âge, il ne serait pas équitable de le demander à une femme ou à un enfant. L'enfance en particulier--et ceci demande à être observé strictement--ne doit entrer à l'usine qu'après que l'âge aura suffisamment développé en elle les forces physiques, intellectuelles et morales ; sinon, comme une herbe encore tendre, elle se verra flétrie par un travail précoce, et c'en sera fait de son éducation. De même, il est des travaux moins adaptés à la femme, que la nature destine plutôt aux ouvrages domestiques : ouvrages, d'ailleurs, qui sauvegardent admirablement l'honneur de son sexe et répondent mieux, de leur nature, à ce que demandent la bonne éducation des enfants et la prospérité de la famille. »

Mais, si haute que soit l'autorité dont ces paroles émanent, elle s'incarne dans un homme ; et les recommandations papales, non moins que les prescriptions civiles, présentent un caractère masculin de supérieure condescendance, qui risque d'offusquer l'intransigeance de nos fières et libres féministes.

Quant aux carrières bureaucratiques et libérales, disons tout de suite, pour trancher la question de principe, que nous n'apercevons aucune raison sérieuse d'en écarter les femmes. Évidemment, leur place est au foyer plutôt qu'à un bureau d'enregistrement ou à la barre d'un tribunal. Mais elles seraient mieux également à leur ménage que dans un atelier de tissage ou de filature ; et personne pourtant n'oserait leur interdire d'être ouvrières. On leur permet, dans l'industrie et aux champs, les besognes les plus pénibles, parce que nulle loi humaine ne saurait les empêcher de gagner leur vie et celle de leurs enfants : de quel droit leur interdirait-on d'autres occupations beaucoup plus faciles et beaucoup plus rémunératrices ? La liberté du travail est chose sacrée : en priver la femme, sans raison supérieure, est un crime de lèse-humanité.

Reste à savoir quels emplois conviennent le mieux à son sexe.

II

Depuis que l'instruction est offerte libéralement aux filles et que la conquête des brevets universitaires est facilement accessible aux mieux douées, l'enseignement a permis à l'élite de gagner son pain sans déroger. Les institutrices sont devenues légion : près de 100 000 femmes sont employées dans l'enseignement primaire et secondaire. L'éducation de leur propre sexe leur est donc à peu près exclusivement réservée. Dans les établissements de l'État, notamment, l'enseignement secondaire des jeunes filles est confié presque totalement à un personnel féminin. Une douzaine de dames pédagogues siègent même dans les Conseils de l'instruction publique. On les écoute, on les décore.

Bien plus, on réclame le droit, pour les nouvelles agrégées, de monter dans les chaires de l'enseignement supérieur. Cette nouveauté serait logique : puisque les femmes font d'excellentes institutrices, puisqu'elles fournissent des maîtresses distinguées à l'enseignement secondaire des jeunes filles, pourquoi nos Facultés les tiendraient-elles pour des recrues négligeables ? Je sais bien que, présentement, l'enseignement donné par les hommes est plus solide, plus élevé, plus fructueux. Mais, s'il est bon que certains hommes instruisent les femmes, il n'est pas dit que certaines femmes ne puissent instruire utilement les hommes. Ouvrons donc à celles qui le méritent, nos chaires de lettres, de sciences, de droit, de médecine : les étudiants ne s'en plaindront pas. Il se pourrait même que le professorat féminin,--à la condition qu'il s'incarne sous des espèces jeunes et attrayantes,--fût un sûr moyen d'assurer l'assiduité aux cours les plus rébarbatifs.

Mais il n'est pas donné à toutes les femmes d'être professeurs. Et pour nous en tenir à la réalité d'aujourd'hui, on sait que l'institutrice, même munie des attestations les plus honorables, n'est pas beaucoup mieux traitée qu'une employée de magasin. Nous avons actuellement un paupérisme scolaire ; et par ce mot nous désignons la misère cachée des précepteurs, instituteurs, répétiteurs des deux sexes, frères et soeurs en pédagogie ambulante, qui cachent, sous la correction et la propreté de la tenue, une âme endolorie par l'incertitude et le tourment du pain quotidien. Décidés à ne jamais tendre la main, tenant à honneur de vivre de leur cerveau, de leur parole, de ce capital intellectuel amassé à grands frais aux heures de jeunesse et d'espérance, ils sont des milliers, autour de nous, qui se disputent quelques centaines de répétitions à l'usage des enfants riches, débiles et gâtés, de courte et frêle intelligence. Ce sont les pauvres honteux de l'enseignement. On les appelle, ô dérision ! les maîtres « libres ». Rien de plus digne de pitié que cette petite Université dolente, besogneuse, en quête d'élèves introuvables.

La plupart de ces braves filles considèrent comme le salut de trouver enfin,--après quelles démarches et quelles tribulations !--une place dans une famille riche, avec une rétribution à peine supérieure au salaire d'une domestique. L'assurance d'être logée, couchée, nourrie, vaut mieux que l'incertitude qui pèse sur la vie des maîtresses de langue, de musique ou de dessin, qui courent le cachet dans les grandes villes. Dieu garde les jeunes filles de prendre leurs brevets pour entrer dans les carrières de l'enseignement ! Des milliers de concurrentes s'en disputent l'entrée et meurent de misère.

III

Mais, dira-t-on, de quelque côté qu'elles se tournent, les jeunes filles se heurtent aux mêmes difficultés, et souvent à de pires injustices.--Oui, présentement, le choix d'une profession pour une femme est extrêmement limité. Seulement, un avenir, plus prochain qu'on ne pense, peut apporter à cette situation malaisée une solution graduelle.

Et d'abord, de tous les travaux actuels, c'est incontestablement le travail sédentaire, le travail assis, qui convient le mieux à la femme. Les fonctions bureaucratiques sont donc un débouché tout indiqué pour son sexe. Plus soigneuse, plus attentive que l'homme, elle a du reste de merveilleuses aptitudes pour les mille besognes de nos grandes et petites administrations, qui n'exigent que de l'ordre, de l'exactitude, de la patience, comme la rédaction et la délivrance des titres, le calcul et le service des coupons, le contrôle et le classement des pièces. L'expérience, tentée par diverses sociétés, a démontré que les femmes sont particulièrement propres aux mille petits détails d'écriture et de comptabilité. Pourquoi ne pas leur ouvrir plus largement nos administrations publiques et privées ? Si elles en chassent les hommes, elles ne feront que les rendre à une vie plus active et plus extérieure qui rentre tout à fait dans leur office. Y a-t-il un si grand mal à diminuer l'effectif formidable de nos ronds-de-cuir ? En admettant que le « fonctionnarisme » soit chez nous une manie incurable, n'est-il pas naturel que les femmes en profitent, puisque ce débouché semble fait pour elles ? Ouvrons donc nos bureaux aux dames : cette place tranquille leur sied mieux qu'aux hommes.

Il n'est pourtant, jusqu'à ce jour, que certains services de l'État, comme les Postes et les Télégraphes, quelques Sociétés financières et quelques Compagnies de chemin de fer, qui aient fait appel à la collaboration du sexe féminin. La France compte à peine 50 000 employées d'administration. Nos préfectures et nos municipalités, nos trésoreries, nos recettes et nos perceptions sont généralement réfractaires à l'entrée des femmes dans leurs bureaux. C'est à peine si, à Paris, la porte de l'Assistance publique leur est entr'ouverte depuis quelque temps. Pourquoi ne pas leur ménager un accès aux fonctions de bibliothécaire et de conservateur de musée ? Leur serait-il même si difficile de faire d'exacts percepteurs, et de très suffisants receveurs d'enregistrement ?

Pour le moins, il est à souhaiter que nos préventions et nos habitudes administratives ne s'opposent pas trop longtemps à l'accession raisonnable des femmes aux emplois des services intérieurs de nos villes et de nos départements, la vie bureaucratique étant de celles, je le répète, qui conviennent le mieux au tempérament féminin. Pourquoi même la loi ne réserverait-elle pas expressément au sexe féminin certaines carrières administratives, où la vie est douce et le travail léger ? La couture, déchargée ainsi d'un nombreux personnel, verrait peut-être se relever les prix insuffisants de sa main-d'oeuvre. Quant aux hommes évincés de leur bureau, notre domaine colonial est là qui offrirait de larges débouchés aux plus hardis et aux plus vaillants. Leur office n'est pas de sommeiller paresseusement dans un fauteuil confortable, mais de courir au grand air les mille chances de la fortune. La vie bureaucratique est une forme de la vie intérieure. Elle convient aux femmes ; et tandis qu'elle atrophie les mâles, elle ferait vivre bien des mères.

IV

A côté du travail bureaucratique, mentionnons en passant le travail artistique.

Ce n'est pas d'aujourd'hui que les femmes sont admises à jouer un rôle sur les planches. La scène les attire. Actrices, danseuses et cantatrices paraissent, s'agitent, brillent et passent aux feux de la rampe, comme fleurs au soleil. Il y a en France près de 4 000 artistes lyriques et dramatiques. Mais à part les premiers sujets, la carrière théâtrale, si recherchée qu'elle soit, apporte plus de misère que de profit, plus d'abaissements que de triomphes.

Il se peut toutefois que le cabotinage élève quelques rares élus à une situation supérieure, dont les grandes artistes ne sont point exclues. Souvent les théâtres ont pour directeurs des directrices. Singulière coïncidence : deux métiers sont ouverts depuis longtemps aux femmes, dont l'un consiste à gouverner la scène et l'autre à gouverner l'État. Les reines de cour sont de puissantes actrices, comme les actrices sont de puissantes reines de féerie. Le sexe fort laisse volontiers les femmes diriger la comédie humaine. Et si minces sont devenus en politique les pouvoirs de notre Président, que nous pourrions, sans inconvénient, le remplacer par une Présidente. Celle-ci ne serait pas moins décorative, et elle aurait l'avantage de donner un corps et une âme à la République française, que la tradition nous représente sous les traits d'une femme austère et virile.

Mais toutes les femmes ne pouvant songer à incarner notre capricieuse démocratie, l'art leur tend les bras ; et beaucoup s'y jettent éperdument. C'est leur droit. Elles sont,

chez nous, environ 3 600 artistes peintres et sculpteurs.
Suivre les cours de l'École des Beaux-Arts est pour les
jeunes filles une cause définitivement gagnée.

Leur admission, du reste, a été fort mal accueillie par
MM. les artistes. Ils étaient là chez eux, bien tranquilles, à
l'aise, en famille,--une famille où il n'y avait que des hommes
et, bien entendu, des hommes de génie. Et voici qu'au
printemps de 1897, l'apparition de quelques poules a mis
tous ces jeunes coqs en fureur. Notez que ces nouvelles
recrues s'étaient masculinisées de leur mieux : pince-nez,
cheveux courts, chapeaux tyroliens, jupes-tailleurs, leur mise
était aussi virile que possible. Mais qu'est-ce qu'elles venaient
faire à l'École ? Enlever à ces MM. peintres et sculpteurs des
diplômes et des médailles qui les exonèrent du service
militaire. Alors, qu'on fasse porter le fusil à ces demoiselles !
Non pas que nos fervents disciples de la beauté ne fussent,
au fond du coeur, partisans convaincus de l'émancipation
des femmes, dont ils font profession d'admirer et de
reproduire les grâces ; mais ils n'entendaient point que celles-
ci eussent la mauvaise pensée de leur faire une injuste
concurrence. Voilà pourquoi ils ont crié : au voleur ! C'est ce
qui nous permet de dire, pour employer un néologisme tout
à fait en situation, que le rapin d'aujourd'hui n'aime pas la
rapine.

Au vrai, hormis quelques places dérobées à ces
Messieurs, la condition des femmes n'en sera guère
améliorée. La production artistique ne nourrit son homme et
ne nourrira sa femme qu'à une condition, qui est d'avoir du
talent, sinon du génie. Or, ces qualités maîtresses ne courent
point les rues. Ce n'est pas même dans les salles d'une école
qu'on les rencontre et qu'on les acquiert. Elles s'y
développent et s'y assagissent, c'est entendu ; mais elles
naissent ailleurs, on ne sait comment ! *Spiritus fiat ubi vult.* Il y
a mieux à faire et plus à gagner du côté des arts décoratifs ;
et beaucoup de femmes s'y portent avec empressement. Les

impressions et dessins sur étoffes, les spécialités de l'ameublement et de l'ornementation intérieure, offrent à un dessinateur de goût et d'ingéniosité mille occasions d'utiliser avantageusement son savoir et son habileté.

Encore est-il que cette carrière suppose des aptitudes spéciales qui ne sont point le partage d'un grand nombre. Les conditions générales de la vie s'étant profondément modifiées et se modifiant rapidement chaque jour, il importe d'ouvrir aux femmes, non pas des emplois rares et difficiles, mais de larges occasions de travail rémunérateur. A côté des récriminations saugrenues et des déclarations extravagantes qui font dire à bien des gens, superficiellement informés, que le féminisme n'est qu'exagération ou puérilité, il y a des plaintes légitimes et des revendications justifiées qui méritent d'être écoutées et satisfaites. Or, c'est à peine si, en multipliant le nombre des femmes peintres, sculpteurs ou musiciens, on éveillera quelques vocations intéressantes. Il faut aux femmes intelligentes des carrières d'un accès plus facile et, si l'on peut dire, d'une exploitation plus lucrative, d'un rendement moins aléatoire.

CHAPITRE VIII

L'INVASION DES CARRIÈRES LIBÉRALES

I.--La femme soldat.--Concurrence peu redoutable pour les hommes.--Manifestations pacifiques.--Association des femmes françaises pour la paix universelle.--Un bon conseil. II--La femme médecin.--Son utilité en France et aux colonies. III.--La femme avocat.--Revendications logiques.--Opposition des tribunaux.-- Attitude au barreau. IV.--Objections plaisantes opposées a la femme avocat.--Leur réfutation. V.--La femme magistrat.--Innovation périlleuse.--La femme a-t-elle l'esprit de justice ?

O n n'ignore pas que le féminisme réclame l'admission des femmes à toutes les carrières libérales présentement occupées par les hommes. Le texte suivant en fait foi : « Le Congrès international des Droits de la Femme, réuni à Paris, en 1900, émet le vœu que toutes les fonctions publiques, administratives et municipales, et que toutes les professions libérales ou autres, ainsi que toutes les écoles gouvernementales, spéciales ou non, soient ouvertes à tous sans distinction de sexe. »[185]

---

[185] Voir la *Fronde* du 12 septembre 1900.

I

On ne saurait formuler une revendication plus large, puisque la carrière militaire elle-même n'en est pas exceptée. Le métier des armes serait susceptible, à la vérité, de satisfaire l'activité des plus ambitieuses et des plus ardentes. Mais on verra peut-être quelque inconvénient à ouvrir aux dames l'accès des régiments. Non pas que la galanterie proverbiale du soldat français puisse leur infliger d'irrespectueuses brimades ; non pas même que les femmes soient incapables de courage militaire. Au Dahomey, les amazones du roi Behanzin ont fait preuve, il n'y a pas si longtemps, de quelque vertu guerrière. Plus près de nous, les pétroleuses parisiennes ont jeté sur la Commune de 1871 un éclat particulièrement flamboyant. Voilà des faits qui rehaussent infiniment les mérites du sexe faible. Et pour parler sans ironie, oublierons-nous ces vivandières héroïques, qui épousaient la gloire du régiment et l'honneur du drapeau, préparant nos soldats au coup de feu en leur versant généreusement un coup de vin ? Et nous n'avons rien dit des prouesses de Jeanne Hachette et de ses compagnes, ni de l'extraordinaire chevauchée de Jeanne la Pucelle, qui restera le plus merveilleux prodige de notre histoire nationale.

Mais nulle femme ne m'en voudra de prétendre que les Jeanne d'Arc sont rares. Et encore bien que plus d'une Française se soit vaillamment conduite pendant la dernière guerre, il est à conjecturer que la généralité des femmes nous disputera mollement le maniement du fusil et les corvées de la caserne. Nous exerçons là un monopole que leur sensibilité nous laissera vraisemblablement. A moins qu'elles ne se fassent cantinières ! Par malheur, la situation est trop subalterne, et le costume ne porte plus assez de galons. Ce serait donc pousser trop loin la malignité que de fermer aux femmes l'entrée de certaines fonctions, sous prétexte qu'elles n'ont pas rempli leur « devoir militaire ». On sait que cette condition préalable est exigée des candidats du sexe masculin par quelques administrations ; mais ce qu'on sait moins, c'est qu'une femme a été écartée récemment d'un concours, sous prétexte qu'elle n'avait pas satisfait à la loi du recrutement.[186] Il y a des hommes cependant qui, sans avoir jamais porté le fusil, font de parfaits expéditionnaires. N'imposons pas aux femmes des conditions vexatoires et ridicules.

Il se pourrait toutefois que l'exaltation de certaines féministes hardies et batailleuses, rompues à tous les sports et habituées à toutes les audaces, se fût élevée, au moins en espérance, jusqu'aux exercices violents et aux rudes épreuves de la vie militaire. L'épanouissement du « troisième sexe » devrait logiquement nous donner la vierge soldat. Mais on nous assure que la femme future se vouera, corps et âme, au relèvement et à la pacification de notre pauvre société. En quoi, sûrement, elle ne pourra se piquer de faire oeuvre de nouveauté ; car nos petites soeurs des ordres enseignants et charitables, nos vierges apôtres,--qui furent souvent des vierges martyres,--l'ont devancée depuis des siècles au milieu des populations les plus hostiles et les plus sauvages, affrontant les privations et les dangers, recevant les injures et les coups, pour l'amour de Dieu et le salut de l'humanité ignorante et déchue.

Au fond, religieuse ou laïque, la femme est née pour les oeuvres de paix, et non pour les oeuvres de guerre. On l'a remarqué cent fois : l'idée de la nécessité de la guerre en soi n'est pas une idée féminine. L'aversion des femmes pour les collisions de la force s'explique par un doux instinct de nature et, plus particulièrement, par l'instinct sacré de la maternité. Bien qu'elles soient exonérées de l'impôt du sang, il suffit qu'il soit payé par leurs maris et surtout par leurs fils

---

[186] Voir la *Fronde* du mercredi 12 septembre 1900.

pour qu'elles détestent la guerre. Comment s'étonner qu'elles défendent le fruit de leurs entrailles contre les fureurs de la haine ? Ce n'est que par une victoire douloureuse de la volonté sur le coeur, par le sacrifice héroïque de la sensibilité au devoir patriotique, qu'une mère se résigne, et avec quel déchirement ! aux violences et aux deuils des conflits sanglants. Hormis cette sublime et passagère élévation d'âme, les femmes se plaisent à caresser le rêve de la paix éternelle et de l'universelle fraternité.

Ces idées se font jour, avec éclat, dans toutes les réunions féministes. On lit dans une lettre-circulaire adressée, en 1900, aux Congrès féministes de Paris par le Bureau permanent de la Paix qui siège à Berne : « Quand les femmes feront résolument la guerre à la guerre, la cause de la paix dans le monde sera gagnée. » Et les Françaises s'enrôlent en masse dans cette croisade généreuse. Elles se flattent, suivant leur langage, de « transformer les armées guerrières destructives en armées pacifiques productives. » Mme Pognon, notamment, nous a promis solennellement que la « femme supprimerait le règne de la force et inaugurerait le règne du droit. » Comment cela ? « En réduisant au minimum l'énorme budget de la guerre et en substituant les oeuvres de vie aux oeuvres de mort. »[187]

A cette fin, la Gauche féministe a émis le voeu « que, dans l'enseignement de l'histoire, les éducateurs mettent en lumière la barbarie et l'injustice des guerres et qu'ils développent chez leurs élèves l'admiration des savants, bienfaiteurs de l'humanité, de préférence à l'admiration des grands conquérants, violateurs de la Justice et du Droit. » Et en plus de cette déclaration, qui part d'un excellent naturel, le même congrès a engagé « tous les gouvernements à mettre en pratique les principes adoptés par la conférence de la

---

[187] La *Fronde* du 6 septembre 1900.

Haye. » Après cette double manifestation, les États auraient mauvaise grâce à ajourner le désarmement universel. Sinon, les femmes s'en mêleront ! « Nous ne voulons pas, s'est écriée l'une d'elles, que l'on fasse de nos fils de la chair à canon ; soeurs et frères en l'humanité, travaillons à faire tomber les frontières, pour la défense desquelles on nous demande la vie de nos enfants. »[188]

On m'en voudrait de ne pas joindre ici, comme un modèle du genre, cette véhémente apostrophe de Mme Séverine : « Nous sommes des créatures d'union. Nous ne voulons pas avoir des enfants, les porter neuf mois (car nous sommes les berceaux vivants de l'humanité), les nourrir de notre lait, en faire des hommes, afin qu'on nous les prenne pour les envoyer sur les champs de bataille, mutilés, saignants, et criant encore notre nom, dans leur dernier râle et leur dernier soupir. » Et avec cette boursouflure audacieuse qui lui est propre, l'oratrice a soulevé les acclamations de l'auditoire en recommandant aux femmes d'organiser contre la guerre « la grève des ventres ». Voilà les hommes dûment avertis ! Et pendant ce temps-là, il se faisait, dans l'enceinte de l'Exposition, au palais des États-Unis, une propagande si ardente en faveur du désarmement, qu'au dire de Mme Vincent, les Françaises, qui se permirent d'élever quelques timides objections contre les idées émises, furent traitées de « femmes à soldats ».[189]

Toutes ces citations feront craindre peut-être aux esprits calmes que la question de la paix, si douce au coeur des femmes, ne les entraîne à des outrances fâcheuses. Ce n'est point de « la grève des ventres » qu'il s'agit,--une telle menace n'étant pas d'une réalisation imminente,--mais des intérêts supérieurs de la patrie, qui me font un devoir de

---

[188] La *Fronde* du 8 et du 12 septembre 1900.
[189] La *Fronde* du 12 et du 13 septembre 1900.

soumettre à l' » Association des femmes françaises pour la paix universelle » quelques idées très simples et très graves.

L'intellectualisme humanitaire est en train d'affaiblir le sentiment national. Ce n'est un mystère pour personne, que les idées internationalistes font sourdement leur chemin dans les esprits. Si nous n'y prenons garde, le cosmopolitisme nous ruinera. Et pourtant, à l'heure actuelle, l'humanité n'est qu'une fiction ou, si l'on préfère, une idée. Où est l'humanité ? En Russie ? En Amérique ? Là, je vois bien des hommes, mais ils sont Russes ou Américains avant tout. En Italie ? En Allemagne ? Là, je vois bien des hommes, mais on m'avouera qu'ils ne songent guère à désarmer leur nationalité au profit de la fraternité humaine. En Angleterre ? Mais nos voisins d'outre-Manche ne rêvent qu'à enserrer le monde entier dans les replis sans cesse étendus et multipliés de l'impérialisme britannique. Ils n'ont de considération que pour l'humanité anglo-saxonne ; ils sont aussi peu internationalistes que possible ; ils sont « interanglais », comme disait John Lemoine, qui les connaissait bien.

N'oublions pas qu'en ce moment toutes les puissances qui nous environnent sont tendues vers la guerre, et que les gouvernements ne négocient entre eux, pour ainsi dire, que le revolver à la main. Non ; l'heure n'est pas venue pour la France de se fondre et de se dissoudre dans une humanité vague et indécise, sans frontières, sans rivalités, sans patries. Si la France cessait d'être la France, nous ne serions point devenus pour cela citoyens du monde, mais seulement sujets anglais, allemands ou italiens. Un peuple qui n'a point la possession de soi-même, la conscience et l'amour de soi-même, est indigne de vivre et incapable de durer. C'est pourquoi tout ce qui contribue à affaiblir en nous le sentiment patriotique,--à la veille de la grande lutte des races qui, vraisemblablement, remplira le vingtième siècle,--fait le jeu des nationalités grandissantes qui nous enveloppent et nous jalousent.

Défions-nous donc de notre coeur. Gardons-nous de désarmer imprudemment nos bras, d'énerver notre vaillance par un amour de l'humanité que nos rivaux ne paieraient point de retour. N'attaquons jamais : l'agression est impie. Mais ne laissons pas tomber de nos mains l'épée dont nous pouvons avoir besoin demain pour défendre nos droits. Il y a quelque chose de plus affligeant que la guerre, c'est la paix servile, la paix des décadents et des lâches. Soyons justes, mais soyons forts. N'est-ce pas servir encore les intérêts de la paix que de pouvoir, au besoin, l'imposer à ceux qui voudraient la troubler ? Ne déposons nos armes, n'abaissons nos frontières, qu'à la condition d'une équitable et loyale réciprocité. Sous cette réserve (les femmes de France, si capables d'héroïsme, la font sûrement en leur coeur), il est bon, il est saint de rappeler aux puissances de la terre les paroles divines : « Bienheureux les pacifiques ! Que la paix soit avec vous ! Que la paix soit entre nous ! » Et les femmes auront bien mérité de l'humanité si, par bonheur, à force de prêcher l'union entre les hommes et la fraternité entre les peuples, elles parviennent à atténuer l'horreur ou même à diminuer la fréquence des conflits qui ensanglantent le monde.

II

« Donner des leçons, se sont dit quelques institutrices ambitieuses, c'est nous condamner pour la vie à une sorte de domesticité supérieure. » Et les plus hardies se sont misés à frapper à la porte des Facultés de médecine et de droit, qui se sont ouvertes sans trop de résistance.

Quant à l'exercice de la médecine, je ne vois point qu'il soit avantageux pour personne d'en écarter les femmes. C'est la conclusion à laquelle on arrive logiquement, soit qu'on envisage leur capacité individuelle, soit qu'on interroge l'intérêt général.

Et d'abord, les femmes sont naturellement indiquées pour être herboristes, pharmaciennes ou droguistes. Plusieurs exercent déjà cette fonction à Paris et dans les grandes villes ; et il est vraisemblable que leur nombre s'accroîtra rapidement. Point d'occupation plus sédentaire et qui exige plus d'ordre, plus de précision, plus de mémoire, plus de propreté,--toutes qualités vraiment féminines. Et qui plus est, la vie intérieure et les besognes domestiques n'en sont point gravement troublées ni interrompues. Trouverez-vous même si ridicule qu'une femme s'occupe d'hygiène ou de quelque spécialité médicale ? qu'elle donne des soins à l'enfance ou des consultations sur les maladies de son sexe ? La vocation de médecin ne me choque point chez la femme. Quoi de plus naturel qu'une femme traite, soigne et guérisse les femmes ? Est-ce qu'une mère n'est pas le premier médecin de ses enfants ? Quoi de plus simple que de transformer une sage-femme en doctoresse, lorsqu'elle fournit ses preuves de savoir, en passant ses examens et en conquérant tous ses grades ? Laissez-lui faire ses études médicales : la clientèle peu fortunée des villes et surtout des campagnes y trouvera son compte. Bannissez des Facultés de médecine le matérialisme insolent et les libertés excessives qui effraient beaucoup de jeunes filles, et vous servirez utilement la cause de la femme et celle de l'humanité.

Quelle raison valable invoquerait-on en faveur de la prohibition ? Aucune. Habituées aux travaux manuels les plus délicats, on peut croire que les femmes médecins ne seront pas moins habiles de leurs doigts que la plupart de nos docteurs. Voyez-les soigner un malade : elles font preuve presque toujours d'un sang-froid avisé, d'une dextérité ingénieuse, d'une adresse technique qui, la science aidant, en feront peut-être des praticiennes émérites.

Beaucoup ne s'élèveront pas sans doute au-dessus d'une honnête médiocrité ; mais tous nos médecins sont-ils des aigles ? Pour ce qui est de fournir de bonnes chirurgiennes, il n'y faut guère songer, paraît-il,--un grand nombre d'opérations exigeant une application prolongée, une tension de l'esprit et des nerfs, et même une dépense de force musculaire au-dessus des moyens physiques de la femme. Nous trouvons là cette limite naturelle qui marque la frontière des privilèges virils. L'immixtion des femmes dans les fonctions masculines devra toujours s'arrêter devant les exigences organiques de leur propre constitution.

En fait, on compte à Paris une vingtaine de femmes médecins, tant françaises qu'étrangères. Et les statistiques donnent, pour toute la France, 13 000 sages-femmes et 450 femmes médecins. A l'heure actuelle, il n'est plus guère de pays où la doctoresse en médecine soit inconnue. Son utilité n'est pas contestable, surtout en province et dans nos colonies.

Autour de nous, le nombre n'est pas rare des femmes françaises,--religieuses ou laïques--qui, sous l'impression de scrupules exagérés, mais infiniment respectables, se résignent à la souffrance et préfèrent souvent perdre la santé et la vie plutôt que de recourir aux soins d'un homme, si âgé ou si discret qu'on le suppose. En plus de cette petite clientèle réservée pour laquelle les femmes médecins semblent destinées, nous serions peut-être, en cas de guerre, fort heureux de les trouver, ainsi que le prouve une expérience relativement récente. Dans la dernière campagne Russo-Turque, les médecins manquant, le gouvernement impérial fit appel aux étudiantes de quatrième et de cinquième année qui répondirent en masse. Ni le feu de l'ennemi, ni les ravages du typhus, ni l'horreur des opérations et des pansements n'ébranlèrent leur vaillance. Elles furent la consolation des blessés et excitèrent l'admiration des médecins. Si jamais la paix boiteuse dans laquelle nous vivons venait à être rompue, il est plus d'une « femme de France », dont nos chirurgiens militaires seraient à même d'apprécier, outre le zèle et le dévouement, les aptitudes médicales et les connaissances thérapeutiques.

Pour ce qui est enfin de nos possessions d'Orient, où les femmes séquestrées dans les harems n'ont point le droit d'y appeler le médecin en cas de maladie, il serait aussi moral que politique de les arracher aux praticiennes ignorantes qui les soignent ou même qui les tuent, en leur substituant des doctoresses de bonne volonté,--l'expérience ayant établi partout que celles-ci sont accueillies par les femmes arabes comme des envoyées du ciel.

Ne nous moquons point des femmes médecins. Certes, il faut se garder de leur promettre un brillant avenir. Sauf les cas restreints que nous venons d'indiquer, on ne voit pas l'avantage que les femmes pourraient avoir à grossir le personnel d'une profession où l'offre est déjà supérieure à la demande. Celles qui ont conquis leurs diplômes n'ont pas tardé à s'apercevoir qu'elles n'en trouveraient guère l'emploi dans la mère-patrie. Il faudra donc l'utiliser au loin. En Angleterre, un mouvement d'émigration des femmes médecins s'est dessiné, au cours des dernières années, vers les contrées mahométanes. L'idée était bonne ; et chez nous, Mme Chellier l'a mise à profit. Triomphant de la défiance des Arabes, admise à pénétrer sous les tentes des indigènes, prodiguant ses soins aux femmes, aux enfants, parfois même aux hommes, elle a parcouru pendant des mois la Kabylie et la région de l'Aurès, gagné à la France mille sympathies et conquis pour elle-même une popularité durable. Il s'ensuit que les pays de religion islamique offrent à nos futures doctoresses un débouché immense,--je n'ose dire un débouché toujours lucratif. Ce rôle d'agents de l'influence française aurait du moins le mérite de réconcilier tous les patriotes avec le féminisme, puisqu'il serait démontré, grâce à lui, que loin de poursuivre des fins purement égoïstes, il est capable de servir utilement les intérêts généraux du pays. Dans une solennité officielle, M. le ministre Lebon a pu affirmer qu'il serait profitable à la France de confier aux femmes médecins des missions sanitaires aux colonies.

III

Depuis le 1er décembre 1900, les Françaises peuvent exercer la profession d'avocat. Avant cette date, il ne leur était pas permis de se faire inscrire au tableau de l'Ordre des avocats. Au premier abord, on ne voit pas pourquoi il leur avait été interdit de plaider, alors qu'on les autorisait à guérir.

Dans l'antiquité, le sexe faible fut admis parfois à pérorer devant la justice. L'histoire a conservé le souvenir d'une Romaine, Afrania, femme d'un sénateur, qui avait été autorisée à plaider pour autrui. Mais de cette première avocate, Valère Maxime nous donne une idée plutôt fâcheuse. Les contemporains comparaient ses clameurs à des aboiements ; et telles furent ses violences et sa cupidité que « son nom devint le plus grand outrage dont on pût cingler un visage de femme. » Après avoir indiqué qu'Afrania mourut en l'an 48 avant Jésus-Christ, son sévère biographe ajoute : « Lorsqu'il s'agit d'un pareil monstre, l'histoire doit plutôt enregistrer la mémoire de sa destruction que la date de sa naissance. »

Cela soit dit sans offenser Mlle Chauvin qui, pour avoir sollicité, de nos jours, l'honneur de prêter le serment d'avocat et de paraître à la barre d'un tribunal, a mérité le bonheur de voir son nom passer à la plus lointaine postérité. En revendiquant le droit de plaider pour autrui, elle n'a point obéi, soyez-en sûrs, à de mesquins sentiments de vanité ou d'intérêt personnel. Son but était plus noble et plus désintéressé : poser un principe, établir un usage, conquérir une liberté pour son sexe, affirmer le droit des femmes. En personne clairvoyante, elle n'a pas eu de peine à reconnaître les imperfections de notre organisation sociale, et qu'aux misères, qui affligent notre vieux monde, il n'est qu'un remède que son sexe brûle de nous administrer avec sagesse et autorité. On l'a déjà deviné : il n'y a pas en France assez d'avocats. Nos deux Chambres en font une si effrayante consommation ! Trop peu de gens pérorent à la face des juges ; le prétoire est silencieux et désert. Il est grand temps que les femmes comblent les vides de la corporation.

Que si l'on ne goûte point cette explication, on reconnaîtra, du moins, que la revendication de Mlle Chauvin était des plus raisonnables et des plus logiques. Lorsqu'elle conquit son grade de docteur en droit, il était facile de prévoir que son ambition ne serait pas satisfaite par la possession d'un titre nu, d'un parchemin décoratif, et que, sachant vaincre, elle chercherait à profiter de la victoire. Comment ! les femmes sont admises, dans nos Facultés de droit, à suivre les cours et à passer les examens ; et, leurs études terminées, on leur défendrait d'en tirer parti ! Voici une jeune fille qui a obtenu le titre de docteur : comme ses camarades de l'autre sexe, elle veut l'utiliser, le monnayer, se faire une clientèle, se créer une position, bref, tirer de son grade toute la valeur commerciale qu'il comporte pour la faire vivre ; et la magistrature refuserait de l'admettre au serment, et le barreau ne consentirait point à ce qu'on l'inscrive au tableau ! C'est une duperie, une contradiction, une impossibilité. Doctoresses en médecine, il a bien fallu leur permettre d'exercer la profession médicale. Licenciées en droit, il était inévitable qu'on les admît à exercer la profession d'avocat. Leur conférer des diplômes sans les autoriser à en bénéficier, c'était, ni plus ni moins, une offense à la logique et un déni de justice.

Si pressantes que fussent ces considérations, les Cours d'appel de Turin, de Bruxelles et de Paris s'accordèrent pour fermer aux femmes l'accès du barreau.[190] Le 1er décembre 1897, sur les conclusions de M. le Procureur général, Mlle Chauvin fut « déboutée » de ses prétentions. Les motifs de l'arrêt sont tirés, en substance, de l'ancien droit et des traditions du barreau. Lorsque le législateur a rétabli l'Ordre des avocats sous le premier Empire, il a voulu, dit-on, revenir aux coutumes et aux règles qui étaient en vigueur avant la Révolution ; or, dans l'organisation parlementaire d'autrefois, cette profession avait toujours été considérée comme un « office viril » ; donc, aujourd'hui encore, la femme ne saurait y prétendre.

Ce syllogisme est d'une rigueur contestable. Bien que nos tribunaux aient pour mission d'appliquer la loi et non de la corriger, et qu'ils ne soient point recevables, conséquemment, à rechercher (l'arrêt en fait la remarque) si le progrès des moeurs rend désirable que la femme soit admise à l'exercice de la profession d'avocat, il est difficile de croire que le Corps législatif de 1812 ait eu l'intention de repousser le serment des femmes licenciées. A la vérité, une pareille prohibition n'est point entrée dans son esprit, pour cette bonne raison que l'hypothèse de la femme avocat paraissait alors invraisemblable. Reste le texte de loi qui, en termes généraux, admet au serment « les licenciés en droit ; » et, à moins de prétendre que l'emploi du genre masculin est toujours restrictif du genre féminin,--ce qui n'est point acceptable,--il eût été plus logique d'ouvrir aux femmes, par arrêt de justice, la porte du barreau, comme leur est ouverte celle des Facultés de droit qui la commande et y conduit. Pourquoi les exclurait-on d'une profession intellectuelle qui n'exige qu'une dépense ordinaire de force physique, alors

---

[190] Voyez *la Femme devant le Parlement*, de M. Lucien Leduc. Paris, Giard, 1898, pp. 302 et suiv.

qu'il ne vient à l'idée de personne de leur interdire les occupations manuelles pourtant plus fatigantes et plus dures ? D'autant plus que la capacité est de règle générale, que les incapacités ne se présument pas plus que les déchéances et les pénalités, que l'interprète ne doit pas distinguer là où le législateur ne distingue point, et qu'enfin, dans le silence des textes, la mission de la jurisprudence est de suivre l'évolution des moeurs et de seconder la marche des idées.

Au surplus, la question n'a pas été enterrée par cette sentence, restrictive. Mlle Chauvin n'est point la seule femme qui ait fait ses études juridiques. Il y a, sur les bancs de nos Écoles de droit, d'autres étudiantes qui brûlent du même feu sacré. C'est pourquoi, à défaut des magistrats qui se sont obstinés à faire la sourde oreille, notre Parlement s'est empressé de leur octroyer, par une loi spéciale, en date du 1er décembre 1900, la faculté de plaider devant les tribunaux français.

A cela, point d'inconvénients graves. Dernièrement un bâtonnier de Paris déclarait au Palais : « Nous autres gens de robe, nous sommes tous féministes. » C'est beaucoup dire ; mais, après tout, il n'est aucune bonne raison d'écarter les femmes de la barre. Redouterait-on, par hasard, leur concurrence ? Trouverait-on libéral de les évincer du barreau, comme d'autres ont voulu les expulser de certaines écoles ou de certains ateliers ? Robes contre robes ! Nous ne prêterons point à Messieurs les avocats d'aussi misérables calculs : un tel ostracisme serait cruel autant que ridicule. Il n'est pas à craindre, d'ailleurs, que les femmes leur disputent sérieusement la clientèle des plaideurs. Le barreau est trop encombré pour qu'elles s'y précipitent en foule au préjudice des situations acquises.

Laissons donc les femmes plaider, puisqu'elles le veulent. Outre qu'à faire ce qu'elles désirent on a généralement la paix, le meilleur moyen de désarmer un caprice est encore de le satisfaire ; et comme la plupart ne tenaient à être avocates que parce que cette fonction leur était défendue, il est vraisemblable que, depuis qu'elle leur est permise, beaucoup en perdront l'envie. Rechercheront seules les luttes et les contentions de la chicane celles qui, douées de facultés et de goûts heureusement assez rares, se feront un jeu de sacrifier la retenue de leur sexe à l'exhibition publique de leur personnalité.

Ne craignons donc point que la loi, qui a ouvert toutes grandes devant ces dames les portes du Palais, précipite vers le barreau une multitude impétueuse de femmes loquaces et grandiloquentes. En tout cas, lors même que le nombre des « avocates » ne serait pas très considérable, les plaideurs, du moins, auront le droit de choisir, à leur guise, sans distinction de sexe, celui ou celle qu'ils trouveront digne de défendre leurs intérêts.

IV

Reste à savoir si la justice gagnera quelque chose à cette intervention des femmes. La question est complexe et vaut la peine d'être examinée.

Et d'abord, pourquoi le barreau eût-il été inaccessible aux femmes ? Ce n'est pas une situation bien difficile à conquérir. Nous savons, hélas ! par une expérience déjà longue, que le grade de licencié en droit et le titre d'avocat, qui en est le couronnement le plus fréquent, sont à la portée de toutes les intelligences. Il n'est pas à craindre, d'autre part, que les femmes soient jamais embarrassées de parler : elles ont le don des langues, l'esprit de contradiction ; elles sont raisonneuses, opiniâtres, souples, rusées, habiles et promptes à la riposte ; elles savent d'instinct aiguiser le trait. Dira-t-on qu'elles jouissent précisément d'une élocution si facile, si abondante, qu'on peut appréhender qu'elles n'usent avec excès des droits sacrés de la défense ? Certes, l'expérience atteste que les femmes silencieuses ou discrètes sont rares. Et c'est une réflexion de Montaigne que « la doctrine qui ne peut leur arriver ne l'âme, leur demeure en la langue. » Déjà, avec nos avocats, les audiences sont interminables ; avec ces dames, ne sera-t-il pas plus difficile de mettre un frein aux épanchements de leur verbe ? Dès qu'on aura donné la parole aux femmes, comment fera-t-on pour la leur retirer ? Je réponds qu'il appartiendra aux juges de s'armer de courage et de sévérité.

On a vu un autre inconvénient grave,--maintenant que les prévenus peuvent se faire assister de leur avocat,--à donner accès à une doctoresse, fût-elle un peu mûre, dans le cabinet du juge d'instruction ; car, à partir de ce moment, les secrets de la procédure seraient trop mal gardés. Mais les âmes sensibles ont répondu que les rudesses du magistrat inquisiteur et les désagréments de l'interrogatoire seront adoucis et égayés par les grâces d'un charmant tête-à-tête.

On a fait remarquer, dans le même ordre d'idées, que, par le contact du beau sexe, les conversations de couloir se transformeraient naturellement en flirts galants ; que la salle des Pas perdus, qui retentit souvent des propos les plus libres, deviendrait une sorte de grand salon où fleuriraient toutes les civilités ; que le langage du prétoire prendrait, de la sorte, plus de discrétion et de retenue ; bref, que la vie et les moeurs du Palais en seraient comme renouvelées, tempérées, affinées. Est-ce donc à dédaigner ? On ajoute qu'aux plaidoiries de ces dames les magistrats seront tout yeux et tout oreilles : on a beau être juge, on n'en est pas moins homme. Quant à penser que les magistrats seraient capables de faire une infidélité à la justice, par condescendance pour les grâces oratoires et les charmes persuasifs de la femme avocat, c'est une inconvenance à laquelle personne ne voudra s'arrêter une minute.

Il y a bien encore la question du costume, mais quelle folie de vouloir interdire aux femmes le port de la robe ! Par une coutume, où il n'est point défendu de voir un symbole plein de sens, nos avocats portent, de tradition immémoriale, la robe et le rabat,--nous pourrions dire, si nous n'avions peur de choquer de très dignes susceptibilités, le jupon et la bavette. Pas besoin pour les femmes, qui voudront fréquenter le prétoire, de modifier beaucoup leur costume. Puisque les avocats s'habillent en femmes, les femmes peuvent bien s'habiller en avocats. Les juges eux-mêmes portent la toge. Est-ce que Rochefort ne les appelle pas chaque jour des « enjuponnés ? » Sans compter que la toque ne ferait pas si mal sur une jolie tête ; et vous pensez bien que ces demoiselles ne manqueront pas d'y ajouter bien vite des fleurs, des rubans ou quelque orgueilleux plumet.

On dit encore qu'il faudra modifier, à leur égard, les traditionnelles formules. Pas moyen de saluer une doctoresse par ces mots : « Mon cher confrère ! Mon cher maître ! » Et d'autre part, il serait inconvenant de féminiser cette dernière appellation. L'appellera-t-on « avocate » ? Les puristes s'y refusent. A quoi de saintes âmes ont répondu que les catholiques, dans leurs prières, donnaient ce nom à la Vierge : *Advocata nostra !* ce qui signifie précisément qu'elle plaide notre cause auprès du Grand Juge. Pourquoi ce qui se dit en latin ne se dirait-il pas en français ? C'est une simple habitude à prendre.

Vraiment, j'ai honte de traiter si légèrement une si grave question ; mais le Français, né malin, est devenu si spirituel, qu'il nous ferait un crime de ne point flatter un peu sa manie. Très sérieusement, cette fois, j'ai l'idée que les femmes pourraient bien faire de terribles avocats. Lorsqu'elles se jugent en possession de la vérité,--et il leur est habituel de se croire infaillibles,--leur coutume est de s'y cramponner avec une obstination démonstrative. Joignez que la première qualité d'un avocat, c'est la souplesse. Pour défendre une bonne cause, et surtout pour gagner un mauvais procès, il lui faut un esprit fin, subtil, fécond en ruses de procédure, tout un ensemble de qualités professionnelles que les hommes auraient tort de revendiquer pour eux seuls.

Il est vrai que lorsqu'une femme traite ses propres affaires, tout ce qui va contre son gré ou son caprice est réputé non avenu. Une loi qui la gêne est une loi absurde. La vue exclusive de ce qu'elle croit son intérêt ou son droit, l'aveugle et l'hypnotise. C'est son malheur de ne point savoir douter, quand ce qu'elle aime ou ce qu'elle désire est en cause. Elle devient alors une créature de parti pris et de passion, et elle perd, du coup, le sens des affaires et la conscience de la justice. J'enregistre en passant cette attestation d'un maître du barreau : « Il n'est point d'avocat qui n'ait été, à ses débuts, stupéfait de l'intelligence têtue que certaines femmes, d'ailleurs très fines et très avisées, mettent à lutter contre le droit et l'évidence, dès qu'il s'agit de leurs propres intérêts. »[191]

Seulement le même écrivain se hâte d'ajouter qu'en ce qui concerne les affaires des autres, ces mêmes femmes retrouvent immédiatement leur sang-froid et leur lucidité. Point de doute que certaines « avocates » ne se montrent très capables de classer un dossier et d'exposer une affaire, et que, l'expérience aidant, elles ne fassent preuve d'un coup d'oeil, d'une prudence, d'une imagination, d'une fertilité de moyens à déconcerter un vieux procureur. Mais, encore une fois, elles seront peu nombreuses,--l'activité des diplômées devant se porter, semble-t-il, avec plus de raison et plus de profit, vers les carrières sédentaires et tranquilles de la bureaucratie.

---

[191] André Hallays, *Les Femmes au barreau.* Journal des Débats du 19 septembre 1897.

V

L'arrêt de la Cour de Paris, qui a refusé d'admettre Mlle Chauvin à prêter le serment d'avocat, signale les étroites relations de la magistrature et du barreau. En effet, les avocats sont appelés, le cas échéant, à suppléer les juges. Or, il est incontestable que la femme ne saurait, dans l'état actuel de notre législation, siéger comme magistrat. Et l'arrêt précité en tirait argument pour interdire à la femme la profession d'avocat.

Au point de vue rationnel qui est le nôtre, il n'y a peut-être point une si indissoluble affinité entre la fonction d'avocat et la magistrature du juge. Et tout en ouvrant la première à la femme, nous serions disposé à lui fermer la seconde. A ce qu'elle plaide, il y a peu de danger ; mais à lui permettre de juger, nous voyons des inconvénients graves. Le Parlement a partagé cet avis et consacré cette distinction.

Franchement, il nous répugnerait infiniment de comparaître devant un aéropage féminin, parce que (soyons franc) nous n'avons pas la moindre confiance dans l'esprit de justice des femmes. Elles sont trop impressionnables, trop sensibles, trop irascibles. Mais oui ! leur colère est plus exaltée que la nôtre. *Nulla est ira super iram mulieris*, lit-on dans l'Ecclésiaste. C'est encore un fait d'expérience, que les femmes oublient et pardonnent moins facilement que les hommes. Elles ont un esprit de rancune, un goût de vengeance, plus vivace, plus ardent, plus obstiné. Presque toutes les dénonciations anonymes, que reçoit la police, sont l'oeuvre de femmes vindicatives.

Et quel sentiment leur est plus naturel que la jalousie ? C'est ce qui les rend si facilement médisantes. Avez-vous remarqué qu'entre elles, elles se traitent beaucoup plus en rivales qu'en amies ? Leurs impressions sont si mobiles que certaines inclinent même à affirmer, comme des réalités indubitables, les bruits qu'elles recueillent ou qu'elles inventent. Pour faire de bons juges, elles devraient donc renoncer à leurs plus jolis défauts, et aussi à leurs qualités les plus séduisantes qui, chez elles, ne manquent point de tendre constamment des pièges au sentiment de la justice.

Il n'est pas jusqu'à leur bonté, en effet, qui ne nous fasse douter de leur impartialité. En toute matière, les questions de personnes priment, à leurs yeux, les questions de principes. Elles tirent la solution de leur coeur. Le jugement logique et la raison démonstrative ont moins de prise sur leur esprit qu'une émotion quelconque. Elles auraient mille peines à s'empêcher d'absoudre par pure sympathie ou à s'abstenir de condamner par simple animosité personnelle. « La plupart des femmes n'ont guère de principes, dit La Bruyère ; elles se conduisent par le coeur. » Bien vraie encore cette pensée de Thomas : « Les femmes font rarement comme la loi qui prononce sans aimer ni haïr. Leur justice, à elles, soulève toujours un coin du bandeau pour voir ceux qu'elles ont à condamner ou à absoudre. » C'est bien cela : leurs sentences procèdent du coeur plus que de la froide et impartiale raison.

Sans doute, il faut convenir que notre magistrature masculine n'est pas incapable de passion ; l'intérêt ou l'antipathie peut l'entraîner à un déni de justice. La faveur politique a trop de part dans son recrutement, pour qu'elle assure toujours aux justiciables de France une impeccable et sereine impartialité. Et puis, le plus honnête magistrat du monde n'est point parfait. Encore est-il douteux que la femme puisse faire un aussi bon juge que l'homme, par cette raison que, même en fermant les yeux sur les autres imperfections de son sexe, elle a le grave défaut de garder difficilement cet équilibre, cette pondération, cette stabilité entre les impressions contraires, qui est la grande préoccupation de l'homme juste. Le sentiment, que nous savons prépondérant chez le sexe faible, empêche le jugement d'être attentif et froid, suffisamment sûr, scrupuleusement équitable. Les natures sensibles restent difficilement dans la vérité. Leur raison est à la merci des émotions violentes.

Et ce n'est pas faire injure aux femmes que de se défier de leurs jugements sur les personnes et les choses qu'elles aiment ou qu'elles détestent. Les plus distinguées conviennent, en cela, de leurs faiblesses. Témoin cet aveu de Mme de Rémusat : « Douées d'une intelligence vive, nous entendons sur-le-champ, devinons mieux et voyons souvent aussi bien que les hommes. Mais trop facilement émues pour demeurer impartiales, trop mobiles pour nous appesantir, apercevoir nous va mieux qu'observer. » Mauvaise disposition pour bien juger !

Au vrai, la conscience féminine a des soubresauts et des oscillations, qui la jettent à droite ou à gauche en des excès de faiblesse ou de sévérité. Tranchons le mot : la femme est une personne antijuridique, qui ramène (j'y insiste) toute question de justice, soit à la sympathie qui absout par tendresse ou par commisération, soit à l'antipathie qui condamne par aversion ou par dépit. Autrement dit, plus compatissantes et plus charitables que nous, les femmes, en revanche, sont moins équitables. L'injustice est leur péché capital. Bien peu y échappent. Passionnées naturellement, partiales inconsciemment, elles s'émeuvent trop profondément, trop brusquement pour bien juger. L'amour et la haine ont trop d'empire sur leurs âmes. Chez elles, surtout, la tendre commisération l'emporte sur la stricte équité. Après s'être apitoyées sur la victime, elles s'apitoieront sur le condamné. Après avoir crié vengeance, elles demanderont grâce. Abandonnez les criminels à la justice mobile des femmes, et elles les condamneront tous dans le premier mouvement, quitte à les remettre en liberté dans le second.

Mettons que j'exagère. Faisons même aux femmes, si vous voulez, une place dans les juridictions professionnelles, tels que les Conseils de prud'hommes et les Tribunaux de commerce. Il reste que leur admission à la magistrature civile--et surtout au jury criminel, dont les décisions déconcertent déjà la justice et le bon sens,--serait un remède pire que le mal. Cela est si vrai que certains États occidentaux de l'Union américaine les ont exclues du jury, après les y avoir admises à titre d'essai, parce qu'elles jugeaient avec la passion et le sentiment, sans tenir compte des preuves.

En somme, des deux attributs de la justice,--la balance et le glaive,--la femme magistrat n'emploierait que le second. Elle frapperait sans doute de son mieux, à droite et à gauche, avec une sainte colère, mais sans peser préalablement le pour et le contre dans la paix et la sérénité de sa conscience. Conservons donc à nos juges masculins le monopole de la justice ; mais, de grâce ! choisissons-les bien. A parler franchement, les femmes auraient tort de prétendre à toutes les fonctions viriles à la fois. Un peu de patience, s'il vous plaît ! On verra plus tard. L'avenir de la femme dépend des fruits que produira l'émancipation graduelle de son sexe.

CHAPITRE IX

LE FÉMINISME COLONIAL

I.--Encombrement de tous les emplois dans la mère-patrie.--Émigration des femmes aux colonies. II.--La française est trop sédentaire.--Pas de colonisation sans femmes.--Les appels de l'» union coloniale». III.--Conclusion.--Est-il à craindre que l'émancipation économique dénature et enlaidisse la française du XXe siècle ?--Résistances masculines.--Avis aux femmes.

E t maintenant une réflexion générale s'impose. Ouvrons aux femmes tous les emplois industriels, toutes les carrières libérales : en seront-elles beaucoup plus avancées ? pourront-elles se frayer un chemin à travers la foule qui les encombre ? Retenons qu'à chaque porte les hommes se bousculent et s'écrasent. Est-il donc croyable que le sexe faible parvienne à enlever au sexe fort des occupations rémunératrices, pour chacune desquelles les candidats affluent et surabondent. En France, les places manquent aux hommes : comment voulez-vous qu'elles suffisent aux femmes ? Dès lors, puisque les fonctions intérieures sont occupées, surpeuplées, saturées, il n'est, pour vivre, que d'aller chercher au dehors des occasions de travail qui font défaut dans la mère-patrie.

I

Point besoin, pour cela, d'émigrer à l'étranger. Nos colonies nouvelles, où tout est à créer, offrent aux femmes intelligentes et courageuses des débouchés et des ressources qu'elles chercheraient vainement dans la métropole, où l'encombrement des professions condamne les mieux armées pour la lutte à la souffrance ou à la médiocrité. Que ne sont-elles plus nombreuses les femmes de nos petits fonctionnaires qui, n'écoutant que leur bravoure et leur dévouement, s'en vont sur les terres neuves servir la patrie aux côtés de leurs maris ? Combien de jeunes filles méritantes, adroites, économes, qui traînent une vie étroite et gênée parmi les durs travaux d'un ménage besogneux, dans les mansardes des grandes villes ou dans quelque bicoque lézardée de nos provinces endormies,--et qui pourraient trouver au-delà des mers, avec une existence plus libre et plus large, un emploi, une situation, souvent même une famille ?

Car dans toute entreprise de colonisation, le mariage doit être l'événement final désiré, la conclusion entrevue et préparée. A quoi bon émigrer pour se créer au loin un foyer qui risque de rester désert ? A peine connues, les nouvelles arrivantes seraient accueillies avec faveur et, pour peu qu'elles fussent avenantes et de bonnes façons, traitées par les colons en épouses possibles. Les femmes font prime en de certaines colonies. Je sais bien que les gens qui s'effraient de toute nouveauté, n'ont pas assez de plaisanteries pour ces « théories » de jeunes filles, pour ces convois précieux de chères créatures d'une garde si difficile, que nous convions à la conquête du monde sauvage. Mais nous sommes loin de l'ancien régime, qui confiait aux Manon Lescaut le soin de peupler et de réjouir ses colonies.

En réalité, il existe, dans nos possessions d'outre-mer, des situations, des professions même essentiellement féminines, qui, au regret des colons, n'ont pas encore de représentants. M. Chailley-Bert, qui s'est fait une spécialité des questions coloniales, nous apprenait récemment qu'en Indo-Chine, des villes, comme Hanoï, Haïphong, Nam-Dinh, ont besoin de couturières et de modistes ; que les fonctionnaires mariés, résidents de toutes classes, généraux et officiers supérieurs, directeurs des travaux publics et des affaires indigènes, sollicitent parfois des institutrices pour l'éducation de leurs enfants ; que les commerçants et les agriculteurs souhaiteraient souvent de confier à une comptable entendue la direction de leur intérieur ou les menues besognes de leur domaine ; bref, que, dans la société de là-bas, il y a des cases vides qui pourraient être occupées avec profit par les femmes.

II

Mais il faudrait avoir le courage d'émigrer. Et par malheur, la Française est beaucoup moins voyageuse, beaucoup moins déracinable que l'Anglaise ou l'Américaine, qui part gaiement, bras dessus bras dessous, avec son homme, pour chercher la fortune et fonder une famille aux quatre points cardinaux.

On a beau lui dire, avec M. Jules Lemaître, qu'elle trouverait au-delà des mers un « emploi de son énergie » plus « intéressant » et plus « profitable » que de tirer le diable par la queue dans une étroite chambre de Paris, et qu'en suivant là-bas son cousin ou son ami d'enfance, elle deviendrait « la reine d'une concession » fondée dans la brousse et conquise sur la barbarie par son brave petit mari ; on a beau lui dire, avec Mme Arvède Barine, qu'une fille bien née, qui a bon pied, bon oeil, la tête fière et le coeur chaud, devrait « faire faire la lessive sous une autre latitude à des femmes noires, jaunes ou brunes, » plutôt que de « la couler elle-même toute sa vie en vue du clocher natal ; » on a beau lui rappeler ses ancêtres, les braves femmes de Normandie ou de Bretagne, qui ont contribué à fonder et à peupler le Canada : c'est en vain. Elle ne se sent qu'une très médiocre inclination pour les aventures et les hardiesses de la vie coloniale. Combien de Parisiennes étouffent, pâlissent, végètent, souffrent, languissent au cinquième étage de la capitale ? Allez donc les arracher au boulevard ! Rien que la banlieue leur paraît un lieu d'exil.

Et la provinciale n'est pas plus facile à transplanter. C'est une sorte d'esclave volontaire attachée à la glèbe. Au bout de quelques semaines de déplacement, lorsqu'elle se risque à voyager, elle a comme la nostalgie de son clocher. Briser les mille liens de la famille, des relations, des habitudes, qui l'enchaînent au sol, est un sacrifice qu'elle n'accomplit jamais de son plein gré. Dire adieu à la terre et au ciel de la douce France, est une rupture à laquelle elle ne se résout point sans douleur et sans regret.

Et pourtant, comment le Français peut-il devenir aventureux et se faire colon, si la Française refuse de le suivre ou l'empêche de partir ? C'est bien la peine d'exciter le coq gaulois à s'envoler par-delà les mers, si les poules mouillées, qui l'entourent, se cramponnent obstinément à leur perchoir ! S'enfermer entre les frontières de la France, sous prétexte qu'il fait trop de chaleur au sud, trop de neige au nord, trop de vent à l'est, trop de pluie à l'ouest, c'est, pour parler comme Mme Arvède Barine, « agir et raisonner en empaillée. »

Si le féminisme est vraiment une doctrine de fierté, de courage et d'indépendance, ennemie du préjugé, de la routine, de l'immobilité, s'il aime à copier les libres allures de l'Anglaise et de l'Américaine, il doit s'appliquer sans retard à convertir la Française d'aujourd'hui, si timide et si casanière, en forte et brave créature résolue à secouer ses habitudes sédentaires, à lâcher les jupes de sa maman, à conquérir la pleine liberté de ses mouvements. Il y va de son intérêt, de la fortune de son mari, de l'avenir de ses enfants et, par surcroît, de la grandeur et de la vitalité du pays. En France, je le répète, les places manquent aux hommes et aux femmes, tandis que nos colonies leur offrent des terres vacantes, des emplois inoccupés : qu'ils aillent donc les prendre ! Symptôme rassurant : on nous affirme que les femmes françaises, en quête d'une position, ne sont pas restées sourdes aux appels de l'Union coloniale, instituée précisément pour diriger un courant d'émigration des deux sexes vers nos possessions d'outre-mer. Des institutrices, des couturières, des modistes, des sages-femmes et même des demoiselles sans profession, poussées par le bon motif, se mettent avec empressement à la disposition du comité. Il s'est même constitué une « Société française d'émigration des femmes, » dont Mme Pégard est la secrétaire générale.

Voilà du féminisme utilitaire et patriotique ! Pour conclure, la femme libre, l'Ève nouvelle, l'indépendance et l'égalité intégrales des sexes ne sont que des « turlutaines » inquiétantes ou risibles. Mais on a pu voir qu'à côté de ce féminisme extravagant, qui est une pose et parfois même une carrière, et dont les élucubrations seraient plutôt joyeuses, si elles n'achevaient d'affoler quelques cervelles déjà portées aux hallucinations les plus chimériques et aux rêveries les plus fâcheuses,--il en est un autre sérieux, pratique, sensé, qui s'efforce de faire à la femme contemporaine une situation digne des temps nouveaux.

III

Et maintenant, que les philosophes, les poètes et, plus généralement, tous les esprits délicats sur lesquels la femme a conservé la souveraineté de l'amour et de la beauté, s'affligent de l' » industrialisme » qui l'envahit et la vulgarise ; qu'ils s'effraient de la diminution du sens esthétique, de la préoccupation excessive des soucis d'argent, des brutalités croissantes du combat pour la vie, qui étouffent et abolissent la douceur, la finesse, la tendresse, tous les dons, toutes les grâces du sexe féminin ; qu'ils dénoncent le féminisme comme un malheur public ; qu'ils y voient une déviation des aptitudes rationnelles de la femme, une perversion de son rôle traditionnel, une dégénérescence où s'émoussent peu à peu toutes les amorces dont la nature l'a douée pour la survivance et le salut de l'espèce,--rien n'y fera. Il faut vivre.

Et, suivant toute vraisemblance, cette loi de dure nécessité pèsera douloureusement sur le XXe siècle qui commence. Mais ayons foi dans l'éternel féminin. A ceux qui pensent avec tristesse et découragement que, dans ce nouvel état de choses, la femme perdra la plupart des qualités dont son charme est fait, et qu'à force de poursuivre les mêmes vues, les mêmes ambitions et les mêmes carrières que l'homme, à force de se rapprocher de lui par ses allures, ses dehors et son langage, elle ne peut manquer de se dénaturer et de s'enlaidir ; à tous ceux, en un mot, qui tremblent de la voir se viriliser grossièrement, nous avons une remarque rassurante à faire : la femme est possédée du démon de la coquetterie. Ainsi le veut la nature. Et c'est heureux ; car pour plaire aux hommes, il n'est pas possible que jamais la femme cesse tout à fait d'être femme.

Convient-il donc, pour finir, de crier aux hommes en possession de tous les emplois lucratifs : « Place aux femmes » ? Ce serait peine perdue. Notre sexe n'abandonnera point sans combat les postes qu'il détient de temps immémorial. Il y aura lutte : les femmes peuvent y compter. D'autre part, la nature les prédestinant, avant tout, au rôle d'épouse et de mère, ce n'est point trop dire que la plupart d'entre elles ne sont pas faites pour les carrières actives et les professions contentieuses.

Il ne sera donc profitable qu'à une minorité de mener une existence dissipée en occupations extérieures. Combien peu réussiront, notamment, dans les fonctions libérales dont tant d'hommes font le siège, eux aussi, sans succès et sans profit ! La médecine et surtout le barreau réservent aux futures doctoresses plus de déboires que d'affaires et de clients. Si même, par malheur, le sexe féminin arrivait à prendre pied solidement dans les positions que nous occupons en maîtres, nous estimons qu'il n'aurait guère à s'en féliciter. Ne verrait-on pas alors se multiplier le nombre des maris parasites vivant du travail de leurs femmes ? Trop nombreux sont déjà ces hommes méprisables entre tous, depuis le gentilhomme ruiné qui redore son blason avec la dot d'une roturière, jusqu'à l'ignoble Coupeau qui mange, en bombances malpropres, le gain de Gervaise la blanchisseuse. L'histoire atteste que là où les femmes font la besogne des hommes, ceux-ci traînent dans l'oisiveté et la dépravation une existence inutile et despotique.

Que si, enfin, ces prévisions à longue échéance paraissaient excessives ou aventureuses, on nous concédera, au moins, que tout progrès réalisé par la femme dans la voie de l'égalité économique et sociale, avivera la lutte pour la vie entre les deux moitiés de l'humanité. Chaque droit qu'elle aura conquis nous déchargera d'une partie de nos devoirs envers elle. Tolstoï l'a dit avec esprit : « C'est parce qu'on leur refuse des droits égaux à ceux des hommes, que les femmes, comme des reines puissantes, tiennent dans l'esclavage... les neuf dixièmes de l'humanité. » Mais dès que l'égalité sera rétablie et la bataille imprudemment commencée, j'ai l'idée que la brutalité masculine aura beau jeu. Qui sait si, habitué à voir dans la femme, non plus un être faible à protéger, mais une concurrente à redouter et une rivale à combattre, l'homme ne lui fera pas payer en rudesse ce qu'elle aura gagné en indépendance ? C'est pourquoi nous la supplions de ne point se précipiter à l'assaut des carrières viriles par bravade ou par vanité, et de ne marcher sur les brisées des hommes qu'autant que la nécessité l'y contraindra. Hors d'une situation à conquérir pour soutenir le poids de la vie, ses ambitions inconsidérées lui vaudraient peut-être de dures représailles. Où l'âpre concurrence commence, la douce urbanité finit.